Hauke Brunkhorst

Einführung in die Geschichte politischer Ideen

WILHELM FINK VERLAG MÜNCHEN

Die Deutsche Bibliothek – CIP-Einheitsaufnahme

Brunkhorst, Hauke:
Einführung in die Geschichte politischer Ideen / Hauke Brunkhorst. –
München: Fink, 2000
(UTB für Wissenschaft: Uni-Taschenbücher; 2161)
ISBN 3-8252-2161-X (UTB)
ISBN 3-7705-3502-2 (Fink)

Ohmstraße 5, 80802 München
ISBN 3-7705-3502-2

Printed in Germany.
Einbandgestaltung: Atelier Reichert, Stuttgart
Herstellung: Ferdinand Schöningh GmbH, Paderborn

UTB-Bestellnummer: ISBN 3–8252–2161-X

Inhaltsverzeichnis

Einleitung 7

1. KAPITEL:
Die Katastrophe der Schrift 22

2. KAPITEL:
Athen und Jerusalem - Philosophische Erkenntnis vs. performative Prophetie 43

3. KAPITEL:
Verrechtlichung des Sakralen 88

4. KAPITEL:
Die Sprache im Zeitalter ihrer technischen Reproduzierbarkeit 158

5. KAPITEL:
Souveränität des Subjekts 179

6. KAPITEL:
Demokratisierung der Souveränität 214

Zusammenfassung und Ausblick:
Lässt sich die Solidarisierung der Bürgergesellschaft globalisieren? 261

Literaturverzeichnis 273

Namensregister 289

Sachregister 294

Einleitung

> „Unsere heutigen Demokraten können von Bodin, Hobbes, Hegel lernen, was Demokratie heißt.“ (Hermann Heller)
> „Die Wahrheit ist etwas Freies, das wir weder beherrschen, noch von ihm beherrscht werden.“ (Hegel)

In diesem Buch geht es um die Geschichte politischer Ideen. Mein Interesse daran ist systematisch, eher extern als immanent.[1] Was mich interessiert, ist die Herausbildung des *moder-*

---

[1] Immanentes Verstehen ist exegetisch und kommentierend. Texte immanent verstehen heißt, ihren Kontext verstehen. Das geschieht in „verdoppelnden Kommentaren“ (Derrida). Diese haben den Zweck einer angemessenen *Kontextualisierung von Texten.* Immanent ist eine Verstehensintention, die dem Text möglichst ‘gerecht’ zu werden bestrebt ist. Externes Verstehen ließe sich demgegenüber beschreiben als eine bewußte *Dekontextualisierung von Texten*, die Walter Benjamin einem Bürsten gegen den Strich verglichen hat. Jacques Derrida nennt das die „kritische“ oder „produktive Lektüre“. (Vgl. J. Derrida, *Grammatologie*, Frankfurt: Suhrkamp, 1974, S.273ff) Externes Verstehen ist „ungerecht“, „gewaltsam“ und „verfremdend“. (A. Wellmer, „Zur Kritik der hermeneutischen Vernunft“, in: Ch. Dämmerling u.a. (Hg.), *Vernunft und Lebenspraxis*, Frankfurt: Suhrkamp, 1995, 145) Es trägt dem Umstand Rechnung, dass die Welt nicht nur aus strittigen Texten besteht, sondern auch aus unbestreitbaren Ereignissen und objektiven Problemen, an deren Bestehen sich die Wahrheit und an deren Lösbarkeit sich die Produktivität von Texten bewähren muß. Man kann die „Politik“ des Aristoteles oder die „Erklärung der Menschenrechte“ von 1789 immanent, aus der Teilnehmerperspektive ihrer Autoren, Leser und Kritiker zu verstehen versuchen. Man kann solche Texte aber auch als semantische „Reaktionen“ des Gesellschaftssystems auf eine „neue Form der Differenzie-

nen Freiheitsverständnisses im Zuge des *evolutionären Wandels* von der alteuropäischen zur modernen Gesellschaft. Der externe Gesichtspunkt sozialer Evolution markiert den Unterschied zu den üblichen Einführungen in die Ideengeschichte, die vor allem um die immanente und wirkungsgeschichtliche Darstellung von Autoren und Werken bemüht sind. Ebenso wenig ist eine rationale oder kritische Rekonstruktion von Theorien beabsichtigt. Statt dessen folgt die Darstellung dem in der Theorie sozialer Evolution geläufigen Schema der Differenzierung in segmentäre, stratifizierte und funktional differenzierte Gesellschaften.[2] Während jedoch der evolutionstheoreti-

---

rung" (N. Luhmann, *Gesellschaftsstruktur und Semantik*, Bd. 1, Frankfurt: Suhrkamp 1980, 162) lesen, oder als „ideologische Formen", worin „die Menschen" sich eines grundlegenden „Konfliktes" „in der gesellschaftlichen Produktion ihres Lebens bewußt werden" (K. Marx, *Zur Kritik der politischen Ökonomie*, Berlin: Dietz 1971, 15).

2 Es werden in der Regel drei bis vier Stufen (und Unterstufen) differenziert. Während Durkheim (*Über soziale Arbeitsteilung*, Frankfurt: Suhrkamp, 1988) nach dem Schema arbeitsteilig/ nicht arbeitsteilig noch zwei Hauptstufen der segmentären (Modell: Ringelwurm) und der nach Spezialfunktionen gegliederten Gesellschaften und entsprechend mechanische (in segmentären Gesellschaften) von organischer Solidarität (in Gesellschaften mit sozialer Arbeitsteilung) unterscheidet, trennt Parsons (*Gesellschaften*, Frankfurt: Suhrkamp, 1975, 46ff) primitive (schriftlos, undifferenziert) von intermediären (Klassengesellschaften mit ausdifferenziertem kulturellem System) und modernen (funktional differenzierten) Gesellschaften. Habermas unterscheidet in den 70-er Jahren (*Zur Rekonstruktion des Historischen Materialismus*, Frankfurt: Suhrkamp, 1976) unter rechtlich-moralischen Entwicklungsgesichtspunkten vorhochkulturelle Gesellschaften von Hochkulturen (und untergliedert diese nochmals in archaische, nach Zentrum / Peripherie differenzierte, und entwickelte, als Klassengesellschaften organisierte Hochkulturen) und modernen Gesellschaften. Unter primär funktionalen Gesichtspunkten unterscheidet Luhmann (s.u. nächste Fußnote) ähnlich segmentäre von stratifizierten (und diese nochmals nach Zentrum/ Peripherie und Adel /

sche Ansatz in der Soziologie die Ideen auf „Semantik" (Luhmann) verkürzt, interessiert mich ihre Rolle in der Geschichte auch unter normativen Geltungsgesichtspunkten. Folgt man der neueren Systemtheorie, dann erschöpft sich die innovative Bedeutung von „Ideen" in der rein quantitativen Abweichungsverstärkung durch massenhaftes Auftreten von „Variation", also von „unerwarteter, überraschender Kommunikation", die dann durch die Sozialstruktur (positiv oder negativ) selektiert und zu Funktionssystemen restabilisiert wird (oder auch nicht).[3]

Variation besteht dieser Theorie zufolge in der „tagtäglichen", „massenweisen Produktion" „abweichender Elemente".[4] Die Elemente sozialer Systeme sind Kommunikationen, und abweichende Elemente deviante oder negative Kommunikationen. Sie erhöhen die Zahl der Nein-Optionen, steigern das Negations- und Kritikpotential der Gesellschaft und bringen das soziale Gefüge durch Selbstwidersprüche in Bewegung. Anders als Hegel und Marx bestimmt die Systemtheorie - hier ganz in Übereinstimmung mit der neueren kritischen Theorie der Frankfurter Schule (Apel / Habermas) - Variation als *dialogischen* Widerspruch: „Variation kommt (...) durch eine Kommunikationsinhalte ablehnende Kommunikation zustande. (...) Die Ablehnung *widerspricht* der Annahmeerwartung oder auch einfach einer unterstellten Kontinuität des 'so wie immer'. Alle Variation tritt mithin als Widerspruch auf - nicht im logischen, aber im ursprünglicheren dialogischen Sinn."[5] Insofern werden auch Systemtheoretiker zugeben müssen, dass die soziokulturelle Evolution durch das Fegefeuer der Kritik hindurch muss. Um überhaupt in Gang zu kommen, muss die Evolution Innovation und Diskurs aufeinander beziehen, Mutation an Reflexion, Variation an Argumentation koppeln, Gründe und Gegen-

---

Volk differenziert) und funktional differenzierten (modernen) Gesellschaften.

3 Niklas Luhmann, *Die Gesellschaft der Gesellschaft*, Frankfurt: Suhrkamp 1997, 454.

4 N. Luhmann, a.a.O., 461f.

5 A.a.O., 461.

gründe für die Annahme oder Ablehnung von Kommunikationsinhalten hervorbringen.

Aber die Vernunft der Variation, die „Bestimmtheit" ihrer kommunikativen Negationen durch ein Netzwerk guter Gründe, sagt zunächst „nichts über die Chancen der Selektion".[6] Der Zufall regiert die Beziehung von Variation und Selektion. „Ein einzelnes Nein" - auch wenn es vollkommen rational begründet ist und eine universell anerkennungswürdige Idee (z.B. Menschenrechte) zum Ausdruck bringt - „ändert noch keine Strukturen."[7] Dazu bedarf es vieler abweichender Stimmen und des nachhaltigen Drucks materieller und ideeller Interessen, auch wenn die durch „Ideen" geschaffenen „Weltbilder" „sehr oft als Weichensteller die Bahnen" bestimmen, „in denen die Dynamik des Interesses das Handeln" fortbewegt.[8] Es muss, so auch Luhmann, „Interessen" bzw. „strukturelle Gründe für die Entwicklung von Interessen" geben, die „Neuerungen" und „Erfindungen" „aufgreifen, sich ihrer bedienen,. Weiteres anschließen und die Neuerung dadurch allmählich irreversibel machen."[9] Aber auch dann ist keineswegs garantiert, dass die Vernunft der jeweiligen Variation, ihre wohlbegründete „Idee" in der geänderten Struktur politischer und sozialer Institutionen auch tatsächlich zum Zuge kommt. Auch wenn Kritik und Widerspruch erfolgreich sind und zur positiven Selektion neuer Institutionen führen, so kann der „Gesamteffekt" sich als das Gegenteil der ursprünglichen Absicht herausstellen und „ganz andere Strukturen ändern (oder festigen) als die, die ursprünglich Gegenstand der Ablehnung waren."[10] Die in einer Revolution erfolgreiche Kritik aller Herrschaftsverhältnisse kann neue etablieren. Die Durchsetzung von Menschenrechten kann im Zusammenwirken mit „einer schon vorhandenen Sozialord-

---

6 A.a.O., 464.

7 A.a.O., 476.

8 Max Weber, *Gesammelte Aufsätze zur Religionssoziologie* I, Tübingen: Mohr 1978, 252.

9 Niklas Luhmann, *Gesellschaftsstruktur und Semantik*, Bd.2, Frankfurt: Suhrkamp 1981, 68.

10 N. Luhmann, *Die Gesellschaft der Gesellschaft*, a.a.O., 476.

nung" unmenschliche Konsequenzen haben.[11] Technische Innovationen könnenn in ganz anderen Bereichen soziale, politische oder religiöse Folgen haben, die durch die Vernunft der jeweiligen Innovation - sei es eine neue Steinbearbeitungstechnik, die Erfindung der alphabetischen Schrift oder die Produktion von Dampfmaschinen - keineswegs gedeckt sind. Eine alte Einsicht des Marxismus: Neue Produktivkräfte ersetzen nicht nur (innerhalb des technischen Subsystems) ältere Produktionsmittel, sondern „revolutionieren" im Verein mit einer interessierten Klasse bisweilen „sämtliche gesellschaftlichen Verhältnisse".[12] Das aber bedeutet nicht, dass die objektiv wirkenden „Filter" der „gesellschaftlichen Umwelt", die interaktionsnah kommunizierte Innovationen und Devianzen zur Selektion freigeben, ihrerseits *ohne* jede vernünftige Begründung bleiben müssten. Weder sind sie von zukünftiger Kritik ausgenommen, noch existieren sie in einem rechtfertigungsfreien Raum. Gerade politische Theorien dienen oft ihrer vorlaufenden oder nachgeschobenen Legitimation. Die engmaschigen „Filter", die die meisten innovativen Kommunikationen abweisen, aber einige wenige „zu gesellschaftsweiter Diffusion passieren" lassen, sind selbst geronnener, „objektiver Geist" (Hegel).[13] Ihre harte, kommunikativ undurchdringliche *Objektivität* verhindert die Planbarbeit *struktureller* Innovationen. Neue Institutionen lassen sich nicht wie neue Häuser theoretisch entwerfen, technisch planen und mit der Skizze in der Hand bauen. Aber als objektiver *Geist* sind sie nicht nur für Innovationen an sich, sondern auch für die sie stützenden oder abweisenden Argumente, die einer sich erweiternden Kommunikationsgemeinschaft immer von neuem abgetrotzt werden müssen, resonanzfähig. Ihre Vernunft bemisst sich an nichts anderem als an dieser Resonanzfähigkeit. *Ohne argumentative Deckung verlieren die politischen Institutionen jede bürgerschaftliche Akzeptier-*

---

[11] N. Luhmann, a.a.O.

[12] Karl Marx / Friedrich Engels, *Manifest der Kommunistischen Partei*, Stuttgart: Reclam 1997, 22; vgl. a. N. Luhmann, a.a.O., 479f.

[13] N. Luhmann, a.a.O., 479.

barkeit und stürzen in Legitimationskrisen.[14] Zu den „internen Faktoren“ der Evolution, die Selektionsprozesse vom (altdarwinistischen) Kriterium des Überlebens in einer externen Umwelt abkoppeln und auf innergesellschaftliche Kompatibilitäten festlegen, gehören seit der Ausdifferenzierung des „kulturellen Subsystems“ (Parsons) in der Achsenzeit auch die „Filter“ theoretischer und praktischer Diskurse. Mit wachsender Komplexität wächst die Abhängigkeit der sozialen Systeme von diskursiv erzeugter Rationalität.[15]

Aus diesem Grund ist auch die Restabilisierung neuer Formen gesellschaftlicher Differenzierung nicht nur von „blinden“ Systembildungen, sondern auch von subjektiv und intersubjektiv erfolgreichen Lernprozessen und damit von der Reproduktion haltbarer Gründe abhängig. Die gleiche Freiheit eines jeden, Zumutungen mit Gründen zurückzuweisen, ist der normative Gesichtspunkt, den die soziale Evolution selbst hervorbringt und der Geschichte ihrer politischen Ideen und Institutionen vorgibt. Die soziokulturelle Evolution ist in genau dem Maße ein gesellschaftlicher Lernprozess, in dem sie Rationalisierungsfortschritte zum Ausdruck bringt, die „jene Gewaltverhältnisse“ tilgen, „die in die Kommunikationsstrukturen unauffällig eingelassen sind, und die die bewusste Konfliktaustragung und eine konsensuelle Konfliktregelung durch intrapsychische und interpersonelle Sperren der Kommunikation verhindern.“[16]

Aus diesem Grund scheint der Versuch, geschichtliche und gesellschaftliche Veränderungen unter Freiheitsgesichtspunkten als Fortschritt darzustellen, nicht ganz aussichtslos. Auch

---

14 Zum Begriff der Legitimationskrise: Jürgen Habermas, *Legitimationsprobleme im Spätkapitalismus*, Frankfurt: Suhrkamp, 9ff, 96ff, 131ff.

15 Vgl. J. Habermas, „Können komplexe Gesellschaften eine vernünftige Identität ausbilden?“, in: J. Habermas/ D. Henrich, *Zwei Reden*, Frankfurt: Suhrkamp 1974; H. Willke, *Systemtheorie*, Stuttgart: UTB 1993, 76ff, 108ff

16 J. Habermas, *Zur Rekonstruktion des Historischen Materialismus*, Frankfurt: Suhrkamp 34f.

wenn es heute gute Gründe gibt, eine Darstellung der Totalität der Geschichte als „Fortschritt im Bewusstsein der Freiheit“ (Hegel) zu verwerfen, so lässt sich doch der Versuch begründen, die aus der Totalität der Geschichte abstrahierte soziokulturelle Evolution als Fortschritt darzustellen.[17] Retrospektiv und unter normativen Gesichtspunkten macht es dann immer noch Sinn, für die Geschichte politischer Institutionen und Ideen einen Fortschritt im Freiheitsbewusstsein zu behaupten. Über den Verlauf der Geschichte im ganzen ist damit nichts ausgemacht und nichts ausgesagt. Zumindest in der Neuzeit ist die Freiheit in der Evolution des Rechts, der Verfassungsinstitutionen und der politischen Ideen so sehr zum dominierenden Gesichtspunkt geworden, dass nicht nur konservative Kommunitaristen heute die Gegenrechnung einer um der Freiheit willen „vergessenen Gerechtigkeit“ aufmachen.[18]

Auch wenn man nicht - wie konservative oder progressive Kommunitaristen, linke Aristotelikerinnen wie Martha Nussbaum, vielleicht auch Neokontraktualisten wie John Rawls mit seiner güterethischen Wiederaufnahme des Gerechtigkeitsthemas (und trotz des „Vorrangs der Freiheit“) - die Gerechtigkeit ethisch gegen die Freiheit ausspielen möchte, wird man zugeben müssen, dass jede der vielen Geschichten des Fortschritts im Bewusstsein der Freiheit ihrer eigenen Dialektik folgt. Doch auch die diabolisch abgründige Dialektik der Freiheitsparadoxien ist bei Hegel und Marx, ebenso wie bei Sartre und Adorno, am *normativen* Gesichtspunkt der gleichen Freiheit eines und einer jeden orientiert. Offensichtliche Freiheits*gewinne* gehen einher mit neuen Formen ungeahnter Freiheits*verluste*. Rousseau, der einen neuen Gesellschaftsvertrag aus dem einzigen Prinzip gleicher individueller Freiheit begründet, beobachtet das gleichzeitige Wachsen neuer Knechtschaft und Un-

---

[17] Vgl. Talcott Parsons, *Gesellschaften*, a.a.O., 169,.

[18] Zwei Beispiele: Erhard Denninger, „Sicherheit/ Vielfalt/ Solidarität: Ethisierung der Verfassung?“, in: Ullrich K. Preuß, Hg., *Zum Begriff der Verfassung*, Frankfurt: Fischer 1994, 95ff; und mit Berufung auf Rawls: Hasso Hofmann, *Bilder des Friedens oder Die vergessene Gerechtigkeit*, Müchen: Siemens Stiftung 1997.

gleichheit. Aber nicht mehr die materiale Gerechtigkeit, sondern allein der Verlust und die ungleiche Verteilung der Freiheit sind die Kriterien von Rousseaus radikaler Kritik der Kultur. Friedrich Schiller entwickelt in den Tagen der Französischen Revolution, deren Freiheitspathos er selbst in deutsche Dichtung übersetzt hat, eine Theorie umfassender Entfremdung inmitten der neu gewonnenen Autonomie, die derjenigen des jungen Marx in nichts nachsteht.[19] Bei beiden freilich trifft die Spitze der Kritik nicht die Ungerechtigkeit des Weltlaufs, sondern sein Zurückschlagen in Heteronomie. Und der junge Hegel beobachtet um 1800 (wie viele der jungen Romantiker jener Zeit), dass wir den äußeren Despoten nur losgeworden seien, um uns mit einer protestantischen Ethik der Autonomie dem kaum weniger furchterregenden, inneren Herrn ans Messer zu liefern.[20] Diesen Gesichtspunkt hat Max Weber hundert Jahre später ins Zentrum seiner tragischen Gegenwartsdiagnose gerückt.[21] Aus ungeahnten Freiheitsgewinnen sind, so scheint es, längst neue Fesseln geworden. Aber auch die Prophezeiung eines „Gehäuses der Hörigkeit der Zukunft" thematisiert nicht Gerechtigkeitseinbußen, sondern Freiheitsverluste. Und noch Niklas Luhmann geht mit Emile Durkheim vom gleichzeitigen Anwachsen von Autonomie und Abhängigkeit aus.[22] Auch nach dem Grauen des Zweiten Weltkriegs bleibt die eigentümliche Verschlingung von Freiheitsgewinn und Freiheitsverlust das Thema einer Dialektik der Aufklärung, die von dem Buch Horkheimers und Adornos bis zum düsteren Poststrukturalismus Michel Foucaults und zum tragisch-ironischen Dekon-

---

[19] Friedrich Schiller, „Über die ästhetische Erziehung des Menschen in einer Reihe von Briefen", in: ders.: *Theoretische Schriften Dritter Teil*, München: dtv 1966, S.5-95.

[20] G.W. F. Hegel, „Der Geist des Christentums und sein Schicksal", *Werke 1*: Suhrkamp, Frankfurt 1971, 323.

[21] Vgl. insbesondere die „Zwischenbetrachtung: Theorie der Stufen und Richtungen religiöser Weltablehnung", in: *Gesammelte Aufsätze zur Religionsoziologie I*, a.a.O. 1978, 536-573.

[22] N. Luhmann, „Arbeitsteilung und Moral. Durkheims Theorie", in: Emile Durkheim, *Über soziale Arbeitsteilung*, a.a.O., 19-38.

struktionismus Jacques Derridas reicht. Wenn in Büchern wie der „Dialektik der Aufklärung“ jedoch die These einer *notwendigen* Verschlingung von Freiheitsgewinnen und Freiheitsverlusten stark gemacht wird, sollte man misstrauisch werden.[23] Wie sich hier nämlich Gewinn und Verlust jeweils zueinander verhalten, ist aus der Perspektive des soziologischen Beobachters eine rein empirische Frage, und aus der politische Perspektive des Handelnden bleibt es eine offene praktische Frage.

Um geschichtsphilosophische Vorabentscheidungen auszuschließen, ist es hilfreich, zwischen Geschichte und Evolution zu unterscheiden und den Begriff der Evolution vom teleologischen (und eurozentrischen) Modell der *Entwicklung* eines identischen Keims oder der *Entfaltung* eines ursprünglichen Plans oder Designs abzugrenzen.[24] Geschichte und Evolution lassen sich nicht aufeinander reduzieren. Die Gefahr teleologischer Projektionen lässt sich nicht durch eine einfache Umkehrung des Hegelmarxismus, der Geschichte auf Evolution reduziert, erreichen. Auch wenn man historistisch verfährt und Evolution auf Geschichte reduziert, ist das Ergebnis dasselbe. Ich möchte behaupten, dass erst die Unterscheidung von Geschichte und Evolution das uralte Dilemma zwischen „zyklischer Bewegung und eschatologischer Ausrichtung“ der Geschichte zum Verschwinden bringt, das Löwith zufolge bereits „die grundsätzlichen Möglichkeiten des Geschichtsverständnisses erschöpft“ und auch noch „die jüngsten Versuche einer Deutung der Geschichte“ (von Kant und Hegel bis Marx und Nietzsche) zur „Vermischung“ oder „Variation dieser zwei Prinzipien“ verdammt habe.[25]

---

[23] Vgl. Hauke Brunkhorst, „The Enlightenment of Rationality: Remarks on Horkheimer and Adorno's *Dialectic of Enlightenment*“, in: *Constellations*, Vol. 7, No 1, 2000, 133-140.

[24] J. Habermas, „Geschichte und Evolution“, in: *Zur Rekonstruktion des Historischen Materialismus*, a.a.O., 200-260; vgl. a. N. Luhmann, „Evolution und Geschichte“, in: *Soziologische Aufklärung 2*, Opladen: Westdeutscher Verlag 1975, 150-169.

[25] Karl Löwith, *Weltgeschichte und Heilsgeschehen*, Stuttgart: Kohlhammer 1990 (erste Aufl. 1953), 26.

Ich will das an einem Beispiel erläutern. Man kann im alten, jüdisch-christlich-islamischen Monotheismus ebenso wie im klassischen, griechisch-römischen Republikanismus gewisse Elemente finden, die – wenn man sie aus ihrem Kontext *herauslöst* und erheblich *uminterpretiert* – so ausschauen, als enthielten sie schon die Idee der individuellen Menschenrechte und die Idee einer egalitären, legislativen Demokratie. Man kann dann vergleichen: den „absoluten", schon relativ „abstrakten" Gesetzesbegriff des Alten Testaments mit dem positiven Recht[26]; das Exodusgeschehen und den Bundesschluss am Ende des mosaischen Sklavenaufstands mit einem naturrechtlichen, individualistischen Gesellschaftsvertrag, der subjektive Rechte institutionalisiert[27]; den christlichen Solidaritätsgedanken mit dem Egalitarismus der amerikanischen Demokratie[28]; den stoischen Kosmopolitismus mit den Menschenrechten und sogar mit der höchst modernen Idee eines Weltbürgerrechts[29]; die politische Gründung der griechischen Polis oder der römischen Republik mit den Verfassungsrevolutionen des 18. Jahrhunderts.[30]

Die geschichtsphilosophische Tücke derartiger Rückprojektionen besteht darin, dass sie die Vorstellung der Entfaltung

---

26 So mit deutlich antijudaistischer Stoßrichtung etwa G.W.F. Hegel, „Der Geist des Christentums", a.a.O., 274ff.

27 Ein gutes Beispiel für ein derart „gewaltsames" Verstehen des biblischen Textes ist Michael Walzer, *Exodus und Revolution*, Berlin: Rotbuch 1980, und im Anschluß an Walzer H. Brunkhorst, „Exodus - Der Ursprung der modernen Freiheitsidee", in: *Der entzauberte Intellektuelle*, Hamburg: Junius 1992, 267-290.

28 Das macht Richard Rorty, *Das Kommunistische Manifest 150 Jahre danach*, Frankfurt: Suhrkamp, 1998; vgl. a. H. Brunkhorst, „Im Licht dialogischer Wahrheit. Rorty, Putnam und die Frankfurter Schule", in: Merkur 1 / 1997, S.10-19.

29 So z.B. M. Nussbaum, „Kant und stoisches Weltbürgertum", in: Matthias Lutz-Bachmann / James Bohman (Hg.), *Frieden durch Recht*, Frankfurt 1997, 45-75.

30 Ein Beispiel, das damit ans Selbstverständnis der Amerikanischen und der Französischen Revolution anschließt, ist Hannah Arendts Buch *Über die Revolution*, München: Piper 1974.

oder Entwicklung einer Idee nahelegen, die seit tausenden von Jahren wie Dornröschen in den semantischen Vorratskammern der alteuropäischen Kultur geschlummert und nur auf den revolutionären Prinzen gewartet hat, der sie wachküsst. Stattdessen wird man davon ausgehen müssen, dass die erwähnten Vergleiche einem höchst produktiven Missverständnis aufsitzen und erst durch eine gewaltsame Interpretation, eine entschlossene Dekontextualisierung des überlieferten Materials zustande gekommen sind. Den langen und wendungsreichen geschichtlich-gesellschaftlichen Prozess, der schließlich zur durch und durch modernen Erfindung von subjektiven Menschen- und Bürgerrechten geführt hat, sollte man sich aber nicht als notwendige organische Entwicklung, sondern als eine sprunghafte Serie zufälliger Variationen des überlieferten Sinnmaterials vorstellen. Am Ende, im 18. Jahrhundert, als die Menschenrechte in den europäisch-amerikanischen Verfassungsrevolutionen dann entdeckt und erfunden wurden, war es unter höchst unwahrscheinlichen Bedingungen zu einer Massierung von Ambivalenzen gekommen, die schließlich Anlass zu einer gewaltsamen und radikalen Neuinterpretation der Natur, des Menschen, der Rechte, des Staats, der Politik, der Solidarität, der Republik, der Religion, der Kunst und vieler anderer Dinge waren. Die rekonstruktive Darstellung des diskontinuierlichen Zusammenhangs von altem Monotheismus, altem Republikanismus und modernem, demokratischem Rechtsstaat lässt retrospektiv zwar eine gerichtete, durch erfolgreiche Lernprozesse vorangetriebene, europäische „Sonderentwicklung" (Max Weber) erkennen. Aber die Tatsache einer durch alle Umbrüche hindurch in sich sinnvollen, also auch *immanent* verständlichen Entwicklung, die wir immer nur *post festum*, von unserem Standort in der Geschichte ausgehend konstruieren können, besagt *nicht*, dass es so kommen *musste*. Die Geschichte hätte auch ganz anders verlaufen können. Vor allem aber besagt die europäische „Sonderentwicklung", deren spezifischer Rationalismus bis in die Anfänge des biblischen Monotheismus zurückreicht und schon früh Elemente enthielt, die sehr viel später die Evolution der modernen Gesellschaft begünstigt haben, *nicht*, dass juridische Menschenrechte und die egalitär-legalistische Demokratie nicht auch anderswo (in Afrika, in Neuguinea oder in Indien) *ohne* Zutun europäischer Kolonialherrn und *ohne* die geschichtlichen Elemente des alten Europa (wie Monotheismus, Republikanismus, okzidentaler Rationalismus etc.) hätten erfunden, durchgesetzt und stabilisiert werden können. Sehr wahrscheinlich ist das nicht, aber was in der sozialen Evolution ist schon wahrscheinlich. Das Neue ist es nie. Die Französische Revolution war nicht wahrscheinlich, nicht das Ende (Telos) einer langen Entwicklung. In der sozialen Evolution ist – nicht anders als in der biologischen – alles „Produkt von Zeit und Zufall" (Rorty).

Ich werde in diesem Buch keine Ergebnisse evolutionstheoretischer Forschung präsentieren. Das erforderte einen anderen Aufwand und ließe sich ohnehin nur in Einzelmonographien und Fallstudien bewältigen, nicht in einer einführenden Gesamtübersicht wie der vorliegenden. Die evolutionistische Interpretationsperspektive dient mir jedoch als Leitfaden zur exemplarischen Darstellung wichtiger Stufen und Umbrüche in der Geschichte politischer Ideen.

Im ersten und vierten Kapitel stelle ich den jeweils folgenden einige zusammenfassende Bemerkungen zur Funktion von „Verbreitungsmedien" wie Schrift (1.Kapitel) und Buchdruck (4.Kapitel) voran. Ohne diese technischen Voraussetzungen an der gesellschaftlichen Basis gäbe es kaum eine eigenständige soziale Evolution, keine Evolution ihrer politischen Ideen, kein modernes Freiheitsverständnis. Insbesondere erweist sich die Evolution der kommunikativen Vernunft, deren Ort die universelle Kommunikationsgemeinschaft ist, als abhängig von der Erfindung und Implementierung neuer Kommunikationstechniken. Diese selbst gehören zu den unverzichtbaren Bedingungen der Möglichkeit kommunikativer Freiheit. Ohne Schrift wäre schon die kontrafaktische Rede von einer idealen, Raum und Zeit übergreifenden Kommunikationsgemeinschaft gegenstandslos. Aber erst mit dem Buchdruck geraten alle Formen sozialer Integration unter einen Rationalisierungsdruck, der aus der Praxis schriftsprachlicher Verständigung stammt, die auch die mündliche Rede einer und eines jeden vom „Supplement“ (Derrida) der Schrift abhängig macht und auf universelle Geltungsansprüche verpflichtet.

Im zweiten Kapitel geht es um das altehrwürdige Thema „Athen und Jerusalem”. Der Bruch des ontologischen Kontinuums der altägyptischen Kosmologie im jüdischen Monotheismus war zunächst nur eine geringfügige Veränderung, hatte aber sofort ungeheure Konsequenzen für das gesamte politische und soziale Selbstverständnis der Gemeinschaft. Ein „theoretisches” wird durch ein „praktisches” Weltverhältnis abgelöst und eine politische Theologie ausgebildet. Ähnlich massiv war der Umbruch, der zur „Entstehung des Politischen bei den Griechen” (Chr. Maier) geführt und die Sippschaftsbande der alten segmentären Gesellschaft ebenso gesprengt hat wie den Deutungshorizont der archaischen Religionen. Es geht mir im Vergleich beider Deutungssysteme um diejenigen Elemente des monotheistischen und republikanischen Denkens, die später, aus ihrem ursprünglichen Kontext herausgelöst, „gegen den Strich gebürstet” (W. Benjamin) und „radikal uminterpretiert” (R. Rorty) worden sind. Das Resultat einer derart „externen” Interpretation ist eine normative Einsicht. Sie hat sich durch die Transformation des griechischen und vor allem des römischen Republikanismus erhalten und ist dann im Kontext der modernen Demokratie zu neuem Leben erwacht. Es ist einmal der Gedanke der *Emanzipation der Bürger einer Stadt von aller Herrschaft von Bürgern über Bürger*, wobei der Begriff des Bürgers scharf vom extensional sehr viel breiteren des Menschen geschieden bleibt. Die „menschliche Emanzipation” (Marx) ist hingegen das Erbe des biblischen Monotheismus. Seine normative Pointe ist im Lichte des modernen Freiheitsverständnisses der Gedanke einer – den Rahmen der politischen Welt bürgerlicher Selbstorganisation sprengenden – *Emanzipation des Menschen von aller Herrschaft von Menschen über Menschen.*

Das dritte Kapitel behandelt – vor dem Hintergrund der römischen Entwicklung - die „Erfindung” des „modernen” Rechts in der päpstlichen Revolution des 11. und 12. Jahrhunderts. Ausgangspunkt meiner Überlegungen ist Harold Bermans provozierende These, der Kirchenstaat sei der erste Rechtsstaat gewesen. Die aus dem Umbruch der ersten Jahrtausendwende schließlich hervorgegangene Innovation ist die Idee einer rechtlichen Organisation gesellschaftlicher Solidarität und einer Umwandlung der kurzfristigen Erwartungen urchristlicher Sekten in den langfristigen, radikalen Reformismus einer Weltveränderung im Medium des Rechts.

Im fünften Kapitel geht es um die frühneuzeitliche Theorie der Souveränität. Subjektive Freiheit löst sich aus dem Kosmos republikanischer Tugend, das Ethos des städtischen Lebens wird durch privatisierte Glaubensmächte ebenso wie durch privatrechtliche Vertragsbeziehungen aufgelöst und der juridische Vertrag zum Paradigma der Begründung von Gesellschaft überhaupt. In der Theorie wie in der Praxis wird aus dem Rechtsstaat des päpstlichen Zeitalters ein individualistischer Staat des positiven Rechts. Die Theorie liefert Thomas Hobbes, die Praxis erproben die protestantischen Sekten. Die an Hobbes exemplifizierte Innovation besteht in der Gleichursprünglichkeit von positivem Recht, subjektiven Rechten und politischer Souveränität. Von da ist der Weg zur folgenreichen *Demokratisierung der Souveränität*, den das sechste Kapitel nachzeichnet, nicht mehr weit. Der alteuropäische Republikanismus kehrt in den Verfassungsrevolutionen des 18. Jahrhunderts zurück, aber auf radikal individualistischen Grundlagen, und er sprengt die Mauern der Stadt und den partikularen Horizont territorialer Grenzen. Der moderne Republikanismus ist ein globales Projekt, das sich selbst seit den Tagen der Französischen Revolution als Menschenrechtsuniversalismus und seit dem amerikanischen Bürgerkrieg als demokratischer Expansionismus versteht. Solchem Selbstverständnis kontrastiert freilich ein politisch-ökonomischer Imperialismus, der sich im blutigen Lauf der Zeit vielfach mit dem Expansionismus und Universalismus von Menschenrechten und Demokratie verschlingt, freilich ohne die Unterschiede, die *den* Unterschied von Freiheit und Fremdbestimmung im westlichen Bewusstsein machen, je gänzlich zu verwischen.

*

Zu danken habe ich für hilfreiche Kritik und Kommentare Gertrud Koch und Peter Niesen. Zahlreiche Hilfen, von der Literaturbeschaffung bis zum Index haben besorgt Sissi Tax, Annett Lorenzen und Florian Bernstorff. Für die zügig-professionelle Herstellung der Schlussfassung des Manuskripts danke ich Monika Pareike und Angelika Erdmann. Begonnen habe ich mit der Arbeit an diesem Text während meiner Zeit als Fellow am Kulturwissenschaftlichen Institut in Essen. Dank schulde ich den Mitarbeiterinnen des Instituts und den Kolleginnen und Kollegen der dortigen Studiengruppe „politische Theorie der Massenkultur“.

1. Kapitel: Die Katastrophe der Schrift

Große Gesellschaften von der Ausdehnung des alten Ägypten oder Stadtstaaten, die – wie Athen zeitweise oder Rom dauerhaft – ganze Weltregionen teilweise oder ganz beherrschen, können durch mündliche Kommunikation unter Anwesenden nicht mehr zusammengehalten werden. Sie bedürfen der Verständigung unter Abwesenden und Fremden[31]. Die „*geschriebene Sprache*" ist für Parsons deshalb die „Wasserscheide", die die „intermediären" von den „primitiven" Gesellschaften trennt.[32] Erst im Medium der Schrift kann an weit entfernten, verschiedenen Orten und zu weit auseinander liegenden, verschiedenen Zeiten Information verbreitet werden.

Mit der kommunikativen Verwendung der Schrift entwickelt sich bürokratische Klassenherrschaft großen Stils. Schrift und Herrschaft sind für Lévi-Strauss gleichursprünglich und bedingen sich wechselseitig. Wer in einer Gesellschaft, in der die Analphabeten die große Mehrzahl bilden, schreiben kann, gewinnt rasch Prestige und Autorität und schließlich „Macht über die anderen".[33] Als der Ethnologe, der alles protokolliert, beim Stamm der Nambikwara im brasilianischen Urwald Papier und Bleistift verteilt, erkennt der Häuptling sofort seine Chance, den Gefährten zu imponieren. Er verschafft sich einen uneinholbaren Vorsprung, indem er geschickt vortäuscht, die horizontalen Wellenlinien, die er wie alle andern aufs Papier kritzelt, wären geschriebene Antworten auf die mündlichen Fragen des Ethnologen. „Wahrscheinlich hatte er als einziger die Funktion der Schrift begriffen."[34] Wenig später gab es

---

31 N. Luhmann, *Die Gesellschaft der Gesellschaft*, Frankfurt: Suhrkamp 1997, S.257: „Mit der Schrift beginnt die Telekommunikation, die Erreichbarkeit der in Raum und Zeit Abwesenden."

32 T. Parsons, *Gesellschaften*, a.a.O., 46.

33 Claude Lévi-Strauss, *Traurige Tropen*, Frankfurt: Suhrkamp 1998, 293.

34 Lévi-Strauss, *Traurige Tropen*, a.a.O., 290f.

Streit und einen gewalttätigen Konflikt, der erst durch einen weiteren 'Fortschritt', die Einführung eines neuen Mediums, den „Austausch von Waren", beigelegt werden konnte: „An die Stelle des Konflikts tritt der Handel."[35]

Um eine „eine große Zahl von Individuen in ein politisches System zu integrieren" und dessen „Herrschaft zu konsolidieren", bedarf es der Schrift. Ihr kommunikativer Gebrauch, so die Negativbilanz von Lévi-Strauss, ist „immer begleitet" von der „Hierarchisierung in Kasten und Klassen", sie scheint „die Ausbeutung der Menschen zu begünstigen", ja, der Ethnologe sieht die „primäre Funktion schriftlicher Kommunikation" schließlich darin, „die Versklavung zu erleichtern."[36] Die „geschriebenen Dokumente" hätten, schreibt er ganz im Geist Rousseaus, den guten Wilden die Unschuld geraubt, haben sie doch die ursprüngliche „Authentizität" des „lebendigen Kontakts der Personen" zerstört und der Gesellschaft einen „nichtauthentischen Charakter" aufgeprägt.[37] Ist die ursprüngliche Republik der „Alten" (Athen/Rom) für Rousseau eine Versammlung öffentlicher „Beredsamkeit", so ist an ihre Stelle im modernen Staat (des Französchen Absolutismus) längst die monologische „öffentliche Gewalt" getreten, die einsilbig *und* schriftlich dekretiert: „*Es hat dem König beliebt.*" Schriftzeichen und Bajonette sind funktionale Äquivalente, wenn es darum zu tun ist, den Befehl der Obrigkeit ans Volk zu bringen: „Da man dem Volk nichts mehr zu sagen hat außer: *Gebt Geld her*, sagt man es mit Anschlägen an den Straßenecken

---

[35] A.a.O., 298. Das bestätigt Luhmanns These, die Ausdifferenzierung von Medien wie Geld, Macht oder Recht, die die Annahme von Kommunikationsangeboten, die ohne sie unwahrscheinlich wären, wahrscheinlich machen, sei die Antwort der sozialen Evolution auf die explosionsartige Vermehrung der Negationsmöglichkeiten in schriftbasierten Kulturen.

[36] C. Lévi-Strauss, a.a.O., 294f.

[37] C. Lévi-Strauss, *Strukturale Anthropologie*, Frankfurt: Suhrkamp 1967, 392. Zur Kritik der rousseauistischen 'Unschuldsvermutung' vgl. J. Derrida, *Grammatologie*, Frankfurt: Suhrkamp 1983, 205ff.

oder mit Soldaten in den Häusern."[38] Die Schriftsprache – so formuliert Rousseau *in* dieser Sprache – ist „eine knechtische Sprache": „Es ist unmöglich, dass ein Volk frei bleibt und diese Sprache spricht".[39]

Die These, Ausbeutung, Gewalt und Herrschaft seien erst mit der Schrift ins menschliche Leben getreten, ist gewiss überzogen und widerspricht überdies Lévi-Strauss' eigenen ethnologischen Studien.[40] Außerdem bleibt er - auch darin Schüler des von ihm so verehrten Jean-Jacques - keineswegs beim simplen, an Tönnies erinnernden Schema 'authentische = schriftlose Gemeinschaft vs. unauthentische = schriftvermittelte Gesellschaft' stehen. Er unterscheidet nämlich die „soziologische" Funktion der Schrift, die sie an soziale und politische Herrschaft koppelt, von ihrer „intellektuellen" Funktion, die allen nützt und die Solidarität erweitert und generalisiert.[41] Diese Unterscheidung kommt Parsons denkbar nahe. Die Tren-

---

38 Jean-Jacques Rousseau, „Versuch über den Ursprung der Sprache, in dem von der Melodie und der musikalischen Nachahmung die Rede ist", in: *Sozialphilosophische und politische Schriften*, München: Winkler 1981, 220.

39 J.-J. Rousseau, a.a.o., 221.

40 Vor allem wegen der These von der Gleichursprünglichkeit von Schrift und Herrschaft hat J. Derrida die Eurozentrismuskritik von Lévi-Strauss erfolgreich einer Metakritik konfrontieren können, die den Phonozentrismus des Ethnologen seinerseits eines in der alteuropäischen Präsenzmetaphysik tief verwurzelten Eurozentrismus überführen zu können glaubt (*Grammatologie*, a.a.O., 178ff). Derrida möchte jedoch mit der These einer allen Kulturen gleichursprünglichen „Urschrift" die Differenz 'schriftbasierte vs. schriftlose Kulturen' gleich ganz unterlaufen. Das ist sehr radikal, aber vielleicht doch nur eine leere Überbietungsgeste (so jedenfalls die Kritik bei Jürgen Habermas, *Der philosophische Diskurs der Moderne*, Frankfurt:Suhrkamp, 1985, 191ff). Am Ende ist alles, was Spuren in der Welt zurücklässt, Schrift (*Grammatologie*, 274, 283 ff). Aber wie soll man das dann noch erkennen? Wenn alles zum Text wird, werden alle Katzen so grau wie ihre nächtliche Umgebung.

41 C. Lévi-Strauss, *Traurige Tropen*, a.a.O., 292; vgl. a. *Strukturale Anthropologie*, a.a.O., 391ff.

nung der soziologischen von der intellektuellen Funktion ist eine Folge der Verwendung der Schrift als Medium, besteht doch deren wichtigste evolutionäre Errungenschaft in der „fundamentalen Differenzierung zwischen dem sozialen und dem kulturellen System".[42] Gerade die damit verbundene Nötigung, die „intellektuelle" Funktion der Schrift im kulturellen System zu spezialisieren, hat die gesellschaftliche Macht der Kultur erheblich erweitert und ihre „*Unabhängigkeit*", ihre Autonomie als eigene „Wertsphäre" (Weber) oder eigenes „Sozialsystem" (Luhmann) untermauert.[43] Die gesellschaftliche Etablierung der Schrift konnte deshalb *gleichzeitig* zur immensen Steigerung radikaler Herrschaftskritik (von der „Kultur" gegen die „Gesellschaft", z.B.: Propheten gegen Könige, s.u. Kap. 3) und machtopportunistischer Herrschaftsstabilisierung (durch Religion als Volksopium und „Gemüt einer herzlosen Welt", durch affirmative Kultur, aber vor allem auch durch schriftbasierte Bürokratie) beitragen.[44] Die Wirkungen der Schrift sind dialektisch: destruktiv und produktiv zugleich.

Die Schrift ermöglicht die von Rousseau so gefürchtete Herrschaft einer elitären Priesterkaste, die eifersüchtig darüber wacht, die orthodoxe Deutung der Schriftreligion als Dogma und Unterpfand der priesterlichen „Gewalt über die Kommunikationsmittel" zu „bewahren".[45] Aber die Schrift entreißt auch die heterodoxen und „alternativen Sichtweisen der Welt", den intellektuellen Skeptizismus und die über das Dogma hinausschießende Spekulation dem Vergessen.[46] „Sogar in normalen Zeiten" – so Jack Goody – „bilden die normativen Implikatio-

42 T. Parsons, *Gesellschaften*, 46.
43 A.a.O., 46, 48.
44 Zum Begriff der „affirmativen Kultur" vgl. Herbert Marcuse, „Über den affirmativen Charakter der Kultur", in: *Schriften* 3, Frankfurt: Suhrkamp 1979, 186-226. Zum Drogencharakter der Religion vgl.: K. Marx, „Zur Kritik der Hegelschen Rechtsphilosophie", in: Marx/ Engels, *Werke*, Bd. 1, Berlin: Dietz 1988, 378.
45 Jack Goody, *Die Logik der Schrift und die Organisation von Gesellschaft*, Frankfurt: Suhrkamp 1990, 69.
46 J. Goody, a.a.O., 69f.

nen eines Textes oft eine Messlatte für die Kluft zwischen Wirklichkeit und Möglichkeit, zwischen Sein und Sollen, zwischen dem Vorhandenen und der Utopie“[47].

Schrift konserviert die Tradition *und* die Opposition gegen sie: „Im alten Ägypten finden sich sogar in Gräbern Harfenistenlieder, in denen der Wert der Versorgung und Verproviantierung der Toten geleugnet und festgestellt wird: ‚Niemand ist jemals von dort zurückgekehrt‘.“[48] Und in Mesepotanien und überall dort, wo Wahrsagerei und Literalität eng miteinander verbunden sind, steigerte das zwar die Macht und das alltagsferne Geheimwissen der Magier und Propheten, zugleich aber konnten sie fortan an ihren Früchten gemessen werden. Niedergeschriebene Prophezeiungen wurden nicht mehr vergessen und blieben der rhetorischen Manipulation entzogen, man konnte ihre Konzequenzen „objektiv“ messen und „wissenschaftlich“ überprüfen.[49]

Wenn die Schrift erst einmal als Kommunikationsmedium systematisch genutzt wird, wird sie bald zur Katastrophe der schriftlosen Kulturen, die auf soziale Integration durch mündlich ritualisierte Überlieferung ebenso ausschließlich angewiesen sind wie auf die physische Erreichbarkeit wahrnehmbarer menschlicher Körper, auf ihre Stimmen und Ohren. Die Schrift ist der Tod des ‚lebendigen‘ Worts im Zeichen,[50] begünstigt Zentrumsbildung (Stadt vs. Dorf), die Ausdifferenzierung des politischen Systems und die Stabilisierung einer herrschenden Oberschicht, und sie ermöglicht die Abspaltung einer besonderen Ideenevolution, die sich in dialektischer Spannung – gleichzeitig affirmativ und kritisch - zur hierarchischen Struktur der politischen Gesellschaft entwickelt. „Neue Ideen“ können mit der Schrift in die „entlegensten Gegenden“ gelangen und lösen die für den Zusammenhalt der Dorfgemeinschaften erforderliche „kulturelle Homogenität“ mit ihrer rituellen „Übereinstimmung von religiösem Glauben und Praxis“ auf,

---

[47] A. a. O, 53.
[48] A. a. O, 70.
[49] A.a.O., 79.
[50] J. Derrida, a.a.O., 285.

was man noch in den letzten Jahrzehnten in weitgehend schriftlosen ländlichen Regionen Südostasiens beobachten konnte, wenn plötzlich gedruckte Plakate und Parteiprogramme in die nachbarschaftliche Gemeinschaft eindrangen und die „primären Bindungen" „geographischer Nähe" sich der Komplexität diffus ideologischer Gesinnungen (Nationalismus, Marxismus, islamische Reformbewegungen) ausgesetzt sahen. Die nachbarschaftliche Gemeinschaft wird bedrohlich geschwächt und scharfe soziale Konflikte signalisieren einerseits zwar „den Verlust eines kulturellen Konsenses", aber andererseits auch die Suche nach neuen, schriftabhängigen, „allgemeineren und flexibleren Glaubens- und Wertmustern."[51]

„Alles wird anders, wenn es durch Schrift vermittelt wird."[52] Die Schrift allein ändert noch nichts, aber ihre soziale Nutzung ändert alles.[53] Sie erschließt die Einheit der Welt in der Vielzahl ihrer Kulturen. Nur deshalb konnten innerhalb derselben

---

[51] Clifford Geertz, „Ritual und sozialer Wandel: ein javanisches Beispiel", in: *Dichte Beschreibung*, Frankfurt: Suhrkamp 1987, 104ff. Das Beispiel der Zerstörung des dörflichen Begräbnisrituals durch ein in den Hauseingang gehängtes Parteiplakat ist sehr instruktiv (107ff).

[52] N. Luhmann, a.a.O. S.283.

[53] Die Schrift ist nicht *als* Kommunikationsmedium entstanden. Das erste Schriftzeichen hatte noch keinen Leser, und die ersten Leser noch keine Schrift. (Vermutlich waren die ersten Protoleser die Deuter von Tiereingeweiden, Schildkrötenpanzern wie in China oder irgendwelchen natürlichen „Zeichen", wie Donner, Blitz, Mondfinsternisse.) Man kann hier an eine ziemlich langwierige „Co-Evolution" von Lesen und Reden denken, die ohne „strukturelle Kopplung" ablief, also ohne wechselseitiges Aufeinander-angewiesensein voraussetzen zu müssen. Schrift ist jedenfalls viel älter als schriftliche Verständigung zwischen Autoren, Lesern und Interpreten. Der kommunikative Gebrauch der Schrift ist das Ergebnis einer späten evolutionären Mutation. Erste, rein sakral (für die Kommunikation mit Göttern) gebrauchte Schriftfunde gehen auf das sechste Jahrtausend vor Christi zurück, und der kommunikative Gebrauch in Form von Briefen oder Botschaften ist seit dem zweiten vorchristlichen Jahrtausend dokumentiert.

europäischen Gesellschaftsformation, die mehrere Jahrtausende auf hierarchischer Schichtung basierte, eine Unzahl verschiedener Kulturen und Weltbilder Platz finden, sich höchst produktiv austauschen, bis zur Unkenntlichkeit vermengen und in guten Zeiten sogar friedlich koexistieren (Cordoba, Sarajevo usw.). Das ist keineswegs ein bloßer Zufall, sondern Ausdruck eines mit der Staaten- bzw. Imperiumsbildung einhergehenden *normativen Lernprozesses.* Lokalgötter und ältere Bevölkerungsteile, die in den Herrschaftsbereich literarisierter Königreiche geraten, werden – wenn sie nicht ausgerottet und versklavt werden – integriert. Ihre Götter werden den anderen Lokalgöttern innerhalb eines immer eklektischer werdenden Pantheons „gleichgesetzt" und einer sich formalisierenden und hierarchisierenden Religion eingegliedert. Mit der Ausdehnung der Außenbeziehungen der Imperien und Königreiche kommt es schließlich sogar zu einer „Gleichsetzung von Gottheiten nicht nur innerhalb, sondern auch außerhalb des Gemeinwesens."[54] Universalisierung und Pluralisierung bzw. Spezialisierung gehen Hand in Hand. Durch die Existenz der Schriftkultur wird die Rationalisierung der religiösen Weltbilder enorm erleichtert. Schon „die bloße Tatsache, dass Götterlisten auf Tafeln und Denkmälern angebracht werden", führt ebenso zur „Schaffung hierarchischer Ordnung" wie zur „Gleichsetzung verschiedener Gruppen, indem sie nach Maßgabe ihrer spezifischen Rollen und Verwandschaftsbeziehungen ausgesucht werden."[55]

Erst die Erfindung der Schrift macht die Verständigung in einer räumlich und zeitlich unbegrenzten, *universellen Kommunikationsgemeinschaft*, die die Grenzen territorial gebundener Klassenherrschaft übersteigt, *überhaupt möglich* und als Gedanken fassbar. Auch Lévi-Strauss muss zugeben, dass wir es der Schrift verdanken, wenn sich „in der Gegenwart (...) unsere Kontakte zweifellos unendlich erweitern." [56] Zumindest an der Spitze und in bestimmten Funktionsbereichen (Philosophie,

---

[54] J. Goody, a.a.O., 70.
[55] A.a.O., 71.
[56] C. Lévi-Strauss, *Strukturale Anthropologie*, a.a.O., 392.

Theologie, politische Rhetorik, Recht, Dichtung) konnte diese Gemeinschaft schon früh in vormodernen Klassengesellschaften realisiert werden. Die Entwicklung der juristischen Fakultäten und des kanonischen Rechts im lateinisch kommunizierenden Oberschichteuropa des Mittelalters ist dafür ein ebenso imponierendes Beispiel (s. u. Kap. 3) wie der Bildungsuniversalismus lateinischer Humanisten an der Schwelle zur Neuzeit. Die universelle Kommunikationsgemeinschaft blieb aber, ebenso wie die zugehörige Weltgesellschaft, solange fiktiv, wie Wissen weiterhin im wesentlichen mündlich (mit Schriftprodukten als Gedächtnisstütze) tradiert wurde und wegen fehlender Verbreitungstechniken wie Presse, Buchdruck, Funk etc. auch kaum anders als oberschichtspezifisch tradiert werden konnte.

Trotz ihrer sozialen und technischen Schranken treibt die Schrift das von Mund zu Mund laufende und mit dem Schall verklingende Wort weit über die jeweilige Situation der Anwesenden hinaus und erschließt dem Verbreitungsmedium Sprache erstmals das ganze kommunikative Universum als *eine* Welt. Ohne Schrift wäre es nicht möglich, Nähe *und* Ferne, Freunde *und* Fremde, die Welt, wie sie ist und die Welt, wie sie (hier oder noch) nicht (oder nicht mehr) ist, einzubeziehen. Vor Erfindung der Schrift gibt es eine nur an wenigen Stellen überlappende Pluralität einander unbekannter Kommunikationsgemeinschaften, die kaum weiter reichen als Augen und Ohren ihrer jeweiligen Population. Die Handschrift erfüllt die Bedingung der *Möglichkeit* einer universellen Kommunikationsgemeinschaft, aber erst durch Buchdruck und Telekommunikation (s. u. Kap. 4) wird ihre globale *Verwirklichung* schließlich zum lebensweltlichen Alltag. Doch immerhin die Möglichkeit universell entgrenzter Kommunikation ist schon mit der kommunikativen Nutzung der Handschrift präsent. Vorausgesetzt, der Text geht nicht verloren oder wird zerstört, kann sein Autor von jedem beliebigen Leser irgendwann und irgendwo verstanden und interpretiert werden. Die Schrift ermöglicht eine endlose „Vertagung des Verstehens".[57] Die Schrift verleiht der

---

[57] N.Luhmann, a.a.O. S.258.

Sprache eine Kraft, die *alle* Grenzen transzendiert. Sogar Tote können jetzt, auch ohne Auferstehung oder Hilfe von Geisterhand, direkt mit den Lebenden kommunizieren.[58] Zauberei und Animismus werden überflüssig. Die Religion muss sich entzaubern. Göttliche Mächte können im Traum zu den Menschen sprechen, sie können sich ihnen mündlich in der Wüste, auf hohen Bergen, in ekstatischen Zuständen oder unter sonstwie besonderen Umständen mitteilen, aber sie hinterlassen keine Notizen, sie verschicken keine Briefe, schreiben keine Bücher. Bestenfalls diktieren sie welche, wie der Gott Mohammeds, oder helfen verzagten Autoren auf die Sprünge, wie die berühmte Muse mit ihrem Kuss, - aber eben nicht mit ihrer Handschrift. Schreiben muss man immer noch selbst. Das setzt nicht nur archaische Gesellschaften, die auf animistische Kommunikation mit Geistern angewiesen sind und in denen der Ton die Musik macht, weil die konkrete Lautgestalt der Äußerung noch nicht klar vom Sinn des Mitgeteilten getrennt werden kann, unter einen ungeheuren Rationalisierungsdruck. Die Schrift „sprengt die Alleingewalt der mündlichen Rede".[59]

Wie Eric Havelock gezeigt hat, erklärt sich der idealistische Intellektualismus der platonischen Philosophie historisch und materialistisch daraus, dass Platon als einer der ersten den Zusammenhang zwischen Polisbildung und Schriftkultur erkannt hat.[60] Wird die kulturelle Überlieferung (Geschichtsbewusstsein, Moral / Recht, Technik / technische Fertigkeiten) vom Ohr aufs Auge, von oraler auf literale Vermittlung umgestellt, dann wird die Poesie, werden Epos, Gesang und Schauspiel als einziges, mnemotechnisch alternativloses Medium der Erinnerung und des kulturellen Gedächtnisses überflüssig bzw. funktional subsidiär. Daraus erklärt sich die historisch beispiellose Kritik Platons an *aller* Dichtung *als* Dichtung, unabhängig von ihren Inhalten und ihrer Qualität. Ziel dieser Kritik war die Etablierung einer schriftbasierten Oberschichterziehung, die es

---

58 Vgl. a. J. Goody, a.a.O., 65.

59 N. Luhmann, .a.O., S.541.

60 Eric A. Havelock, *Preface to Plato*, Cambridge/Mass.: Havard Universität Press 1963.

möglich machen sollte, Herrschaft in abstrakten und legalen, charisma-unabhängigen und rationalen Formen auszuüben. Das war im Athen seiner Zeit keineswegs utopisch, sondern pragmatischer Reformismus, freilich ein radikaler, der die bis dahin vorherrschende, versammlungsdemokratische und oral dominierte Kriegerkultur in ihrem Kern traf. Nur zu verständlich wird vor diesem Hintergrund das Todesurteil, das die konservativen Athener Bürger über Platons Lehrer Sokrates aussprachen. Signifikant ist auch die von Thukydides überlieferte Totenrede des Perikles. Sie enthält berühmte Passagen, in denen Perikles die Stadt für die Freiheit preist, die sie der philosophischen Rede und der Liebe zum Geist gewährt, - freilich nicht ohne beschwichtigend hinzuzufügen, solche Freiheit würde nicht zur Erschlaffung und Verweichlichung männlicher Kriegertugend führen.[61] Das verweist auf die Gefahr und das Misstrauen, das die Athener der neuen, schriftbasierten Philosophenkultur und Erziehung entgegenbrachten. Würde sie die heroischen und aristokratisch-militaristischen Werte bewahren können, für deren lebendige Überlieferung bisher Homers Epen und die Heroengesänge der Tragödiendichter sorgten, die ein identifikatorisch wirkendes System der Erziehungs- und Mnemotechniken bildeten, auswendig gelernt und in individuellen Gedächtnissen gespeichert, beständig und mit hohem Emotionsaufwand repetiert und dem Kollektivbewusstsein eingehämmert wurden? Das waren für die Athener – eine kleine Stadt inmitten einer feindlichen Umwelt – Fragen auf Leben und Tod. „A course in mathematics and dialectic might produce analysts and planners and critics, and society might one day embrace them. But would it any longer produce heroes ‚without softness'?"[62] So sah es noch Rousseau: Mit der Schrift verliert die Sprache an „Kraft", „indem sie an Klarheit gewinnt".[63]

---

[61] Thukydides, *Geschichte des peleponnesischen Krieges*, München: dtv 1991, II, 40 (142).

[62] E. A. Havelock, a.a.O., 286.

[63] J.-J. Rousseau, a.a.O., 183.

Mit Platon überschreitet die griechische Kultur die Schwelle von der Mündlichkeit zur Schriftlichkeit.[64] Homer und die Dichter werden zum platonischen Feindbild, *weil* sie die orale Kultur Athens repräsentieren.[65] Die alten Dichter schrieben für Hörer, die nicht lesen und schreiben konnten. Erstmals schreibt nun ein Philosoph für Leser, die seine Texte beiseite legen, darüber nachdenken und diskutieren können, die den Inhalt in ihren eigenen Worten und Gedanken prosaisch reproduzieren und nicht mehr an Rhythmus und Versform, emotionale Einstimmung und Nachahmung gebunden sind, wenn sie den Inhalt über die Verfallszeit des mündlichen Vortrags retten wollen. Denken und propositionaler Gehalt der Rede trennen sich von der konkreten Laut- und Schriftgestalt der Wörter wie die platonische Seele vom hinfälligen Leib. Das konstituiert nicht nur einen überspannten Intellektualismus und eine elitäre Bildungskultur, sondern überhaupt das Medium wissenschaftlicher Kritik, dem sich dann auch ein so idealismusferner, machtpolitischer Realist wie Thukydides sofort anschließen kann. „Mühsame Forschung" hält schriftlich fest, was verschiedene Zeugen „je nach Gunst und Gedächtnis" vortragen und zieht aus dem Vergleich sichere, abduktive Schlüsse für eine historische Prosa, die sich zur „undichterischen Darstellung" bekennt, welche für ein *Lesepublikum* zum „dauernden Besitz, nicht als Prunkstück fürs einmalige Hören" verfasst sei.[66] Das neue Selbstbewusstsein des platonischen Schriftsteller-Philosophen / Schriftsteller-Historikers ist das Selbstbewusstsein dessen, der sich aus der unmittelbaren Kontrolle seines Geistes durch das anwesende Publikum – Havelock spricht von „audience control" – gelöst hat und nun frei ist, *selber zu denken.*

---

64 E. A. Havelock, a.a.O., 44, 47f, 279.

65 Wenn Platon über Dichter und ihre oral-mimetische Darstellungstechnik herzieht, dann beschreibt er „a total technology of the preserved word which has since his day in Europe ceased to exist." (Havelock, a.a.O., 44).

66 Thukydides, a.a.O., I, 22 (335 f); vgl. a. Ch. Segal, „Zuschauer und Zuhörer", in: J.-P. Vernant (Hg.), *Der Mensch der griechischen Antike,* Frankfurt: Campus 1993, 230 f.

Die am situationsgebundenen Gedächtnis und der Bilderwelt alter Männer haftende *aletheia* wird zur studierbaren *episteme* generalisiert und zu begrifflichem Denken abstrahiert. Platon möchte auf der Basis der technischen Möglichkeiten der Schriftkultur Männer erziehen, „that should think about what they say, instead of just saying it. And they should separate themselves from it instead of identifying with it; they themselves should become the ‚subject' who stands apart from the ‚object' and reconsiders it and analyses it and evaluates it, instead of just ‚imitating' it."[67] Diese Leistung der mit der Schriftkultur erwachenden kritischen Intelligenz wird dann in den idealistischen Unterscheidungen von Körper und Geist, Abbild und Form, Wirklichkeit und Idee, *doxa* und *episteme* ontologisiert. Es sind – materialistisch und soziologisch gesprochen – die Reflexionsformen der beginnenden funktionalen Differenzierung und gleichzeitigen sozialen Stratifizierung von Oberschichtkultur und Unterschichtgesellschaft.

Überall, wo es zum Übergang von archaischen Stammesgesellschaften zu politisch organisierten Klassengesellschaften kommt, ebnet die Erfindung der Schrift den Weg zu abstrakteren Formen der Herrschaft *und* der Solidarität. „Die Schrift", so Luhmann, „funktioniert als soziales Gedächtnis mit dem Vorteil, Wissen für unvorhersehbaren, wahlfreien Zugriff bereitzuhalten"[68]. Während das gerade ausgesprochene Wort sofort wieder verschwindet, verrauscht, verhallt, so dass man es rasch wieder vergessen kann, bleiben die schwarzen Buchstaben - unabhängig von persönlichen Gedächtnisleistungen - auf dem Papier stehen und können als Akten, Dokumente, Verträge, schriftliche Zeugenaussagen, Gesetzbücher, Testamente, Quellentexte, epische Dichtungen oder Romane immer wieder verwendet, interpretiert oder auch kritisiert werden. Sie gehen nicht verloren, jedenfalls halten sie, wenn sie gelegentlich abgeschrieben oder kopiert werden, ziemlich lange, auch wenn sich Reproduktionsfehler einschleichen, die ihren Sinn verän-

---

[67] E. A. Havelock, a.a.O., 47.

[68] N. Luhmann, *Das Recht der Gesellschaft*, a.a.O., S.245.

dern oder entstellen. Riesig sind hier freilich die Unterschiede zwischen Handschrift und Druck (s.u. Kap. 4).

Durch Schrift entsteht ein spezifisch *soziales* Gedächtnis, das sich von der neurophysiologischen Gedächtnisleistung der *psychischen* Systeme abgekoppelt hat. Die Akte ist das Gedächtnis der Behörde, und die Behörde, das Zentralorgan bürokratischer Herrschaft, ist kein psychisches, sondern ein soziales System. Aber auch die psychischen Systeme unterwirft die Schrift dem Diktat der Rationalisierung. Das Protokoll wird vom Kloster bis zum Leistungssport zum Medium methodischer Lebensführung. Um die Wirksamkeit von Askesetechniken oder Normen zu kontrollieren, kann man Selbstbeobachtungen durch Selbstbeschreibungen ergänzen und die schriftlich fixierten Lebensgewohnheiten für künftige eigene oder fremde Beobachtungen weiterverwenden. So wird der Lebenswandel systematisch kontrollierbar. Gewohnheiten werden überprüfbar, indem man sie aufschreibt.[69]

Schrift fixiert die soziale Realität. An verschiedenen Orten und zu verschiedenen Zeiten gilt fortan dasselbe Wort. Texte ermöglichen eine erste Kodifizierung von Recht und stiften heilige, unverrückbare Traditionen. Die Schrift hat dabei „den großen Vorzug, *Abweichungen erkennbar zu machen*, die in den Aufgeregtheiten einer streitigen mündlichen Kommunikation allzu leicht untergehen würden. Sie dient im Hinblick darauf auch der vorgreifenden Fixierung und Konfliktvermeidung."[70] Das ist die Stunde der *Experten*, sind es doch die Schriftkundigen und nur sie, die Abweichungen auch sichtbar machen können. Auslegungseliten drängen zur Macht, das buchstäblich fixierte Wort ist überall dasselbe, es trennt sich vom Ort seiner mündlichen Äußerung und die Weise, in der der „Geist" den Buchstaben jeweils auslegt, wird dem Subjekt (innerhalb relativ breiter Spielräume) frei verfügbar. Schriftlich

69 Besonders wichtig wurde Schrift als Medium methodischer Lebensführung in den Klöstern des Mittelalters. Vgl. J.Wollasch, „Reformmönchtum und Schriftlichkeit", in: *Frühmittelalterliche Studien*, Bd. 26, 1992, S.285.

70 N. Luhmann, Die Gesellschaft der Gesellschaft, a.a.O., S.249.

fixierte und aus dem Fluss der Kommunikation unter Anwesenden herausgehobene Texte können „als *identische* Grundlage für die Bildung *verschiedener* Meinungen dienen"[71] Die Schrift, nicht schon das gesprochene Wort, ist die sozialevolutionäre Bedingung der Möglichkeit der „Einheit der Vernunft in der Vielzahl ihrer Stimmen" (Habermas). Es kommt nicht mehr darauf an, was einer wie an einem bestimmten Ort und zu einer bestimmten Zeit gesagt hat, sondern auf das, 'was geschrieben steht'. Und das, 'was geschrieben steht', steht fest. Jeder Schriftkundige kann es im Zweifel nachlesen. Der Buchstabe sichert *Identität*. Zugleich aber ist Schrift mit einer großen Variationsbreite von Auslegungen kompatibel. Das kommt der *Verschiedenheit* von Individuen und Gruppen zugute. Wechselseitige *Kritik* scheidet, trennt Positionen, Fraktionen, Akteure. „Die Existenz einer Orthodoxie ist eine Einladung, Alternativen zu suchen."[72] Das erhöht die *Dynamik* der Gesellschaft und versetzt sie in eine riskante Bewegung. Was geschrieben steht, kann so, aber auch anders ausgedrückt und verstanden werden, und doch ist es immer derselbe Sinn. Immer schon *geteilter*, aber immer auch *strittiger* Sinn hält die Gesellschaft zusammen und macht ihre soziale Organisation geschmeidig, flexibel und anpassungsfähig.[73] Die Komplexität wächst und die Differenz von „Buchstabe" und „Geist" erschließt ein für vorschriftliche Kulturen noch unvorstellbares Potential *subjektiver Freiheit*. Erst auf dem Boden der Schrift gibt es Philosophen und Propheten, gibt es Metaphysik und Monotheismus, gibt es eine politische Gesellschaft und eine politische Theologie.

Während man sich, dem berühmten ersten Axiom Paul Watzlawicks folgend[74], der Kommunikation unter Anwesenden praktisch nicht entziehen kann und so ihrer nachbarschaftlichen

---

[71] N. Luhmann, a.a.O., S.246.

[72] J. Goody, a.a.O., 56.

[73] Vgl. J. Goody, a.a.O., 74.

[74] P. Watzlawick, J.H. Beavin, D.D. Jackson: *Menschliche Kommunikation*, Wien: Huber 1971, S.53: „Man kann nicht *nicht* kommunizieren."

Dauerkontrolle – Havelocks „audience control“ - ausgesetzt ist, gewinnt man durch Schrift Freiheit *von* solcher Kontrolle und Distanz zur Welt, *in* der man lebt. Durch ein aufgeschlagenes Buch oder einen Brief „angesprochen”, muss man trotzdem nicht antworten, man kann die Verständigung verweigern oder aufschieben. Der Leser gewinnt eine *neue* Freiheit, er kann der Kontrolle durch den Autor entkommen, und er kann, ohne sofort einen Konflikt zu riskieren, den Text ablehnen, kritisieren, negieren oder einfach das Buch zuschlagen und den Brief zerreissen. Schreiben und Lesen sind überdies einsame Aktivitäten, durch die man sich aus der Interaktion unter Anwesenden ausklinkt. Die Welt, *in* der kommuniziert wird, trennt sich von der Welt, *über* die kommuniziert wird[75]. Der *propositionale* Gehalt kann sich erst im Medium der Schrift vom *performativen* Vollzug der Sprechakte ablösen und verselbständigen[76]. Das ist – wie wir gesehen haben – der eigentlich rationale Kern des Platonismus. Man kann jetzt *in* der Welt *zur* Welt auf Distanz gehen und das Bestehende, auch bestehende Herrschaftsverhältnisse, bis hin zur totalen Negation, kritisieren. Das mythische Realitätskontinuum, welches das, was sein könnte oder sein sollte, fest mit dem zusammengeschlossen hatte, was ist, zerbricht, die allgemeine Idee der Gerechtigkeit, aber auch der bürgerliche Freundschaft (*philia politike*), trennt sich von der faktischen Verwandtschaft, und der Gottesgesichtspunkt löst sich aus dem beschränkten Horizont einer bestimmten Gruppe von Menschen ebenso wie aus der wilden Kohorte der vielen Götter und Götzen. Die dadurch freigesetzte Negativität wird, wie von Lévi-Strauss bis Luhmann wiederholt beobachtet wur-

---

[75] N.Luhmann, *Gesellschaft der Gesellschaft,* a.a.O., S.268.

[76] Sprechakttheorien sind deshalb Theorien einer durch und durch verschriftlichen Sprache und keineswegs, wie sie selbst in der Regel präsupponieren, Theorien der Sprache überhaupt. In einer rein mündlichen Kultur dürfte es schwer fallen, den propositionalen Gehalt vom performativen Vollzug zu unterscheiden. Zur Unterscheidung vgl. im Anschluß an Austin und Searle J. Habermas, *Theorie des kommunikativen Handelns*, a.a.O., Bd. I, erste Zwischenbetrachtung, S.367ff.

de, durch neue, funktional spezialisierte Medien kompensiert. Vor allem die neu entstehende *Politik* beantwortet das rasant wachsende Negationspotential mit der Ausdifferenzierung der *Macht*, die der Wahrscheinlichkeit des Widerspruchs - unter Gewinn höherer Komplexität, aber um den Preis größerer Fragilität - neue Grenzen zieht.[77]

Aber das negatorische Potential, die in den öffentlichen Raum wirkende *potentia* und *potestas* der Kritik, das die Schrift entfesselt hatte, bleibt der Gesellschaft erhalten. Ihr weitverzweigt archiviertes Sozialgedächtnis macht das Festhalten abweichender und minoritärer Meinungen möglich, die zu einem späteren Zeitpunkt, auch wenn ihre Autoren geächtet und erschlagen worden sind, reaktiviert und ins Recht gesetzt werden können. Der gegenwärtige Triumph der Mehrheit oder der stärkeren Meinung ist nicht länger das letzte Wort, erst die *Zukunft* entscheidet, wer am Ende recht hat. Solidarität kann sich auf diese Weise auch ins längst Vergangene erweitern. Jedenfalls bleibt die Kommunikation *qua* schriftlich fixierter Erinnerung (etwa an vergangenes Unrecht) für zukünftige Revisionen offen. Umgekehrt steigt aber auch die Möglichkeit, die Vergangenheit zu manipulieren, und ihre Erinnerung für gegenwärtige Herrschaftsinteressen zu nutzen. Die Dialektik der Aufklärung begleitet jeden einzelnen Fortschritt: „Indem die Völker Zugang zu dem in Bibliotheken angehäuften Wissen erhalten, werden sie empfindlich für die Lüge, welche die gedruckten Dokumente in noch weit größerem Ausmaß verbreiten als das gesprochene Wort."[78] Man denke nur an die Nationalgeschichtsschreibungen. Denn schriftliche Zeugnisse müssen intentional hergestellt, mit Willen und Bewusstsein produziert werden. Interessengeleitete Fälschungen begleiten die me-

---

[77] Zur Evolution des Machtmediums vgl. N. Luhmann, *Die Politik der Gesellschaft*, unpubl. Man. Bielefeld 1996. Zur Erfahrung der Fragilität des guten Lebens in politischen Gesellschaften vgl. M. Nussbaum, *The Fragility of Goodness. Luck and Ethics in Greek Tragedy and Philosophy*, Cambridge MA: Cambridge Univ. Press 1986.

[78] C. Lévi-Strauss, *Traurige Tropen*, a.a.O., 295.

diatisierte soziale Kommunikation von der Schrift bis zum Fernsehen. Der mit der Schrift verbundene Freiheitsgewinn, darüber entscheiden zu können, *was* der Erinnerung wert ist und was nicht, ist also durchaus zweischneidig und provoziert von Anfang an die Konstruktion von *Gegen-Erinnerungen.*[79]

Die Erfindung der Schrift war eine der großen revolutionären Katastrophen der Weltgeschichte. Archaische Kulturen wurden durch Schrift zerstört, zugleich aber wurden komplexere Gebilde wie Hochkulturen und Klassengesellschaften durch sie möglich. Wie wir gesehen haben, ein höchst ambivalenter Fortschritt, aber einer „im Bewusstsein der Freiheit" (Hegel). Es bedurfte - so Ernst Cassirer - der zur Schrift „*objektivierten* Sprache", „um sich von Sitte und Brauch allmählich loszuringen" und abstrakteren Formen der Solidarität zum Durchbruch zu verhelfen.[80] Erst mit der Verschriftlichung des Rechts wird „der sprachliche Satz", „der Richt*spruch* und Urteils*spruch*" „zum Ausdruck einer rechtlichen Satzung", die ihm die *zukünftige* Geltung sichert und ihn so der individuellen Willkür entzieht.[81] Die „Idee des Gesetzes und des positiven Rechts" konnte, schreibt auch Derrida, „vor der Möglichkeit der Schrift nur schwer in ihrer Formalität und in jener Allgemeinheit, die zu ignorieren vor Strafe nicht schützt, gedacht werden". Weil er in den *Traurigen Tropen* und in der *Strukturalen Anthropologie* das positve Recht mit „Zwang und Unterdrückung" gleichsetze und den „Unterschied zwischen Hierarchisierung und Beherrschung, zwischen politischer Herrschaft und Ausbeutung" verschwinden lasse und im Begriff der „soziologischen Funktion" die *beiden*, sehr verschiedenen Seiten der Verschriftlichung der sittlichen Welt schlicht identifiziere, könne für Lévi-Strauss „politische Gewalt (...) nur Statthalter einer ungerechten Macht sein."[82] Die „Allgemeinheit des Gesetzes",

---

79 Vgl. Jan Assmann, *Politische Theologie zwischen Ägypten und Israel*, München: Siemens-Stiftung 1992.

80 Ernst Cassirer, *Axel Hägarström*, Göteborg 1939, S.102f.

81 a.a.O., S.103.

82 J. Derrida, *Grammatologie*, a.a.O., 230. Man könnte hier mit Adorno auch von einem Fall „identifizierenden Denkens" spre-

deren düstere Seite gewiss mit Ausbeutung und Sklaverei verbunden bleibt, ist aber zugleich die konstitutive „Bedingung der Freiheit".[83]

Wie Michael Gagarin am griechischen Beispiel zeigt, ist der öffentliche Gebrauch der Schrift in den Polisgesellschaften mit der Satzung von Teilen des Rechts identisch[84]. Damit wird ein bestimmter Rechtskorpus aus der breiten Masse expliziter und impliziter Normen, die das Alltagsleben regeln, hervorgehoben und ausdifferenziert, auch wenn weiterhin im Rechtsalltag ungeschriebene Sitten und Gebräuche ihre rechtsverbindliche Kraft bewahren.

Das geschriebene Recht ist nun aber keine bloße Explikation und Fixierung eines zuvor bereits gültigen, ungeschriebenen Rechts. Der Unterschied von geschriebenem und mündlichem Recht ist vielmehr erst das Resultat der Verschriftlichung. Und genau das ist der Freiheitsgewinn. Man gewinnt die Möglichkeit, gegen das geschriebene Gesetz zu opponieren, indem man sich auf das ungeschriebene beruft, sei es, weil es älter ist, weil es der „wahren", lebendigen Sittlichkeit des Volkes eher entspricht als der tote Buchstabe, weil es den schöpferischen Geist Gottes müheloser und unmittelbarer ausdrückt als die höchst vermittelte, an Arbeit und Produktion gebundene Schrift. Der Widerstreit zwischen Propheten und Priestern, zwischen Sekten und Kirchen, zwischen reformatorischen Protestbewegungen und etablierten Theokratien ist mit der Verschriftlichung des Rechts, die der erste Schritt zu dessen Positivierung ist, gleichursprünglich. Die Naturrechtstradition wird diese Möglichkeit bis an die Schwelle der modernen Verfassungsrevolutionen nutzen und sich mit Goethe auf das „Recht, das mit uns geboren ist", berufen, um dem positiv kodifizierten Gesetz den Gehorsam aufzukündigen. Freiheitsgewinne gibt es aber eben-

---

chen. Zu dessen Begriff des Identischen/ Nicht-Identischen vgl. Hauke Brunkhorst, *Adorno and Critical Theory*, Cardiff: Univ. of Wales Press 1999, 1ff.

83 J. Derrida, a.a.O.

84 Michael Gagarin, *Early Greek Law*, Berkeley: Univ. Press 1986, 130ff.

so in umgekehrter Richtung. Die Berufung auf „Satzung", auf die heilige Schrift, überhaupt auf das geschriebene Recht, ermöglicht es, sich dem Befehl des weltlichen Herrschers zu widersetzen und ihn gegebenenfalls der Rechtsbeugung zu bezichtigen. Herrschaft kann durch kodifiziertes Recht in ungleich höherem Maß gebunden werden, als in schriftlosen Kulturen. Der Mächtige kann den Armen leicht überwältigen, aber der geschundene Arme kann dann immerhin den Mächtigen verklagen.

Die mit der Verschriftung erfolgte Differenzierung von geschriebenem und ungeschriebenem Recht ermöglicht also beides: Eine Einschränkung der Willkür und eine Erhöhung der Rechtssicherheit durch „Satzung" *und* die Berufung auf (vorgeblich) „höheres", natürliches, ungeschriebenes Recht im Namen einer definitiven, über den Teilaspekt der Rechtssicherheit weit hinausgehenden Gerechtigkeit[85]. So beruft sich Antigone auf ungeschriebenes Recht, um gegen die „moderne", das Prinzip der politischen Identität verkörpernde Tyrannis Kreons zu protestieren: „Du wagtest, mein Gesetz zu übertreten?", fragt Kreon erzürnt, nachdem er erfahren hat, dass Antigone das Bestattungsverbot für Verräter kannte und nicht aus Verbotsirrtum gehandelt hat. Darauf antwortet Antigone mit dem Argument, geschriebenes Recht sei bloß menschlich und müsse deshalb dem höheren, ungeschriebenen weichen:

> „Der mir's [das Gesetz Kreons – H.B.] verkündete, war ja nicht Zeus,
> Auch Dike in der Totengötter Rat,
> Gab solch Gesetz den Menschen nie. So groß,
> Schien Dein Befehl mir nicht, der sterbliche,
> Dass er die ungeschriebenen Gottgebote,
> Die wandellosen konnte übertreffen.
> Sie stammen nicht von heute oder gestern,
> Sie leben immer,
> Keiner weiß, seit wann"[86].

---

[85] vgl. Gagarin, a.a.O., S.112ff.
[86] Sophokles, *Antigone*, 450-457.

Man weiß, dass der Konflikt um die Bestattung von Antigones Bruder für keinen der Beteiligten gut ausging; und so spiegelt die Tragödie auch die Katastrophe der Verschriftlichung des Rechts, das dem ungeschriebenen antagonistisch entgegenschlägt. Freilich ist nach der ersten Kodifizierung von Recht die Gerechtigkeit nicht länger einseitig auf der Seite des ungeschriebenen Gesetzes lokalisiert. „Gerechtigkeit" gibt es oder gibt es nicht auf beiden Seiten des Rechts. Verschriftlichung ist immer *auch* eine massive Einschränkung von Willkür und eine Stärkung der Gleichheit und mit beiden Momenten ein Gewinn an Gerechtigkeit. Die verbundenen Augen der Justitia stellen diesen aus der Verschriftlichung gezogenen Gewinn dar. Die schriftliche Kodifizierung, und nur sie verschafft der Idee der Gerechtigkeit zum ersten Mal in der Geschichte - wie wir mit Hegel sagen können - daseiende Wirklichkeit. „Satzungen", sagt Solon, der Gesetzgeber von Athen, „schrieb ich gleichermaßen für den Geringen und den Edlen, jedem anpassend gerades Recht"[87]. Euripides lässt in der Tragödie *Die Schutzflehenden* den Theseus sagen:

> „Nichts ist dem Volk so feindlich wie Tyrannenmacht:
> Da gelten – was das Höchste – nicht gemeinsame
> Gesetze; nur ein König, der sich alles Recht
> Anmaßt, gebietet: keine Gleichheit waltet mehr.
> Doch wo Gesetze aufgezeichnet werden, hat
> Der arme und der reiche Mann das gleiche Recht.
> Auch darf der Schwache wider einen Glücklichen
> das Recht vertreten, wenn er ihm ruchlos scheint,
> Und wenn er wahr gesprochen, siegt der Kleinere."[88]

Die Schrift selbst, nicht schon die schriftlose Sitte, Moral oder Religion, beeinflusst, sobald sie als Kommunikationsmedium unverzichtbar geworden ist und die zentralen, religiösen Überlieferungen sich in ihr darstellen, „die normative Struktur eines

---

[87] zit. N. Raaflaub, „Die Anfänge des politischen Denkens bei den Griechen", in: J. Fetscher/H. Münkler, Hg., *Pipers Handbuch der politischen Ideen*, München: Piper 1988, 239.

[88] Euripides, *Die Schutzflehenden*, 429 - 437.

sozialen Systems in Richtung auf Universalismus"[89]. Die expansiven Großgesellschaften, die sich ihrer zu Herrschaftszwecken bedienen müssen, sind immer schon multikulturelle Gesellschaften vieler, einander fremder Individuen, Gruppen, Stämme und Sprachen. Sie müssen ihre Normen auf mehr als eine Gruppe anwenden. Und die schriftliche Sprache "fördert die Dekontextualisierung bzw. Generalisierung" dieser Normen[90].

In Verbindung mit gesatztem Recht und religiösen Gemeinschaften, deren Anhänger oft auch außerhalb der Grenzen des jeweiligen Staatsgebildes leben, erreichen die verschrifteten Normen ein Allgemeinheitsniveau, das von Einzelsituationen, bestimmten Räumen und bestimmten Zeiten abstrahiert. In der schriftlichen Kommunikation tritt dann ein universelles Verbot wie 'Du sollst nicht töten!' an die Stelle des partikularen 'Du sollst keine Anhänger deines Volkes töten!'[91]

---

[89] J. Goody, *Die Logik der Schrift und die Organisation der Gesellschaft*, a.a.O., 40.

[90] J. Goody, a.a.O., S.41, s. a. 60.

[91] A.a.O, S.42.

2. Kapitel: Athen und Jerusalem
Philosophische Erkenntnis *versus* performative Prophetie

Am Anfang des okzidentalen Rationalismus stehen zwei große, intellektuelle „Erfindungen" der sozialen Evolution, die *Metaphysik* und der *Monotheismus*. Zwar gibt es ein Wort, das beide verbindet, die *Weisheit*. Philosophie ist wörtlich Liebe zur Weisheit, und in der Torah, der heiligen Schrift, heißt es, sie sei die Weisheit des israelischen Volkes. Aber griechische und biblische Weisheit sind sehr verschieden.[92] Beginnt die der Griechen mit dem *Staunen*, dass etwas ist und nicht vielmehr nichts, so die der Bibel mit der *Furcht des Herrn*, der alles, was ist, geschaffen hat. Der Bibel fehlt die reine theoretische Vernunft. Die Frage nach dem Sein stellt sich hier gar nicht. Sie ist längst beanwortet und was bleibt, ist die praktische Frage nach der Differenz von gut und böse; und diese Frage ist mit der verbundenen, wie das, was ist, verbessert werden kann.

Der Grund ist eine semantische Revolution, die den Gott der Propheten unverwechselbar und den biblischen Monotheismus nicht nur vom Polytheismus, sondern schärfer noch von den monotheistischen Lehren der ägyptischen Priester und der griechischen Philosophen abhebt.[93] Während die Sonne Ägyptens ebenso wie die Ideen Platons vorzüglichster Teil und vollkommenster Repräsentant *derselben* Welt waren, auf die das Licht der Sonne und des Logos fiel, sprengt der israelitische Gott das *ontologische Kontinuum*. Er ist nicht von dieser Welt, wirkt aber von außen – vor allem durch sein handlungsvollzie-

---

[92] Vgl. Leo Strauss, „Jerusalem and Athens", in: *Commentary*, June 1967, 46.

[93] Der Monotheismus ist, so nimmt man heute an, prophetischen Ursprungs. Freilich rechnen auch die biblischen Propheten noch mit dem Vorhandensein anderer Götter. Vgl. K. Koch, *Die Propheten I*, Stuttgart: Kohlhammer 1995, 9, 19.

hendes *Wort* – in sie hinein.[94] Für Griechen und Ägypter waren Gott, Idee und Welt letztlich aus demselben Stoff. Im Gegensatz zum poly- oder monotheistischen Heidentum, „das für das ontologische Kontinuum und die Personifizierung des Universums steht, stützt sich der Monotheismus auf die völlige ontologische Loslösung Gottes und seines himmlischen Heeres und die Reduktion der Personifizierung des Universums bis zu dem Punkt, an dem nur noch zwei Gestalten existieren: Gott und Mensch."[95] Dadurch wird es möglich, die Entzauberung der Welt mit ihrer sozialen Egalisierung zu verbinden und die theoretische Welt - Anschauung durch ihre praktische Veränderung zu ersetzen. Die Bibel ist keine Theorie der Natur, sondern eine Geschichte der Geschichte.

Die mythische Erzählung der biblischen Geschichte ist von ihrem Logos, ihrer vernünftigen Grundlegung oder argumentativen Rechtfertigung so ungeschieden wie das Wissen vom Glauben. Demgegenüber steht die Trennung von Mythos und Logos, von Geschichte und Vernunft, von Theorie und Praxis am Anfang des griechischen Denkens.[96] Die Schöpfungsge-

---

94 Vgl. Klaus Koch, a.a.O., 22f, 24, 256.

95 Benjamin Uffenheimer, „Mythos und Realität im alten Israel", in: S. Eisenstadt, *Kulturen der Achsenzeit*, Frankfurt: Suhrkamp 1987, 205f.

96 Vgl. Wilhelm Nestle, *Vom Mythos zum Logos*, Stuttgart: Kröner 1975. Der während des Zweiten Weltkrieges in Deutschland publizierte Text hat deutlich antisemitische Untertöne: „Diesen Weg vom Mythos zum Logos zu gehen, aus der Unmündigkeit zur Mündigkeit des Geistes emporzuwachsen, scheint den arischen Völkern als denen der höchstbegabten Rasse vorbehalten geblieben zu sein." (S. 6) Im Unterschied zum griechisch-arischen Logos-Denken stünde die „christliche Ära" unter der „Einwirkung semitischen Geistes": „Dem Semiten ist die Natur zwar eine Schöpfung der Gottheit, sogar eine Schöpfung aus dem Nichts, also ein Wunder, das lediglich die unendliche Macht Gottes bekundet. Dazu ist sie durch den ‚Sündenfall' des Menschen in einen Zustand der Gottferne, der Gottentfremdung, ja der Gottwidrigkeit gekommen, so dass hier ‚Gott' in der Tat als ‚das ganz Andere' erscheint und sich folgerichtig auch nur im Naturwidrigen, im

schichte ist schon fast alles, was die Bibel über den Sinn, den Ursprung und die Wahrheit des Seins und der Natur, über die Sterne und ihre Konstellation, über Himmel und Erde zu sagen hat. Nachfragen erübrigen sich. Erst die Trennung von Mythos und Logos macht es möglich, *theoretisch* nach dem Sinn von Sein zu fragen, zunächst Sein und Nichts zu unterscheiden und diese Unterscheidung dann nochmals – „re-entry" könnte man das mit Luhmann nennen - am Sein vorzunehmen und das eigentliche vom uneigentlichen, das wahre vom scheinhaften, das zeitlose vom zeitlichen Sein und damit die Idee von der Wirklichkeit, das Wesen von der Erscheinung zu unterscheiden. Diese doppelte Reihe von Unterscheidungen (s. Fig. 1) begründet die dualistische Metaphysik der nächsten zwei- bis

---

Wunder, wahrhaft und vollkommen manifestiert. Anders bei dem Griechen: für ihn ist die Natur, das Weltall, der Kosmos, so wie er ist, etwas Göttliches und die staunende Bewunderung, mit der er die Welt betrachtete, war für ihn zwar nicht die einzige, aber doch die Hauptquelle seiner Religion. (...) Die Naturordnung selbst ist etwas Göttiches. Ein Gegensatz von Gott und Welt ist für ihn nicht vorhanden und eine Schöpfung aus dem Nichts ist für ihn ein unvollziehbarer Gedanke. Es gibt nur eine Ordnung des Chaotischen, eine Bildung des Formlosen. Die Götter selbst stehen nicht jenseits der Welt, sondern sind innerweltlich. Himmel, Erde und Hades sind die drei Stockwerke des Weltgebäudes. Theogonie und Kosmogonie fallen fast zusammen." (S. 10f) Diese Gegenüberstellung der Idealtypen des philosophischen und des biblischen Denkens deutet Nestle lutheranisch als Gegensatz von jüdisch-christlichem Irrationalismus und griechischem Rationalismus. In Wirklichkeit handelt es sich jedoch, wie wir weiter unten sehen werden, um verschiedene Typen des okzidentalen Rationalismus, wobei sich letzlich der jüdisch-christliche als die überlegene und rationalere Macht erweist. Luthers berühmte Kritik an den Philosophen, die nur der „blinden Hure Vernunft" folgen würden, ist jedoch für Nestle nur Ausdruck von dessen „Unterordnung unter die jüdische Anschauung, dass das menschliche Erkenntnisstreben eine Auflehnung gegen Gott sei" (S. 13). Man sieht: Nicht nur die Kulturkritik am „Logozentrismus" (Klages), auch die Apologie des Logos (Nestle) läßt sich – wenn nur der Zeitgeist danach ist – „zwanglos" mit antisemitischen Stereotypen verbinden.

zweieinhalbtausend Jahre: den philosophischen Idealismus, auf dessen Geschichte Hegel bereits ironisch zurückblickt, wenn er sagt, der philosophischen Erkenntnis sei es allein um das zu tun, „was *ist* und ewig ist".[97]

	Sein		vs.	Nichts
perfekte Natur	vs.	korrumpierte Natur		
↓		↓		
Idee		Wirklichkeit		
(„Sein")		(„Schein")		

Fig. 1

Der Weg von der ersten (Sein/Nichts) zur zweiten (Idee/Wirklichkeit) Unterscheidungsreihe ist der Weg vom *Staunen* über den *Zweifel* (ob etwas wirklich oder nur scheinbar existiert) zur philosophischen *Erkenntnis*. Geht man hingegen mit der Bibel davon aus, dass alle Wirklichkeit *geschaffene* Wirklichkeit ist, so ist die Frage nach ihrem Sinn durch den Entschluss Gottes, sie zu schaffen, schon beantwortet. Wer nach der Wahrheit des Seins fragt, muss nicht länger, wie die griechischen Philosophen, des Seins betrachtend innewerden, sondern er erkennt sie am innerweltlichen Wirken des transzendentalen Schöpfergottes. So fehlt der Bibel nicht nur das Staunen, dem die distanzierende, theoretische Anschauung der Natur folgt, sondern ebenso der Begriff des kognitiven Zweifels, der schließlich seine Auflösung im Idealismus gefunden hat. Es fehlt nicht nur der Begriff eines solchen Zweifels, es fehlt sogar das Wort.[98] Das biblische Äquivalent für „Zweifel und Wissen" ist „Glaube und Unglaube". Und zum Glauben führen nicht Methode und Wissenschaft, sondern der voluntative Entschluss und die Umkehr,

---

97 G.W.F. Hegel, *Werke 12* (Philosophie der Geschichte), Frankfurt: Suhrkamp 1971, 114. Das ist insofern dialektische Ironie, als Hegel ja gleichzeitig die eigentliche Aufgabe der Philosophie darin sieht, „ihre Zeit in Gedanken zu fassen." (Werke 7: Rechtsphilosophie, a.a.O., 26.)

98 L. Strauss, a.a.O., 47

die „Kehre", die Konversion – nicht die anschauende Erkenntnis des Wahren, sondern das Hören auf den Ruf Gottes und der Gehorsam gegen sein Gebot.[99] Die Welt an sich gibt dem Gläubigen keinen Anlass zum Staunen, sie beherbergt keine geheimnisvollen Mächte und ist auch nicht die Verkörperung von Logos und Vernunft. Von den alten Hebräern kann Hegel deshalb mit Recht behaupten, sie hätten sich vom Sternenhimmel abgelöst. „Die gesamte Natur (ist für sie) weder Symbol noch Gegenwart Gottes", denn – so Hegels Begründung – sie legen „den äußeren Gegenständen nur diejenige Kraft und Lebendigkeit bei (...), welche ihnen in der Tat innewohnt."[100]

---

[99] So sagt z.B. der Prophet Micha: „Es ist dir gesagt worden, Mensch, was gut ist und was der Herr von dir erwartet: nichts anderes als dies, Recht tun, Güte und Treue lieben, in Ehrfurcht den Weg gehen mit deinem Gott." (Micha, 6, 7 - 8). Es handelt sich bei dieser negativen Antwort auf die Frage, ob der Herr Opfer („Hat der Herr Gefallen an Tausenden von Widdern, an zehntausend Bächen Öl?" usw.) brauchte als Ausgleich für die Sünden seines Volkes, keineswegs um eine bloß konventionelle Vorgabe einer konkreten, volkhaften Sittlichkeit. Vielmehr enthält 1. der Bezug auf „Gott" einen universellen Anspruch auf Geltung seiner Gebote für alle Menschen, und 2. ist die pauschale Aufforderung, Recht zu tun und das Gute zu lieben, ein für autonome Auslegungen offenes, universelles Schema, da dem Menschen ja (negativ allgemein) „*nichts* anderes" gesagt ist „als dies". Was die von mir zitierte Bibelübersetzung mit „Rechttun" wiedergibt, ist im hebräischen Original *mispat*, kein konkretes Gebot, keine konventionelle Regel, sondern der allgemeine Imperativ, eine solidarische Lebensform zu schaffen und zu erhalten (vgl. K. Koch, a.a.O., 189).

[100] G.W.F. Hegel, *Werke* 14, Ästhetik II, Frankfurt: Suhrkamp 1970, 36. In der religionsphilosophischen Vorlesung schreibt Hegel: „Die Welt ist jetzt prosaisch, wesentlich als eine Sammlung von Dingen vorhanden." Mit der orientalischen und griechischen Natur- und Kreaturvergötterung bricht der Monotheismus radikal: „Die Natur ist hier entgöttert; die natürlichen Dinge sind Unselbständigkeiten in ihnen selbst, und die Göttlichkeit ist nur in Einem. (...) Hier ist der Grund gelegt zu einer verständigen Betrachtung der Dinge und ihres Zusammenhanges." (*Werke* 17, a.a.O., 61 f.)

So wie die Bibel den Zweifel durch Unglauben substituiert, so tritt auch die *Täuschung* an die Stelle des *Irrtums*. Das biblische Wahrheitsverständnis ist durchgängig intersubjektivistisch an zuverlässiger und solidarischer Bundesgenossenschaft, das der griechischen Philosophen hingegen objektivistisch an der Korrespondenz von Denken und Wirklichkeit orientiert. Das biblische Wort für Wahrheit, das hebräische *ehmet* bedeutet „Treue", „Vertrauen", es drückt eine „dialogische Richtigkeit in der Beziehung mit Anderen" aus, aber keinerlei Adäquation mit nichtsprachlichen Dingen. Wahrheit als „minimetische Beziehung zu den Dingen" kommt in der Bibel nicht vor.[101] Wahr ist die täuschungsfreie Rede und „befreiend" ist ein Verhalten, das auf das Wort Gottes „hört" und es „versteht".[102]

Man kann sich streiten, in welchem Denken der rationalisierende Effekt der Entzauberung der Welt deutlicher hervortritt, dort, wo der Logos scharf vom Mythos getrennt wird oder dort, wo beides auf eigentümliche Art ineinander verschlungen bleibt. Die dualistische Philosophie stattet das von der Erscheinung abgespaltene Wesen der Dinge mit einem vernünftigen Telos aus, um dann das eigentliche Sein als hierarchisch geschichtete Stufenordnung auf dem Fundament des zeitlosen Logos aufzubauen. Dem, der geschichtlichen Welt entrückten, vom mythischen Narrativ getrennten Logos scheint aber die Funktion zuzuwachsen, die Welt wieder zu verzaubern. Diesmal jedoch, nach Abschaffung der animistischen Geisterwelt, ist der Zauber ein Zauber des göttlichen Logos, der den vielen Dingen und Erscheinungen innewohnt. Der „Zauber Platons" (Popper) ist der Zauber einer rational geordneten, in sich vernünftig gegliederten Welt, einer Welt der Bio-logie und der Kosmo-logie. Ideologiekritisch zugespitzt könnte man den griechischen *Logos* einen *Logos im Dienst der Verzauberung* nennen, während der biblische Schöpfungsmythos demgegen-

101 Brian Allen, „Putnam und Rorty über Objektivität und Wahrheit", in: *Deutsche Zeitschrift für Philosophie* 6/1994, 993 f.

102 Vgl. Sprüche Salomons 14, 25; Psalm 5, 10; Johannes 8, 31 ff.

über als ein *Mythos im Dienst der Entzauberung* erschiene.[103] In dem Augenblick, in dem der eine und einzige Gott sich selbst offenbart, lässt er alle Geheimnisse und Tabus der archaischen Religion verdampfen und mit ihnen gerät alles Geheimwissen intellektueller Eliten, Zauberer und Priester unter den generellen Verdacht des heimlichen Götzendienstes.[104] "The most striking characteristic of the biblical account of creation", schreibt Leo Strauss in dem Essay „Jerusalem and Athens", der 1967 in der amerikanischen Zeitschrift *Commentary* erschienen ist, „is its demoting or degrading of heaven and the heavenly lights. Sun, moon, and stars precede the living things because they are lifeless: they are no gods. What the heavenly lose, man gains; man is the peak of creation."[105]

Die Himmelskörper sind zwar gleichmäßig *bewegte* Gegenstände, deshalb galt ihr *Lauf* griechischen und römischen Philosophen immer als die besonders reine Form einer in sich zurücklaufenden, ebenso selbstgenügsamen wie übermenschlichen *Praxis*. Aber, und mit dieser „Beobachtung" setzen die Autoren der Bibel sich (lange vor Erfindung der Philosophie) von den Philosophen ab, die himmlischen Leuchtkörper können nicht aus ihren ewig festen Bahnen ausbrechen. Das können zwar lebende Organismen wie die Tiere, aber diese können nicht die *Art* ihres Lebens, ihren „way of life" ändern. Mit der bisherigen Form ihres Daseins *brechen*, das können nur die Menschen, und das verdanken sie ihrer Gottebenbildlichkeit. Sie können voluntaristisch ihr *ganzes* Leben ändern und ein *neues* beginnen und sie fangen auch gleich damit an, wie man

---

103 Entzauberungseffekte finden sich freilich auch schon in den großen griechischen Mythen wie der Prometheussage: „Prometheus hat die Menschen gelehrt, das Fleisch selbst zu essen und dem Jupiter nur Haut und Knochen zu lassen." (Hegel, *Werke* 17, a.a.O., 107.) Hier erweist sich schon der Mythos als weit fortgeschrittene Aufklärung. (Zu dieser These: M. Horkheimer/Th. W. Adorno, *Dialektik der Aufklärung*, Frankfurt: Fischer 1992; W. Nestle, *Vom Mythos zum Logos*, a.a.O., 17f.)

104 Vgl. a. N. Luhmann, *Die Gesellschaft der Gesellschaft*, Frankfurt: Suhrkamp 1997, 235

105 L. Strauss, a.a.O., 48

aus der Geschichte von Eva und der Schlange weiß. Der Unterschied zu Gott ist nur, dass die Menschen nicht aus dem Nichts schöpfen können, sondern das Neue „im Schweiße ihres Angesichts" einer widerständigen Natur erst abringen müssen. Die Arbeit trennt Schöpfung und Produktion.[106] Die Griechen, denen ein solcher Voluntarismus des radikalen Neuanfangs immer nur als Gefährdung und Bedrohung der menschlichen Natur durch diese selbst erschienen ist, kamen niemals auf die Idee, den Menschen zum höchsten Gipfel, zur Krone und Avantgarde der Schöpfung zu erklären. Der freie Wille war für die Griechen ein bloßer Affekt, eine außer Kontrolle geratene, unbeherrschte Leidenschaft, korrupte, deformierte Natur. Für sie war der Mensch das Maß aller Dinge im Sinne von *Mesotis*, der „Mäßigung" und „Besonnenheit", die sich einer vorgegebenen Ordnung der Natur einpasst und als Maß aller den Menschen umgebenden Dinge zugleich die Grenzen der menschlichen Verfügungsgewalt über die Natur oder das Sein festlegt. Maß aller Dinge seiner Umgebung ist der Mensch nur, insofern er seiner eigentlichen Natur, seinem Gattungswesen entspricht und gelernt hat, *sich selbst* zu beherrschen, sich zu mäßigen. Der Mensch als „Maß" aller Dinge ist nicht „Subjekt" im modernen Sinn eines unbegrenzten Wachstums seiner Verfügungsgewalt *über* die Dinge: nicht das Extreme, die Steigerung und Spitze des Lebens, sondern die Mitte der Welt.[107] Nicht um die *Änderung* des Lebens, um seine *Vervollkommnung* zu einem guten Leben war es Griechen und Römern zu tun. Man kann diesen Unterschied des israelitischen und des griechischen Selbstverständnisses auch mit Christian Meier als Differenz von „Fortschritts- " und „Könnensbewusstsein" beschreiben.[108] Die Griechen glaubten, vieles oder fast alles zu können,

---

[106] Vgl. G.W.F. Hegel, *Werke* 17, Religionsphilosophie II, Frankfurt: Suhrkamp 1969, 56f.

[107] Vgl. Martin Heidegger, *Holzwege*, Frankfurt: Klostermann 1972, 94 - 98.

[108] Vgl. Christian Meier, *Die Entstehung des Politischen bei den Griechen,* Frankfurt: Suhrkamp 1983, 435 ff; zum Begriff des

aber daraus haben sie nicht gefolgert, die Welt ändern und umwälzen zu können, um die jeweils alte Welt mit jedem neuen Wissen von neuem hinter sich zurückzulassen. Die Vorstellung geschichtlichen Fortschritts war ihnen fremd.

Der biblische Gott hat keine beseelten Leuchtkörper und keine Götter, auch keine Halbgötter oder Menschen göttlicher Abstammung *unter* sich und *über* den sterblichen Menschen geschaffen. Vor Gott sind deshalb alle Menschen als seine Geschöpfe gleich. Gerade weil der monotheistische Gott keine Götter neben sich duldet, ist er der Gott aller Menschen, ist die Reichweite seiner Güte unbegrenzt. Im Monotheismus steckt von vornherein die egalisierende Kraft zur normativen, ethischen Verallgemeinerung der göttlichen Gerechtigkeit.

Kommt die Eifersucht des biblischen Gottes, der keine Götter neben sich duldet, der Vorstellung der Gleichheit aller Menschen entgegen, so wird die Intervention Gottes in die Welt für dessen Geschöpfe und dessen Volk zum Motiv, sie zu verändern. Während der biblische Gott in der Welt des menschlichen Daseins Furcht vor seinem gerechten Zorn und Hoffnung auf seine Gnade und Güte auslöst, gehen von dem griechischem Gott der Philosophen „keinerlei Impulse" aus.[109] Die aristotelische Kosmostheologie des unbewegten Bewegers ist nicht *kausal,* sondern *teleologisch.* Gerade in ihrer Unbeweglichkeit ist die göttliche Substanz zeitlos perfekt und übt so ihre Anziehungskraft als statisch in sich ruhendes „Vorbild aus, das, wenn auch in abnehmender Stärke, die gesamte Natur bestimmt."[110] Die Fixsterne ahmen den unbewegten Beweger durch eine ewig in sich zurückgehende Kreisbahn nach, und an der Vollkommenheit ihrer Bewegung wird der hohe Rang ihres göttlichen Scheins dem unruhigen Menschen erkennbar.

In der platonischen Philosophie hat die Idee der Gerechtigkeit – freilich primär als Ausdruck eines vollkommenen Lebens, nicht als handlungsorientierender Imperativ – einen ähn-

---

Fortschritts vgl. H. Brunkhorst, *Solidarität unter Fremden*, Frankfurt: Fischer 1997

109 Ottfried Höffe, *Aristoteles*, München: Beck, 1996, 132.

110 O. Höffe, a.a.O.

lich hohen Stellenwert wie in der Bibel oder bei den Propheten. Die ontologische Differenz von Idee und Wirklichkeit, die freilich keinen Bruch des ontologischen Kontinuums darstellt, hat einen normativen Sinn. Sie ist zweifellos universalistisch. Aber gerade die enge Bindung der Gerechtigkeit an die konkrete Ordnung des Politischen schränkt den Universalismus der Idee auf die Polis und ihre Bewohner ein. Die griechische Philosophie ist wesentlich – auch dort, wo es ihr um die reine theoretische Erkenntnis und das Leben des Philosophen, den *bios theoretikos* zu tun ist – eine Philosophie der Politik. Das ist ihre Stärke und ihre Schwäche zugleich. Sie will an der Gründung einer in sich vollkommenen, gerechten Stadtrepublik partizipieren und sich in der politischen Selbstorganisation freier und gleicher Bürger verwirklichen. Das Programm der griechischen Metaphysik ist die Verwirklichung der Philosophie in der politischen Existenz des städtischen Lebens. Sie ist eine durch und durch bürgerliche Philosophie. Platons – durch die entwickelte Schriftkultur motivierte (s. o. Kap. 1) - Ablehnung der Homerischen Gesänge ist auch Ausdruck dieses neuen Bürgerbewusstseins. Die Erfindung des Politischen als eines öffentlichen Raums freier Bürger, diesseits der Großreiche asiatischer Despoten und jenseits der in Racheorgien zerfallenden Sippschaftsverbände und verwandtschaftszentrierten Dorfgemeinschaften, war die wirkungsgeschichtlich folgenreichste Leistung der griechischen Städte des 6. bis 3. vorschristlichen Jahrhunderts.[111] Sie wurde im Zuge der Verfassungsrevolutionen des 18. und 19. Jahrhunderts radikal uminterpretiert, aus

---

[111] Die Identifikation der Perser mit „asiatischer Despotie" und „Barbarei", die von Platon bis Hegel reicht und einige Zeit vor Platon beginnt, enthält freilich eine höchst problematische, latent „rassistische" Projektion. Vgl. hierzu Wolfgang Detel, „Griechen und Barbaren", in: *Deutsche Zeitschrift für Philosophie* 2/1996. Noch Herodot betrachtete die Perser als ein Volk, das zur Polisbildung kaum weniger begabt war als die Griechen (Historien 3, 80.83, Stuttgart: Kröner 1971, 217 ff; vgl. a. Luciano Canfora, „Der Bürger", in: J.-P. Vernant, *Der Mensch der griechischen Antike,* a.a.O, 145.

dem Kontext der alten politischen Gesellschaft herausgelöst und dem modernen Republikanismus in Gestalt von Bürgerrechten, kommunikativen Freiheiten, öffentlichem Engagement, Streitkultur, Rotationsprinzipien, deliberativer und direkter Demokratie, „civil society" etc. einverleibt. In diesem Sinne ist die *Polis* unsterblich, auch wenn das evolutionär Neue des modernen, individualistischen Republikanismus nicht aus der alten Idee hervorgewachsen ist wie die Blüte aus dem Saatkorn.[112] Man muss hier die alles entscheidende Differenz, die die „Freiheit der Modernen" von der „Freiheit der Alten" trennt, immer im Auge behalten.[113] Der Bürger Athens besitzt „weder Menschen- noch Bürgerrechte, keine Freiheiten und nicht einmal Freiheit schlechthin; er hat lediglich Pflichten."[114]

Die klassische Republik, so wie Platon und Aristoteles sie in ihrem Wesen (also normativ) beschrieben haben, verwirklicht eine gerechte Ordnung, in der nicht „herrschsüchtige Menschen (...), sondern die Gesetze" das Sagen haben, die Gesetze der Bürgertugend und Gesetze der Vernunft.[115] Das ist nicht die „Gesetzesherrschaft", so wie Rousseau und Kant sie später verstehen werden. Was die Griechen unter einem Gesetz verstehen, ist weit umfassender als unser heutiger Sprachgebrauch.[116]

---

[112] Noch Talcott Parsons nennt das alte Griechenland und das alte Israel „Saatbeetgesellschaften". Vgl. *Gesellschaften*, Frankfurt: Suhrkamp 1975, 39, 149 ff.

[113] Vgl. Benjamin Constant, „Über die Freiheit", in: Werke Bd. 4: *Politische Schriften*, Berlin 1972, 363 – 396.

[114] Paul Veyne, „Kannten die Griechen die Demokratie?" in: Ch. Meyer, P. Veyne (Hg.), *Kannten die Griechen die Demokratie?* Berlin: Wagenbach 1988, 13.

[115] Platon, *Siebenter Brief*, 334 c, 91.

[116] Unter „Gesetzen" versteht Platon u.a. die bis in kleinste Details der „Sorge um sich" (Foucault) gehende Durchregulierung der Privatssphäre des Individuums. Gesetze sind im wesentlichen technisch-moralische oder ethische Regeln erfolgreicher, befriedigender, glücklicher Lebensführung. Ein Solon zugeschriebenes Gesetz z.B. verlangte vom Ehegatten, dass er im Monat mindestens einmal mit seiner Frau sexuell verkehre, weil sie „Erbin" war. (Vgl. M. Foucault, *Sexualität und Wahrheit* 2, Frankfurt:

Eine Trennung von Moral und Recht, von äußeren Handlungen und inneren Motiven war undenkbar. „Das Gesetz", so Paul Veyne, „bestand aus den Gesetzen, aus ungeschriebenen Bräuchen, politischen Entscheidungen, Befehlen der Verantwortlichen und in einem umfassenden Sinne aus dem kollektiven Willen", der eine höhere Legitimität, die über und außerhalb aller legal gesatzten Ordnung stand, darstellte. „Das Gesetz war der Genius Athens. (...) Dem Gesetz gehorchen bedeutete, sich mit Eifer dem Gruppeninteresse hingeben."[117] Trotzdem gab es keine „Volkssouveräntität" im modernen Sinn dieses Ausdrucks, der das Volk zum alleinigen Autor aller Gesetze, denen es selbst unterworfen ist, erklärt und die Richtigkeit der Gesetze vom Prozess ihrer richtigen Erzeugung allein abhängig gemacht hätte. Faktisch stand das Volk in der Zeit der Athener Demokratie zwar über dem Gesetz, aber Volks-Gesetzgebung wurde wie jede menschliche Gesetzgebung dann und nur dann als *legitim* betrachtet, wenn sie dem Zweck diente, die „Verfassung der Väter" *(patrios poli teia)* und das durch vorangegangene schlechte Herrschaft verdorbene, gute alte Recht wiederherzustellen. Die Änderung bestehender Gesetze galt an sich immer als schlecht, egal ob von allen oder von einem allein be-

---

Suhrkamp 1989, 186.) Gerade weil Gesetze noch keine *Verbote* sind (wie später im christlichen „Pastoral"), sondern gebietende, diffus auf die Totalität der Lebensführung bezogene Tugendgesetze, gibt es im alten Athen *keinen* durch Verbote eingeschränkten und ermöglichten Raum des *Erlaubten.*

117 P. Veyne, a.a.O., 18. Der Staat „trieb seine Bevormundung bis in die kleinsten Dinge. In Lokris untersagte das Gesetz den Männern, den Wein unverdünnt zu trinken; in Rom, in Milet, in Massalia dagegen nur den Frauen. In der Regel war die Kleidung von den Gesetzen einer jeden Stadt genau vorgeschrieben; die Gesetzgebung von Sparta bestimmte die Haartracht der Frauen, und die von Athen verbot ihnen, auf eine Reise mehr als drei Gewänder mitzunehmen. In Rhodus verbot das Gesetz den Männern, sich den Bart zu schneiden, in Byzantien strafte es den mit einer Geldstrafe, der ein Rasiermesser bei sich trug; in Sparta dagegen verlangte es, dass man sich den Schnurrbart rasierte." (E. Durkheim, *Über die soziale Arbeitsteilung*, a.a.O., S.213).

schlossen. Der faktisch in der komplexer werdenden Polis-Gesellschaft wachsende Bedarf an rechtlicher Umweltanpassung und rechtlicher Steuerung wurde seinerseits substanziell und nicht durch das demokratische Verfahren gerechtfertigt. Waren neue Gesetze oder Gesetzesänderungen unvermeidlich, so galt das „gute Leben“ der politischen Gemeinschaft als postkonventionelles, objektives Maß aller bloß tradierten Rechtskonventionen, die in ihrem Traditionalismus zwar kritisch distanziert, aber keineswegs durch souverän gesetztes und souverän änderbares positives Recht ersetzt wurden (zu letzterem s. u. Kap. 5 und 6). In jedem Falle betrachteten die Griechen Gesetzesrevisionen und –innovationen nicht als Verwirklichung, sondern als Gefährdung politischer Freiheit.[118] Die klassische Demokratie Athens war gemeinschaftliche Selbstregierung ohne Gewaltenteilung, nicht voluntaristische Selbstgesetzgebung, die von der Rechtsanwendung zeitlich, sachlich und sozial getrennt ist.

Das aristotelische Rotationsprinzip eines ständigen Wechsels von aktiven Herrschafts- und passiven Gehorsamsrollen, die jeder aktive Bürger internalisieren muss und durch die er sich selbst beherrschen lernt, soll eine strenge bürgerschaftliche Gleichheitsordnung mit „mechanischer Solidarität” (Durkheim) im Rahmen einer bereits fortgeschrittenen „sozialen Arbeitsteilung” (Durkheim) ermöglichen, die im Idealfall allein auf der Herrschaft jedes Einzelnen über sich basiert. Die Tugend- und Tüchtigkeitsethik ist für die autonome Konstitution des Politischen als eines eigenen Freiheitsraums unabdingbar. Ihr prinzipieller Universalismus und ihre relativ weit getriebene Abstraktheit ermöglichen die Umstellung von einer konkretistischen Sippschaftsethik des unmittelbaren Nahbereichs der Bluts- und Familienbande auf die autonome ethische Konstruktion freier Bürgerfreundschaft. Für Platon und Aristoteles ist das einander nahe sein nicht länger die gleichsam natürliche *Bedingung* der Freundschaft, sondern umgekehrt das einander nahe sein eine *Folge* von Freundschaft, die ihrerseits erst durch

---

118 L. Canfora, „Der Bürger“, a.a.O., 161f.

Tugend zur *wahren* Freundschaft wird.[119] Aller äußere Zwang ist in der idealen Republik durch Tugenden wie Mut, Gerechtigkeit, Disziplin, Großzügigkeit, Klugheit, Gemeinsinn und Weisheit substituierbar.[120] Die Republik kennt kein Gewaltmonopol und sie braucht keins, weil in einer guten Republik jeder freie Bürger sich selbst beherrscht, und in dem Augenblick, in dem das nicht mehr funktioniert, endet seine Zugehörigkeit zur Gemeinschaft der Freien und Gleichen. Diese Republik ist eine in sich homogene, herrschaftsfreie Gleichheitsordnung, eine *Isonomia*, die freilich – und das ist die Kehrseite der Medaille – auf der Herrschaft über die, die nicht dazugehören, gegründet ist.[121] Letzteres ist ihre materielle Basis, und der Witz der ganzen Konstruktion besteht in der *Externalisierung jeder Herrschaft*, die aus dem Innenraum der Republik verschwindet und in die „Umwelt" des „Systems" abgedrängt wird. Das klassisch-republikanische System ist – wie vor allem Hannah Arendt immer wieder (und ich denke zu Recht) betont hat – herrschaftsfrei. Alle Herrschaftsverhältnisse existieren ausschließlich in der gesellschaftlichen, psychischen oder organischen Umwelt des politischen Zentrums. Die Mauern der Stadt symbolisieren diese Grenze, ohne indes mit ihr zusammenzufallen, denn die Grenze verläuft auch durch die machtunterworfenen Körper und Seelen der einzelnen Bürger hindurch. Gerechtigkeit besteht in der Verwirklichung einer herrschaftsfreien Bürgergemeinschaft, aber ihre Grenze ist die Grenze des Systems republikanischer Selbstorganisation. Das Ideal der Griechen ist: *Gerechtigkeit in einer Polis*. Und die übrige Welt, die

---

[119] Vgl. N. Luhmann, *Die Gesellschaft der Gesellschaft*, a.a.O., 327

[120] Vgl. Manfred Riedel, „Herrschaft und Gesellschaft", in: Zwi Batscha (Hg.), *Materialien zu Kants Rechtsphilosophie*, Frankfurt: Suhrkamp 1976, 130; H. Brunkhorst, *Demokratie und Differenz*, Frankfurt: Fischer 1994, 93f.

[121] Zur *Homogenität*: Chr. Meier, *Die Entstehung des Politischen bei den Griechen*, Frankfurt: Suhrkamp 1983, 261; zur *Isonomia*: H. Arendt, *Über die Revolution*, München: Piper 1986, 35f; zur Externalisierung von Herrschaft: H. Brunkhorst, *Demokratie und Differenz*, a.a.O.; vgl. a. M. Riedel, a.a.O., L. Canfora, a.a.O., 145ff.

riesige Peripherie der glücklichen Polis, war eher eine Welt voll Feinden und potentiellen Sklaven, denen gegenüber fast alles erlaubt war, was sie gefügig machte.

In der Demokratie, die es nur in den in der frühen Antike noch sehr kleinen Städten gibt, bilden diejenigen die Regierung (Volksversammlung, Volksgericht etc.), die das Bürgerrecht haben. Sie bilden den Inklusionsbereich des Politischen. Das sind in Athen die frei geborenen, „reinrassigen" (= beide Eltern aus städtischen Bürgerfamilien), männlichen und kriegstauglichen Athener. Außerdem müssen sie für die politischen Geschäfte frei *von* der Notwendigkeit, ihr Leben durch Arbeit zu fristen, sein. Anfangs war das nur die relativ kleine Zahl derer, die genug Besitz hatten, um mit eigenen Waffen in die zahlreichen Kriege ziehen zu können. Je mehr Athen aber im 5. und 4. Jahrhundert zur regional dominierenden See- und Kolonialmacht wurde, desto mehr besitzlose und d. h. waffenlose Ruderer wurden als loyale Soldaten für die Athener Raubzüge benötigt. Auf sie wurde das Bürgerrecht ausgeweitet, so dass auch die besitzlosen Soldaten in der fortgeschrittenen Demokratie als vollgültige Aktivbürger akzeptiert wurden. Der „Grund der Demokratisierung ist überall rein militärischer Natur."[122] Das führte zwangsläufig – paradigmatisch ist die 30-jährige „leadership" des Perikles – zu einer populistischen Führerdemokratie, denn die besitzlosen Vollbürger mussten fortan, um ihr Bürgerrecht *ausüben* und die zahllosen Volksversammlungen und Schauspiele besuchen und Ämter besetzen zu können, von der Stadt versorgt werden. Aktive Bürger durften nicht von eigener Arbeit leben. Das erhöhte den Bedarf der Stadt an Sklaven, die man in immer größerer Zahl aus den unterworfenen Städten der Region nach Athen verschleppte, so dass schließlich „auch der Ärmste unter den Athenern über mindestens einen Sklaven verfügte."[123] Gerade die relativ egalitäre

---

[122] Max Weber, *Wirtschaftsgeschichte* Berlin: Duncker & Humblot 1993, 278.

[123] L. Canfora, a.a.O., 155; vgl. a. Moses I. Finley, *Das politische Leben in der antiken Welt*, München: Beck 1991, 82ff, 145.

Demokratie der Besitzlosen setzte also die verschärfte Ausplünderung und Versklavung der Kolonien voraus.

In einem Aufsatz über „Das soziale Ideal bei Platon und den Propheten" schreibt Hermann Cohen: „Über die Grenzen seines Idealstaats, der aber vielmehr nur ein Kirchentumsstaat ist, wie er durch seine 4500 Ackerbürger begründet und festgelegt wird, geht Platons Blick niemals hinweg; die Fernsicht auf das Menschengeschlecht fehlt gänzlich bei ihm."[124] Auf der weniger freundlichen Außenseite des Systems der Republik – sei es nun die gedachte Platonische oder die wirkliche Roms oder Athens – finden wir alle Herrschaft versammelt, Herrschaft der Aktivität über die Passivität, Herrschaft der Polis über den Oikos, der politischen über die private Freiheit, Herrschaft der Männer über die Frauen, die Kinder, die Knaben, die Sklaven, Herrschaft über „Barbaren" und rechtlose „Fremde", Herrschaft über Nachbarstädte. Freiheit und Gleichheit gibt es immer nur auf der Innenseite des Systems in den Beziehungen der männlichen Aktivbürger untereinander. Das Weibliche, schreibt Hegel in der „Phänomenologie des Geistes" bei der Interpretation der Antigone, ist der innere Feind des Gemeinwesens.[125] Die Medien, durch die System und Umwelt strukturell miteinander verbunden sind, sind die *Erziehung* männlicher Bürgersöhne, die ihr Telos in der Perfektionsgestalt einer tugendhaften und militanten politischen Existenz hat, und die *Herrschaft* über herrschaftsunterworfene Körper, Seelen, Menschen. Auch die Beziehung des Bürgers zu sich ist eine herrschaftliche Beziehung, in der sich die Beziehung des republikanischen Systems zu seiner Umwelt spiegelt (s. Fig. 2). Die Polis ist ein Verein freier und ehrenwerten Männer, aber kein „Verein freier Menschen" (Marx).

---

124 Hermann Cohen, „Das soziale Ideal bei Platon und den Propheten", in H. Cohen, *Jüdische Schriften*, Bd I, Breslau 1923, 321 f.

125 G.W.F. Hegel, *Phänomenologie des Geistes*, Hamburg: Meiner 1952, 340. Exakt lautet das Zitat: „Das Gemeinwesen hat an dem, was es unterdrückt und was ihm zugleich wesentlich ist, an der Weiblichkeit überhaupt seinen inneren Feind."

System der Republik	**Austauschbeziehungen („Medien")**	**Umwelt**
Vereinigung selbständiger, freier, gleicher und tugendhafter Männer	Erziehung	männliche Bürgersöhne
	Herrschaft	passive Körper, passive Seelenteile, Sklaven, Frauen, Fremde, Barbaren, Nachbarstädte.
Zentrum, Spitze		**Peripherie, nachrangige Stände**

Fig. 2

Die Gruppensoziologie der griechischen Stadtstaaten, schreibt der schon zitierte Paul Veyne, „gleicht weniger der einer modernen Nation, sei sie nun demokratisch oder nicht, als der einer militanten politischen Partei".[126] Das ist ein höchst instruktiver Vergleich. Die Kontrolle der öffentlichen Meinung über einen jeden wäre *uns* als stalinistische Tyrannei erschienen, als nachbarschaftlich organisierter Staatssicherheitsdienst.[127] Warum hat Sokrates sich freiwillig dem Todesurteil gebeugt und ist gerade deshalb zum leuchtenden Helden antiker Bürger geworden? Paul Veyne vergleicht Sokrates mit Bucharin: „Man kann Sokrates mit jenen alten Bolschewiken vergleichen, die nach einem Scheinprozess lieber aus Parteitreue starben, als dass sie die Organisation, deren Hauptstärke in der Disziplin lag, erschüttert hätten."[128] Und das wäre dann

126 P. Veyne, a.a.O., 15

127 Es ist wichig zu sehen, dass sich diese Verfremdung der bis heute wirksam gebliebenen, neuhumanistischen Projektion gerade dem konsequenten Festhalten an *unserer* Perspektive verdankt, aus der erst die ungeheure Distanz und Fremdheit der antiken Kultur erkennbar wird. Das ist der methodische Sinn des Ausgangs von je eigenen „Vorurteil" in der Gadamerschen Hermeneutik.

128 A.a.O., 36. Während das Schicksal Bucharins und seiner Genossen, demjenigen des griechischen Philosophen keineswegs unähn-

eine mögliche Antwort auf eine Frage von Niklas Luhmann: „Bei allen Perlen der Philosophie", die insbesondere die Kultur der Athener hervorgebracht hat, „wird man sich fragen, welche ursprüngliche Verschmutzung sie erzeugt haben mag."[129] Damit sollen die ungeheuren Fortschritte, die diese Gesellschaften erreicht haben, keineswegs geleugnet werden.

Mit der „Entdeckung des Politischen" (Chr. Meier) durch die Griechen ist nicht nur die höchst ambivalente, Freiheit und Unterdrückung zugleich befördernde, *Externalisierung von Herrschaft* im Rahmen einer hierarchisch geschichteten Sozialverfassung verbunden, sondern es kommt auch – in allen entwickelten Schriftkulturen, aber in Athen in erheblicherem Ausmaß und mit den entsprechenden wirkungsgeschichtlichen Folgen – zu einem ersten mächtigen Schub in Richtung funktionaler Differenzierung. Luhmann spricht von antiken „Vorentwicklungen" und mit einem Begriff aus der Evolutionstheorie von „preadaptive advances", Parsons hatte auf der gleichen Linie die antiken Gesellschaften Griechenlands und Israels „Saatbeetgesellschaften" genannt.[130] „Wahrheit" trennt sich von „Freundschaft", „Freundschaft" von „Verwandtschaft", „Recht" sichert, wie wir oben (Kap. 1) gesehen haben, Gleichheit trotz Schichtung, wenigstens als kontrafaktische Norm. Unter römischer Herrschaft differenziert sich das Recht dann zu einer eigenständigen, professionell organisierten Sphäre.[131]

---

lich, eine im echten Sinne tragische Dimension hatte, wird man das von Röhm und seinen Spießgesellen kaum sagen können. Das markiert – bei allen Ähnlichkeiten – eine deutliche Differenz zwischen Bolschewismus und Nationalsozialismus.

[129] N. Luhmann, *Die Gesellschaft der Gesellschaft*, Frankfurt: Suhrkamp 1997, 911

[130] N. Luhmann, *Die Gesellschaft der Gesellschaft*, a.a.O., 324 ff.; T. Parsons, *Gesellschaften*, a.a.O.

[131] Zum qualitativen Sprung in der staatsrechtlichen Entwicklung zwischen Athen und Rom vgl. a. Charles H. McIlwain, *Constitutionalism – Ancient and Modern*, Ithaca, New York: Great Seal Books, 1958 (revised edition, First ed. 1940), 23ff, 41ff. So fehlt z.B. die Auslegung von Gerechtigkeit *als* formales Recht i.S. des lateinischen *ius* im Griechischen. „There is nothing in the greek

Eigentumsbildung führt im Zusammenspiel mit einer sich entwickelnden Geldwirtschaft schon in Athen zu einer Blüte des Handels. In Rom zeichnet sich dann bereits (im Zeichen der Differenzierung von *ius publicum* und *ius privatum*) eine Emanzipation der sozialen und ökonomischen Sphäre vom herrschaftlichen Zugriff des politischen Zentrums ab, die sich auch in der stoischen Philosophie spiegelt. Aber die funktional differenzierten Wertsphären bleiben fest in die Schichtungsordnung eingemauert und der politischen Spitze im Zentrum der Adelsgesellschaft herrschaftlich untergeordnet. Im Begriff des guten Lebens verschmelzen – zumindest in der Perfektionsgestalt der tugendhaften Führungseliten (Adel) – Wahrheit, Gerechtigkeit, Solidarität (*philia*) und politische Macht zu einer ununterscheidbaren Einheit, – obwohl seit Gründung der platonischen Akademie ein Riss zwischen Polis und Philosophie klafft, der nie wieder gänzlich gekittet wird und sich noch in den theoriearchitektonischen Problemen etwa der aristotelischen Ethik spiegelt. (Es bleibt ein Paradox: Wie soll man das Leben der Philosophen gleichzeitig als das Höchste auszeichnen und es doch von der Polis trennen und gar ihrer praktischen Führung unterstellen, weil die schon recht fortgeschrittenen Funktionstrennungen der Gesellschaft ein Philosophenkönigtum nicht mehr zulassen?) Ähnliche Probleme stellen sich angesichts der schon stark entwickelten Geldwirtschaft. Sie kann nicht mehr aus der Welt geschafft werden, muss in eigenständigen ökonomischen Begriffen (als eigene Stufe oder Sparte in den politischen Philosophien von Platon und Aristoteles) reflektiert und beschrieben werden, ist aber gleichwohl die permanent sprudelnde Quelle einer tiefgreifenden Gefährdung der notwendigen Gruppenhomogenität politischer Bürgergemeinschaften. Deshalb muss sie, wie die mit der Ökonomie eng verbundene „Privatsphäre" des *oikos*, dem Politischen strikt

---

language corresponding to the latin *ius*" (McIlwain unter Berufung auf Vinogradoff, a.a.O., 26). Im Hinblick auf die Evolution rechtsstaatlichen Denkens ist es ein Abgrund, der den römischen Juristen Cicero vom griechischen Philosophen Aristoteles trennt (Vgl. a. McIlwain, a.a.O., S.42f).

untergeordnet und aus dem Raum der öffentlichen Angelegenheiten ausgegrenzt werden. Das Geld wird integriert, indem es zum Paradigma einer korrumpierbaren und minderwertigen Natur des Menschen wird. Es gehört zum Leben der Gemeinschaft, es ist ein notwendiges Übel. Aber es gehört nicht zum politischen Leben und landet deshalb auf einem herrschaftsunterworfenen, niederen Rangplatz der Gesellschaft. Jederzeit kann schon um die Herrschaft von oben nach unten zu sichern, die politische Gesellschaft der antiken Städte auf die Privatsphäre und das Eigentum ihrer Bürger zugreifen:

> Die Bürgerschaft schaltete in jeder Hinsicht nach Belieben mit dem Einzelnen. (...) Prinzipiell (...) war von persönlicher Freiheit der Lebensführung keine Rede (...). Auch ökonomisch verfügte die hellenische Stadt unbedingt über das Vermögen des Einzelnen (...). Alle bürgerliche Vermögensbildung (war) der Labilität (ausgeliefert). Die absolut willkürliche Kadijustiz der Volksgerichte (Zivilprozesse vor hunderten von rechtsunkundigen Geschworenen) gefährden die formale Rechtssicherheit so stark, dass eher die Fortexistenz von Vermögen wundernimmt, als die sehr starken Peripetien bei jedem politischen Misserfolg.[132]

Die „absolut willkürliche Kadijustiz“ ist die Kehrseite der unverächtlich demokratischen „Chance des kleinen Mannes, über den Vornehmen vor Gericht zu siegen.“[133]

Das aktiv / passiv-Schema ist der klassischen Republik ebenso transzendental als ihr historisches Apriori vorgegeben wie die Unterscheidung von Herr und Knecht.[134] Demokratie konnte in diesem System niemals die Verwirklichung eines allgemeinen Rechts sein, sie war immer nur die Auswirkung eines Privilegs und wird deshalb in der klassischen Lehre von der Politik auch ausschließlich *quantitativ*, nicht *qualitativ* von

---

[132] M. Weber, *Wirtschaft und Gesellschaft*, Köln: Kiepenheuer und Witsch 1956, 1027; vgl. a. M. I. Finley, *Das politische Leben in der antiken Welt*, a.a.O., 45.

[133] Chr. Meier, *Die Entstehung des Politischen*, a.a.O., 295

[134] Das zeigt Michel Foucault, *Der Gebrauch der Lüste. Sexualität und Wahrheit* 2, Frankfurt: Suhrkamp 1989.

der Aristokratie oder dem Königtum unterschieden. Es gab gute Herrschaften eines, vieler oder aller Männer, und es gab schlechte. Die Demokratie wird von Aristoteles (Politik 1279a-b, vgl. a. 1313b) als schlechte Herrschaft der Menge, die Politie als deren gute Form klassifiziert.

gut	Königtum	Aristokratie	Politie
schlecht	Tyrannei	Oligarchie	Demokratie
qualitativ/quantitativ	einer	einige	alle

Fig. 3

Selbst große Denker wie Aristoteles kommen aus dieser geschichtlichen Begrenzung nicht heraus. Seine Begründung der Sklaverei in der „Politik" folgt dem Muster des später von Hume so genannten „naturalistischen Fehlschlusses". Die einen sind von Natur stark und kräftig, gehen gebückt, essen wie dic Schweine und können kaum zwei und zwei zusammenzählen; die anderen sind von vornehmer Geburt, intelligent von Natur und gehen hoch erhobenen Hauptes; die einen haben viel und die anderen wenig Anteil an der Vernunft; die einen sind reich und zur Muße, die anderen arm und zur Arbeit geboren. Aus dieser Prämissenreihe leitet der größte Logiker aller Zeiten dann ab, die einen seien *von Natur* zur Sklaverei, die anderen zum Bürgersein bestimmt[135]. Ihre Natur macht die Sklaven zu Werkzeugen: „Von den Werkzeugen sind die einen unbelebt, die anderen belebt (...) Auf diese Weise ist auch das Besitztum ein Werkzeug im Hinblick auf das Leben, und der Besitz bedeutet nur eine Menge von Werkzeugen, und der Sklave ist

[135] Zur Ausweitung dieser Unterscheidung von Menschen und Sklaven auf diejenige von Griechen und Barbaren vgl. W. Detel, a.a.O; zur neueren Diskussion des Themas „Sklaverei" vgl. a. D. B. Davis, „At the heart of Slavery", in: *New York Review of Books* October 7 / 1996, 51ff.

eben ein belebtes Besitztum."[136] Da der Sklave als belebtes Werkzeug zum „Hervorbringen" (*Poiesis*) von Dingen, Werken etc. für seinen Herrn da ist, ist sein „Leben" in einer wesentlichen Hinsicht unvollständig, unvollkommen, defizitär. Es kann kein wahrhaft gutes, menschliches Leben sein. Denn ein solches Leben besteht wesentlich aus selbstgenügsamen „Handlungen" (*Praxis*), z. B. politisieren, philosophieren, klavierspielen, Tätigkeiten, zu denen es der Muße und das heißt: der von Arbeit freien Zeit bedarf[137]. Da „das Leben" als das *gute* Leben „ein Handeln, nicht aber ein Hervorbringen ist, gehört auch der Sklave zu den Dingen des Handelns"[138] Wer als belebtes Werkzeug Besitztum eines anderen ist, ist Sklave.

Auch dieses Argument folgt wieder exemplarisch dem Schema der Kopie der Unterscheidung von Sein und Nichts ins Sein (als Herren- vs. Sklavennatur), und das wiederholt sich dann nochmals im herrschaftlichen Sein selbst (Seele vs. Körper) und nochmals in der Seele des Herrn (aktive vs. passive Seelenteile):

---

136 Aristoteles, *Politik*, 1253 b, zit. n. d. dt. Ausgabe Stuttgart: Reclam 1989.

137 A.a.O., 1254 a. Die Wirkungsgeschichte dieses politischen Denkschemas reicht bis zu Karl Marx, der im dritten Band des Kapitals und in den Grundrissen den Sozialismus als Reich der Freiheit jenseits der Notwendigkeit, durch Arbeit sein Leben fristen zu müssen, bestimmt. Die Basis des Sozialismus und das Maß seiner Verwirklichung ist für Marx, und auch hier erweist er sich als Schüler des von ihm verehrten Aristoteles, „free disposible time". Zur bildungselitären Abwertung der Arbeit führt das im Neuhumanismus und (z. B.) bei Hannah Arendt; vgl. H. Brunkhorst, *Hannah Ahrendt*, München: Beck 1999, 140 ff.

138 Aristoteles, a.a.O.

<table>
<tr><td colspan="4">Sein
Menschen</td><td rowspan="6">Nichts
Barbaren,
wilde Tiere</td></tr>
<tr><td>„Sein“</td><td colspan="3">„Nichts“</td></tr>
<tr><td>perfekte bzw. höherrangige Natur (selbständiges Dasein)</td><td colspan="3">korrumpierte bzw. niederrangige Natur (unselbständiges Dasein)</td></tr>
<tr><td>zum guten Leben (Politik, Philosophie) bestimmte Handelnde
(herrschend)</td><td colspan="3">zum Hervorbringen (Arbeit, „oikos”, Ökonomie) bestimmte Werkzeuge
(beherrscht)</td></tr>
<tr><td>aktiv</td><td colspan="3">passiv</td></tr>
<tr><td>Herren</td><td>Frauen</td><td>Sklaven</td><td>zahme Tiere</td></tr>
</table>

Fig. 4

So wie die Seele von der Natur dazu bestimmt ist, den Körper, der Verstand dazu, die Leidenschaften zu beherrschen, so ist der Mensch, der sich „der Natur” des Menschen „gemäß” verhält, der Herr, der andere, der von dieser Natur abweicht und ein irgendwie missratenes, „verdorbenes” Exemplar darstellt, der Sklave. Denn die wahre Natur des Menschen ist es, ein freier Herr, ein männlicher Bürger zu sein. Nur die männlichen Aktivbürger verhalten sich der Natur des Menschen gemäß. Und nun folgt das entscheidende Argument: „Alle freilich, die so weit voneinander entfernt sind wie die Seele vom Körper und der Mensch vom wilden Tier – in dieser Situation befinden sich die alle, deren Arbeit im Umgang mit dem Körper besteht, und das ist denn auch die von ihnen am besten geleistete Arbeit – alle diese sind von Natur aus Sklaven, für die es besser ist, unter dieser genannten Herrschaft zu stehen. (...) Es ist nämlich von Natur aus Sklave, der einem anderem gehören kann – deshalb gehört er ja auch einem anderen – , und der nur soweit Anteil an der Vernunft hat, als er sie wahrnimmt, ohne aber über sie zu verfügen"[139]. Dieses, dass sie die „Vernunft wahrnehmen" und deshalb komplexeren Befehlen gehorchen können, unterscheidet sie von den „zahmen Tieren", denen sie ansonsten näher zu stehen scheinen als den Menschen. Denn „die Natur" hat „den Willen, die Körper der Freien und die der Sklaven unterschiedlich" geschaffen, „die einen kräftig im Umgang mit dem Notwendigen, die anderen aber hoch aufgerichtet und unbrauchbar für derartige Arbeitsleistungen, doch nützlich für ein staatsbürgerliches Leben. (...) Dass demnach von Natur aus die einen Freie sind und die anderen Sklaven, ist offenbar, und für die Sklaven ist es zuträglich, Sklaven zu sein, und gerecht"[140]. Jedem das Seine. Das ist klassisches Naturrecht. Auf seiner frühesten Entwicklungsstufe. Dass alle Menschen ihrer Natur nach frei sind, wie es später bei dem römischen Juristen Ulpian heißt (s.u. Kap. 3), ahnten in Athen allenfalls ein paar Sophisten. Die wurden aber von den Meisterdenkern sofort zur Ordnung gerufen.

Die republikanische Gerechtigkeitsidee *impliziert* in ihrer klassischen Version (als „proportionale" Gerechtigkeit: Jedem das Seine) *notwendig* Sklaverei. Denn irgend jemand muss die Arbeit machen, und die Natur hat es so eingerichtet, dass es Sklaven gibt und das ist gerecht so, *weil* es der vernünftigen Ordnung der Natur gemäß ist. Hier kommt wieder die Korre-

---

139 A.a.O., 1254b.

140 A.a.O., 1254b - 1255a. Die Anomalie, dass gelegentlich auch kriegsgefangene Philosophen und Aktivbürger in die Sklaverei geraten, kann Aristoteles leicht erklären. Da sie nicht den Tod wählten, zeigte sich in solcher Todesfurcht ihre unvollkommene Natur. Sie lassen sich viel lieber beherrschen als dass sie sterben würden, also sind sie zu Recht Sklaven geworden. Auch wenn sie körperlich nicht so aussehen, ihr Charakter offenbart ihre Sklavennatur.

spondenztheorie der Wahrheit zum Zuge. Wahrheit und Vernunft bestehen in der Übereinstimmung eines Denkens oder einer politischen Praxis mit der - teleologisch verstandenen - Natur.

Die aristotelische Argumentation ist freilich, bedenkt man ihren Kontext, weniger skandalös als sie in unseren Ohren klingt. Denn die Institution der Sklaverei hat damals kaum jemand, weder im alten Griechenland noch im alten Rom, auch die Sklaven selbst nicht, *als* Unrecht verurteilt. Natürlich war niemand gern Sklave, und in Sklaverei zu geraten, galt als eines der größten Übel. Aber ein Übel ist noch kein Unrecht. Es hat deshalb auch in der ganzen Antike nur Sklavenaufstände gegeben, um die Lage einer bestimmten Gruppe von Sklaven zu verbessern und für diese das Joch der Sklaverei abzuschütteln, aber keine Aufstände, um das Institut der Sklaverei aus der Welt zu schaffen. Ohnehin wurde die Sklaverei als Rechtsinstitut erst im 19. Jahrhundert definitiv abgeschafft, und noch bis zur Wende des ersten nachchristlichen Jahrtausends hat sie das Sozialgefüge des christlichen Europa getragen.[141] „Stratifizierte Gesellschaften", so Luhmann, „rühmen ihre spezifisch menschliche Ordnung, grenzen sich gegen die Welt der Tiere und Primitivmenschen ab, legen der Unterscheidung aber noch ein religiös-kosmologisch begründetes Sinnkontinuum zugrunde".[142] In diesem Sinne ist die Argumentation des Aristoteles zur Begründung der Sklaverei als einer ihrer Natur nach gerechten Institution exemplarisch für den Hauptstrom von gut zweitausend Jahren europäischer Geschichte.

In der heidnisch-republikanischen Antike fehlt eine „einheitliche", von Standes- und Schichtungsdifferenzen unabhängige „Idee des Menschen"[143]. Menschen, die ihrer Natur *als* Menschen entsprechen, sind für Platon und Aristoteles nur die vollkommenen, zur Aktivbürgerschaft ausgereiften Exemplare. Es gibt einen einheitlichen, mit „Autonomie", Selbstherrschaft,

---

[141] Das ist zumindest die These von Guy Bois, *Umbruch im Jahr 1000*, Stuttgart: Klett-Cotta 1993.

[142] N. Luhmann, *Die Gesellschaft der Gesellschaft*, a.a.O., 617.

[143] H. Cohen, a.a.O., 321.

positiver Freiheit und Gleichheit verbundenen Begriff des *Bürgers*, aber keinen entsprechend einheitlichen, alle aktiven und passiven, gesunden und leidenden, reichen und armen, freien und versklavten Menschen gleichermaßen einschließenden (inklusiven) Begriff des *Menschen*. Deshalb kennt die politische Philosophie von Platon und Aristoteles auch keine globale Friedensutopie, sondern nur die militante und imperale Sicherheit, und das Glück der eigenen Stadt als höchstes politisches Ziel. Noch die berühmte *pax romana* (s. u. Kap. 3) ist nur ein durch Unterwerfung erzwungener und durch die permanente Bereitschaft, Kriege zu führen, aufrechterhaltener Waffenstillstand. Die für den heidnischen Republikanismus konstitutive Differenzierung von Freund und Feind hängt unmittelbar mit den *sozialen* Schichtungsdifferenzen zwischen Armen und Reichen, Wissenden und Unwissenden, Herren und Knechten zusammen. Die Grenze, die Freund und Feind scheidet, ist immer diejenige des *Systems* der politischen Gesellschaft zu seiner *Umwelt*. Sie fällt mit der Externalisierung von Herrschaft aus der Polis zusammen (s. o. Fig. 2). Schon die Selbstbeherrschung, die – wie Foucault gezeigt hat – die einheitliche Grundlage aller Herrschaft *und* aller politischen Freiheit ist, ist exklusiv und militant, ein – wie Platon schreibt - „Kampf gegen vielerlei Lüste und Begierden“ mittels „Vernunft, Tätigkeit und Geschick (*logos, ergon, techne*).”[144] Schon die moralische Lebensführung im Bereich der Sexualität und der Lüste beruhe, so Foucault pointiert, „auf einer Schlacht um die Macht”, auf einem polemischen Selbstverhältnis, einem Krieg mit sich, der eingebettet ist in einen dauerhaften, nur von gelegentlichem Waffenstillstand unterbrochenen Kriegszustand der Städte und Staaten untereinander[145]. So wie im „öffentlichen Leben” „Alle Allen Feind“ sind, ist im privaten Leben Platon zufolge „jeder

[144] Platon, *Nomoi*, I, 647d, Frankfurt: Insel 1991, 102f; vgl. a. M. Foucault, *Der Gebrauch der Lüste. Sexualität und Wahrheit 2*, Frankfurt: Suhrkamp 1989, 87.

[145] M. Foucault, a.a.O., S.88, 91,92. Vgl. Max Webers eindrucksvoll realistische Beschreibung in *Wirtschaft und Gesellschaft*, a.a.O., S. 1026ff

Einzelne sich selbst“ Feind[146]. Deshalb ist „der Sieg über sich selbst der erste und herrlichste von allen Siegen und das Sichselbstunterliegen unter allen das Schimpflichste und Schlimmste zugleich, und dies deutet doch darauf hin, dass der Krieg in einem Jeden von uns gegen sich selber sei.“[147] Ein freier Mann ist deshalb der, der „die inneren Feinde, welche die Lüste sind”, besiegt hat und sich ihrer als eines Werkzeugs seines Selbstgenusses und guten Lebens bedienen kann[148]. Man muss die Lüste versklaven, um sie zu genießen. Als Diener ihres Herrn sind die Lüste ein wesentlicher Zug des guten Lebens, integraler Teil der Polis. Schlimm ist nur, wenn die, die zu Herren geboren sind, sich von ihren eigenen Lüsten versklaven lassen. Anders als später im Christentum kann der Feind besiegt, gezähmt und dann als höchst nützlicher Sklave in den Dienst des Selbst gestellt werden. Der Unterschied zwischen dem inneren und dem äußeren Feind des politischen Gemeinwesens ist nicht sehr groß: „Der Herr seiner selbst und der anderen formiert sich in einem.”[149] Das ist der durchaus militant-kriegerische Sinn aller Erziehung in den klassischen Republiken, in Sparta, Athen und Rom. Das soziale Ideal, der ideale Staat Platons impliziert durchgängig und permanent Krieg und Herrschaft an den Grenzen des Systems.

Ganz anders das soziale Ideal der altisraelitischen Propheten. Schon der Gründungsmythos des sozialen Verbands, das Buch „Exodus“ der Bibel ist die Geschichte eines erfolgreichen Sklavenaufstands, der eine Reihe universalistischer Elemente enthält, auch wenn es sich zunächst nur um die Befreiung eines bestimmten Volkes handelt, das selbst keineswegs auf Sklaven zu verzichten bereit ist. Aber was in der Bibel grundlegend anders ist als in der politischen Theorie, ist die *Einstellung* zur Sklaverei, die ständig präsente „Contra-Erinnerung” an das ägyptische „Sklavenhaus”, ebenso wie die Idee des Menschen,

---

[146] Platon, *Nomoi*, I, 626d, Frankfurt: Insel, 37.
[147] Platon, *Nomoi*, I, 626e, a.a.O.
[148] M. Foucault, a.a.O. 214.
[149] A.a.O., S.103.

die diesem Einstellungswandel zugrundeliegt.[150] Auf dem Boden der Bibel wird zum ersten Mal in der Geschichte eine systematische Kritik der Sklaverei *als* Institution möglich. Das hatte auch praktische Folgen. In Israel wurden die Sklaven besser behandelt als sonst in der antiken Welt. Im hebräischen Recht fehlten die harten Strafen für Fluchthilfe, und zahlreichen Bestimmungen dienten dem Schutz der Sklaven. Nach sechs Jahren mussten die Besitzer ihre Sklaven in die Freiheit entlassen und ein Überbrückungsgeld zahlen. Entlaufenen Sklaven oder Sklavinnen - es gab keinen Unterschied der Geschlechter - musste freies Asyl gewährt werden, wohin sie auch gingen. Sie konnten in der neuen Umgebung unbehelligt ein neues Leben ohne Knechtschaft anfangen: "Du sollst nicht einen entlaufenen Sklaven an seinen Herrn ausliefern, der sich vor seinem Herrn zu Dir gerettet hat. Bei Dir soll er wohnen können, in deiner Mitte, an dem Ort den er erwählt, in einem deiner Tore, wo es gut für ihn ist. Du sollst ihn nicht bedrükken."[151] Hier wird die Contra-Erinnerung an das Exodusgeschehen unmittelbar praktisch. Der Sklave, der flieht, stempelt seinen Herrn zum Pharao und sich selbst zum Volk Gottes, denn wo der Sklave hingeht, darf nur er allein bestimmen und das heißt theologisch gesprochen, dass Gott seine Wege bestimmt und das Asyl in ein gelobtes Land "ohne Bedrückung“ verwandelt. Durch die Erlaubnis zur Flucht wurde der Status der Sklaven dem der Tagelöhner angeglichen, was auch durch das Verbot von Mißhandlungen unterstrichen wird.[152]

Wer seinen Sklaven tötete, musste mit der Blutrache von dessen Verwandten rechnen. Das war gültiges Recht. Wer seinen Sklaven schwer verletzte, musste ihn freilassen. „Das ist“ –

---

[150] Vgl. Zum Begriff der „Contra - Erinnerung” Jan Assmann, a.a.O.

[151] Deuteronomium 23, 16-17

[152] Vgl. Frank Crüsemann, *Die Thora*, München: Kaiser 1992, 271f. Die normative Wirksamkeit dieser Gesetze dürfte - wie in *allen* vormodernen Regimes ohne staatliches Gewaltmonopol und ausdifferenziertes Recht - höchst unterschiedlich gewesen sein und starken zeitlichen, räumlichen und sozialen Peripetien ausgesetzt gewesen sein.

so Uwe Wesel – „in der ganzen Antike ohne Vorbild.“[153] Als Sklavenhalter hatten die alten Israeliten, die immer wieder daran erinnerten, dass sie selbst einst Sklaven waren, ein viel schlechteres Gewissen als Ägypter, Babylonier, Griechen und Römer.

Während die politische Ethik der Griechen und Römer – so könnte man mit Nietzsches treffender Unterscheidung sagen – letztlich immer eine „Herrenmoral" mit einer dazu passenden „Theodizee des Glücks" geblieben ist, ist die Ethik der Propheten eine „Sklavenmoral", die eng mit einer „Theodizee des Leidens" verbunden ist, deren Entwurf des Menschen nicht länger auf dessen *Perfektionsgestalten*, den reichen, arbeitslosen Aktivbürger, den Helden, den Halbgott fixiert ist, sondern sich an dessen *Defizitgestalt* orientiert.[154] Auch hier zeigt sich wieder das durch die evolutionäre Errungenschaft der monotheistischen Gottesvorstellung entbundene Entzauberungs- und Egalisierungspotential. Wird der Gott, um es in der Sprache der mittelalterlichen Theologie zu sagen, zum transzendentalen Aktual-Unendlichen, von dem wir uns, auch wenn wir wollten, kein Bild mehr machen können, dann schrumpft jede menschliche Größe und Vollkommenheit auf ein und dasselbe Maß des Endlichen und Vergänglichen zerstörbarer und „quälbarer Körper" (Adorno), die unabhängig von Rang und Perfektionsgestalt *an sich* der Erlösung bedürftig sind. Genau das ist die Leistung, die man nun von der göttlichen Liebe erwartet: dass Er sich dem Menschen in seiner Schwäche, seinem Leiden, seiner Schuld und Sünde zuwende, um ihn von solchen Übeln in einer zukünftigen, noch nicht in der Natur vorhandenen und deshalb auch nicht kopierbaren Welt zu befreien. An die Stelle der Abbildung der Natur tritt in der Bibel die soziale Utopie.

Mit der Preisgabe der ontologischen Korrespondenztheorie, die Denken ans Sein, Politik an Natur und zeitliche Hierarchien an zeitlose fesselt, wird der Weg frei zu einer Vorstellung von *Geschichte als Lernprozess*. Wir können aus vergangenem Unrecht und unverschuldetem, sozial verursachtem Leid lernen

---

153 Uwe Wesel, *Geschichte des Rechts*, München: Beck 1997, 110.

154 Vgl. H. Cohen, a.a.O.

und die daraus resultierende Empörung auf die zukünftige Einrichtung besserer Verhältnisse lenken. Lernen heißt, – so lehrt auch Sokrates – seine sittlichen Gewohnheiten ändern. Lernen können wir aber – das ist die prophetische Variante – auch aus der Geschichte. Die dem geschichtsmächtigen göttlichen Wort „nachlaufende Erkenntnis" der Propheten rückt die Gegenwart in eine vergangene und vor allem zukünftige Heilsgeschichte ein.[155] Das weckt Hoffnung der Umkehr zum Besseren, zur Wiederaufnahme der Mitarbeit an der Vollendung des göttlichen Schöpfungsprojekts. Andererseits werden auch Irritationen durch enttäuschte Hoffnung – das Nichteintreten der geweissagten Erlösung – Anlass zu einem Lernen aus der Geschichte, das bis zur realistischen Umdeutung, Transzendentalisierung oder Preisgabe allzu utopischer Erwartungen führen kann.[156] Lernprozesse sind immer Prozesse fortschreitender Rationalisierung und Entzauberung. Auch realistische Korrekturen am göttlichen Heilsplan müssen nicht zum Verlust des *normativen Sinngehalts* der Geschichte führen.[157]

Die Erinnerung daran, dass das, was ist, einmal anders war und deshalb nicht so sein muss, wie es ist, gewinnt – auf heilsgeschichtlichem Boden -die normative Kraft einer zukunftsorientierten, verheißungsvoll gegen das Bestehende gerichteten „Contra-Erinnerung" (Jan Assmann). Es gab eine Zeit der Knechtschaft, und es gab eine Zeit der Befreiung, und es gab eine Zeit ohne Könige. Die um das Exodus-Geschehen zentrierte Geschichte hat einen politischen, aufklärerischen Sinn, denn aus ihr können die heute Unterdrückten lernen, dass ihr Los nicht notwendig und gottgewollt, sondern kontingent und deshalb änderbar ist. Die Träger solchen Lernens sind in der Sicht der Propheten – und das unterscheidet sie von Platon und Sokrates – diejenigen, die bei der Klassenbildung in den neuen, schriftbasierten Großgesellschaften unten gelandet sind, die getretene und geschlagene, die ausgebeutete, gedemütigte und von den glücklicheren Herren verachtete Kreatur. Noch der

---

[155] K. Koch, *Die Propheten* I, a.a.O., 9,12,122, 219, 257.
[156] K. Koch, a.a.O., 16.
[157] A.a.O., 257.

junge Marx wird, an die prophetische Tradition anschließend, den kategorischen Imperativ verkünden, „*alle Verhältnisse umzuwerfen*, in denen der Mensch ein erniedrigtes, ein verlassenes, eine verächtliches Wesen ist.“[158]

Das soziale Ideal der Propheten besteht in der Aufhebung aller Dualismen der hierarchisch geschichteten Gesellschaftsordnung der alten Welt. Das gilt auch für die Trennung von innen und außen, von Freund und Feind, Bürger und Fremden. Jesaja bezieht die Feinde und die fremden Völker draußen vor dem Tor mit ein, wenn er verlangt, die Völker sollten nicht mehr Krieg lernen[159]. Und mit dieser Scheidung ist auch schon die von Fremden und Freunden aufgehoben, an die Stelle der Exklusion des Fremden tritt die – dann vom Christentum zur Fernsten- und Feindesliebe radikalisierte - *Einbeziehung des Anderen.*[160]

Der Sinn der Überwindung des ontologischen Dualismus durch die Propheten ist sozial und egalitär. Denn die befreiende Gerechtigkeit des aktiven und personalen Gottes macht keinen Unterschied zwischen oben und unten, zwischen aktiv und passiv, zwischen Männern und Frauen, Herren und Sklaven. Dem „Prophetismus” ist jede „Einschränkung und Auswahl unter den Menschen” unerträglich.[161] Zumindest für den (männlichen) Volksgenossen gilt ein strikt „egalitäres Verfassungsideal“ der gleichberechtigten Teilhabe an der Erde des gelobten Landes.[162] Die klassische, griechisch-römische *Tugendethik*, deren virtuose Beherrschung immer nur die Sache Weniger sein kann und die in der „Sorge um sich” (Foucault) fest verankert ist, wird substituiert durch eine *Mitleidsethik*, die egalitär und intersubjektiv auf das Leiden eines jeden und vor-

---

[158] K.Marx, „Zur Kritik der Hegelschen Rechtsphilosophie. Einleitung”, in Marx / Engels, *Studienausgabe* I, Frankfurt: Fischer 1966, 24.

[159] Vgl. H. Cohen, a.a.O., 320.

[160] So ein Buchtitel von Habermas. Vgl. H. Cohen, a.a.O., 313f.

[161] H. Cohen, a.a.O., 318; vgl. a. K. Koch, a.a.O., 246.

[162] K. Koch, a.a.O., 133, 191.

rangig auf das soziale Elend, auf den Mitmenschen in seiner Armut bezogen ist.[163]

Man darf das nicht missverstehen. Es kann keinen Zweifel darüber geben, dass auch die Perspektive des prophetischen Monotheismus die Perspektive einer vorindividualistischen, sozial stratifizierten Klassengesellschaft ist. Schon deshalb ist sie nicht mehr die unsere. Was sie jedoch mit dem Egalitarismus moderner Demokratien verbindet, ist der Blick, der von unten und von der Peripherie her auf die Klassengesellschaft und ihr politisches Zentrum fällt. Das unterscheidet die Religion der Propheten von der politischen Ethik der Griechen und Römer ebenso wie von den nicht minder durchrationalisierten Hochreligionen des fernen Ostens.

Als Gott der Schrift war Jahwe ein Gott der Intellektuellen. Er wurde den illiteralen, an der Magie und allem nur denkbaren Götzendienst hängenden Massen von schriftkundigen Intellektuellen, Propheten und Thoralehren oktroyiert. Aber die Propheten haben den aus der *Polis* Jerusalem ausgeschlossenen, armen Bauern und Hirten gepredigt und diese für sich und ihren Gott zu gewinnen versucht. Die „Kreise", so Max Weber, „deren puritanisch echte, der Orgiastik, Idolatrie und Magie abholde *Frömmigkeit* die Literaten *züchten* zu können hofften und tatsächlich erfolgreich züchteten, waren in sehr starkem Maße Plebejerschichten mindestens in dem Sinn: dass sie nicht am Besitz der *politischen* Macht partizipierten und nicht Träger des Militär- und Fronstaats der Könige und der sozialen Machtstellung des Patriziats waren. Nirgends, außer in Resten der Königsgeschichte, kommt adeliges Heldentum zu Worte. Sondern fast durchgängig ist es der friedlich fromme Bauer oder Hirt, der verklärt wird und an dessen Anschauungskreis die Art

---

[163] H.Cohen, a.a.O., S.314. Nicht das biologische, das soziologische Leid steht im Zentrum der Bibel. „Vielleicht", so Cohen an der angegebenen Stelle, „könnte (der Mensch) selbst den Tod überwinden, wenn nur nicht die Armut als Signatur der Menschenwelt bliebe. Und es ist der verhängnisvolle Betrug, dass die Armut die Antwort auf die Schuld des Menschen wäre".

der Darstellung und Darlegung angepasst ist".[164] Der Gott der Propheten ist „ein Gott von Plebejern".[165] Erst die Schriftprophetie des 8. Vorchristlichen Jahrhunderts hat die Voraussetzungen für eine „Radikalkritik" der Gesellschaft geschaffen., die in „der gesamten Geschichte des Altertums beispiellos" dasteht, während die „vorliterarische Prophetie" sich nirgends von der konkretistischen Verurteilung von Personen und Amtsträgern lösen konnte.[166] Ihr fehlten die an der Schrift (s. o. Kap. 1) haftenden kognitiven Mittel zu einer von Namen, Personen und datierbaren Vorfällen abgelösten Kritik des gesamten Gesellschaftssystems.

Die monotheistisch strenge, unbedingte Gesetzesreligiösität verhinderte gleichzeitig eine bloß opportunistische Parteilichkeit zugunsten der unterdrückten Massen, die – wie wir gesehen haben – für die populistische Führerdemokratie Athens charakteristisch war. „Keine Rede freilich von demagogischem Buhlen um die Masse. Zugunsten des große Haufens soll der Richter das Recht so wenig beugen wie zugunsten der Vornehmen (...) Vielmehr: das Wissen von Jahwes Geboten entscheidet über den Wert und die Autorität des Einzelnen."[167] Dieses Wissen wiederum war kein privilegiertes Wissen, das nur den dazu Gebildeten, den schriftkundigen, von Meistern in Schulen großgezogenen Philosophen zugänglich war. Gottes Gebot war wie der Gott selbst *gleich weit* von jedem entfernt und jedem, Männern, Frauen, Sklaven erreichbar. Das setzte andere, egalitäre und bildungsunabhängige Tugenden voraus als diejenigen einer aristokratischen Herrenschicht. Webers Vergleich zwischen Konfuzianismus und Jahwenismus gilt, was den zweiten Satz des folgenden Zitats betrifft, ebenso für den Vergleich der prophetischen mit der politischen Ethik von Griechen und Römern: „Dass nur die Erfüllung der Gebote des Himmels das Schicksal des Staates und Volkes gewährleistete,

---

[164] M. Weber, *Das antike Judentum*, Ges. Aufs. z. Religionssoziologie III, Tübingen: Mohr 1976, 238f.

[165] M. Weber, a.a.O., 238.

[166] K. Koch, a.a.O., 189f.

[167] M. Weber, a.a.O., 239.

war die Grundüberzeugung der Konfuzianer ganz ebenso wie der radikalen Jahwisten. Aber dort war es eine vornehme ästhetisch kultivierte literarische Pfründnerschicht, deren Tugenden entschieden, hier aber galt die Verklärung zunehmend den Tugenden eines idealen israelitischen Plebejers in Land und Stadt. (...) Das Besondersartige (...) war dabei: dass hier und nur hier plebejische Schichten Träger einer rationalen religiösen Ethik wurden."[168] Es gibt nicht nur eine griechische, sondern auch eine prophetische Aufklärung. Das eine ist eine Aufklärung der Gebildeten, das andere eine des Volkes.

Das soziale Ideal der Propheten ist *eine* Antwort der Evolution auf den in komplexen Klassengesellschaften entstandenen Druck „typischer und immer wiederkehrender Not"[169]. Dadurch geraten die „Theodizeen des Glücks", die den Erfolg der Herrschenden mit der Bevorzugung der Besten durch die Götter erklären, in eine Legitimationskrise. Dass diejenigen, die das Glück nach oben gespült hat, auch die Besten seien und es wohl verdient hätten, ist den Elenden am unteren Ende der Hierarchie kaum noch zu vermitteln. Denn „allzu häufig war individuell unverdientes Leid. Und keineswegs nur", wie Max Weber gegen Nietzsches Apologie der „Herrenmoral" geltend macht, „nach einer 'Sklavenmoral', sondern auch an den eigenen Maßstäben der Herrenschicht gemessen, waren es allzu oft nicht die Besten, sondern die 'Schlechten', denen es am besten geriet."[170] Die Frage, „wodurch das Leiden verursacht" sei, rückt jetzt ins Zentrum der religiösen Ethik[171]. Und die Antwort der Propheten war praktisch, vorgetragen im Modus performativer Rede. Das Wort des Propheten, der die göttliche Botschaft als Teil eines geschichtlichen Heils- und Unheilsgeschehens dechiffrierte, war *als* gesprochenes und verkündetes Wort nicht erkennend konstativ, sondern wirkendes Wort, intervenierend, appellativ. Die Propheten wollten die Geschichte nicht nur – wie Klaus Koch es formuliert – „*vorhersa-*

---

168 A.a.O., 239.

169 Max Weber, *Religionssoziologie I*, a.a.O., 246.

170 M. Weber, a.a.O.,

171 A.a.O., S.243.

gen, sondern Geschichte *hervorsagen*.“[172] Jesaja verlangt von den Israeliten, den vom Propheten nachlaufend erkannten Sinnzusammenhang der Geschichte ihrerseits kognitiv nachzuvollziehen und sich mit ihrem „Verhalten“ in das Werk der göttlichen Weltschöpfung „einzugliedern“.[173] Durch Arbeit und revolutionäre Praxis sollen die Menschen selbst, indem sie das Gesetz erfüllen, dazu beitragen, das unvollendete Werk der Schöpfung, wenn nicht zu vollenden, so doch zu verbessern, und das ist dann vorzugsweise die Aufgabe derer, die das Unrecht am massivsten erfahren haben. Elend und Sklaverei sind in der Bibel kein "ehernes Geschick", sondern das geschichtlich erklärbare und praktisch änderbare Resultat von Klassenkämpfen. Unrecht wird denaturiert. Das Gerechte bzw. das Ungerechte wird ausschließlich zu einer Beziehung zwischen Menschen und kann deshalb auch nicht – wie in der aristotelischen Begründung der Sklaverei – als Spiegel oder Störung der Natur, als gelungene oder verzerrte Kopie ihrer zeitlosen Ordnung verstanden werden.

Während sich die Troerinnen des Euripides klagend, aber ohne Hoffnung ins naturhafte Geschick der Sklaverei fügen – sie *beklagen* ihr persönliches Schicksal, aber sie *verklagen* nicht die Institution der Sklaverei –, während in der griechischen Tragödie die Knechtschaft auf die Niederlage folgt wie die lange Winternacht auf die kurze Dämmerung, so hebt das Buch „Exodus“ die hörige Fügung in ein naturhaftes Geschick auf, kündigt den Sklavengehorsam, weil zumindest diese Form der Sklaverei ein Unrecht ist. Die Unterdrückung ist bei den Troerinnen ebenso „unvermeidlich wie herbstliche Vergänglichkeit und winterlicher Tod“[174]. Die Troerinnen vergleichen ihr trauriges Leben dem „Schritt der Greisin” in den „Abend der Knechtschaft”. „Mir schwand das Letzte, das den Menschen bleibt, die Hoffnung”, verkündet Andromache beim Auszug aus Troja resignierend: „Ich betrüge meinen Sinn mit

---

[172] K. Koch, a.a.O., 256.
[173] K. Koch, a.a.O., 206.
[174] Michael Walzer, *Exodus und Revolution*, Berlin: Wagenbach 1980, 24.

keinem Trost." Diese Haltung hat Nietzsche treffend „beherzten Fatalismus ohne Revolte" genannt.[175] Im jüdischen und christlichen Messianismus ist solcher Fatalismus kein Thema mehr. Hier ist die Hoffnung von vornherein eine Hoffnung der Knechte auf Emanzipation von jeglicher Knechtschaft und insofern mit Walter Benjamin „Hoffnung um der Hoffnungslosen willen"[176].

In den „Troerinnen" des Euripides ist die „Sklaverei", so Michael Walzer, "die natürliche Konsequenz der Niederlage, die Griechen frohlocken, die Frauen weinen: Alle verhalten sich so wie erwartet." Euripides, und genau das unterscheidet ihn von den Autoren der Bibel, „zeichnet die Knechtschaft zwar als bedrückend, nicht jedoch als ungerecht. Sie ist bedrückend wie ein heißer und feuchter Sommertag – natürlich unendlich schlimmer, aber trotzdem damit vergleichbar"[177]. Auf diese Vergleichbarkeit kommt es an. In der Exoduserzählung ist sie ausgeschlossen, und genau darin kommt ein normativer Lernprozess, eine kategoriale Transformation des mythisch-heidnischen Weltbildes zum Ausdruck, die Einsicht nämlich, dass das Drückende feuchter Sommertage und das Drückende der Knechtschaft unvergleichbare Lasten sind.
„Die Widerrechtlichkeit der israelitischen Knechtschaft (ist) die Hauptthese des (biblischen) Textes. In seinem Kontext gewinnt das Wort 'Unterdrückung' die moralische Bedeutung, die es in der jüdisch - christlichen Welt seither besessen hat".[178] Die Befreiung aus dem „Haus der Sklaven" ist die Bedingung möglicher Gesetzgebung. Und die mosaische Gesetzgebung enthält – im Dekalog – einen erstaunlich negativistischen und durch die schroffe Isolierung des Sollens fast schon deontologischen Zuschnitt (8x „Du sollst nicht..." und nur 2x „Du sollst..."). Der Dekalog ist egalitär, denn seine Verbote gelten

[175] Friedrich Nietzsche, „Zur Genealogie der Moral", in: *Sämtliche Werke*, Bd. 5 München: dtv 1980, 321.

[176] Walter Benjamin, „Geschichtsphilosophische Thesen", in: *Zur Kritik der Gewalt*, Frankfurt: Suhrkamp 1978.

[177] M. Walzer, *Exodus und Revolution*, a.a.O., 32.

[178] M. Walzer. a.a.O., 33f.

für Herren und Knechte, Könige und Bettler und – mit Ausnahme des Begehrens, das sich auf des Mannes Nachbarn Weib richtet – für Männer und Frauen gleichermaßen. Und die von Gott durch Moses dem Volk beim Bundesschluss verkündeten Gesetze sind auslegungsresistent und vergleichsweise buchstabengetreu applizierbar, denn sie legen klar geschnittene, binär codierte und gut beobachtbare Kriterien fest. Sie haben die Form göttlich gesetzten, positiven Rechts. Schließlich sind sie individualistisch, denn sie richten sich ebenso direkt an jeden einzelnen wie an das Volk im ganzen. In der biblischen Geschichte, die dem vorhergeht, wird die Sklaverei als Ausbeutung beschrieben, die durch keine Norm eingeschränkt und durch kein Gesetz begrenzt ist. Diese Beschreibung ist sicher nicht sehr historisch, aber sie enthält die normative Pointe der Story: die mosaische Gesetzgebung hebt die alte, gesetzlose Knechtschaft auf. Die normative Ordnung der Gesellschaft war damit der menschlichen Willkür enthoben. Auch die politische Autorität ist an das göttliche Gesetz gebunden[179].

Vergleicht man die israelitische mit der ägyptischen Organisation des Politischen, so fällt eine doppelte Transformation ins Auge. Der *transzendente Gott tritt an die Stelle des göttlichen Königs*, des Pharao, und die *Stelle des Königs wird durch das Volk besetzt.* Auch in der römischen Republik tritt – seit dem Zwölf - Tafelgesetz des 5. vorchristlichen Jahrhunderts – das Volk, der *populus* an die Stelle des Königs, aber die im Bundesvertrag institutionalisierte Herrschaftskritik ist viel radikaler als die der bürgerlichen Republikaner. Das Band, das Herrschaft und Gemeinschaft im alten Ägypten und anderen Orts in der alten Welt vereint hatte, reißt. *Bundesgenossenschaft* – besagt sie doch immer auch, man solle Gott mehr gehorchen als den Menschen – ist bereits durch ihre pure Existenz *Herrschaftskritik.* „Diese Aufsprengung einer (...) in der damaligen Welt nur als Einheit denkbaren Verbindung von Herrschaft und Gemeinschaft bildet den eigentlichen Durchbruch Israels"[180].

---

179 Vgl. T. Parsons, a.a. O. 1975, S.154f.

180 J. Assmann, *Politische Theologie zwischen Ägypten und Israel*, a.a.O., 76.

Durch den Bundesschluss wurden *alle* politischen Bindungen auf eine über- und sogar antipolitische Instanz umgebucht. Gott selbst wird zum obersten und einzigen Gesetzgeber, sein Wille zur Quelle allen Rechts. Die Gerechtigkeit wird so aus der sozialen und politischen in die *ganz andere* theologische Sphäre übertragen und dem unmittelbaren Willen Gottes unterstellt. Gerechtigkeit wird aus einer politischen zu einer göttlichen Angelegenheit. Diese scharfe Trennung der göttlichen von der politischen Gerechtigkeit, die eine radikale Entwertung der letzteren bedeutet, ist eine Folge des Bundes am Berg Sinai. Der dort geschlossene Vertrag ist höchst originell und in seiner Bedeutung für die Entwicklungsgeschichte politischer Ideen kaum zu überschätzen. Der Form nach handelt es sich um einen für die ganze Region zeittypischen *Vasallenvertrag*[181]. Dieser wird jedoch von der Beziehung zwischen *Herrscher* und *Vasall* auf diejenige zwischen *Gott* und *Volk* übertragen[182]. Der Bundesschluss steht nicht unter der *Garantie* eines Gottes, deren Gewährleistung dann einem Herrscher von Gottes Gnaden anvertraut werden könnte, sondern er wird *direkt* mit Gott selbst als Gegenpartei geschlossen[183]. Der irdische Herrscher verschwindet schon als Vertragspartner von der Bühne. Der Vertrag wird zwischen Gott und dem Volk und zwischen allen männlichen Haushaltsvorständen (in einer Version, darauf weist Walzer hin, sogar geschlechtsunspezifisch zwischen allen einzelnen erwachsenen Individuen) geschlossen. Jeder einzelne muss mit ja oder nein Stellung nehmen.[184] So wiederholt der Vertragsschluss die Differenz Gott-Welt durch diejenige von Religion und Politik, und der den religiö-

---

[181] Vgl. B. Uffenheimer, a.a.O., 212

[182] Vgl. J. Assmann, a.a.O., 78.

[183] M. Weber, *Das antike Judentum*, a.a.O., S.216.

[184] Daraus folgt natürlich noch kein moderner Individualismus. Das einzelne Individuum bleibt auf Gedeih und Verderb – ganz anders als später bei Hobbes (s. a. Kap. 5) – in den Volkskörper eingeschlossen und ist nichts ohne diesen. Vernunft ist *leb*, und das heißt Volksvernunft. „Subjektive Vernunft" (Hegel) gibt es noch nicht. (Vgl. a. K. Koch, a.a.O., 22, 250 ff.)

sen Bund besiegelnde Dekalog vollzieht in der Isolierung des Sollens gegen das Sein die Distanz zur Ontologie ein weiteres Mal auf einer weiteren Ebene.

Es handelt sich bei der Transformation des archaischen Vasallenvertrages nicht einfach um eine generalisierende Analogiebildung, sondern um eine *Umbuchung* im strengen Sinn. Der Vasallenvertrag wird in einen neuen Kontext versetzt, der ihm eine neue Bedeutung verleiht. Der Vorgang ist ein Beispiel für radikale, gewaltsame Uminterpretation. Was Gott gewinnt, verliert der König. Es entsteht ein ganz neuer Typus des Gesellschaftsvertrags: „Die Beziehung des Vasallen zu seinem Oberherrn wird nicht *verglichen* mit der des Volkes zu Gott, sondern sie wird dem Konto der politischen Beziehungen abgezogen und dem Konto religiöser Beziehungen gutgeschrieben. Der Vertrag wird ganz buchstäblich geschlossen, ein Vertragstext aufgesetzt, Gesetze erlassen und feierlich beeidigt, das ganze Vertragswerk in regelmäßigen Zusammenkünften verlesen und ausgelegt. Mit einem Wort: eine neue Religion wird gestiftet nach dem Modell politischer Bindungen"[185]. Damit kommt die soziopolitische Sphäre mit der Sphäre der Gottesbeziehung zur Deckung. Etwas Neues entsteht, das es – nach Assmanns Urteil – vorher so nicht gab: Politische Begriffe werden zu theologischen, die profane Sphäre menschlicher Sozialbeziehungen wird sakralisiert und dadurch erstmals unter einen unbedingten und universellen Geltungs- und Gerechtigkeitsanspruch gestellt: „Im Zeichen des gesetzgebenden Gottes hat der irdische Herrscher diese Position zu räumen"[186]. Die letzte Konsequenz der Umbuchung liegt also in der „Relativierung des Politischen" und der „Vergleichgültigung des Staates": „Das Judentum und das frühe Christentum konnten daher nicht staatstragend sein."[187]

Die Trennung von Ethik und Politik ist das eigentlich Neue der politischen Theologie des alten Israel, und in diesem Punkt ist die von Jerusalem ausgehende jüdisch-christliche Traditi-

---

185 J. Assmann, a.a.O., 81.
186 J. Assmann, a.a.O., 82.
187 J. Assmann, a.a.O., 105.

onslinie am markantesten geschieden von der politischen Ethik des griechischen und römischen Republikanismus.

In der israelitischen Hierokratie werden Moral und Recht jenseits aller Politik verankert. Der Ort, an dem die Rechtsquelle entspringt, ist nicht länger *von* dieser Welt, sie entspringt außerhalb ihres ontologischen Sinnkontinuums. Ihre Stellung *zu* dieser Welt ist im strengen Sinne transzendental: das nurmehr göttlich legitimierte Gesetz zieht dieser Welt die Grenze, es bringt sie durch eine radikal denaturalisierte, ethische Grenzziehung allererst hervor. In der monotheistisch legitimierten Hierokratie und nur dort gewann der biblische Satz, dass man „Gott mehr gehorchen solle als den Menschen", eine – weit über den Vernunfthumanismus der griechischen Philosophen hinausgehende – Kraft, die „der politischen Gewalt gegenüber auf ihrem Gebiet eigenes Charisma und eigenes Recht beanspruchte, Gehorsam fand und jener feste Grenzen setzte"[188]. Mit dem allmächtigen Gott als einziger, außerweltlicher Quelle des Gesetzes im Rücken, war es möglich geworden, einen ganz anderen Bund als den einer partikularen republikanischen Bürgerschaft zu begründen und aus der zur Menschheit vorlaufenden Perspektive einer universalistischen Religion von außen und gleichsam aus der Zukunft auf die Politik und die bedrückende Enge in den Mauern der Stadt zurückzublicken. Der monotheistische, jüdisch-christliche „Fortschritt im Bewusstsein der Freiheit" (Hegel) zur *gleichen* Freiheit aller hat seine gesellschaftliche Basis in der Differenz von Religion und Politik, „die den Sinn des Auszugs aus Ägypten bildet", er beruht auf dieser „Nichtgleichschaltung".[189]

„Israel", schreibt Jan Assmann, „steht für die Trennung von Herrschaft und Heil, entweder im theokratischen Sinne, der menschliche Herrschaft nur in untergeordneten Formen zulässt, oder im dualistischen Sinne, der in der Zwei-Reiche-Lehre gipfelt."[190] Der erste Herrschaftstypus einer *theokratisch regu-*

---

[188] M. Weber, *Wirtschaft und Gesellschaft*, Bd II, Köln 1964, 919.

[189] J. Assmann, *Politische Theologie zwischen Ägypten und Israel*, a.a.O., 114.

[190] A.a.O., 111.

lierten Anarchie wird im „Buch der Richter" beschrieben: „eine akephale, segmentär gegliederte Gesellschaft, die nur im Kriegsfall einen Führer wählt, um nach dem Ende des Kriegszugs ‘ein jeder in seine Zelte’ zurückzukehren"[191]. Es handelt sich dabei freilich nicht mehr um eine „primitive", *vor*staatliche Gesellschaft, sondern um eine durch den monotheistischen Bund ganz bewusst auf *Antistaatlichkeit* festgelegte Ordnung[192]. Der Satz aus dem Buch der Richter (8,22), mit dem Gideon die ihm vom Volk angetragene Königskrone zurückweist: „Ich will nicht über euch herrschen, auch mein Sohn soll nicht über euch herrschen; der Herr soll über euch herrschen", formuliert einen *prinzipiellen Vorbehalt gegen alle Herrschaft von Menschen über Menschen.* Während man schon früh im alten Ägypten (wie später andernorts Platon) das „Recht" des Stärkeren ablehnt, dessen bloß zufällige Macht und Überlegenheit man für böse hält, geht Israel einen entscheidenden Schritt weiter: „Hier gilt unter Umständen auch die staatliche Macht für böse."[193] Das ist ein Gedanke, den nicht nur die Ägypter, sondern den auch die Griechen kaum ernsthaft hätten denken können. Denn die griechische ebenso wie die römische Idee öffentlicher Herrschaftsfreiheit enthält – wie wir gesehen haben – einen prinzipiellen, antidespotischen Vorbehalt *gegen alle Herrschaft von Bürgern über Bürger*, aber niemals den Gedanken, *alle Herrschaft von Menschen über Menschen* grundsätzlich in Frage zu stellen. Hohn und Spott lässt das Buch der Richter in Form einer Fabel an der Idee des Königtums aus:

„Einst machten sich die Bäume auf,/um sich einen König zu salben,/und sie sagten zum Ölbaum:/Sei du unser König!

Der Ölbaum sagte zu ihnen:/Soll ich mein Fett aufgegeben,/mit dem man Götter und Menschen ehrt,/und hingehen, um über den anderen Bäumen zu schwanken?" (Richter 9, 8-9).

---

[191] J. Assmann, a.a.O., 71.
[192] Vgl. J. Assmann, a.a.O., 72.
[193] J. Assmann, a.a.O., 73.

Der König ist eine lächerliche Figur, eine schwankende Gestalt, da ist es schon besser, zu arbeiten und eine anständige Menge Olivenöl zu produzieren. Aber die dummen Bäume wollten trotzdem einen König:

„Da sagte der Feigenbaum zu den Bäumen:/Soll ich meine Süßigkeit aufgeben/und meine guten Früchte/und hingehen, um über den andern Bäumen zu schwanken?"

Als der Weinstock auch lieber bei der Mostproduktion, die „Götter und Menschen erfreut", bleibt, wenden sich die unterwerfungssüchtigen Bäume in ihrer Verzweiflung dem garstigen, nutzlosen Dornenstrauch zu:

„Da sagten die Bäume zum Dornenstrauch:/Komm, sei du unser König!

Der Dornenstrauch sagte zu den Bäumen:/Wollt ihr mich wirklich zu eurem König salben?/Kommt, findet Schutz in meinem Schatten!/Wenn aber nicht, dann soll vom Dornenstrauch Feuer ausgehen/ und die Zedern des Libanons fressen" (Richter 9, 10-15).

Mit der Dornenkrone ist kein Staat zu machen. Das Königtum führt nur zu Gewalt und Zerstörung, Feuer und verbrannter Erde. Staatliche Macht als solche kann zur Quelle des größten Schreckens werden.

Der zweite, biblische Herrschaftstypus hat eine dualistische Struktur. Er besteht aus einem *schwachen Königtum mit starken Propheten*, die dieses Königtum als Institution kritisieren, relativieren und auf Distanz bringen. „Zum ersten Mal in der Geschichte der Menschheit fundieren die königskritischen Texte der Bibel einen Widerstand gegen das Königtum, der nicht nur einzelnen, vom Gesetz abweichenden Herrschern gilt, sondern der Institution überhaupt"[194].

---

[194] J. Assmann, a.a.O.; vgl. a. K. Koch, a.a.O. 167, 273.

Was die Propheten dem Königtum kategorisch bestreiten, ist die sakrale Legitimation. Der Bund, den Gott mit dem Volk geschlossen hat, bedarf keines gesalbten Vermittlers. Das führt im Laufe von Königsherrschaft immer wieder zu scharfen Spannungen, die die altisraelitische Dynastie von einer Legitimationskrise in die nächste stürzen.[195] Der Gott der Propheten ist ein revolutionärer Gott der Befreiung, der das Volk aus der ägyptischen Knechtschaft herausgeführt hat. Statt die altägyptische Knechtschaft nostalgisch in eine Zeit gefüllter Fleischtöpfe umzudeuten, empfiehlt Jesaja dem Volk, sich an der heilsgeschichtlich verbürgten Möglichkeit einer besseren Zukunft zu orientieren und dem göttlichen *dabar*, „dem Ausspruch, der Zukunft ankündigt und herbeiführt", zu vertrauen.[196] Die biblische Geschichte lehrt jetzt vor allem, dass es (in der Vergangenheit) einmal anders war und deshalb (in der Zukunft) anders sein könnte, und das hängt nicht so sehr von rituell-kultischen Inszenierungen und dem Gehorsam gegen Priester und Könige ab, sondern allein von der ethischen Überwindung der menschlichen Selbstüberhebung gegen Gott und gegen den Mitmenschen. Das Gottesbild wird ethisch rationalisiert und auch „das Bild des Nationalgotts als Garant des *status quo*", zumindest „durchlöchert" und dem Gott jetzt eine universelle, „völkerweite Kompetenz" zugeschrieben.[197] Dergestalt fortschreitende prophetische Aufklärung und Rationalisierung der Welt bewirken neben der „*Abwertung des Königtums* als sakrosankte Einrichtung" auch eine „*Relativierung von Kult und Priestertum*".[198] Herrschaft überhaupt wird kontingent und änderbar. Die Propheten erinnern die Könige immer wieder daran, dass sie ihr Amt nicht von Gott, sondern vom Volk haben. Die Wirkungsgeschichte dieser geschichtlichen Einsicht prophetischer Aufklärung reicht weit, bis zu den Bauernkriegen, bis zur

---

[195] Vgl. a. P. Weber-Schäfer, „Heil und Herrschaft bei den Juden: Könige und Propheten", in Herfried Münkler (Hg.) *Bürgerreligion und Bürgertugend*, Baden-Baden: Nomos 1996, 13-24.

[196] K. Koch, a.a.O., 253.

[197] K. Koch, a.a.O., 273 ff.

[198] A.a.O., 273.

schwarzen Bürgerrechtsbewegung Nord- und zur Befreiungstheologie Südamerikas. „Als Adam grub und Eva spann, wo war denn da der Edelmann?” fragten sich die Bauern im frühen 16. Jahrhundert – zu Recht.

Im „Deuteronomium“ (17, 14-20) wird die Einrichtung des Königtums allein auf den Wunsch des Volkes zurückgeführt.[199] Wenn das Volk es wünscht und nur dann soll es einen König „über sich” einsetzen, und dies soll durch das Volk und für das Volk geschehen. Das Volk selbst hat den Bund mit Gott geschlossen, an dessen Gesetz, die Tora, der König auch nach Einsetzung durch das Volk gebunden bleibt. Die moderne, egalitäre Idee der Volkssouveränität, Lincolns berühmte Definition des „government for the people, by the people, through the people” ist mit Sicherheit eher biblischen als griechischen Ursprungs.[200] Aber es wäre gleichwohl überzogen, den Ursprung der modernen Demokratie in die Tora zurückzuprojezieren. Gott, nicht das Volk, ist die einzige Quelle positiven Rechts. Außerdem bleibt das Volk – anders als bei den individualistischen Vertragstheoretikern Rousseau und Kant – Kollektivsubjekt, eine *corporate personality*.[201] Die israelitische Hierokratie ist zwar, im Unterschied zur griechischen Polis oder zur römischen Republik, eine egalitäre Gemeinschaft, aber sie ist *kein* demokratischer Rechtsstaat.[202] Dieser setzt ein hoch entwickeltes, autonomes Rechtssystem voraus, wie es sich in Europa erst auf dem Boden des römischen Zivilrechts ausbilden konnte. Ein solches Recht oder irgendein Äquivalent aber gibt es weder in Jerusalem noch in Athen noch sonst irgendwo außerhalb Roms. Was die Bibel jedoch mit der moder-

---

[199] Vgl. Frank Crüsemann, *Die Tora. Theorie und Sozialgeschichte des alttestamenlichen Gesetzes*, München: Kaiser 1992, 274ff.

[200] Vgl. H. Brunkhorst, „Sind Menschenrechte eine Aporie?“ In: *Kritische Justiz* 3/1996, 335-342; ders., „Universalismus, Menschenrechte und Demokratie“, in: P. Siller / B. Keller (Hg.), *Rechtsphilosophische Kontroversen der Gegenwart*, Baden-Baden: Nomos 1999, 77ff.

[201] K. Koch, a.a.O.

[202] Das ist die kaum haltbare These von F. Crüsemann, a.a.O.

nen Demokratie und der modernen Idee der Volkssouveränität gleichwohl verbindet, ist die radikale, von unten und von der Peripherie der Gesellschaft ausgehende, sozial inklusive Herrschaftskritik. Darin besteht der kaum zu überschätzende Beitrag der Propheten zum Fortschritt im Bewusstsein der Freiheit.

3. Kapitel: Verrechtlichung des Sakralen

Für Max Weber waren die drei großen evolutionären Errungenschaften der alten Welt, die die gesamte Kulturentwicklung des vorderasiatischen Orients geprägt haben, der jüdische Monotheismus, das römischen Recht und die römische Anstaltskirche. Die christliche Kirche des Mittelalters ist die Erbin des alten römischen Republikanismus. Erst die römische Aneigung der griechischen Philosophie und der biblischen Überlieferung hat den spezifisch „okzidentalen Rationalismus" (M. Weber) geschaffen und ihm eine politisch-institutionelle Form aufgeprägt, die *stabil* genug war, um seinen raschen Untergang zu verhindern, und *flexibel* genug, um auch radikale Wandlungen und Uminterpretationen in jeweils neuer Gestalt zu überleben.[203] Sucht man Autoren, die diese doppelte Aneignung und Umwandlung des „griechischen" und des „jüdischen" Erbes repräsentieren, so könnte man vielleicht Cicero und Augustinus namhaft machen.[204] Aber das ist philosophisch-ideologischer Überbau, wichtig zweifellos, aber letzlich nicht ausschlaggebend für die Evolution des politischen Rationalismus Europas. Entscheidend war vielmehr die Erfindung des römischen Rechts. Rom war der erste Stadtstaat der Geschichte, in dem das Recht eine zentrale Rolle spielte. Der Kernbestand des römischen Rechts war das Zivilrecht. Wie alles Recht hat auch das römische eine *funktionale* und eine *legitime* Komponente. Es ist eine Mischung aus herrschaftlicher und herrschaftsichernder *Faktizität* und allgemeiner, egalisierender *Geltung*. Es stabilisiert die Macht der Wenigen über die Vielen, aber es sichert auch das Recht der Vielen gegen die wenigen Bessergestellten.

---

203 Vgl. Rémi Brague, *Europa – Eine exzentrische Identität*, Frankfurt: Campus 1993, 28f, 42, 98 ff.

204 Das zeigt Hannah Arendt in allen ihren großen Studien – mit Ausnahme des Buches *Vita Activa*. Vgl. H. Brunkhorst, *Hannah Arendt*, München: Piper 1999.

Man unterscheidet in der römischen Geschichte die republikanische Zeit (5.-1. Jahrhundert) von der klassischen (1. und 2. nachchristliches Jahrhundert) und der nachklassischen Epoche (3.-6. Jahrhundert) des *Imperium Romanum*. „Römisches Recht", schreibt Uwe Wesel, „war das Recht der vornehmen Leute. Klassisch heißt zwar vorbildlich. Und so wird das römische Recht seit dem Ende des 18. Jahrhunderts genannt. Aber klassisches Recht war auch Klassenrecht, das Recht der Besitzenden untereinander, also Zivilrecht. Mit den anderen machte man kurzen Prozess, außerhalb des Rechts".[205] Innerhalb des Hauses, des *dominiums* – das gewöhnlich ein Landgut mit zahlreichen Bediensteten, Sklaven, Frauen, Konkubinen usw. war – galt eigenes Recht, die Rechtsprechung des Hausherrn, des *pater familias,* der, wenn er nur mächtig genug war, nach Belieben über Leben und Tod des Seinen verfügen konnte. Das Hausgericht verfügte die Todesstrafe unter Ausschluss der Öffentlichkeit, während die „grausame Vollstreckung als präventive Maßnahme in aller Öffentlichkeit vollzogen wurde."[206] Selbst freigelassene Sklaven fielen noch unter die Strafgewalt ihres vormaligen Herrn. So konnte Caesar ohne Richter und Urteil „einen seiner Freigelassenen hinrichten" lassen, „ohne dass dagegen Widerspruch entstanden wäre."[207] Noch die Freigelassenen standen „der Sache nach geradezu unter einer Art von sklavenartiger Gerichtshörigkeit."[208]

Das römische Zivilrecht war *öffentliches* Recht. Was Recht war, musste *allen* bekannt und durfte nicht das Geheimwissen einer herrschenden Klasse sein, und es musste öffentlich, meist unter freiem Himmel auf dem *Forum Romanum* gesprochen

---

205 U. Wesel, *Geschichte des Rechts*, München: Beck 1997, 156.

206 Alfons Bürge, *Römisches Privatrecht*, Darmstadt: Wissenschaftliche Buchgesellschaft 1999, 47.

207 M. Weber, *Wirtschaft und Gesellschaft*, Tübingen: Mohr 1980, 812; vgl. a. Gottfried Eisermann, „Individuum und Gemeinschaft in der Antike", in: Wolfgang Schuller (Hg.), *Politische Theorie und Praxis im Altertum*, Darmstadt: Wissenschaftliche Buchgesellschaft 1998, 308.

208 M. Weber, a.a.O.

werden. Es hatte so auch „den Zweck, die Plebejer vor der Willkür der Patrizier zu schützen".[209] Was den Plebejern effektiven Schutz bot, lieferte freilich die Sklaven erst recht der Willkür ihrer Eigner aus. Durch die *lex Aquila* aus dem Jahr 287 v. Chr. wurden Sklaven und Vieh ausdrücklich auf dieselbe Stufe gestellt. Die römischen Juristen definieren den Sklaven durchweg als *res*, Sache.[210] In der Rechtlosigkeit und Gewaltunterworfenheit des im Haus und auf dem Felde dem Bauern zur Hand gehenden Knechtes „drückte sich", so Hans Julius Wolff, „die straff autoritäre, ganz auf Leitung und Vertretung des Hauses durch den Hausvater allein abgestellte Struktur des römischen Hausverbands aus."[211] Die gentilizistische Sozialverfassung beschränkte den Prozess der Individualisierung durch Vertrags- und Testatfreiheit auf die Oberschicht.[212]

Trotzdem kann man die sozialevolutionäre Bedeutung des römischen Rechts kaum überschätzen. Das in wenigen Jahrhunderten zur Herrschaft über die ganze damalige Welt ausgedehnte Imperium konnte nur mit Hilfe einer professionell organisierten Rechtsordnung zusammengehalten werden:

> Die weite Expansion Roms (...) lässt sich nicht ausschließlich durch seine überlegene militärische Organisation erklären. Diese mochte bei der Vereinnahmung neuer Bevölkerungen und Territorien noch so wichtig sein – die Stabilisierung der römischen Herrschaft beruhte dennoch weitgehend auf dem Rechtssystem, welches ihren institutionellen Rahmen bildete.[213]

Talcott Parsons sieht in den rechtlich-institutionellen Strukturen Roms sogar den „entscheidenden Demokratisierungsprozess" der antiken Welt.[214] Das ist natürlich eine bewusste Über-

---

209 U. Wesel, a.a.O., S.159.

210 Hans Julius Wolff, „Das Verhältnis der Rechtsordnung zur gesellschaftlichen, wirtschaftlichen und politischen Ordnung antiker Staaten", in *Konstanzer Ringvorlesung*, Konstanz 1964, S.172.

211 H. J. Wolff, a.a.O., S.171.

212 Vgl. H. J. Wolff, a.a.O., 180.

213 T. Parsons, *Gesellschaften*, Frankfurt: Suhrkamp 1975, 140.

214 T. Parsons, a.a.O., 137.

treibung, deren Pointe darin besteht, dass in der Tat die republikanischen Institutionen und die Rechtsordnung des römischen Gemeinwesens für die Entwicklung der modernen Demokratie bei wietem bedeutsamer geworden sind als die vergleichsweise primitiven Strukturen der griechischen Polis.

> Rom wurde", so Parsons, „unter seinem Regierungs- und Rechtssystem zur kosmopolitischsten und individualistischsten Gesellschaft seiner Zeit. Im ganzen Imperium gab es eine relativ freie Mobilität von Personen und Gütern. Ein hochentwickelter institutioneller Komplex von Geld, Kredit und Märkten förderte die Entfaltung relativ unpolitischer ökonomischer Unternehmungen. Im eher kulturellen Bereich gab es angesichts der ethnischen und kulturellen Heterogenität der Bevölkerung einen ungeheuren religiösen und kulturellen Freiheits- und Bewegungsspielraum. Möglicherweise hätte eine Bewegung wie das Christentum sich in den meisten anderen fortgeschrittenen intermediären – ganz zu schweigen von archaischen – Gesellschaften nicht in diesem Maße durch die Bekehrung ausbreiten können.[215]

Das römische *ius gentium*, das den rasch wachsenden Austausch Roms mit den Angehörigen fremder, unter römischer Herrschaft stehender Völker regeln sollte, ist der einzige juristisch fassbare antike „Vorläufer" der modernen Menschenrechte, auch wenn – außer der irreführenden semantischen Ähnlichkeit von *ius gentium* und „Völkerrecht" – die Unterschiede so sehr überwiegen, dass sie *den* Unterschied zwischen modernem und antikem Recht pointiert zum Ausdruck bringen. Da es nichts anderes darstellte als eine Generalisierung der bei allen Völkern des Imperiums ähnlichen Rechtselemente, schrieb es auch die Ungleichheit der Menschen vor dem Gesetz fest (s. u.).

Rechtshistorisch ist die These unstrittig, dass die durch allgemeinen Rechtsgehorsam gesicherte „Freiheit des Bürgers" eine „römische Erfindung" ist, die als solche zur „Grundlage der europäischen Rechtskulturen" geworden und „bis heute das unterscheidende Kriterium zwischen den aus römischem und

---

[215] A.a.O., 140.

dem aus außerrömischem Geist hervorgegangenen Staaten der Welt geblieben ist."[216] Das Auseinanderbrechen des römischen Imperiums in einen westlichen und einen östlichen Teil hatte weitreichende Folgen für die europäische und nicht nur die europäische Geschichte. Noch der 1989 zu Ende gegangene Ost - West - Konflikt ist ein Reflex dieser auf das 3. und 4. Jahrhundert zurückgehenden Spaltung der Kulturen, Religionen, Rechtssysteme und politischen Ordnungen Europas. Seit der Entscheidung des römischen Kaisers Konstantin im Jahr 324, in Byzanz ein nach ihm selbst Konstantinstadt bzw. Konstantinopel benanntes „zweites Rom" zu gründen, zeichnen sich gegenläufige Entwicklungstendenzen ab. Jetzt erst beginnt im Westen die aus weit zurück liegenden jüdischen, christlichen, islamischen, griechischen und römischen Quellen gleichermaßen gespeiste Geschichte des „okzidentalen Rationalismus" (Max Weber). Auf der Grundlage des römischen Rechts entwickelte sich das lateinische Christentum, dessen wichtigstes Merkmal die Distanz und Konkurrenz zum politischen System werden sollte, während im Osten die orthodoxe Kirche auch die byzantinische politische Tradition fortsetzte, die eine strenge Unterordnung der Kirche unter die jeweilige Staatsgewalt verlangte. Im Osten, im ehemaligen Byzanz mussten auch die höchsten christlichen Würdenträger dem deifizierten Kaiser die Füße küssen und sich vor ihm im Staub wälzen. Typisch ist die Äußerung eines Patriarchen der Ostkirche aus dem 4. Jahrhundert: „Kaiser, Du bist von Gott über uns gesetzt. Über dir steht niemand. Du herrschst über alle. Du darfst tun, was du willst." Andere Kirchenfürsten nennen die Kaiser gar „himmlische Wesen", die „für ihre Untertanen Götter" sind.[217] Vor den Kaisern wälzten sich auch die höchsten Würdenträger der orthodoxen Kirche im Staub. Solche Unterwerfungsgesten sind römischen Bürgern immer fremd geblieben.

Weit stärker als in Athen und den griechischen Polisgesellschaften war in Rom die bürgerschaftliche Selbstorganisation

---

[216] Hans Hattenhauer, *Europäische Rechtsgeschichte*, Heidelberg: C. F. Müller, 1992, 56.

[217] Vgl. H. Hattenhauer, a.a.O., 88.

durch ein in erheblichem Umfang *positives* Recht vermittelt. Gesetze gehen aus dem politischen Zusammenleben der Republik allererst hervor. Für die Griechen waren die konventionell, als menschliche Schöpfung verstandenen Gesetze Teil der vorpolitischen Grundlage der Polis. Sie gehörten wie die Stadtmauern zu den gründenden Fundamenten des Gemeinwesens und waren insofern vorgegeben. Daran änderte auch die Unterscheidung von *physis* (natürliche Gesetze) und *nomos* (verabredete Gesetze) nichts.[218] Auch die verabredeten Gesetze *galten* nur unter der korrespondenztheoretischen Voraussetzung, dass sie die überlieferte sittliche Substanz der *Polis* tatsächlich adäquat zum Ausdruck brachten, wozu es – siehe Sokrates – dann der „Zutat" (Hegel) der menschlichen Autonomie zwar bedurfte , aber diese galt niemals als der eigentliche oder ursprüngliche Schöpfer des Gesetzes. Anders als der griechische *nomos* hat das römische *lex,* wie Hannah Arendt betont, keinen vorpolitischen Charakter mehr. Es ist vielmehr das Resultat der Beschlüsse und Verträge einer schon bestehenden Selbstorganisation der öffentlichen Angelegenheiten. Auch das unterstreicht den Satzungscharakter römischen Rechts.[219] Auch das biblische, altisraelitische Recht war gesatztes, gemachtes und willkürlich änderbares Recht. Es hatte insofern – wie Max Weber betont – einen positivrechtlichen Zug.[220] Aber der einzige, der es geschaffen und veröffentlicht bzw. geoffenbart hat und es jederzeit ändern kann, ist kein Mensch, kein Bürger, sondern allein der allmächtige Gott. Insofern hat Hegel recht, wenn er schreibt, dass wir erst der „römischen Welt" den Ursprung und die Ausbildung des positiven Rechts zu verdanken hätten.[221] Recht wird änderbar, es kann verbessert werden, und es bedarf der Bestätigung durch die gesetzesunterworfenen römischen Bürger.

---

[218] Vgl. Aristoteles, *Nikomachische Ethik*, 1134b.

[219] Hannah Arendt, *Über die Revolution,* München: Piper 1993, 241ff.

[220] Max Weber, *Gesammelte Aufsätze zur Religionssoziologie III: Das antike Judentum*, Tübingen: Mohr 1976, 141f.

[221] G.W.F. Hegel, *Werke*, Bd. 12, 351.

Nicht nur das positive Recht, auch das republikanisch-demokratische Verfassungsdenken ist römischen Ursprungs. Die alte Formel dafür lautet *potestas in populo*. Für das republikanische Rom gilt der Satz des Juristen Gaius: *lex est, quod populus inbet atque constituit*: „Was immer das Volk letztlich angeordnet hat, das soll gültig und Recht sein."[222] Dieser Satz soll schon auf einer der zwölf Tafeln gestanden haben.[223] Kein Wunder, dass man sich 1789 in Paris und schon vorher in der amerikanischen Revolution auf die römische Republik berufen hat, war doch nicht nur die Verteidigung der Republik zur Zeit Caesars durch die Grachen ein Vorbild des revolutionären Kampfes, sondern schon die Vertreibung der Könige im sechsten und das Zwölf-Tafel-Gesetz im fünften vorchristlichen Jahrhundert, dann die *lex Hortensia* (286 v. Chr.), die dem *concilium plebis* (der Volksversammlung unter Ausschluss der Patrizier) große Autonomie einräumte, und die demokratische Errungenschaft des römischen Volkstribunats waren das Ergebnis eines langen Kampfes der Plebejer um rechtliche Gleichheit. Seit den Zeiten der römischen *res publica* ist der Klassenkampf ein „Kampf ums Recht" (Ihering). Trotzdem sollte man gerade den Satz *potestas in populo* nicht mit dem modernen Verständnis von Volkssouveränität gleichsetzen, wie es sich aus der Französischen Revolution heraus entwickelt hat. „Volkssouveränität" im modernen Sinn ist die alleinige und letztinstanzliche Befugnis des Volkes zur Gesetzgebung. Volksouveränität und Gesetzesherrschaft bilden im modernen Verständnis eine Einheit. Neben oder über den Gesetzen gibt es keine höhere Autorität, die bei einer erblich privilegierten Gruppe oder besonders tugendhaften und tüchtigen Bürgern läge. Allenfalls an eine Verankerung von Gesetzesherrschaft und Volkssouveränität in höchst abstrakten und formalen, „natürlichen" oder „vernünftigen" Rechten (wie bei Locke, Rousseau und Kant) wäre zu denken, aber die verschwinden schließ-

---

[222] *Gai institutiones*, commentarius primus, § 3, zit. n. Hermann Heller, *Gesammelte Schriften*, Bd. 2, Leiden: Sijthoff 1971, 209; vgl. a. H. Hattenhauer, a.a.O., 62.

[223] Livius, *Römische Geschichte*, VII, 17, 12.

lich auch in der verfassungsrechtlichen Positivierung der Menschen- und Bürgerrechte. Volkssouveränität heißt, dass das Volk die „Kompetenz-Kompetenz" hat. Es verleiht und delegiert Kompetenzen, aber als permanent verfassungsgebende Gewalt bleibt es stets die letzte Instanz.[224] Die moderne Gewaltenteilungslehre basiert auf dieser „Überordnung der Legislative".[225]

Auch die römische *potestas* ist eine letztinstanzliche Gewalt und die Formel *potestas in populo* ist insofern dem Art. 20 Abs.2 S.1 des Grundgesetzes: „Alle Staatsgewalt geht vom Volke aus", vergleichbar. Während der Ausdruck *potestas* im römischen Recht auch ein Prädikat des Magistrats oder des *pater familias* war, kommt nämlich die letzte und alles umfassende Macht, die *summa potestas* allein der Volksversammlung zu. *Universi populi Romani potestas... est maxima*, heißt es bei Cicero – „Die größte Macht hat das versammelte Volk von Rom".[226] Die Bürgerschaft, schreibt Theodor Mommsen, „entscheidet mit souveräner Macht", und er ergänzt mit einer 1886, als sein *Römisches Staatsrecht* erschien, ganz zeitbezogenen, republikanischen Emphase: „In dieser Republik ist nicht bloß der Senat eine Versammlung von Königen, sondern jeder Bürger für seinen Theil König."[227]

Die *potestas* der Volksversammlung zur Wahl der Magistrate, zur letzten Instanz der Appellationsgerichtsbarkeit („Provokationsrecht") und zur Gesetzgebung war römisches Bürgerrecht. Die Magistrate, die oberen Beamten und die Konsuln

---

224 Vgl. E.-W. Böckenförde, *Die verfassungsgebende Gewalt des Volkes – Ein Grenzbegriff des Verfassungsrechts, Frankfurt: Metner 1986.* vgl.a. ders. „Demokratie als Verfassungsprinzip", in ders, *Staat, Verfassung, Demokratie,* Frankfurt: Suhrkamp, 1991, 297ff.

225 Franz Neumann, *Behemoth. Struktur und Praxis des Nationalsozialismus (1933-1944)*, Frankfurt: Fischer 1993, 512.

226 Cicero, Prodomo 80, vgl. Chr. Meier „Macht, Gewalt", in: *Geschichtliche Grundbegriffe*, Stuttgart: Klett-Cotta, Bd. 3, 1982, II, 2.

227 Th. Mommsen, *Römisches Staatsrecht*, Bd. III, 1. Teil, Basel: Schwabe 1952, 358f

waren nicht die Herren des Volkes, wie die Könige oder der *pater familias* innerhalb seiner Sippschaft. Konsul kommt von *consulare,* und das heißt „sich sorgen", und gemeint war genau dies, dass die Konsuln nur die Geschäfte des Volkes besorgen, bloße Beamte in dessen Diensten sind. Die Behörden, sagt Cicero, mit einer berühmten, später immer wieder aufgenommenen Formulierung, sind nur der Mund des Gesetzes.[228] Das Kollegialitätsprinzip, die Doppel- und Mehrfachbesetzung der mit imperialer Machtbefugnis ausgestatteten Stellen war überdies ein Moment der Kontrolle und Gewaltenteilung, das einen Rückfall der Republik in Königsherrschaft und Tyrannei verhindern sollte.[229]

Die römischen Bürgerrechte sind freilich keine unveräußerlichen, vom moralischen Lebenswandel und dem Einsatz für die Gemeinschaft unabhängigen, individuellen Rechte. Sie standen – in republikanischer Zeit – nur dem politisch aktiven Bürger zu und waren – wie in Athen – unmittelbar an die Wehrpflicht gekoppelt. Wer im Krieg gefangen geriet, verlor automatisch sein Bürgerrecht. Bürgerrechte waren in Rom zu allererst militärisch dominierte Tugendpflichten. Das moralisch „Rechte", das praktisch „Nützliche" und das legal „Gesetzmäßige" bilden im öffentlichen Leben eine Einheit.[230] Bürgerrechte konnten im Falle pflichtvergessenen Verhaltens durch souveränen Beschluss der Bürgerschaft aberkannt werden.[231] Das römische Recht war noch nicht durchgängig von Moral als dem umfassenden Ethos des städtischen Lebens getrennt. Der römische Stadtbürger konnte und wollte gar nicht tun und lassen, was das Gesetz nicht ausdrücklich verbietet, wie es später bei Hobbes, Locke und Rousseau heißt. Zum Schutz der Bürgertugend vor den niederen, unbeherrschten Instinkten des

---

228 Cicero, *De legibus*, III, 2; vgl.a. Th. Mommsen, a.a.O., 300f. Zur Wirkungsmächtigkeit vgl. z.B. Montesquieu, *Vom Geist der Gesetze*, XI, 6.

229 Th. Mommsen, *Römisches Staatsrecht*, Bd. I, a.a.O., 27ff.

230 Cicero, *De legibius*, III, 2.

231 Th. Mommsen, Bd. III/1, a.a.O., S.328ff.

Bürgers selbst war das mächtige Amt des Zensors da.[232] Der Zensor, der die Wahlen beaufsichtigte, die Wählerlisten erstellte und sie regelmäßig von pflichtvergessenen Bürgern, Steuerschuldnern etc. reinigte, wachte zusammen mit dem Praetor und den anderen Oberbeamten über die Tugend der Stadt, im öffentlichen wie im privaten Leben. Ein von Cicero in *De legibus* vorgeschlagenes Gesetz lautet: „Der (führende) Stand soll frei sein von Fehl, den übrigen soll er ein Vorbild sein."[233] Das aber, so fügt er gleich hinzu, „verlangt den Zensor als Ausleger"[234] In dieser Hinsicht ist Rom nicht anders als Athen oder Sparta eine Erziehungsdiktatur. Wenn das Gesetz einen Senat aus lauter vortrefflichen Männern verlangt, dann weiß man auch ganz genau, dass das nicht der „jetzige Senat" sein kann, sondern nur das Ideal eines „zukünftigen". Aber wie ist zu erreichen, dass keine mangelhaften Bürgerexemplare in den Senat gelangen? – Das, so läßt Cicero den Marcus sagen, „ist schwer zu erreichen, es sei denn durch eine Art Erziehung und Ordnung."[235]

Die Ordnung schützte der Zensor. Das kollegial geführte Amt, dem die Regulierung des Gemeindehaushalts oblag, war zugleich das „höchste Sittengericht" der Stadt.[236] Der Zensor hatte das Recht, jederzeit den Lebenswandel der Bürger, seine *mores* zu überprüfen. Bei der Befragung durch den Zensor waren die einbestellten Bürger ganz dessen Willkür ausgeliefert. Es hing von seinem „Belieben" ab, „welche Fragen er stellen oder nicht stellen" wollte, und da es keine rechtlichen Schranken des Beliebens gab, konnte „das gesamte Privatleben bis in die intimsten Verhältnisse hinein in den Kreis der zensorischen Rüge gezogen werden."[237] Am Ende eines Sittengerichts (*iudicum de moribus*) konnte der Zensor die politischen

---

[232] Vgl. Th. Mommsen, *Römisches Staatsrecht*, Bd. II, I. Teil, a.a.O., 331 ff.

[233] Cicero, *De Legibus*, III, 28.

[234] A.a.O.

[235] A.a.O., III, 29

[236] Th. Mommsen, a.a.O., 357.

[237] A.a.O., 376.

Rechte des Beklagten suspendieren.[238] Auch Senatoren konnten ihres Postens enthoben werden, so dass die Gleichheit vor dem Gesetz der Tugend und der Ehre gewährleistet war.[239] Senator konnte ohnehin nur werden, wer das Plazet des Zensors hatte.

Das römische Bürgerrecht war, politisch gesehen, ein Recht des Kollektivs, kein Individualrecht, und Menschenrechte gab es ohnehin nicht. Das *ius gentium* war nur ein auf Rom zentriertes, internationales Privatrecht. Das auf Privateigentum und freiem Willen basierende *ius civilis* war zwar individualistisch, aber das galt weder vom römischen Verfassungs-, noch von dem, im wesentlichen politischen Strafrecht.[240] „Bürgerschaft" heißt in Rom zunächst *populus*, später dann auch *civitas*. *Populus* und *civitas* bestehen nicht aus Individuen oder individuellen Rechtspersonen, sondern aus Geschlechtern, den paternalistisch verfassten *gentes*. Die römische Bürgerschaft ist die Gesamtheit der Geschlechter. Nur der Angehörige einer *gens* konnte römischer Bürger sein. Die einzelnen *gentes* setzten sich aus Patriziern, den *patres* oder *patricii* und ihren Familien auf der einen und zahlreichen plebejischen Klienten, den *clientes* auf der anderen Seite zusammen. Das schuf Abhängigkeiten, die regelmäßig bei Wahlen zugunsten der Patrizier, die ohnehin durch das Zensuswahlrecht bevorteilt waren, zu Buche schlugen. Größere politische Unabhängigkeit hatten nur die eigenständigen, rein plebejischen Versammlungen, die das plebejische Klasseninteresse am deutlichsten artikulierten.[241]

Neben der Gesamtbürgerschaft (*populus*), die sich aus Patriziern und Plebejiern zusammensetzte, gab es die weitgehend dem Adel vorbehaltenen *Magistraturen,* die Regierungs- und Verwaltungsämter. Später kam der rein patrizische *Senat*, der rasch zum eigentlichen Machtzentrum der Republik wurde, hinzu. Juridisch lag die Macht immer beim Volk, faktisch beim Senat. Er konnte zwar keinerlei rechtlich bindenden Entscheidungen fällen, hatte keine *potestas*. In römisch-verfassungs-

[238] A.a.O., 404.
[239] A.a.O., 421.
[240] Vgl. U. Wesel, a.a.O., 156.
[241] Th. Mommsen, Bd. III/1, a.a.O., 3ff, 54ff, 143ff.

rechtlichen Begriffen hieß das: Der Senat hatte kein *imperium*, seine Beschlüsse waren deshalb erstens legal nicht erzwingbar. Sie hatten keine *coercitio*. Und der Senat hatte zweitens keine militärische Befehlsgewalt, drittens auch keine *iurisdictio*, keine Urteilskompetenz wie ein rechtsprechendes *concilium*. Aber der Senat hatte die Autorität, die *auctoritas*.

Es scheint sich zwar auf den ersten Blick – sieht man einmal vom Zensuswahlrecht ab – alles wie in einer modernen Republik zu verhalten. Nicht nur Mommsen bezeichnet die *potestas* des römischen *populus* als „Gemeindesouveränität" oder auch als „ideale Gemeindesouveränität" und den *populus* als „souveräne Bürgergemeinde" oder „souveräne Bürgerschaft".[242] Auch McIllwain betont, daß *lex* zuallererst für „the enactment of the whole" steht, und er vergleicht die Macht der römischen Volksversammlung mit der englischen Parlamentssouveränität, während Hannah Arendt in ihr gar das Vorbild der modernen amerikanischen Republik sieht.[243] In Rom, so McIllwain, gilt: „The people, and the people alone, are the source of all law."[244]

Aber die Legislation verlieh dem Volksbeschluss noch keine Legitimität. Dazu bedurfte es der *auctoritas* des Senats. Sie wurde durch ein bloßes Konsultationsrecht gesichert. Der Senat konnte Vorschläge machen, mehr nicht. *Senatus consultum* war der Ratschlag des Senats. Aber der hatte es in sich. „Kein Beamter konnte es wagen, dagegen zu handeln."[245] Auch das berühmt-berüchtigte Notstandsrecht, das *Senatus consultum ultimum*, das den Konsuln diktatorische Befugnis oft für mehrere Jahre übertrug, hatte keinen anderen Rechtscharakter als den einer rechtsunverbindlichen Empfehlung. Trotzdem war das Wort des Senats das letzte Wort in der Sache. In einer mafiaar-

---

242 A.a.O., 4, 300.

243 Charles Howard McIllwain, *Constitutionalism: Ancient &Modern*, Ithaca, New York: Cornell University Press 1947, 44f; Hannah Arendt, *Zur Zeit.* Politische Essays, München: dtv 1989, 145; dies., *Über die Revolution*, a.a.O., 163.

244 McIllwain, a.a.O., 46.

245 Uwe Wesel, a.a.O., 163.

tig vernetzten Freundschafts- und Verwandtschaftsordnung ist der Senat der kollektive Pate des römischen Volks. Aber im Unterschied zur Mafia besteht solcherart zwingend bindende Patenschaft nicht außerhalb der Rechtsordnung, sondern ist in ihr wirksam. Eben das ist die spezifische Leistung der *öffentlichen* Autorität.[246]

Auctoritas ist, so Christian Meier, „das Gewicht, durch das die Meinung eines einzelnen oder einer Körperschaft maßgeblichen Einfluss hat."[247] *Auctoritas* wirkt anders als ein simpler Befehl. Sie beruht auf „freiwilligem Gehorsam".[248] Das ist natürlich ein hölzernes Eisen, und entsprechend eingeschränkt ist die Freiwilligkeit. Der Adressat einer autoritären Empfehlung hat kaum eine Wahl, folgt aber, weil er unterstellt, die Empfehlung, die ihm zu überprüfen untersagt ist, sei sittlich und rechtlich in Ordnung. Die Freiwilligkeit ist dem Autoritätshörigen abgenötigt. Er stimmt zu, weil er sich auf die höhere Einsicht des Empfehlungsbefugten grundlos verlässt. Autorität hat selbst keine Macht, steht aber über der Macht, verleiht ihr überhaupt erst Wirksamkeit. Sie ist – so Mommsen – „mehr als ein Ratschlag, und weniger als ein Befehl", eben ein „Ratschlag, dessen Befolgung man sich nicht füglich entziehen kann."[249] *Auctoritas* ist auch mehr als *phronesis* oder *prudentia*, ist stärker, verbindlicher als sittliche Einsicht, politische Klugheit oder überlegene Erfahrung. Auch von *virtus* (tugendhafte Tüchtigkeit) ist *auctoritas* verschieden. *Auctoritas* setzt (im idealen Fall) beides voraus, aber es muss noch etwas hinzu kommen. Das ist die erfolgreiche Einwirkung auf andere, das,

---

[246] Vgl. a. Zur Unterscheidung: Gertrud Koch, „Unterhaltung und Autorität. Konstellationen der Massenmedien", in: Hauke Brunkhorst, Hg., *Demokratische Experimentalismus*, Frankfurt: Suhrkamp 1998, 92ff.

[247] Christian Meier, „Macht, Gewalt", in: *Geschichtliche Grundbegriffe*, Stuttgart: Klett-Cotta, Bd. 3, 1982, 831.

[248] H. Arendt, „Was ist Autorität?", in: *Zwischen Vergangenheit und Zukunft*, München: Piper 1994, 178.

[249] Th. Mommsen, *Römisches Staatsrecht*, Bd. III, 2. Teil, a.a.O., 1034.

was man heute in der Sprechakttheorie den „perlokutionären Effekt" nennt. Wer *auctoritas* hat, besitzt in der Meinung der Öffentlichkeit eine unbestreitbare sittliche Einsicht, „die bereits als solche – ohne das noch argumentiert werden müsste – überzeugt."[250] Ist der aristotelischen Lehre zufolge die Tugend von ihrem Vollzug (ihrer Performanz) nicht zu trennen, so die Autorität nicht vom Effekt ihrer zwingenden Wirkung auf andere. Hat die öffentliche Darstellung bürgerlicher Tugend illokutionäre – normativ bindende – Kraft, so die öffentliche Darstellung von Autorität perlokutionäre – übermächtig zwingende – Wirkungen. Die Übersetzung, die Karl Büchner in der Reclam-Ausgabe von *De legibus* wählt, ist ganz treffend. Er übersetzt *auctoritas* mit „wirkendes Ansehen".[251]

Weil er ein fraglos wirkendes Ansehen genoss, lief ohne den Segen des Senats nichts. Widersprach er einem S*enatus consultum*, so war der Beschluss der Volksversammlung faktisch unwirksam. Ihm fehlte die nötige Überzeugungskraft, die letzthin gültige, über das positive Recht hinausragende Legitimität.[252] Der Rat des Senats war - anders als der Beschluss der Volksversammlung – rechtlich unverbindlich, aber autoritativ zwingend. Die „Autorität, auf der der römische Staat beruhte", schreibt Hannah Arendt, „lag nicht in den Gesetzen." „Autorität verkörperte sich in einer politischen Institution, dem römischen Senat."[253] Ist Tugend eine Qualität von Personen, so ist

---

250 Christian Meier, „Macht, Gewalt", in: *Geschichtliche Grundbegriffe*, Stuttgart: Klett-Cotta, Bd. 3, 1982, 831. Ganz ähnlich: Carl Schmitt, *Römischer Katholizismus und politische Form*, Stuttgart: Klett-Cotta 1984, 39f.

251 Cicero, *Über die Rechtlichkeit* (De legibus), Stuttgart: Reclam 1969, 99.

252 Vgl. a. Carl Schmitt, *Verfassungslehre*, Berlin: Duncker& Humblot 1989, 75.

253 H. Arendt, *Über die Revolution*, a.a.O., 256f. Arendts Vergleich des römischen Senats mit dem amerikanischen „Supreme Court" ist jedoch überzogen. Der „Supreme Court" ist erstens zur *juristischen Argumentation* verpfichtet und nicht durch die autoritative Kraft „nichtdiskutierender und nichträsonierender" (Carl Schmitt) *Urteile* überzeugend, zweitens kann er (anders als das deutsche

Autorität ein Merkmal von Institutionen. Wenn der *princeps*, der Fürst Autorität hat, dann nicht als Person, sondern als Institution. Das Spezifische der römischen Arbeitsteilung zwischen *potestas* und *auctoritas* besteht darin, dass die Autorität des Senats *über dem Gesetz* steht. Während der Zusammenhang der Gesetzesherrschaft im Kreisprozess zwischen Magistrat und Volksversammlung – der Magistrat lässt eine Gesetzesvorlage in der Volksversammlung abstimmen und ist selbst dann nurmehr der „Mund des Gesetzes" (Cicero) – lückenlos ist, wird er durch die übergesetzliche Autorität des Senats unterbrochen. Darin liegt der entscheidende Unterschied zum politischen System der modernen Demokratie: Ist in Rom die Autorität des Senats die einer über dem Volk stehenden Letztinstanz, über- und außergesetzlich, so ist in den Verfassungsordnungen westlicher Demokratien Autorität nichts anderes mehr als die Autorschaft des Volkes bei der Gesetzgebung. Dieser Bedeutungswandel im Begriff der *auctoritas* beginnt mit Hobbes und der neuzeitlichen Souveränitätstheorie. Die Autorität, die Hobbes zufolge das Gesetz *macht* (*facit*), besteht nurmehr in der von allen Gesetzesunterworfenen qua Gesellschaftsvertrag *gewollten* Befugnis des Souveräns, Gesetze aus eigener Willkür zu setzen. Der Hobbessche Souverän ist, nicht anders als das „Volk" Rousseaus und Kants oder ein modernes Parlament als dessen Vertretung, Autor *und* Hersteller des Gesetzes, *auctor* und *artifex* in einer Person bzw. in ein und demselben Gesetzgebungsverfahren (s. u. Kap. 5 und 6). Die alte

---

„Verfassungsgericht") seinem „Ratschlag" durch gesetzlich geregelte *Zwangsgewalt* Nachdruck verschaffen, und *drittens* ist er (das ist beim deutschen Verfassungsgericht noch deutlicher) an die *Verfassung* und *damit* an die *verfassungsgebende Gewalt des Volkes* gebunden. Die Pointe moderner Verfassunggerichtsbarkeit liegt darin, dass ihre Autorität an die Herrrschaft des positiven Rechts ("Gesetzesherrschaft") *gebunden* und insofern, anders als der römische Senat, *nicht* vom Gesetz und seiner Geltung *getrennt* werden kann. Sie ist – dem Prinzip nach – niemals eine (letztinstanzlich) gesetzgebende Instanz, sondern Teil des Rechtssystems. Vgl. a. Hans Kelsen, *Wer soll der Hüter der Verfassung sein?* Berlin-Grunewald: Rothschild 1931, 15f.

römische *auctoritas* hingegen beruhte – wie Hannah Arendt zeigt – auf der hierarchischen Trennung von dichterischer Autorschaft im Sinne der welterschließend-lichtenden „Stiftung" bzw. „Gründung" des Gemeinwesens (im Senat) und dem bloß artifiziellen, sekundär-uneigentlichen Herstellen positiven Rechts (in der Volksversammlung).[254] Was der Senat macht, wenn er eine Empfehlung ausspricht, ist nichts anderes als die fortbildende Erneuerung der Gründung der Stadt, und seine Empfehlung wirkt so zwingend, weil sie das sakrale Licht des Gründungsmythos aufscheinen läßt. Wer Augen hat, wird durch dies Licht geblendet und gebannt, wer sie verschließt, muss mit außerlegalen Mitteln zur Folgebereitsschaft gezwungen werden. Konstituiert die Macht des Volkes eine profane Rechtsordnung, so erneuert die Autorität des Senats die quasisakrale Tugendordnung, das holistische Ethos des städtischen Lebens. Wird die Rechtsordnung verletzt, so werden legale Sanktionen wirksam, wird das Ethos der überlegalen Verfassungsinstitutionen missachtet, dann bleibt nur der Rückgriff auf *außerlegale* Gewalt: sanfter Druck, brutaler Zwang, versteckte Drohung, Mord, Erpressung, Versprechungen, Einflussnahme „vielfältiger Art".[255] Mit einem Wort, die Deckungsreserve der Tugend ist Terror. Im Rückgriff auf außerlegale Gewalt zerfällt die Ideologie bürgerschaftlicher Gleichheit vor dem Gesetz und die soziale Herrschaftsordnung tritt nackt zutage. Während der Rechtsbrecher auch als Verurteilter Mitglied der Rechtsgenossenschaft bleibt, macht sich derjenige, der dem autoritären Verlangen den „freiwilligen Gehorsam" aufkündigt, zum inneren Feind des Gemeinwesens.

Das Schema fasst die soweit skizzierten Verfassungsverhältnisse der römischen Republik zusammen:

---

[254] H. Arendt, „Was ist Autorität?", a.a.O., 188f; vgl. a. R. Brague, *Europa*, a.a.O., 35.

[255] Chr. Meier, a.a.O.

Organ	**Kompetenz**	**Produkt**	**Medium**	**Deckungsreserve („symbiotischer Mechanismus")**
populus	potestas	Gesetze (leges)	Recht (ius)	Polizei bzw. legale Selbsthilfe
senatus	auctoritas	Empfehlungen (consultiae)	Tugend (virtus)	Terror

Fig. 5.

Die berühmte Formel Ciceros *potestas in populo, auctoritas in senatu* darf deshalb auch nicht mit einem konstitutionell gewaltenteiligem System der Volkssouveränität, also mit dem modernen Demokratieprinzip, das ja gerade auf der durchgängigen Gesetzesbindung *aller* Gewalten durch den Volkswillen beruht, verwechselt werden.[256] Es führt auch in die falsche Richtung, den römischen Senat mit „modern English government" und den *populus Romani* mit dem „English Parliament" zu vergleichen.[257] Während der Wille des Volkes in modernen Demokratien die einzige legitime Quelle aller Legalität ist, Legitimität und Legalität also im „vereinigten Volkswillens" (Kant) zusammenfallen, entspringen im alten Rom Legitimität und Legalität verschiedenen Quellen. Genau das bringt Ciceros Formel treffend zum Ausdruck. Beruht das moderne Demokratieprin-

---

[256] Cicero, a.a.O., III, 28.

[257] So als ein Beispiel für viele ähnliche Vergleiche McIllwain, a.a.O., 45. Trotz der komplexen, altrömischen Balance zwischen Volksmacht, Regierungsgewalt und Senatsprestige wäre es falsch, diese Verhältnisse mit dem angloamerikanischen „checks and balances" zu vergleichen (So z.B. Hannah Ahrendt, *Über die Revolution*, München: Piper 1974; Alexander Demandt, *Der Idealstaat*, Köln: Böhlau 1993, 263.). Der Unterschied besteht einmal im modernen Prinzip der Gesetzesherrschaft, die alle exekutiven und judikativen Gewalten bindet und Tugenden im Zweifel außer Kraft setzt. Und zweitens ist auch in der amerikanischen Verfassung die „Legitimationskette", die vom Volk ausgeht und alle Gewalten übergreift, „lückenlos". Nichts anderes ist die Bedeutung der Formel „We the People" in der amerikanischen Verfassungsurkunde.

zip auf der Einheit von Gesetzesherrschaft und Volkssouveränität, so entspringt die aus Senat und *populus* gemischte Herrschaft in der altrömischen Republik einer kunstvoll ausgewogenen Melange aus *Gesetzesherrschaft, Tugend und Terror*. Dabei ist das Moment der Gesetzesherrschaft durch das Volk das eigentlich Neue des römischen Republikanismus, das zu Recht als dessen modernes Element hervorgehoben worden ist.[258] Der Vorrang bleibt jedoch im römischen Staatsrecht bei der autoritär stabilisierten Tugendordnung. Institutionell verfestigte Autorität sichert beides: die Herrschaft der *patres* über den *plebs* und den Vorrang der Tugend vor dem Recht.

Der römische Senat, später dann der Princeps, der Caesar oder Augustus, in dessen institutionellem Körper *alle* tugendhafte Tüchtigkeit und mit ihr *alle* Autorität der Republik sich selbst darstellt und verwirklicht, regiert nicht durch formales Recht und ist in entscheidenden Fragen nicht ans Recht gebunden.[259] Wenn es später bei Ulpian im *Codex Justinianum* heißt, der *princeps* sei *legibus solutus*, also von aller Bindung ans Recht befreit, so ist das nicht die caesarische Umformulierung der rechtsetzenden *potestas in populo,* sondern eine Variante der überrechtlichen *auctoritas in senatu*, durch die die Autorität des Senats *de facto* dem *princeps* zugeschrieben wird. Die Trennung von Autorität und Macht erlaubt es, die Fiktion bürgerschaftlicher Gleichheit (die griechische *Isonomia*) noch in einem extrem hierarchischen Prinzipat aufrecht zu erhalten. Augustus, der erste römische Kaiser, betont, er habe alle anderen an virtuoser Autorität, nicht aber an rechtlicher Macht (*potestatis*) überragt.[260] Er war bloß *primus inter pares*, unter rechtlich gleichgestellten Bürgern der beste und tüchtigste. So blieb die Republik als rechtliche Fiktion auch in der Kaiserzeit in Geltung. Ihre Institutionen wandelten sich, wurden bis zur

---

258 McIllwain, a.a.O., S.43; vgl.a. Carlyle, *A History of Medieval Politcal Theory in the West*, I, 8-9.

259 Zur Einheit von Darstellung und Verwirklichung im römischen Sinn von „Repräsentation" vgl. Hasso Hofmann, *Repräsentation*, Berlin: Duncker & Humblot 1990, S.41.

260 vgl. U. Wesel, a.a.O., S.166; Hattenhauer, a.a.O., 76.

Bedeutungslosigkeit ausgehöhlt, aber sie verschwanden nicht. Die republikanische Fiktion ist nicht Nichts und nicht nur Ideologie, sondern als Fiktion auch wirksam. Sie hat rationalisierende Kraft.

Im öffentlichen Leben der Stadtrepublik sind Gesetzgebung und autoritärer Ratschlag, *lex* und *senatus consultum*, Legalität und Legitimität zweierlei Maß, und der Rat der Tüchtigsten, die zugleich die Herrschenden sind, hat – wie wir gesehen haben – den Vorrang und ist autoritär wirkender Vollzug höheren, überpositiven Rechts. Zugleich aber durfte es keine prinzipielle Divergenz beider Maßstäbe geben. Die höhere Tugend der *patres* konnte – zumindest zur Zeit der Republik - niemals die Legalordnung der Stadt im ganzen außer Kraft, sondern musste sich mit ihr ins Vernehmen setzen. Abweichungen vom Gesetz kamen zwar vor, durften als solche aber nicht kenntlich gemacht werden, war das Gesetz als Gesetz des Volkes (*populus*) doch auch das Gesetz der *patres*, deren Mehrheitsanteil bei den Volksbeschlüssen durch das Zensuswahlrecht gesichert war. Das Gesetz war auch für die Mitglieder des Senats gültig. Zwar galt im öffentlichen Leben der für freundschaftsbasierte *face to face societies* – und das war Rom ebenso wie Athen – charakteristiche Vorrang der Tugend, aber die Tugendordnung gerät durch den formalen und universellen Charakter des positiven Rechts, der das spezifische Merkmal römischer Herrschaft ist, ihrerseits unter Rationalisierungsdruck.[261] Tugendbegriffe wie *socius* (Kamerad, Bundesgenosse), *amicus* (Freund), *fides* (Treue) oder *beneficia* (Wohltat), die ursprünglich dem städtischen Ethos der römischen Bürgerschaft entstammen, sekundär jedoch auch die Verhältnisse der häuslichen Gemeinschaft, die der jüngere Plinius verklärend als Republik in der Republik darstellt, und vor allem die Außenbeziehungen zu den Provinzen und Bundesgenossen Roms strukturieren, sind als Tugendbegriffe immer zugleich auch Rechtsbegriffe.[262] Letztlich zählt hier die Tugend, weil die Rechte einseitig Ab-

---

[261] Zur *face to face society* vgl. M. Finley, *Das politische Leben in der antiken Welt*, München: dtv 1991, 43f, 107f.

[262] Plinius, *Epistulae*, 8, 16, 1f.

hängiger (Klienten, Sklaven, „Bundesgenossen") nirgends einklagbar waren. Aber der der Tugendgemeinschaft fiktiv zugeschriebene Rechtsstatus wirkte als symbolischer Rechtsanspruch rationalisierend auf die Beziehungen der zumeist höchst ungleichen Partner ein. Das hatte zur Folge, dass Handlungen und Erwartungen auch über lange Zeit und weite Räume „berechenbar" blieben.[263] Wenn der Herr einen seiner Sklaven als *socius* bezeichnete, dann bedeutete das für den Herrn, dass er ihm „gewisse Rechte, besonders in Eigentumsdingen" einräumen musste.[264] Mit einem *socius* konnte man nicht wie mit *hostes* (Feinden) umgehen und tat es in der Regel auch nicht. Dadurch verwandelte sich der Status des Sklaven für eine zeitweise sehr breite Gruppe privilegierter Sklaven *de facto* in eine patrimonial bestimmte, privatrechtliche Interessengemeinschaft. Ähnliches galt in den Außenbeziehungen Roms zu abhängigen oder besiegten Völkern. Jemanden, den die Römer als *socius et amicus populi Romani* anerkannt hatten, konnte sich im Zweifel durchaus mit Aussicht auf Erfolg auf diesen Status wie auf einen Rechtsstatus berufen.[265] Zugleich aber bleibt der Rechtsstatus als solcher fiktiv, und das führte regelmäßig zu erheblichen Unschärfen über den Verlauf der „Grenze zwischen erlaubter und nicht mehr zu billigender Gewalt". [266] Dem tugenddominierten Staatsrecht Roms mangelte es an Rechtssicherheit und in der Grauzone zwischen billiger und unbilliger Gewalt siegten regelmäßig die stärkeren Battaillone.

Im Zivilrecht, das auf die innerhäuslichen Beziehungen, auf das politische Leben und die imperial dominierte Peripherie der Stadt ausstrahlte, war die Verrechtlichung am weitesten fortgeschritten, - auch wenn man, im Vergleich mit modernem Recht, immer im Auge behalten muss, dass Gesetz und Wirklichkeit

---

263 Hans Kloft, „Realität und Imagination. Überlegungen zu einer Herrschaftstheorie in der römischen Republik", in: W. Schuller (Hg.), *Politische Theorie und Praxis im Altertum*, a.a.O., 143.

264 H. Kloft, a.a.O., 139.

265 A.a.O., 140 f.

266 A.a.O., 140.

auch im Zivilrecht weit voneinander entfernt waren.[267] Selbsthilfe und Eigenmacht hatten einen erstaunlichen Spielraum: „Er ruft uns ins Bewusstsein, dass wir uns beim Blick auf die römische Gesellschaft nicht allzusehr durch die lange Reihe der Vorkehrungen beeindrucken lassen dürfen, die die Gewalt einzelner oder bewaffneter Gruppen einzudämmen trachteten. Diese gesetzgeberischen Maßnahmen (...) zeigen teilweise gerade durch ihre Häufigkeit, dass um die Beschränkung gerungen wurde, und ein prüfender Blick bringt daher schnell jene großen Bereiche an den Tag, in welchen sich die tägliche Gewalt auch in struktureller Form entfalten konnte.“[268] Gleichwohl, und das war eine für die damalige Zeit vorbildlose Errungenschaft, war römisches Recht „Recht des Bürgers, von Bürgern für Bürger entwickelt und verwaltet.“ Die Bürger, die zum republikanischen Bürgerbund *im stadtrömischen Zentrum und an der adligen Spitze* einer riesigen Gesellschaft gehören, zwingen sich in der Tat immer nur selbst. Die Republik „war nicht Obrigkeit und der Bürger nicht Untertan“.[269]

Für Max Weber war der „streng formal juristische”, ebenso „analytische” wie „abstrakte” Charakter des *ius civile* dessen „welthistorisch wichtigste Qualität.”[270] Untrügliches Kriterium des hohen Rationalisierungsniveaus ist der im Verlauf der Entwicklung immer deutlicher hervortretende, rein weltliche Grundzug des römischen Rechts, dem der „theologische Einschlag” (fast) „völlig fehlte”.[271] Die Verberuflichung der Rechtssprechung zementierte die Distanz zur Religion und förderte individuelle Karrieren. Statt das Recht zu theologisieren, haben die Römer – bei formal fortbestehender Unterordnung der *res publicae* unter die *res sacrae* – die Religion juridifi-

---

267 G. Eisermann, „Individuum und Gemeinschaft in der Antike“, a.a.O., 301.

268 A. Bürge, *Römisches Privatrecht*, a.a.O., 57 f.

269 H. Hattenhauer, a.a.O., S 69.

270 Max Weber, *Wirtschaft und Gesellschaft*, Tübingen: Mohr 1972, 463, 464, 466.

271 M. Weber, a.a.O., 466; vgl. a. A. Bürge, *Römisches Privatrecht*, a.a.O., 91f.

ziert. Daran werden im 12. und 13. Jahrhundert die römischen Päpste und die Rechtsprofessoren in Bologna und Paris anschließen.

Neben der Existenz einer protoprofessionellen, juristischen Laienelite ist die Idee der schriftlichen Kodifizierung und das Prinzip der öffentlichen Bekanntgabe des Rechts eine ebenso weit auf modernes Recht vorgreifende Entwicklung wie die Ablösung ritueller Entscheidungspraktiken wie z. B. Gottesurteile etc. durch schlichtend intervenierendes Richterrecht. Semiprofessionalisierung und Verschriftlichung gehören eng zusammen. Juristen, Richter und Geschworene waren – anders als in den Athener Volksgerichtshöfen – gebildete Leute, die fließend lesen und schreiben konnten, und das kam der Rechtssicherheit, der halbswegs gleichen Auslegung des Rechts in ähnlichen Fällen, sehr zugute. Freilich wuchs den gebildeten, schriftkundigen Richtern auf Grund ihres Abstands zur schriftunkundigen, bestenfalls halbalphabetisierten Masse der Kläger und Beklagten, auch eine privilegierte Position zu, die von unten kaum kontrollierbar war. Der Unterschied zwischen den gebildten Rechtskundigen Roms und dem vollprofessionalisierten juristischen Experten unserer Tage besteht auch darin, dass die heutigen Laien die Texte der Experten lesen und sich den Fachjargon durch andere Experten (Anwälte und Fachjournalisten) und Massenmedien (Gerichtsfilme, Romane usw.) erklären lassen können. Das war unmöglich in einer antiken Gesellschaft, in der „es keine Trivialliteratur, keine Massenmedien, Flugblätter und Pamphlete, keine populären Zeitschriften und Romanhefte gab."[272] In einer solchen Gesellschaft war der schriftlich vorliegende Gesetzeskodex ein Buch mit sieben Siegeln, das nur Eingeweihte auslegen, aber auch ungestört ihren eigenen Interessen öffnen konnten. Wenn man Rechte hat, muss man auch wissen, was man sich dafür kaufen kann und was nicht. Solches Wissen aber ist ohne Alphabetisierung und egalitäre Schulbildung kaum zu haben und bleibt andernfalls privilegiertes Herrschaftswissen.

---

272 M. Finley, *Das politische Leben in der antiken Welt*, a.a.O, 46.

Man kann das „Janusgesicht" (Habermas) des Rechts am römischen Paradigma – dem „klassischen" Fall (s. o.) – besonders deutlich erkennen. Es sind Privatrechtsinstitute, die – sieht man einmal vom Sonderfall des alten Israel ab – die Stellung der Sklaven – trotz ihrer rechtlich sanktionierten Reifizierung und Bestialisierung – verbessert haben wie nirgends sonst in der antiken Welt; und es sind Rechtsreformen, wie die Einführung des *ius gentium* und des *praetor peregrinus* (Fremdenrichters) oder die späte, rein ökonomisch motivierte Ausweitung des römischen Bürgerrechts auf das gesamte Imperium, die die Lage der unterdrückten und ausgebeuteten Klassen und Völker, sogar der Frauen, zumindest erträglicher gemacht haben. Es war ein Gesetz, das Adoptionen möglich machte und das die römischen Familien nutzen konnten und außerordentlich oft genutzt haben, um aus den allzu eng gewordenen Grenzen des archaisch–gentilizistischen Familienrechts auszubrechen. Die Blutsbande traten hinter die juristischen Bindungen zurück, und das kam auch der „Befreiung der Frau" zugute.[273] Schuldnerschutz und eine Beschränkung der Gläubigermacht gehören ebenso zum Positivkonto römisch-rechtlicher Errungenschaften wie die Beschränkung der Macht des Oikosdespoten, die eine „Emanzipation" des Sohnes, seine Entlassung aus der absoluten Verfügung des *pater familias* unter bestimmten Bedingungen vorsah.[274] Die *emanicpatio*, die Entlassung aus der väterlichen Vormundschaft, konnte auch auf Sklaven ausgedehnt werden, und die wachsende Zahl der Freigelassenen begünstigte das Entstehen einer städtischen Bourgeoisie, zumindest der „(damals) modernsten, einer ‚Bourgeoisie' nächststehenden Schicht der Antike."[275] Die ebenfalls wachsende Gruppe privilegierter Sklaven übernahm Managementfunktionen in Wirtschaft und Verwaltung der reichen Familien des Stadtstaats. Die relative Autonomie des römischen Rechts er-

---

273 Ulrich Kahrstedt, *Kulturgeschichte der römischen Kaiserzeit*, Bern: Francke 1958, 53f, 246ff; Dacre Balsdon, *Die Frau in der römischen Antike*, München: Beck 1979, 12 ff.

274 Vgl. U. Wesel, a.a.O., S.162, 185ff, 201ff.

275 M. Weber, *Wirtschaft und Gesellschaft*, a.a.O, 808.

möglichte es findigen Juristen, Formeln zu finden, die den Sklaven im Privatrechtsverkehr seinem Herrn gleichstellten – nicht diesem gegenüber, aber immerhin als Vertragspartner stellvertretend für diesen, was natürlich die faktische Macht der privilegierten Sklaven ihren Eignern gegenüber verbesserte. Damit ein Sklave allein Verträge schließen konnte, also voll rechtsfähig war, wurde seine Freiheit kurzerhand juristisch fingiert. Der Sklave *Stichus* konnte einem Freien, dem *Aulus* gegenüber, einen Vertrag eigenständig erfüllen, so als „wenn er nach quiritischem Recht frei wäre“ – wie es in der gerichtlichen Formel dann hieß: *si liber esset ex iure Quiritium.*[276]

Schließlich war die Zurückdrängung bloßer Selbsthilfe zugunsten rechtlich erlaubter Eigenmacht eine der größten zivilisatorischen Errungenschaften römischen Rechts, - aber auch der Pferdefuß römischer Klassenjustiz. Wer vor Gericht öffentlich Recht bekam, musste es sich privat holen. Das Rechtsinstitut der Personalexekution erzwingt die Klientelisierung der Schwachen und treibt sie den Starken in die Arme. Eigenmacht wird durch Recht gedämpft, aber nicht aufgehoben. „Das Zivilrecht – schreibt Alfons Brügge – „ist für die geschrieben, die da wachen – und ihren Vorteil wahrnehmen,“ und das waren immer zuerst die, die deshalb dazu imstande waren, weil sie über die nötige materielle Ausstattung verfügten, ihr Recht mit eigenen Mitteln durchzusetzen.[277] So werden die Schwachen zwar weit besser geschützt als ohne Recht, aber die Starken werden durch dasselbe Recht stärker und die Schwachen schwächer. Dialektisch reproduziert das römische Recht die patrimoniale Klassenherrschaft. Das ist seine – im Kontext der antiken Klassenstrukturen – unübersteigbare Schranke.

Die Ausweitung des römischen Rechts auf alle der römischen Militärmacht unterworfenen Völker veranlasste den 223 n. Chr. gestorbenen, römischen Juristen Ulpian zu der klassischen Systematisierung des Rechts nach *ius civilis* (römisches

---

[276] A. Bürge, *Römisches Privatrecht*, Darmstadt: Wiss. Buchges. 1999, 174, vgl. a. 202.

[277] A. Bürge, a.a.O., 61.

Bürgerrecht), *ius gentium* (Völker- oder besser: Fremdenrecht) und *ius naturale* (Naturrecht). Freilich spiegelt sich in dieser Dreiteilung wiederum die höchst ungleiche Verteilung der Herrschaft zwischen Zentrum und Peripherie, Herren und Knechten. In einigen Varianten der stoischen Philosophie galt das Naturrecht als gleiches Recht aller Menschen, nur dass man sich dafür nichts kaufen konnte.[278] Oder doch fast nichts. Denn die kontrafaktische Unterstellung der Freiheit des Sklaven im Privatrechtsverkehr (s. o.) macht von dessen natürlicher Freiheit zumindest implizit Gebrauch. Aber noch nicht einmal unterdrückte, geknechtete und entrechtete Klassen der Gesellschaft haben sich aufs *ius naturale* berufen, um gegen Entrechtlichung und Entmündigung zu protestieren. Als Naturrecht galt es Ulpian zufolge für alle Lebewesen, nicht nur für die Menschen, hatte aber keinerlei Gesetzeskraft, es war vielmehr ausschließlich eine theoretische Angelegenheit der philosophischen Kontemplation. Ernst Bloch spricht treffend von „Verkleinerung durch Ausdehnung". Indem „das Naturrecht auf alle lebenden Wesen ausgedehnt wird, verliert es den humanen Glanz und Stolz."[279] Zum Naturrecht zählt zum Beispiel auch die Ehe, weil sich Familienbildung nicht nur bei Menschen, sondern auch bei Tieren beobachten lässt. Schon der Soziologe Pareto hat sich über Ulpians Naturrechtsverkleinerung durch Ausdehnung amüsiert: „So erhalten wir also ein Naturrecht der Regenwürmer, Fliegen, Läuse und Flöhe." William Seagle ergänzt später: „Bakterien!"[280] Immerhin haben stoische Vorstellungen Eingang in die Digesten des Kaisers Justinian aus dem 6. Jahrhundert (s.u.) gefunden. Alle Menschen, heißt es da, seien gleichermaßen frei geboren, die Sklaverei deshalb *contra naturam*.[281] Auch in diesem Punkt unter-

[278] Vgl. Cicero, *De legibus*, I, 30, 32, 61f; II, 35; III, 4, 29; De officiis, III, 46.

[279] Ernst Bloch, *Naturrecht und menschliche Würde*, Frankfurt: Suhrkamp, 1961, 2. Aufl. 1975, 35.

[280] W. Seagle, *Weltgeschichte des Rechts*, München 1951 (engl. Org. New York 1941), 298.

[281] *Digesten* 1,1,4.

scheiden sich Cicero, die Stoa und die römischen Juristen von Aristoteles. Aber das hat immer nur zu dem Schluss geführt, die Sklaven menschlich zu behandeln, nicht das Institut der Sklaverei abzuschaffen oder das wenigstens zu verlangen. Erst sehr viel später wurde das Naturrecht zur moralischen Apellationsinstanz für Gruppen, die seine politische Institutionalisierung verlangten. Aber das war dann schon ein anderes, egalitäres und individualistisches Naturrecht. Karriere hat das alte Naturrecht in der Theorie seit dem 11. Jahrhundert und das neue dann in der frühen Neuzeit gemacht, zum politisierenden und mobilisierenden Faktor wurde es erst seit dem 18. Jahrhundert.

Auch für das *ius gentium* konnten sich die, die römischen Legionen ausgeliefert waren, nur selten etwas kaufen, erheblichen *cash value* hatte allein das römische Bürgerrecht, das *ius civile.* Es wurde in der Spätzeit des Reiches auf weite Teile der nicht römischen Oberschichten innerhalb des gesamten Imperiums ausgedehnt, obwohl die stadtrömische Oberschicht solange, bis Rom in der Spätzeit des Cäsarenreiches endgültig seine Bedeutung verlor, privilegiert blieb. Das *ius gentium*, das Ulpian als „das Recht, dessen sich die menschlichen Völker bedienen", definiert, sollte man jedoch nicht mit Völkerrecht, das seit der Neuzeit die Rechtsbeziehungen *zwischen* souveränen Staaten regelt, übersetzen.[282] Am ehesten noch haben die Menschenrechte, auch wenn sie einen völlig anderen Charakter haben, die juristische Nachfolge angetreten. Im Unterschied zum Naturrecht gilt es Ulpian zufolge nicht für alle Lebewesen, sondern nur „für alle Menschen". Tatsächlich handelt es sich um ein internationales Privatrecht, ein frühes *Lex Mercatoria.*[283] Freilich ist das wiederum nicht individualistisch zu verstehen, als Recht individueller Menschen, sondern gentilizistisch, als Recht von *gentes*, Geschlechtern, Stämmen, Völker-

---

282 Vgl. M. Hattenhauer, a.a.O., 66.

283 Vgl. O. Höffe, *Demokratie im Zeitalter der Globalisierung*, München: Beck 1999, 236.

schaften.[284] „Völkerschaften" sind keine souveränen Staaten oder Nationen, die sich wechselseitig Rechte einräumen, vielmehr bleibt das *ius gentium* römisch dominiertes Recht und spiegelt die Herrschaftsverhältnisse. Es ist Recht der Römer für die ihnen unterworfenen Völker. *Ius gentium* war Ausländer- oder Fremdenrecht. Das mit der wachsenden Zahl der Kontakte zu Fremden wachsende Risiko formfreier Abreden erzeugte den Bedarf für eine rechtliche Regelung des Umgangs mit dem Fremden, dem *peregrinus*. Im wesentlichen orientierten die Römer sich dabei am *ius civile* und „entnahmen ihm (...) nach ihrem Befinden jene Sätze, die sie für so offensichtlich vernünftig hielten, dass auch die Nichtrömer sie anerkennen mussten".[285] Es handelt sich also um den Teil des *ius civile*, von dem man annahm, dass er zum Gewohnheitsrecht aller Völker (*gentes*) gehörte. Dazu gehörte auch die Sklaverei. Sie ist zwar *contra naturam* und deshalb im *ius naturale* nicht vorgesehen, aber es gibt sie bei allen Völkern, folglich gehört sie zum *ius gentium*, zum Recht aller Menschen. Der Zweck des *ius gentium* war die Vereinheitlichung und Formalisierung von zivilen Verträgen, für die ein eigenes Prätorenamt, der *praetor peregrinus* geschaffen wurde, der den *praetor urbanus* ergänzte. Der Sinn des *ius gentium* war rein funktional: „Um einem Ausländer z.B. die Möglichkeit einer Klage zu geben, unterstellten die römischen Richter, dass der Kläger römischer Bürger sei."[286] Aber natürlich ging es beim *ius gentium* nirgends um individuelle oder kollektive *Rechte*, an die Amtsträger oder Heerführer gebunden waren.

Römische Herrschaft ist nicht ausschließlich, aber doch zu einem beachtlichen Teil Herrschaft *durch* das Recht. Die Vorstellung, den „Staat" bzw. die *res publica* unter das Recht zu

[284] Zur Bedeutungsvarianz von „gens", einmal „Geschlecht", das andere Mal die „politisch", nicht aber stadt-staatlich „vereinigte Gruppe", vgl. Th, Mommsen, *Römisches Staatsrecht*, Bd. III/1, a.a.O., 9.

[285] H. Hattenhauer, a.a.O., 72.

[286] W. Seagle, *Weltgeschichte des Rechts*, München / Berlin 1951 (*The Quest of Law*, New York 1941), 103.

subsumieren, war den Römern jedoch fremd. Zwar galt schon nach römischem Recht zur Zeit Justinians der Staat als eine juristische Körperschaft, wofür Ausdrücke wie *corpus*, *universitas* oder *collegium* stehen, doch seine Rechte und Pflichten wurden administrativ und nicht durch Gerichte geregelt.[287] Der Staat selbst fiel nicht unter das bürgerliche Recht. Ein autonomes, von Politik und Religion entkoppeltes Rechtssystem, das dann auch der Staatsmacht hätte entgegentreten können, konnte sich in römischer Zeit schon deshalb nicht bilden, weil die relativ fortgeschrittene Verfachlichung des Rechts nirgends zu einer echten Professionalisierung und einer verwissenschaftlichen Argumentationskultur führte.[288] Dass ein römischer Rechtsgelehrter des 3. Jahrhunderts seinem *princeps* – so wie Sir Edward Coke im 17. seinem verdutzten König James I. – erklärt hätte, dessen Kompetenz, seine „natural reason" reiche nicht aus, um die „artificial reason" der römischen Rechtstradition zu begreifen, ist unvorstellbar.[289] Zu einer echten Professionalisierung kam es, unter ganz anderen sozialstrukturellen Voraussetzungen, erst im 12. Jahrhundert im kanonischen Kirchenrecht. Das römische Recht war ein reines Fallrecht, und auch insofern kein „System".

Schließlich muss man sich von der Vorstellung einer kontinuierlichen Entwicklung des mittelalterlichen und modernen Rechts aus dem alten hüten. Die Evolution ist kein Kontinuum. Nach dem Zusammenbruch des römischen Imperiums hat römisches Recht in vulgarisierten Formen („Vulgarecht") ein Schattendasein neben und in einem, wieder und weitgehend archaischen Recht geführt. Parsons spricht von einer „drastischen Rückentwicklung fast aller Komponenten der fortge-

---

287 Vgl. Harold Berman, *Recht und Revolution*, Frankfurt: Suhrkamp 1991, 468f.

288 Zu dieser Bedingung der „Autopoiesis" des Rechts vgl. Niklas Luhmann, *Das Recht der Gesellschaft*, Frankfurt: Suhrkamp 1993, 263.

289 Vgl. N. Luhmann, „Mein Mittelalter", in: *Rechtshistorisches Journal, 10, 1991, 66ff.*

schrittenen römischen Gesellschaft zu archaischen Formen."[290] Man kann ohne viel Übertreibung sagen, dass dem Untergang des römischen Reiches im 5. Jahrhundert erst einmal 500 Jahre Regression gefolgt sind; – ein gutes Beispiel dafür, dass „Fortschritt" nur eine von vielen Möglichkeiten der sozialen Evolution ist.[291]

Sehr anschaulich ist die Entwicklung der Städte. In der römischen Zivilisation besaß die Stadt eine systemerhaltende Funktion in zweierlei Hinsicht. Sie war als Stadtrepublik das einzige Zentrum des ganzen Reiches. *Urbs* war der lateinische Ausdruck für „Stadt" und das war bedeutungsgleich mit dem Namen „Rom" als der einen und einzigen *res publica.* Das römische Weltbild war vollkommen urbanozentrisch. Aus dieser Sicht waren alle anderen, oft großen und bedeutenden Städte des Reichs von Rom abhängige, militärisch-bürokratische Komplexe. Nach Zerfall des römischen Reiches im 5. Jahrhundert verfielen fast alle römischen Städte im Westen rasch, und im 9. Jahrhundert waren sie praktisch verschwunden.[292] Die Gesellschaft verländlichte, weite Gebiete verödeten und in den geschrumpften, meist winzigen Städten gab es kaum noch Reste einer bürgerlichen Mittelschicht aus Handwerkern und Händlern. Die Häuser, selbst Kirchen, waren aus Holz. Die Geldwirtschaft verschwand, und die Produktivität der Landwirtschaft war rückläufig, mit der Folge häufiger Missernten und Hungersnöte. Das römische Straßennetz war zerstört, überwuchert, ungenutzt und kaum noch repariert worden. Es gibt Althistoriker, die behaupten, dass im 10. Jahrhundert der Transport einer Fracht Weizen vom einen Ende des Mittel-

---

290 T. Parsons, *Das System moderner Gesellschaften*, München: Juventa 1985, 51; vgl. a. U. Wesel, *Geschichte des Rechts*, a.a.O., 276ff.

291 Ein anderes prominentes Beispiel sozialevolutionärer Regression ist die Retribalisierung der mittelamerikanischen Stadtkulturen nach der spanischen Eroberung.

292 H. Berman, *Recht und Revolution.* Die Bildung der westlichen Rechtstradition, Frankfurt: Suhrkamp 1991; vgl. a. G. Bois, *Umbruch im Jahr 1000*, a.a.O., 99.

meers zum anderen per Schiff billiger gewesen sei als ihre Beförderung per Ochsenkarren über eine Entfernung von 120 Kilometern.[293] Vom schwunghaften Fernhandel des römischen Imperiums blieb kaum etwas übrig. Auch waren – mit wenigen Ausnahmen wie Rom – die Reste kommunaler Selbstverwaltung verschwunden, vom Geist der Republik war ebenso wenig übrig geblieben wie vom römischen Recht, das noch gegen Ende des alten Reiches vom oströmischen Kaiser Justinian mit großem Aufwand gesammelt und zu einem umfänglichen Gesetzeskorpus geordnet worden war. Die Sklavenhaltergesellschaft fiel auf ihr primitivstes Stadium zurück. Hatten die römischen Kaiser seit dem 2. nachchristlichen Jahrhundert das Tötungsrecht des Eigentümers zunehmend eingeschränkt, so waren die Sklaven jetzt wieder völlig rechtlos und der „unbeschränkten Selbstherrschaft ihres Eigentümers unterworfen, mit schrecklichen Exzessen."[294]

Justinian war der letzte römische Kaiser, dem es in der ersten Hälfte des 6. Jahrhundert noch einmal gelang, für kurze Zeit die zersplitterten Teile des römischen Weltreichs unter einer Führung zu vereinen. Im Jahr 527 wurde er Kaiser und ein Jahr später berief er eine Kommission von zehn Juristen, um zunächst eine Sammlung aller Kaisergesetze zu erstellen, wie es auch schon einige seiner Vorgänger getan hatten. Ziel war eine Rechtsreform:Vereinfachung und Vereinheitlichung, um eine beschleunigte Rechtspflege zu ermöglichen. Vor allem aber sollte die Kodifikation das militärische Lebenswerk Justinians, die Wiedereroberung des ganzen Reiches unter einer Führung, zu einem stabilen Abschluss bringen und den oströmischen Herrscher als rechtmäßigen Nachfolger der alten römischen Kaiser für ihr gesamtes Gebiet, vor allem Italien und Nordafrika, legitimieren. Die Arbeit der Kodifikation dauerte sechs Jahre. Gleich danach ließ Justinian alle anderen juristi-

---

[293] A. H. M. Jones, *The later Roman Empire*, Oxford: Univers. Press 1964, 841 f; vgl. a. G. Bois, *Umbruch im Jahr 1000*, a.a.O., 99.

[294] U. Wesel, a.a.O., 286; vgl. a. G. Bois, a.a.O., 25ff; Alexander Demandt, *Geschichte der Spätantike*, München: Beck 1998, 261 f.

schen Schriften verbieten und verbrennen.[295] Die Sammlung der *Digesten* umfasst insgesamt 50 Bücher mit juristischen Lehrmeinungen, jedes Buch unterteilt in Titel, Fragmente, Paragraphen. Jeder *Titel* behandelt ein bestimmtes Thema, z.B. den Eigentumserwerb (D.41.1: *De aquirere reum dominio*). Die darunter versammelten *Fragmente* sind Auszüge oder Zusammenfassungen aus den Werken der alten Juristen. Sie werden auch *lex* genannt und sind nach *Paragraphen* unterteilt.

So wird z. B. in Dig. 9, 2, 31 das haftungsrechtliche Problem der fahrlässigen Tötung diskutiert. Nach Ansicht des Juristen *Sabinus* liegt Fahrlässigkeit nur dann vor, wenn z. B. ein Ast über einer öffentlichen Straße gefällt wird und nicht zuvor „Achtung!" gerufen worden ist. Die Gegenmeinung vertritt *Mucius*, der auch dann Fahrlässigkeit gelten lassen will, wenn der Vorfall sich auf einem Privatgrundstück ereignet hat, zumindest dann, wenn der Weg über das Grundstück führte usw.

Alle Lehrbücher, Kommentare, Schriften der klassischen Juristen, die in der Bibliothek von Beirut standen, wurden ausgewertet. Insgesamt 2000 Juristenschriften mit insgesamt 3.000.000 Zeilen konnten auf diesem Wege zeitgemäß adjustiert und zu 150.000 Zeilen der Digesten verdichtet werden.[296] Ein Band mit *Novellen*, den nach Abschluss der Sammlung 533 erlassenen, neuen Kaisergesetzen (insgesamt 168) ergänzte die vorliegenden alten, den *Codex* aus 12 Büchern mit Entscheidungen der römischen Kaiser, den sogenannten *constitutiones*, und vollendete zusammen mit den *Institutionen*, einem vierteiligen Lehrbuch des Juristen Gaius, das Werk. Es umfasste jetzt:

die *Institutionen* (4-teiliges Anfängerlehrbuch),
die *Digesten* oder *Pandekten*, (50 Bücher), hauptsächlich mit privatrechtlichem Inhalt,
den *Codex* der bisherigen Kaisergesetze (12 Bücher), sowie
die *Novellen*.[297]

---

[295] Vgl.a U. Wesel, a.a.O., S.234ff
[296] H. Hattenhauer, a.a.O., 97 f.
[297] In moderner englischer Übersetzung umfassen die Institutionen 173, die Digesten 2734, der Codex 1034 und die Novellen 562

Die Wirkung des Unternehmens war indes gering, es existierten nur wenige Abschriften, so dass bald keine mehr aufzufinden war. Der später von den Kanonisten des 13. Jahrhundert so genannte *Corpus iuris civilis* war eine evolutionäre Errungenschaft, für die es im untergehenden römischen Reich offenbar keine Verwendung mehr gab.

Durch einen puren Zufall wurde um 1050 in einer Bibliothek in Pisa ein Exemplar der Abschriften gefunden, das vermutlich anläßlich der Verkündung der Kodifikation im Jahr 554 dorthin gekommen und unbeachtet liegen geblieben war. Evolution ist Kontingenz. Innerhalb weniger Jahrzehnte wurden die 50 Bücher der Digesten, das Recht einer längst untergegangenen Zivilisation, zum Kristallisationskern der *neuen* politischen Ordnung Europas, die um das lateinische Recht zentriert war und in dem rasch expandierenden, autonom gewordenen Rechtssystem seine wichtigste Stütze finden sollte. Ohne den Zufallsfund von Pisa wäre es kaum zur Bildung der westlichen Rechtstradition gekommen, aber das ist nur eine notwendige Bedingung. Hinzukommen musste, dass der Fund mit wachen Augen aufgenommen wurde und Interpretationsschemata und Weltbilder vorhanden waren, um die brachliegende Saat zur Blüte zu bringen. Eine solche Semantik existierte im 11. Jahrhundert im soziokulturellen Rahmen der römischen Kirche, ihrer über ganz Europa ausgedehnten Ordensorganisation und in der eng mit der Kirche verbundenen scholastischen Philosophie, die sich in Klöstern und Akademien, später an den Universitäten zu einer methodischen Schule des Denkens, der Analyse und der dialektischen Disputation entwickelt hatte.

Das Christentum, das sich noch innerhalb des römischen Imperiums von einer jüdischen Sekte zu einem großen Kirchenorganismus entwickeln konnte, war bald zum Motor der strukturellen Differenzierung von *Religion* und *Politik* in je eigen-

---

Seiten, insgesamt in der Ausgabe von S.P. Scott, *The Civil Law*, Cincinnati (Ohio) 1932, sind es 17 Bände. Eine deutsche Übersetzung ist seit 1990 bei C. F. Müller in Heidelberg (3 Bände) erschienen.

ständigen institutionellen Komplexen geworden. Es begann mit der Transformation der bürgerschaftlichen Solidarität (*philia*) in menschheitliche Nächsten- und Fernstenliebe. Der christliche Begriff der universell-abstrakten Liebe ist unpolititsch und metapolitisch, wenn nicht gar – wie Hannah Arendt mutmaßt – antipolitisch: „Nichts", notiert der Kirchenvater Tertulian zu Beginn des 3. Jahrhunderts, „ist uns Christen fremder als die öffentlichen Angelegenheiten". (*Nobis nulla magis res aliena quam publica.*)[298] Der christliche Begriff der Solidarität beruht auf einer so scharfen Opposition von Religion und Politik, dass er am Ende den breiten, pluralistisch ausgelegten Rahmen der römischen *res publica* sprengen und mit ihr in Konflikt geraten musste. Das Postulat christlicher Brüderlichkeit trennt den individuellen Gläubigen von seinen Mitbürgern ebenso wie von seinen Verwandten. Man muss als Jesus-Jünger Feind der Sippengemeinschaft sein können, und in diesem Zusammenhang überliefert Matthäus (10,34) das Jesus-Wort: „Ich bin nicht gekommen, um Frieden zu bringen, sondern das Schwert." Erst dadurch, dass sie sich von heiligen Banden der Sippschaft und der bürgerlichen Freundschaft löst, kann sich die christliche Solidarität den Fremden und den Feinden, kurz: dem zur Menschheit verallgemeinerten Andern zuwenden. Mit einer solchen Lehre war freilich zunächst kaum Staat zu machen, und so blieb es im Urchristentum bei der innerlich erleuchteten, unpolitischen Sektenexistenz. Erst die spätere Wandlung der Sekte zur Kirche zeigte, dass der Gedanke universeller Solidarität evolutionär an die Institutionen des römischen Republikanismus angeschlossen werden und diesen in sich – staatenbildend – aufheben konnte.

Die Institutionen bildende Kraft der Kirche verdankt sich der Verschränkung einer reflexiven Variation des antiken Judentums mit strukturellen Elementen des römischen Republikanismus. In der griechischen Philosophie war, wie wir gesehen haben, die Unterscheidung von Sein und Nichts der Ausgangspunkt einer rationalen Kosmologie gewesen, in die dann

---

298 Tertulian, *Apologeticum*, 38; vgl. H. Arendt, „Religion und Politik", in: *Zwischen Vergangenheit und Zukunft*, a.a.O., 310 f, 318 f.

die Unterscheidung von Idee und Wirklichkeit hineinprojiziert und mit einer teleologischen Theorie der politischen Natur des Menschen (bzw. der idealen Polis) verbunden wurde. Demgegenüber war der Ausgangspunkt des jüdischen Monotheismus das Zerbrechen des ontologischen Kontinuums zwischen dem Schöpfergott und seiner eigenen Schöpfung. Die Beziehung zwischen Gott und Mensch war danach durch keine theoretisch idealisierte Anschauung mehr überbrückbar, übrig blieb eine vom Sein getrennte und im Unbedingten des göttlichen Gebots verankerte, durch den Bundesvertrag besiegelte Gesetzesethik, an die sich die herrschaftskritische Theologie der Propheten anschloss.

Das Christentum war als jüdische Sekte streng monotheistisch und deshalb stand auch hier die ethisch besetzte Unterscheidung von *Gott* und *Mensch* am Anfang, sie wurde jedoch durch die Erfindung der Figur eines menschlichen Gottessohnes noch einmal in Gott hineinprojiziert. Die *reflexive Verdopplung* der Unterscheidung von Mensch und Gott erinnert in diesem Punkt an diejenige von Sein und Nichts in der griechischen Philosophie (s.o. Fig. 1). Freilich werden jetzt die Seiten getauscht. Das unendliche Sein Gottes schöpft aus dem Nichts (*creatio ex nihilo*), während der Mensch sich am endlichen Sein stößt und vor dem Nichts steht: „Der Mensch ist sich selbst ein gewaltiger Abgrund.“[299] Mit der reflexiv-dynamischen Wende des jüdischen Monotheismus wurde es möglich, den egalitären Universalismus der Propheten von jeder Bindung an ein geschichtliches Volk abzulösen und den „alten” Bund in einen expansiven und konversionsabhängigen „neuen” Bund umzuinterpretieren, dem jedes einzelne Individuum freiwillig beitreten musste. Wer dem neuen Bund durch Taufe beitrat, war *als* bekennendes Individuum Christ, blieb aber *als* Staatsbürger Römer, Athener oder was immer.[300]

Angesichts des massiven Anpassungsdrucks, dem die Christen in der römischen Umwelt ausgesetzt waren, konnten sie

---

[299] Aurelius Augustinus, *Bekenntnisse*, 4. Buch, 22, Stuttgart: Reclam 1989, 108.

[300] T. Parsons, *Das System moderner Gesellschaften*, a.a.O., 45.

sich die reflexive Struktur ihres Glaubens zu Nutze machen, um ihn mit der institutionellen und juristischen Struktur des römischen Republikanismus zu vereinigen. Die Kirche selber wurde – wie der Menschensohn Gottes – als *zugleich* menschlich und göttlich interpretiert: als *zeitliche* Einrichtung *in* der römischen Welt, die *als* geistliche Körperschaft nicht *von* dieser Welt war.[301] Im nächsten Schritt wurde dann durch Philosophen wie Augustinus (5. Jh.) der Gottesstaat vom irdischen Staat unterschieden und (durch römische Bischöfe wie Leo I., Felix III., Gelasius I., Silvester u.a. seit dem 5. Jahrhundert) sukzessive eine politische Theologie des Kirchenstaats entwickelt, die zu einer scharfen Abgrenzung von allen Vorstellungen einer Staatskirche führte, Vorstellungen, die oströmisch-byzantinischem Denken entsprachen und natürlich den Interessen weltlicher Fürsten und Kaiser entgegenkamen.

Aurelius Augustinus (334-430) kombiniert die platonisch-stoische Perfektionstheorie des Menschen mit der biblischen Defizittheorie (s. o. Kap. 2). Dadurch werden – angesichts der göttlichen Allmacht – alle Menschen gleich und erscheinen als Wesen, die in ihrem je individuellen Leid gleichermaßen erlösungsbedürftig sind. Das verpflichtet zur Demut, und Demut ist egalitär. Sie bricht den elitären Stolz der Philosophen, der Krieger und der Bürger, die die *civitas terrana* bewohnen. In der *civitas dei*, der Stadt Gottes, sind alle Menschen Weltbürger. Zwar ist auch der Himmel ein idealer Spiegel der irdischen Sozialhierarchien. Aber als geistige Wesen sind die Menschen in ihrer Teilhabe am göttlichen Sein, nachdem sie dank göttlicher Gnade von den Übeln ihrer körperlichen Existenz erlöst worden sind, gleich. Zur Partizipation an der göttlichen Glückseligkeit bedarf es keiner staatsbürgerlichen Voraussetzungen und keiner besonderen philosophischen Weisheit. Glückselig ist, wer von Gott weiß, auch wenn er sonst nichts weiß.[302] Das Glück wird – freilich um den Preis seiner Vergeistigung – egalitär: „Die Philosophie hat Vernunft versprochen und doch

---

[301] T. Parsons, a.a.O., 45 f.

[302] Augustinus, *Bekenntnisse*, 5. Buch, 7, a.a.O., 120.

nur mit Mühe ganz wenige befreit."[303] Trotz seiner Feindschaft gegen heidnische Philosophie und Wissenschaft war Augustinus kein moderner Protestant, der das Glück von der Vernunft trennt. Wahres Glück bleibt für ihn wie für Platon und Plotin das Glück der Wahrheit, und das unendliche Glück des göttlichen Seins ist Logos, reine Idee. Da das Christentum aber – anders als die elitären Zirkel der griechisch-römischen Philosophenschulen – eine egaltiäre Religion für die Massen der „*Mühseligen* und *Beladenen*", der „*Erniedrigte*n und *Beleidigten*" ist, muss die Wahrheit die Massen ergreifen.[304] Die beseligende Wahrheit, in der Augustinus den Konvergenzpunkt von Platonismus und Christentum sah, ist für alle, auch für die Heiden da.[305] Da gibt es so wenig Unterschiede wie in der Unmittelbarkeit der Einzelseele zu Gott. Das Licht des Logos erleuchtet jeden, auch die Sklaven.[306] Aber die Wege zu Gott, Vernunft und Glück, die auf der irdischen Pilgerreise des menschlichen Lebens zurückgelegt werden müssen, sind sehr verschieden. Hier gelten nach wie vor die sozialen Differenzierungen der *civitas terrana*. Begüterte Philosophen, sofern sie ihr Haupt unter das Kreuz beugen, bleiben privilegiert. Sie können sich – die Gnade Gottes immer vorausgesetzt – durch autonomen Vernunftgebrauch und Askesetechnik von ihren irdischen Wünschen, ihrem körperlichen Leid und dem „Leim der Lust" lösen, um schon hier und heute augenblicklich, momenthaft zur intellektuellen Anschauung des göttlichen Logos vorzudringen, zur innerzeitlichen Berührung mit dem ewigen Leben.[307] Sie erreichen „im Blitz eines erzitternden Blicks das Wesen, das wahrhaft ist."[308] Den im Elend lebenden Massen

---

303 Augustinus, *De ordine libri duo*, II, 5, 16, zit. n. d. Übers. Bei K. Flasch, *Augustin. Einführung in sein Denken*, Stuttgart: Reclam 1994, 79.

304 E. Bloch, *Naturrecht und menschliche Würde*, a.a.O., 13.

305 K. Flasch, *Augustinus*, a.a.O., 165 ff, 349.

306 K. Flasch, a.a.O., 288.

307 Augustinus, *Bekenntnisse*, 6. Buch, 17-22, 7. Buch, 16,19, a.a.O., 160 ff, 184 f, 186 f.

308 *Bekenntnisse*, 7. Buch, 23, a.a.O., 190.

bleibt da nur der Glaube unter dem strengen Diktat einer autoritären Institution. Im irdischen Leib der Kirche regiert unerbittlich die *disciplina catholica.* Die Kirche muss die, deren Geisteskräfte zur eigenen Einsicht nicht ausreichen, notfalls zum Glück zwingen. In der von Erbsünde geschlagenen *civitas terrana* ist allenfalls das „schattenhafte Vorbild" des wahren Gottesfriedens erkennbar.[309] Sklaverei ist „mit Recht dem Sünder auferlegt."[310] Zwar ist – hier folgt Augustinus römischem Naturrecht – „von Natur niemand eines Menschen oder der Sünde Knecht", aber seit dem Sündenfall gehört die Sünde und mit ihr das Recht der Sklaverei zum menschlichen Erbgut, zu seiner zweiten Natur, die erst am Jüngsten Tag vergeht: „Darum ermahnt der Apostel die Sklaven, ihren Herren untertan zu sein und ihnen von Herzen und gutwillig zu dienen."[311] Wie die Herde dem Hirten, die Kinder den Eltern, die Frau dem Mann, so ist der Sklave dem Herrn untertan. „Das", so heißt es nun, „fordert ja schon die Naturordnung.[312] Christus macht nicht Sklaven zu Freien, sondern schlechte zu guten Sklaven, auf dass sie darin ihre wahre, höhere und innere Freiheit – die eines „Christenmenschen" (Luther) – erkennen mögen: „Können sie also von den Herrn nicht frei werden, so sollen sie ihre Knechtschaft gewissermaßen dadurch frei machen, dass sie nicht in arglistiger Furcht, sondern in treuer Liebe ihren Dienst tun, bis die Ungerechtigkeit vergeht, alle menschliche Herrschaft und Gewalt aufgehoben wird und Gott alles ist in allen."[313] Immerhin wird jetzt, das ist das jüdische Erbe (s. o. Kap. 2), die Sklaverei als ein Unrecht bezeichnet und nicht länger, wie bei Aristoteles, als Ausdruck der natürlichen Gerechtigkeit.

Ärger noch als in puncto Sklaverei tritt der ideologische Charakter des augustinischen Christentums dort hervor, wo es um die Rolle der Frauen in der Gesellschaft geht. Die zur jung-

---

309 Augustinus, *De Civitate Dei*, IV, 17, Bd. 1, München: dtv 1991, 258.

310 Augustinus, *De Civitate Dei,* XIX, 15, Bd. 2, a.a.O., 558.

311 Augustinus, *De Civitate Dei*, XIX, 15, Bd. 2, a.a.O, 559.

312 XIX, 16, Bd. 2, a.a.O.

313 XIX, 15, Bd. 2, a.a.O.

fräulichen *mater dolorosa* verklärte Monica, die Mutter des Augustinus, erträgt – in der Gewißheit kommender Barmherzigkeit – in ihrer Ehe jedes Unrecht und jede Untreue klaglos. Ihr Mann neigt zum Fremdgehen. Kein Anlaß für Monica, deswegen Streit zu suchen oder gar Gleiches mit Gleichem zu vergelten: „Seine Untreue ertrug sie in einer Weise, daß sie deswegen nie Streit mit ihm bekam. Sie wartete darauf, daß du (Gott) dich seiner barmherzig erweisest und daß er, einmal gläubig geworden, auch keusch werde.“[314] Freundinnen, die sich bei Monica über prügelnde Ehemänner beklagten, weist sie barsch ab, indem sie „die Schuld auf die Zungen der Frauen schob. Wie im Scherz erinnerte sie ernsthaft daran: Schon an dem Tag, als ihnen die Eheverträge vorgelesen wurden, hätten sie aus diesen erkennen müssen, daß sie Sklavinnen seien, die, wenn sie sich ihrer Rechtslage erinnerten, sehr wohl wüßten, daß sie sich gegen ihren Herren nicht auflehnen dürften.“[315]

Bei Augustinus geht „optimistische Metaphysik“ bruchlos mit „sozialem Pessimismus“ zusammen.[316] In der irdischen Welt avanciert deshalb – zumindest für die Massen der Mühseligen und Beladenen – „der Gehorsam“ zur „Mutter aller Tugenden“ – zur *mater omnium virtutum.*[317] Das wird sich erst im Hochmittelalter, in der Rechtsrevolution des 11. Und 12. Jahrhunderts, in der der Kirchenstaat entsteht und sich definitiv vom weltlichen Königtum ablöst, ändern. Statt wie Augustinus (und das östliche Christentum) die menschliche Lebenswelt für hoffnungslos verdorben zu halten und den Menschen in den Himmel zu erheben, werden die Scholastiker des 11. und 12. Jahrhunderts, Anselm, Abälard, Petrus Lombardus u. a., Gott auf die Erde holen und den weltlichen Staat, die *civitas terrana* für verbesserbar erklären.[318] Erst diese Zeit wird die Ausdifferenzierung von Politik und Religion, die seit den Tagen des Ur-

---

[314] Augustinus, *Bekenntnisse*, 9, a.a.O. 237.

[315] Augustinus, a.a.O. 238.

[316] Max Horkheimer, „Zum Rationalismusstreit in der gegenwärtigen Philosophie“, in: *Zeitschrift für Sozialforschung* 3/1938, 46.

[317] Augustinus, *De civitate dei,* XIV, 12, Bd. 2, a.a.O., 183.

[318] Vgl. H. Berman, *Recht und Revolution*, a.a.O, 184 ff, 288 ff.

christentums kognitiv vorbereitet war, institutionell ausbuchstabieren und auch die rechtliche Stellung des Individuums in Staat und Kirche stärken, den Gehorsam der Einsicht unterordnen, und die *disputatio* – das Diskursprinzip -gegenüber der *auctoritas* rehabilitieren.

Vorbereitet war diese Entwicklung schon früh in der Verbindung theologischer mit römisch - republikanischen Mythologien, Symbolen, Rechts- und Verfassungskategorien. So traten etwa die Apostel Petrus und Paulus als Gründer der Kirche an die Stelle von Romulus und Remus als den Gründern der Stadt, und Petrus war – wie in der altrömischen Legende Romulus – der wichtigere von beiden. Weit folgenreicher war jedoch die Integration römischer Verfassungsgrundsätze in die institutionelle Struktur der Kirche. So diente die römische Differenzierung von *auctoritas* und *potestas* der Kirche seit dem 5. Jahrhundert dazu, die *Autorität der Bischöfe* in allen Glaubensfragen, aber vor allem auch über alle Kirchenämter und die kirchliche Disziplin, von der *herrschaftlichen Gewalt* der politischen Führung abzugrenzen. In einem Brief an den Kaiser aus dem Jahr 494 schreibt der römische Bischof Gelasius I: „Es sind nämlich zwei Mächte, erhabener Kaiser, durch welche die Welt regiert wird: die geheiligte Autorität der Bischöfe (*auctoritas sacrata pontificium*) und die herrschaftliche Gewalt des Kaisers (*regalis potestas*). (...) Denn ihr wisst selbst, allergnädigster Sohn: Wohl überragt ihr an Würde das ganze Menschengeschlecht, dennoch beugt ihr fromm den Nacken vor den Verwaltern der göttlichen Dinge."[319] Symbolisch unterstrichen die römischen Bischöfe diesen Anspruch auf eine gewaltenteilige Ebenbürtigkeit mit der Stellung des Kaisers durch das Tragen des Palliums und dadurch, dass sie sich wie der römische Kaiser Kerzen und Weihrauch bei Prozessionen vorantragen ließen.[320] So spiegelte sich in der politischen Lehre von den

---

[319] Das wurde später von Gratian (s. u.) in das *Corpus iuris canonici* aufgenommen (Decr. Grat. D. 96, c. 10).

[320] Vgl. Bernhard Schimmelpfennig, *Das Papsttum*, Darmstadt: Wissenschaftliche Buchgesellschaft 1996, 29 f, 41ff.

zwei Gewalten die theologische von den zwei Körpern des christlichen Messias.

Die Pointe der reflexiven Vervielfältigung der Inkarnationslehre (Gott wird Mensch in Jesu) *im* System der klerikalen und politischen Institutionen besteht einerseits in der tranzendentalen Legitimation politischer Herrschaft. Auch sie soll dem göttlichen Gebot unterworfen sein. Für die Dezentrierungsleistungen der biblischen Ethik, für „Liebe", „Frieden" und das Opfer des eigenen Rechtsstandpunkts beansprucht die Kirche seit dem 8. Jahrhundert höchste Rechtsgeltung.[321] Der Gottesfrieden wird zum Maßstab des Landfriedens erklärt. Auch der König, das verlangt die Kirche zunächst ohne jede Chance, es auch durchsetzen zu können, soll dem Recht unterworfen sein. Auch königlich verordneter Mord bleibt Mord. Darin folgt die apostolische Kirche der prophetischen Lehre des alten Testaments, dass man Gott mehr Gehorsam schulde als den Menschen, und seien sie noch so mächtig. Durch seine Verbindung mit dem biblischen Gottesgehorsam wird das römische Naturrecht zu einer potentiell kritischen Instanz.

Andererseits bedeutet die reflexive Verkörperung des göttlichen Willens in einem komplexen Institutionensystem – ganz augustinisch - eine hierarchisch gestufte – und insofern auf stratifizierte Gesellschaften zugeschnittene – Darstellung des Gottesreiches in der Welt und in der Zeit. Das Paradigma der in sich reflexiv aufgestuften Verkörperung Gottes ist die *Repräsentation*. Das Modell der Repräsentation ist das aristotelische *pars-pro-toto*-Schema. Der beste Teil stellt als Teil das Ganze *als* Ganzes dar, und das wiederholt sich auf hierarchischer Stufenleiter von Körperschaft zu Körperschaft. Die kirchliche Körperschaft repräsentiert das Gottesreich und die weltliche Ordnung repräsentiert die kirchliche Repräsentation ein weiteres mal, und das setzt sich in vielen Untergliederungen und Schichten von oben nach unten fort. Die kirchliche Hierarchie ist ein Spiegel der himmlischen und die weltlich - soziale ein Spiegel der kirchlichen. Von unten nach oben gesehen wird die Kopie immer perfekter, ohne je ganz das Urbild zu erreichen.

---

[321] Vgl. H. Hattenhauer, a.a.O., 135 ff.

Hier ist die Verbindung mit platonischem Denken unübersehbar. Das Urbild jedoch, die himmlische Herrschaft stand nach wie vor unter dem Bilderverbot, auch der Gott der christlichen Kirche war nicht die vollkommenste Gestalt in einem Kontinuum seinshafter Gestalten, sondern blieb der jenseitige Schöpfergott der alten Bibel. Die theoretischen Versuche, beide Lehren zu versöhnen, blieben immer unbefriedigend, aber praktisch - politisch war die Synthese höchst produktiv.

Die politische und soziale Wirklichkeit im 8., 9. und 10. Jahrhundert blieb zunächst weit hinter der Lehre zurück. Außerhalb des unmittelbaren Herrschaftsbereichs der römischen Bischöfe handelte es sich um eine juristische und zunächst mehr noch um eine theologische Fiktion. Unwirklich und trotzdem nicht ohne Wirkung. Karl der Große vollzieht im Jahr 800 die Trennung der Reiche in Ost und West und folgt damit der römischen Kirche, der er selbst jedoch wie ein byzantinischer Despot entgegentritt. Wie der alte byzantinische Kaiser den Patriarchen, so zwingt Karl den Papst, ihm entgegen zu gehen und vor dem gekrönten Imperator die Knie zu beugen. Karl war von einer Bindung der eigenen *potestas* an die *auctoritas* des römischen Bischofs denkbar weit entfernt. Seine eigentliche Legitimation sieht er denn auch nicht in der päpstlichen Weihe, sondern (wie in altrömischer Zeit) in der Akklamation des Volkes. So berichten die fränkischen Reichsannalen über die Kaiserkrönung Karls in Rom am 25. Dezember des Jahres 800:

> Als er aber nach Rom kam, zog ihm der Papst Leo (...) entgegen und empfing ihn in tiefster Demut und mit größten Ehren (...). Als der König gerade am heiligen Weihnachtstag sich vom Gebet vor dem Grab des seligen Apostels Petrus zur Messe erhob, setzte ihm Papst Leo eine Krone aufs Haupt und das ganze Römervolk rief dazu: ‚Dem erhabenen Karl, dem von Gott gekrönten und friedenbringenden Kaiser der Römer Leben und Sieg!‘ Und nach den huldigenden Zurufen wurde er vom Papst nach der Sitte der alten Kai-

ser durch Kniefall geehrt und fortan ... Kaiser und Augustus genannt.[322]

Immerhin war es dem Papst (Leo III.) gelungen, das übliche Ritual, erst Volksakklamation, dann Krönung durch das geistliche Oberhaupt der römischen Kirche, umzukehren und so den Papst als Kaisermacher erscheinen zu lassen. Aber an den realen „byzantinischen" Machtverhältnissen änderte das zunächst wenig.[323]

Zur Umwälzung der politischen und sozialen Verhältnisse kam es erst im 11. und 12. Jahrhundert im Zuge der päpstlichen und der feudalen Revolution. In ihrem Verlauf wurde das Institutionensystem ebenso umgestürzt wie die Semantik. Der neu etablierte Feudalismus besiegelt das vorläufige Ende der antiken Sklaverei, das Modell der zwei Mächte (Papst/Kaiser) wird realisiert.[324] Die „päpstliche Revolution" hat, wie Harold Berman in seiner 1983 publizierten Studie *Law and Revolution* zeigt, das gesamte politische und juristische Denken Europas revolutioniert. Für Berman handelt es sich dabei um die erste einer ganzen, bis zur russischen von 1917 reichenden, Serie *moderner* Revolutionen.[325] In ihr sind zentrale Grundlagen unseres heutigen Rechts und unseres heutigen politischen Denkens entstanden. Sie war, wie die nachfolgenden europäischen Revolutionen, eine „Verfassungsrevolution".[326]

Schon Max Weber hatte die römische Kirche als die „erste rationale Bürokratie der Weltgeschichte" bezeichnet.[327] Was Berman jedoch, anders als Weber, herausarbeitet, ist der normativ - rechtliche und nicht nur institutionell - bürokratische

[322] Zit. n. H. Hattenhauer, a.a.O., 143; vgl.a. Peter Brown, *Die Entstehung des christlichen Europa*, München: Beck 1996, 321f.

[323] Vgl. Horst Fuhrmann, *Die Päpste*, München: Beck 1998, 103 ff.

[324] G. Bois, a.a.O., 169 ff.

[325] H. Berman, *Recht und Revolution*, a.a.O., 144 ff. „Jede Revolution", so schon Georg Jellinek, *Verfassungsänderung und Verfassungswandlung*, Berlin: Häring 1906, 3, „zielt auf Verfassungsänderung" und „jede gelungene" „schafft" „neues Recht".

[326] Heinrich Mitteis zit. n. H. Berman, a.a.O., 151, FN.

[327] M. Weber, *Wirtschaft und Gesellschaft*, a.a.O., 480.

Charakter der päpstlichen Revolution.[328] Sie war überdies nicht nur eine äußerliche, sondern schon – wie später die protestantische – eine innere Gesinnungsrevolution.[329] Ihre ideengeschichtliche Pointe besteht in der systematischen Integration von römischem Recht, biblischem Gerechtigkeitsegalitarismus und griechischer Philosophie. Das griechische Denken wurde mit einer reformistischen Praxis verbunden, der biblische Gerechtigkeitsegalitarismus gewann institutionelle Stabilität und das römische Recht wurde zu einem autonomen, vollständig professionalisierten Rechtssystem fortentwickelt.

Berman datiert den Ausbruch der Revolution auf das Jahr 1075, in dem Papst Gregor VII. mit den *dictatus papae* den schon länger schwelenden Konflikt mit den weltlichen Gewalten zum Zünden brachte. Dieser Papst war ein revolutionärer Fanatiker, den selbst einer seiner Vertrauten einen „heiligen Satan" nannte. Schon der Mönch mit dem Taufnamen Hildebrand provozierte Zeitgenossen zu dem Spitznamen Höllenbrand.[330] Die siebenundzwanzig knappen Sätze des päpstlichen Manifests verlangen kategorisch die juristische Oberhoheit des Papstes über alle Christen und die juristische Überordnung der dem Papst unterstellten Geistlichkeit über alle weltlichen Gewalten. Die Forderung, die Gregor im Dezember 1075 dem Kaiser Heinrich IV. übersandte – und die dieser wütend zurückwies, worauf Exkommunikation und Buße (Gang nach Canossa 1077) folgten – stützen sich in jedem Punkt auf juristische Quellen. Ich zitiere einige wichtige Paragraphen:

1. Die römische Kirche ist nur vom Herrn gegründet.
2. Der römische Bischof allein ist berechtigt, sich ökumenisch zu heißen.
3. Er allein kann Bischöfe absetzen und wieder einsetzen.

---

[328] Zu Weber und Berman vgl. H. Brunkhorst, „Die Verrechtlichung des Sakralen", in: *Leviathan* 2 1997, 241-250.

[329] Vgl. hierzu auch: A. Hahn, „Zur Soziologie der Beichte und anderer Formen institutionalisierter Bekenntnisse: Selbstthematisierung und Zivilisationsprozess", in: *Kölner Zeitschrift für Soziologie und Sozialpsychologie*, 3 / 1982, 407-434.

[330] H. Fuhrmann, *Die Päpste*, a.a.O., 120.

4.(a) Sein Abgesandter, auch wenn von niedrigerem Rang, hat im Konzil den Vorrang vor allen Bischöfen und kann (b) ein Absetzungsurteil gegen sie aussprechen.

(...)

7. (a) Ihm [dem Papst] allein steht es zu, neue Gesetze nach den jeweiligen Notwendigkeiten zu erlassen.

(...)

9. Allein dem Papst sollen alle Fürsten die Füße küssen.

(...)

12. Er hat das Recht, den Kaiser abzusetzen.

(...)

17. Kein Kapitel und kein Buch kann ohne seine Bestätigung als kanonisch gelten.

18. Seine Entscheidungen können von niemandem umgestoßen werden, er aber kann die Entscheidungen aller anderen umstoßen."[331]

Verfassungsrechtlich revolutionär sind vor allem das 3., 7. und 18. Diktat, die den Papst zur Investitur berechtigen, zur souveränen Legistative erklären und das positive, neue und änderbare Recht gegen das alte und überlieferte ausspielen. Das war ein glatter Bruch mit der antipositivistischen Rechtsordnung des Frühmittelalters und der alten Kirche. Für diese war das Recht nur dann verbindlich, wenn es alt war. Es war der Spiegel des Volksbewusstseins, weitgehend *vorrömisches*, mündlich tradiertes Gewohnheitsrecht. Alles Recht war gleichzeitig ideales und positives Recht, es war moralisch vollkommen, aber technisch vor keiner Willkür geschützt.[332] Es war materiell-formlos, biegsam, dehnbar und unbestimmt, wie die mündliche Rede in hohem Maße situationsabhängig.[333] Die späteren, thomistischen Differenzierungen zwischen ewigem, natürlichem und positivem Recht waren ihm ebensowenig geläufig

---

331 Zit. n. H. Berman, a.a.O., 163f

332 Fritz Kern, *Recht und Verfassung im Mittelalter*, Darmstadt: Wiss. Buchges. 1952, 17, 56, 81 f, 87 f, 90, 95 f, 99, 103 f.

333 F. Kern, a.a.O., 27, 35 f, 45 ff, 63, 77 ff, 86 ff. Es verhält sich hier also ganz so wie in Carl Schmitts „konkreter Rechtsordnung" (*Über die drei Arten des rechtswissenschaftlichen Denkens*, Hamburg 1934).

wie deren aristotelische oder stoische Vorbilder. Recht und Moral waren ununterscheidbar.[334] Ein solches Recht war mit jeder Form autonomer staatlicher Gesetzgebung unvereinbar. Der Fürst und seine Beamten waren die Vorsteher einer „bloßen Rechtsbewahranstalt."[335] *Sachlich* war das *zeitlich* alte Recht starr vorgegeben, in seiner *sozialen* Applikation freilich war es auf Grund seiner rechtstechnischen Unzuverlässigkeit weitgehend der Willkür der stärkeren Partei ausgeliefert. Neues Recht war dem Frühmittelalter ein hölzernes Eisen, und jede „neue" Setzung war keine autonome Setzung, sondern galt als Wiederentdeckung vergessenen oder unterdrückten alten Rechts.[336]

Nach außen beeindruckten die *dictatus papae* zunächst aber durch die Subordination der *potestas* des weltlichen Prinzipats unter das *imperium* des römischen Bischofs. Das dritte Diktat war eine entschiedene Stellungnahme zur lange schon strittigen Frage der „Investitur", der Kompetenz zur Einsetzung kirchlicher Würdenträger.

Die Folge der päpstlichen Provokation war der Ausbruch revolutionärer Gewalt, von den Investiturkriegen bis zu den ersten Kreuzzügen. Letztere dienten zuallererst der Mobilisierung des niederen Adels und des Volkes gegen die Königsmacht und waren der militärische Arm der päpstlichen Revolution, die ihre Träger ansonsten in den Mönchsorden und dem niederen Klerus hatte. Die Interessen der unteren Volksklassen kamen denen des Papstes entgegen, zumal die Rechtsrevolution des Mittelalters (in der Nachfolge der „Gottesfriedensbewegung") den Satz, das Recht schütze den Schwachen, auf ihre Fahnen geschrieben hatte.

Zwischen 1083 und 1085 – auf der Höhe der revolutionären Ereignisse – verfasste Manegold von Lautenbach, ein Anhänger der gregorianischen Bewegung, eine Apologie des Papstes, die beweisen sollte, dass der König „in gerechter und gesetzli-

---

[334] a.a.O., 16 f, 22.
[335] a.a.O., 73.
[336] a.a.O., 14 f.

cher Weise" von Gregor VII abgesetzt worden war.[337] Manegold unterscheidet scharf Amt und Person des Königs. Durch den Bann der Person wird das Amt nicht beschädigt. Als *Person* ist der König wie alle Christen ohne Unterschied dem Gesetz der Kirche unterworfen. Der damals 24-jährige Mönch verwirft alle sozialen Unterschiede „zugunsten der Gleichheit aller vor der Hierarchie. Und diese Gleichheit erstreckt sich mit allen ihren praktischen Folgen auch auf den König, der wie jeder andere Christ in allen Lebensbeziehungen dem Haupte der Kirche untersteht."[338] Diesen, in der biblischen Überlieferung begründeten Gedanken verbindet Manegold mit einer funktionalen Analyse des königlichen *Amtes*, das unabhängig von seinem Träger bestimmten Zwecken dient. Die Stelle des Königs ist mit anderen Stellen zu einer Amtshierarchie verbunden. Verglichen mit der kirchlichen Gewalt steht das Königtum als weltliches weit unter jedem geistlichen Amt. Die Person verdankt ihr Amt einerseits dem Segen des Papstes, andererseits einem Vertrag mit dem Volk, das ihn wie einen „Schweinehirten" „angeheuert" habe, um juristisch wohlbestimmte Dienste zu verrichten.[339] Mit diesem drastisch-populistischen Vergleich, der den Vertragsgedanken – und das war damals revolutionär und neu – auf das Königstum ausweitet, bestreitet Manegold die bis dahin herrschende Meinung, die Person des Königs sei deshalb nicht von seinem Amt ablösbar und so unantastbar wie dieses, weil Gott selbst ihm und seinem Geblüt das Amt verliehen habe. Was Gott selbst verliehen hat, aber kann nur Gott nehmen. Leitet sich die Besetzung der Stelle je-

---

[337] Manegold von Lautenbach, *Ad Gebehardum liber*, in: *Monumenta Germaniae historica*, Hannover 1891, bes. die Kapitel 25-30, 43, 47-49; Georg Koch, *Manegold von Lautenbach und die Lehre von der Volkssouveränität unter Heinrich IV*, Berlin: Matthiesen 1902, 22. Die entscheidenden Stellen aus Kap. 30 und 47 sind auf deutsch zu finden: Alfred Voigt, Hg., *Der Herrschaftsvertrag*, Neuwied: Luchterhand 1965, 54ff.

[338] G. Koch, a.a.O., 27.

[339] Manegold, a.a.O., 18 ff; G. Koch, a.a.O., 45 ff; H. Berman, a.a.O., 459.

doch von Papst und Volk ab, so beschränkt sich die sakrale Unantastbarkeit des Königtums auf das Amt, und die Person wird durch Gerichtsbeschluss der römischen Synode absetzbar und die Gehorsamspflicht des Volkes entsprechend konditioniert. Damit aber wird der „im religiösen Sinne geläufige Amtsbegriff“ einer „positiv-rechtlichen Beziehung unterstellt.“[340] Außerdem wird das mit der direkten göttlichen Legitimation verknüpfte, altgermanische Geblütsrecht zugunsten eines korporationsrechtlich fixierten, kündbaren Mandats aufgehoben.[341]

Die päpstliche Revolution, deren Hauptschlagwort die „Freiheit der Kirche” war, hatte gewiss auch theokratische Ziele, aber sie lässt sich darauf nicht beschränken. Ihr ging es, nach dem Urteil des englischen Historikers Peter Brown, letzten Endes um die „Trennung der Sphäre des Heiligen und des Profanen”, und das sollte eine der Atomspaltung vergleichbare Energie freisetzen.[342] Am Ende sollte sich die Spaltung der Macht zwischen Papst und Königtum als *preadaptive advance*, eine evolutionäre Vorentwicklung erweisen, die weit über die Grenzen der stratifizierten Gesellschaft, die sie hervorbrachte, hinauswies.

Das Ende der Revolution datiert Berman auf das Jahr 1122, in dem das Wormser Konkordat den Investiturstreit beendete, aber erst 50 Jahre später 1170 in England wurde in Folge des Martyriums des Bischofs Thomas Beckett („Mord im Dom”, wie der Titel des Stückes von T. S. Elliot heißt) ein Kompromiss fest etabliert, der in der rechtlichen Institutionalisierung des Konflikts zwischen Kirche und Königsmacht bestand und zur wechselseitigen Anerkennung verschiedener Rechtssphären führte: „Beide Seiten”, schreibt Berman, „einigten sich schließlich darauf, dass es zwei Jurisdiktionen geben sollte, eine

[340] G. Koch, a.a.O., 46.

[341] Vgl. a. H. Hofmann, „Die Lehre vom Naturzustand in der Rechtsphilosophie der Aufklärung“, in: Reinhard Brandt, Hg., *Rechtsphilosophie der Aufklärung*, Berlin: de Gruyter 1982, 13f.

[342] P. Brown, „Society and the Supernatural: A medieval Change”, in: *Daedalus*, Frühjahr 1975, S.134. Vgl. a. H. Berman, a.a.O., 148.

kirchliche und eine königliche. Sie konnten sich aber nicht auf die Abgrenzung zwischen ihnen einigen. Bestenfalls konnten sie sich darauf einigen, dass die Grenzen nicht durch Gewalt, sondern durch das Recht gezogen werden sollten."[343] Damit waren die Weichen gestellt, so dass sich im Westen Europas (im „Okzident") letztlich weder der Cäsaropapismus, den noch Karl der Große verkörpert hatte, noch die Theokratie, die Papst Gregor VII. und seine Nachfolger angestrebt hatten, sondern „ein spannungsreicher organisatorischer und legitimatorischer Dualismus (...) zwischen politischer und hierokratischer Herrschaft entwickeln konnte.".[344] Seit dem 12. Jahrhundert konnte sich in Europa eine kulturell so vielgestaltige Gesellschaft entwickeln, wie es sie vermutlich nirgends sonst je gegeben hat. Europa ist seit dem 12. Jahrhundert unter dem christlichen Dach eine *in sich* multikulturelle Gesellschaft. Das „okzidentale Mittelalter" war – so Max Weber – „in weit geringerem Maße" als alle anderen bekannten Hochkulturen „eine Einheitskultur".[345].

Es fragt sich, wie eine solche Entwicklung möglich war? Und die Antwort ist, durch die *Rationalisierung des römischen Rechts*. In ganz Europa sind in der Zeit von 1075 bis 1225 neue Rechtssysteme entstanden[346]. Die Kraft der Rationalisierung entstammte dem biblischen Universalismus, der griechischen, besonders der aristotelischen Philosophie und dem römischen Recht; einer Kombination dieser drei Elemente. Hatten die Griechen niemals daran gedacht, die philosophischen Methoden des dialektischen Schließens zur Verbesserung und Reform des Rechts zu verwenden, so dachten die Römer nie daran, das *ius civile* zum Naturrecht zu verallgemeinern und es egalitären Gerechtigkeitsmaßstäben zu unterwerfen. Beides war erst die Leistung der scholastischen Argumentationskultur. Nur auf dieser Basis konnten nach dem Investiturstreit und dann infolge

---

343 H. Berman, *Recht und Revolution*, a.a.O., 433.

344 W. Schluchter, *Religion und Lebensführung*, Bd. 2 Frankfurt: Suhrkamp 1991, 443.

345 M. Weber, *Wirtschaft und Gesellschaft*, a.a.O., 713.

346 H. Berman, a.a.O., 152, FN.

der heftigen Reaktionen auf die Ermordung des Bischofs Bekkett *stabile* und von den Betroffenen als *fair* akzeptierbare Kompromisse zwischen sehr verschiedenen Gruppen, Mächten und Kulturen erzielt werden.

Mit der Etablierung der zwei Jurisdiktionen, der kirchlichen und der weltlichen, war der entscheidende Schritt getan, einen neuen Modus der Konfliktlösung zu etablieren. Auch im Fall starker gegensätzlicher Interessen sollte es möglich sein, eine juristische statt einer gewaltsamen Lösung zu finden. Die Verschiebungen zwischen dem Gleichgewicht der Mächte mussten in der folgenden Zeit „auf der Ebene der juristischen Konkurrenz und des juristischen Kompromisses erzielt werden."[347] Die juristische Lösung des Konflikts zwischen Kirche und Krone war für die gesamte politische Entwicklung des Westens paradigmatisch. Sie wurde zum Zentrum eines höchst vielgestaltigen, pluralen Rechtssystems und gab – bis hin zur Institutionalisierung des Klassenkampfes im 20. Jahrhundert[348] – das Modell ab für die rechtliche Zivilisierung und Integration von Konflikten, die die Gesellschaft zu zerreißen drohten. Das Neue war, dass der Konflikt weder unterdrückt noch zugunsten einer Seite entschieden werden musste, weil eine Lösung mit den Mitteln des Rechts möglich geworden war. Das Recht übernahm zum ersten Mal in der Geschichte, so könnte man mit Luhmann sagen, die Rolle eines „Immunsystems" der Gesellschaft[349]. Überdies lag eine bis in die Gegenwart reichende Bedeutung der Konfliktlösung des 12. Jahrhunderts in der konstitutionellen Beschränkung der staatlichen oder politischen Zugriffsmöglichkeiten auf Glauben und Moral.[350] Ohne diese Voraussetzung wäre es vermutlich sehr viel schwerer – wenn überhaupt – zur Erfindung, Durchsetzung und Stabilisierung eines Systems individueller Grundrechte im Verlauf der Verfassungsrevolutionen des 18. Und 19. Jahrhunderts gekommen.

---

347 H. Berman, a.a.O., 433 f.

348 Vgl. Dietrich Hoss, *Der institutionalisierte Klassenkampf*, Frankfurt: EVA 1972.

349 N. Luhmann, *Soziale Systeme*, Frankfurt 1984, 509ff.

350 H. Berman, a.a.O., 435.

Es gab freilich auch nach der päpstlichen Revolution noch keine *subjektiven* Rechte, weder auf äußeren Besitz noch auf die eigenen Gedanken. Mit der – infolge der ethisch-rechtlichen Revolution und der sie begleitenden Reurbanisierung Europas – wachsenden Individualisierung wurden die Kontrollen der Seele sogar verstärkt.[351] Geschützt war aber das individuelle christliche Gewissen vor direktem Zugriff herrschaftlicher Gewalt. So unterscheidet Thomas von Aquin (1224? - 1275) das ewige, das natürliche, das menschliche und das göttliche Gesetz, und das Problem der Gewissensfreiheit betrifft die Reichweite des menschlichen („staatlich - weltlichen") Gesetzes. Menschliche Gesetze *(leges humanae)* verpflichten das Gewissen nur, sofern sie „gerecht" sind, d.h. wenn sie weder dem menschlichen Glück bzw. Gut (*bonum humanum*) noch der göttlichen Glückseligkeit bzw. Güte (*bonum divinum*) widersprechen, das Gemeinwohl *(bonum commune)* zum Ausdruck bringen, legal gesetzt sind und die von Gott gewährte obrigkeitliche Vollmacht *(ordo potestatis divinitus concessus)* nicht übersteigen sowie die Lasten proportional gleichmäßig verteilen (*aequilitatum proportionis imponuntur subditis onera*).[352] Andernfalls verpflichten sie „nicht im Gewissen", denn ungerechte Gesetze „sind Gewaltmaßnahmen, aber keine Gesetze."[353] Insbesondere Gesetze, die göttlichem Gesetz (dem kanonischen Recht oder dem Dekalog, kultischen Vorschriften, Sakramenten etc.) widersprechen, „dürfen auf keine Weise beachtet werden", denn, und hier zitiert Thomas die Bibel: „Man muss Gott mehr gehorchen als den Menschen." Und er fügt ausdrücklich hinzu: „Dieser Grund gilt von dem Gesetz, das die Untergebenen in ungerechter Weise drückt; denn auch so weit reicht die von Gott gewährte obrigkeitliche Vollmacht nicht."[354]

---

351 Vgl. A. Hahn, „Zur Soziologie der Beichte", a.a.O., 412.

352 Thomas von Aquin, *Summa Theologica*, Bd. 13, Heidelberg – Graz: Karle - Styria 1977, II./I., 96, 4.

353 Thomas, a.a.O.

354 A.a.O.

Entscheidend aber ist, dass auch umgekehrt die politische Praxis Raum gewinnt für Pläne und Gesetze aus *eigener* Vollmacht. Die systematische, bewusst vollzogene Unterscheidung des ewigen vom zeitlichen Recht öffnet kritische Spielräume in *beide* Richtungen: der Kritik des weltlichen Rechts im Namen des göttlichen, aber auch der Autonomie des zeitlich-positiven Rechts zur Veränderung der Welt. Für Augustinus war es noch undenkbar, dass die Politik der *civitas terrana* sich selbst intrinsische Ziele setzt, um diese Welt hier und jetzt und in Zukunft besser einzurichten. Wer so etwas vorhatte, war eitel und dem Fürsten dieser Welt, dem Teufel längst verfallen. In der thomistischen Philosophie der Politik hingegen bedeutet die Betonung einer eigenständigen Gestaltungssphäre menschlicher Gesetzgebung, dass innerweltlich gesetzte, zeitlich erreichbare Ziele einen unabhängigen, *intrinsischen* Wert haben.[355] Die Juristen der Kirche, die wie Gratian in Bologna lehren, trennen behutsam das neue von altem Recht und schaffen dem ersteren einen autonomen Bereich, indem sie dessen Verbindung mit der souveränen Macht, der *potestas* des Papstes betonen. In allen *Auslegungsfragen* der Bibelexegese gelten die Kirchenväter, allen voran Augustinus, als höchste und unwiderlegliche Autorität, aber bei *Rechtsfragen* ist, so Gratian, „nicht nur Wissen, sondern auch Macht notwendig."[356] Von hier ist es fast nur noch ein Schritt zur Staatslehre des Thomas Hobbes (s. u. Kap. 5).

Im 12. und 13. Jahrhundert wurde, ausgehend von der römischen Kirche, zum ersten Mal in Europa nicht nur eine letztlich instrumentelle Herrschaft *durch* das Recht etabliert, sondern überdies mit der abstrakten Herrschaft *des* Rechts experimentiert. Auch wenn sie nicht immer befolgt wurde, so war sie doch als juristische Fiktion wirksam und folgenreich: „Im Falle der päpstlichen Revolution waren zwei ihrer Hauptziele die Herrschaft *durch* das Recht und die Herrschaft *des* Rechts - dass die Herrscher versuchen müssen, ihre Absichten systematisch durch Rechtsinstitutionen durchzusetzen, und dass sie

---

[355] Vgl. H. Berman, a.a.O., 614.
[356] Zit. n. H. Berman, a.a.O., 343.

selbst durch die Rechtsinstitutionen gebunden sein sollen, vermittels derer sie regieren."[357]

Neu gegenüber dem bis dahin fortgeschrittensten, dem antiken römischen Recht, war die Subsumtion des Staates *unter* das Recht. Ganz anders als im alten Rom wird im Zuge der päpstlichen Revolution die Rechtsquelle selbst rechtlich institutionalisiert.[358] Zwar waren *imperium*, *auctoritas* und *potestas* des Papstes die höchsten an der Spitze einer Hierarchie. Aber auch *imperium*, *auctoritas* und *potestas* des Papstes galten als seine *iurisdictio*, als etwas Juristisches. Und das heißt, „dass ihrer Ausübung auch rechtliche Grenzen gesetzt waren."[359] Es gab ein genau vorgeschriebenes Verfahren der Papstwahl, das Konzil konnte den Papst u. U. abwählen. Gesetze, Erlasse und die Rechtsprechung waren an legale Voraussetzungen gebunden. Im 13. Jahrhundert bringt der englische Jurist Bracton das auf die Formel: Durch *lex* werde eine Person zum *rex*, und wenn sie mit Waffengewalt regiere, sei sie kein König mehr.[360] Durch das Recht wird der König gemacht. *Quia legia facit regem* (Bracton). Hier zeigt sich die Differenz, die auch das progressivste mittelalterliche Recht von Hobbes und dessen Umkehrung des Bractonschen Satzes trennt: *auctoritas, non veritas facit legem* (s.u., Kap. 5). Das hochmittelalterliche Königtum war als Vollzugsinstanz autonom und als solche auch *eine* faktische Quelle neuen Rechts. Aber *als* Gesetzgeber blieb sein Spielraum durch höheres Recht begrenzt. Veränderungen und Reformen waren möglich, aber nur als Konkretisierung des göttlichen Weltplans - wenn man so will: der göttlichen Weltverfassung - erlaubt. *Lex* galt primär als überpositive Norm des Naturrechts, alles andere war individuelle Anordnung, königliches Dekret: *decretum,* für das der Herrscher allein zuständig

---

[357] H. Berman, a.a.O., 805, s.a. 817. Vgl.a. Ch.H. McIlwain, *Constitutionalism*, a.a.O., 76ff, 82ff, der vor allem die Bedeutung der Differenz von „jurisdiction" und „government" im mittelalterlichen „common law" herausarbeitet.

[358] H. Berman, a.a.O., 468f.

[359] A.a.O., 344.

[360] A.a.O., 705.

war, das aber nicht gegen gültige Gesetze: *leges* verstossen durfte.[361] Souverän war der König nicht als Gesetzgeber, sondern als Exekutivorgan und als Richter, und in diesen Rollen lag seine Chance, reformierbares neues Recht durch Individualisierung und Konkretisierung zeitlosen Naturrechts zu schaffen.

Im weltlichen Bereich war die Aufrechterhaltung der Ordnung und die Sicherung des Friedens mittels zwingender Gewalt (*mere directive force*) allein Sache des königlichen Herrschers, seines *government* oder *gubernaculum*. Zugleich aber war die Krone als *jurisdiction* oder *iurisdictio* Quelle der Gerechtigkeit und des Rechts. Als rechtsetzende *iusrisdictio* war das Königtum im Unterschied zu seiner polizeilichen Ordnungsfunktion, seinem *gubernaculum*, positivrechtlich und nicht nur an Naturrecht und Moral gebunden. „For in *iurisdictio* as contrasted with *gubernaculum*, there are bounds to the kings discretion established by a law that is positive and coercive, and a royal act beyond these bounds is *ultra vires*."[362] Ulpians Formel, die den *princeps* im Sinne des römisch-caesarischen Absolutismus für *legibus solutus* erklärt hatte (s. o.), wird im Kirchenrecht im Sinne der Gesetzesherrschaft neu interpretiert. Im Kirchenrecht bedeutete die Formel, „dass der Papst alles Recht im Schreine seiner Brust trage, nicht absolutistische Willkür, sondern die Rechtsvermutung für päpstliche Erlasse, dass sie in Kenntnis und im Einklang des älteren Kirchenrechts erflossen seien."[363] Wie in der modernen amerikanischen Naturrechtstheorie Ronald Dworkins ähnelt der Papst dem Richter Herkules, der das Recht fortbildet, indem er neues positives Recht schafft, das im günstigsten Fall die auseinander klaffenden Rechtsprinzipien der gesetzlichen Bestimmungen älteren Rechts zu einem kohärenten Gebilde integriert.[364]

---

[361] Vgl.a. Georg Jellinek, *Gesetz und Verordnung* (1887), Aalen: Scientia 1964, 38ff.

[362] McIlwain, a.a.O., 85.

[363] F. Kern, a.a.O, 70.

[364] Vgl. R. Dworkin, *Bürgerrechte ernstgenommen,* Frankfurt: Suhrkamp, 1984, 144 ff.

Auch Thomas von Aquin will sich mit den guten „Anlagen", den Tugenden des Königs nicht zufrieden geben. Vielmehr ist „die Verwaltung des Königreichs so einzurichten, dass bereits durch die Verfassung dem König jede Gelegenheit, eine Gewaltherrschaft aufzurichten, entzogen wird."[365] Was von der weltlichen Spitze galt, galt erst recht von der Körperschaft der Kirche und in ihren Organen oder Teilkörperschaften. Kirchliche wie weltliche Herrschaft wurde mit dem *Beratungsprinzip* systematisch verknüpft. Im 12. und 13. Jahrhundert war allgemein akzeptiertes Recht, dass kirchliche wie weltliche Herrscher nicht ohne Konsultation und Zustimmung ihrer Berater und wichtigsten Untertanen handeln dürfen. Man stützte sich dabei auf den römischen Rechtsgrundsatz *Quod omnes tangit, omnibus tractari et approbari debet* („Was jeden betrifft, muss von jedem erwogen und gutgeheißen werden"). Die Pointe besteht hier in der radikalen Uminterpretation und Dekontextualisierung des seinerzeit, im alten Rom, auf das Vormundschaftsrecht eng begrenzten Satzes.[366] Der Satz wird im mittelalterlichen Recht *entgrenzt* und zu einem Grundsatz körperschaftlich verfasster Ordnungen überhaupt generalisiert. Die vom Recht Betroffenen selbst sollen entscheiden oder doch zumindest eine Stimme haben und gehört werden. Im 18. Jahrhundert konnte hier angeschlossen und der Satz ein weiteres Mal, nun aufs Volk im ganzen und auf alle einzelnen Staatsbürger bezogen, uminterpretiert und verallgemeinert werden.

Von größter Bedeutung ist schließlich die in der Moraltheologie des 11. und 12. Jahrhunderts (Abälard) vollzogene strikte Trennung von *Motiv* und *Tat*. Hier hatte Augustinus in seinen „Bekenntnissen" mit dem berühmten Beispiel des Birnendiebstahls, mit dem er sich selbst der Sünde zeiht, Vorarbeit geleistet. Nicht um gut zu leben, hatte Augustinus seinerzeit die Birnen gestohlen, sondern um das Verbot zu brechen. Das

---

365 Thomas v. Aquin, *Über die Herrschaft der Fürsten*, Stuttgart: Reclam 1971, 22.

366 Wenn mehrere Vormünder eine gemeinschaftliche Vormundschaft haben, können deren gemeinschaftliche Handhabungen nicht ohne Zustimmung aller aufgehoben werden.

war sein wahres Motiv: „Ich aber wollte stehlen und stahl, ohne dass mich Bedürftigkeit dazu zwang."[367] Der böse Wille, der das Böse um seiner selbst willen tut, war entdeckt. Nicht auf die Tat und ihre Konsequenzen, sondern auf das Motiv kommt es an. Die von der Tat getrennte Beurteilung des Motivs setzt aber die Trennung von *Moral* und und *Sittlichkeit,* von *rechtschaffenem* und *gutem Leben* voraus. Das greift weit vor, über Abälard und Thomas (s. u.) bis hin zu Kant, der hier ansetzt, um die praktische Philosophie neu zu begründen. Als Eva nach dem Apfel greift, verfehlt sie keineswegs das Telos des menschlichen Daseins, das gute Leben des Aristoteles, denn die Früchte des verbotenen Baums sind ja ebenso paradiesisch gut wie die der erlaubten Pflanzen. Aber Eva übertrat das göttliche Gesetz, als sie vom untersagten Baume aß. „Der aber war nicht an sich schlecht, sondern nur verboten."[368] Das Gesetz Gottes bricht das des guten Lebens: „Nach nichts Bösem wurde ja gegriffen, sondern nach Verbotenem; so bestand die Sünde ausschließlich in Ungehorsam."[369]

An die – augustinisch vorbereitete – Trennung von Motiv und Tat schloss sich die These an, schon das bloße Wünschen, Denken und Wollen des Menschen könnten ihn als sündig erweisen. Das war, von der Beichte über die Inquisition bis zur Folter, von größter theologischer und strafrechtlicher Relevanz und bedeutete in der Konsequenz einen massiven *Subjektivierungsschub*, mit Auswirkungen etwa für die (zumindest als juristische Fiktion wirksame) Gleichstellung der Frau im Eherecht. Treue wird jetzt als reziproke Bindung in einer lebenslangen Ehegemeinschaft verstanden, und das als authentisch unterstellte, freiwillige Ja-Wort beider Ehepartner wird zum ehestiftenden Sprechakt. Zwang macht die Ehe ungültig.[370] Die Monogamie und das Sakrament der Unauflöslichkeit schützen die Frauen vor der, in der Antike üblichen einseitigen Schei-

---

[367] Augustinus, *Bekenntnisse,* 2. Buch, 9. a.a.O., 62.

[368] Augustinus, *De civitate dei,* XIII, 20, a.a.O., 137.

[369] A.a.O., vgl. a. Klaus Günther, „Wie die Hölle auf Erden kam", in: *Rechtshistorisches Journal* 11/1992, 94 f.

[370] Vgl. H. Hattenhauer, *Europäische Rechtsgeschichte*, a.a.O., 157.

dung und bringen den Gedanken der Gleichheit gottesebenbildlicher Geschöpfe vor Gott nun erstmals in der Welt juristisch zur Darstellung. Die Trennung von Motiv und Tat ermöglichte aber vor allem den Übergang vom *vormodernen Erfolgsstrafrecht* zum *modernen Handlungs- oder Schuldstrafrecht.* Alles Strafrecht vor dem 12. Jahrhundert behielt einen archaischen Zug, weil Handlungen nur extern zugerechnet und Handlungsmotive nur extern lokalisiert werden konnten – im Widerstreit guter und schlechter Geister, rivalisierender Götter und Schicksalsmächte, von Gott und Teufel etc. Erst im 12. Jahrhundert wird der einzelne Mensch als voll selbstverantwortlich für sein Handeln betrachtet, – unabhängig vom Kampf überpersönlicher Mächte um seine Seele.

Die konsequente Ausschöpfung des reflexiven Potentials der Zwei-Reiche-Lehre und des Dogmas von der Menschwerdung Gottes führte zu einer radikalen Uminterpretation der von der Scholastik heiliggesprochenen aristotelischen Philosophie. Zeitliche Tugenden, die mit Ehre und Ruhm verbunden sind, werden im Lichte zeitloser Gerechtigkeitsprinzipien interpretiert: „Denn es zählt", so Thomas von Aquin, „zu den Pflichten jedes braven Mannes, den Ruhm wie alle anderen zeitlichen Güter wenig zu schätzen. Es ist die Sache eines tugendhaften und mutigen Herzens, für die Gerechtigkeit den Ruhm wie das Leben gering anzuschlagen." [371] Wo Thomas sich auf die göttliche Gerechtigkeit bezieht, wäre bei den Griechen und den Römern von der Freiheit der Stadtrepublik, der sie zwar das Leben, aber keineswegs den Nachruhm geopfert hätten, die Rede gewesen. Für Griechen und Römer war das höchste Gut ein zeitliches Gut von dieser Welt, nämlich die Dauer der urbanen Gemeinschaft, für die Christen ist es das ewige Leben, ein zeitloses Gut. Die Trennung des irdischen vom ewigen Lohn depotenziert die Könige zu Dienern Gottes und hat den egalisierenden Effekt, dass wenigstens von der himmlischen Ordnung gilt, dass in ihr „alle gleich Königen sein werden".[372]

---

[371] Vgl. z.B. Thomas von Aquin, *Über die Herrschaft des Fürsten*, Stuttgart: Reclam 1971, 1. Buch, 7. Kapitel, 28.

[372] Thomas, a.a.O., 1; 8., 9.; 39.

Andererseits denkt Thomas entschieden hierarchisch und sieht in der himmlischen Ordnung den idealen Spiegel des irdischen Ständeregimes. Eine sozial stratifizierte Gesellschaft im Himmel wie auf Erden, so daß dem guten König dereinst königlicher, dem guten Bauern bäurischer Genuß winkt. Zwar werden im Reich Gottes „alle gleich Königen sein", aber wer, wie der *gute* König im Vergleich zum *guten* Bauern aufgrund seines Status notwendigerweise *mehr* an tugendhafter Tüchtigkeit im irdischen Leben vollbrigen muß, dem kommt in jenem anderen dann auch ein „größerer Grad von Glückseligkeit zu."[373] Hier stößt das Denken des Dominikanermönchs aus lombardischem Hochadel auf sein soziales Apriori, die Klassenschranke. Bei der Rechtfertigung der Sklaverei fiel Thomas sogar hinter den Stand des kanonischen Rechts zurück und begründete sie als naturgegeben. Das blieb nicht ohne Folgen, denn Thomas wurde heilig gesprochen und seine Lehre zum guten Gewissen, das die Christen zur geistigen Kompensation ihrer bösen Taten bei der Kolonialisierung Amerikas bitter nötig hatten. Immerhin war das Recht der Kirche in diesem Punkt progressiver als ihre Philosophie.

Was die päpstliche Revolution aber vor allem hervorbrachte, war eine neue, durch die Blüte der scholastischen Philosophie geprägte Rechts*wissenschaft*, die ihr Zentrum in Bologna, ihre ersten großen Lehrer in Irnerius und Gratian hatte und sich im Zuge des raschen Wachstums der Städte und Universitäten über ganz Europa ausdehnte.[374] Bologna war der Urtyp der von Studenten bestimmten mittelalterlichen Hochschule, deren Professoren jeweils auf ein Jahr von den Studenten eingestellt und unmittelbar nach jeder Vorlesung bezahlt wurden. Die Universitäten waren eine *societas*, die aus verschiedenen landsmannschaftlichen Korporationen (*universitas*, *nationes*) bestand und über ein eigenes Bürgerrecht verfügte. Die Studentenvollversammlung war das zentrale Entscheidungsgremium, die Teilnahme war obligatorisch, und jeder hatte Stimm- und Rederecht. Die akademische Freiheit stand hoch im Kurs. Der Uni-

---

[373] Thomas, a.a.O. 1, 9, Stuttgart: Reclam 1971, 35f, 39.
[374] H. Berman, a.a.O., 199f.

versität von Bologna gelang es, über hundert Jahre von unmittelbarer kirchlicher Aufsicht frei zu bleiben. Am Anfang der wissenschaftlichen Autonomie stand die Streitkultur: „Die europäischen Universitäten waren (...) von Anfang an Bildungseinrichtungen, an denen die Professoren gegensätzliche Meinungen vertreten konnten. Damit unterscheiden sie sich von dem seit der Antike herrschenden System, unter dem jede Schule von einem einzigen Lehrer oder von einer Theorie beherrscht wurde."[375]

In Bologna und an anderen europäischen Universitäten wurde auf der Grundlage des justinianischen *corpus juris Romani* das römische Zivilrecht zum kanonischen Kirchenrecht fachlich weiterentwickelt, professionell gelehrt, einer naturrechtlichen Legeshierarchie (*lex aeterna* vor *lex divina* vor *lex naturalis* vor *lex humana*) eingefügt und auf diese Weise durch Gratian und seine Schüler universalistisch begründet. Das römische Recht diente den Juristen des 12. Jahrhunderts als eine Art ideales, zeitlos gültiges Recht *in* und *neben* den aktuellen Gesetzen der jeweils bestehenden Rechtsordnungen. Diese Zuschreibung hat sich dann später auf das englische *Common Law* übertragen.[376] Römisches Recht wurde im 12. Jahrhundert als ein einheitlicher, systematisch unter obersten Prinzipien geordneter Korpus betrachtet; – was es nicht war, insofern handelt es sich um eine idealisierende Fiktion. Durch die in den Vorlesungen, von den Studenten zwischen den Zeilen der „Digesten" und „Edikte" und dann an deren Rand, eingefügten Glossen und Kommentare der Rechtslehrer wurde Zug um Zug ein Gebilde von hoher Einheitlichkeit, Konsistenz und systematischer Ordnung geschaffen. Dazu diente einmal die scholastische, dialektische Methode der *Quaestiones* (These - Antithese - Synthese) und zum andern die Orientierung an der Offenbarungswahrheit der Bibel als der obersten Rechtsgrundla-

[375] H. Bermann, a.a.O., 208.

[376] McIlwain, a.a.O., S 86f; Mark Goldie, „Absolutismus, Parlamentarismus und Revolution in England", in Iring Fetscher / Herfried Münker (Hg.) *Pipers Handbuch der politischen Ideen*, Bd. 3, München 1985, 302ff.

ge. Hier wird die enge Verbindung von Philosophie, Theologie und Rechtswissenschaft wirksam. Der Philosoph Peter Abälard (1079 - 1142), der als erster von Theologie im Sinne einer disziplinären Wissenschaft gesprochen und sie von der Rechtswissenschaft abgegrenzt hatte, unterscheidet systematisch die allgemeingültigen von den bloß partikular gültigen Wahrheiten der biblischen Offenbarung, und die Juristen haben dann die allgemeingültigen benutzt, um das Recht systematisch zu begründen. Zum ersten Mal wurden so allgemeine, für das gesamte Recht geltende Grundsätze postuliert. Fälle werden zur Veranschaulichung von Grundsätzen depotenziert oder zu deren Überprüfung eingesetzt. Sie verlieren die eigenständige Bedeutung, die sie im römischen Recht hatten. Im Gegensatz zu den alten römischen Juristen und den alten griechischen Philosophen glaubten die westeuropäischen Juristen des 12. Jahrhunderts, „mit der Vernunft die allgemeingültige Wahrheit und Gerechtigkeit maßgebender Rechtstexte beweisen zu können. Für sie waren die Edikte und *responsa* des römischen Rechts (...) etwas, was sie für die römischen Juristen mit Sicherheit nicht gewesen waren – ein geschriebenes Naturrecht, eine *ratio scripta*, die zusammen mit der Bibel, den Schriften der Kirchenväter und den Kanones der Kirche heilig zu halten war. Da die römischen Rechtsnormen wahr und gerecht waren, konnte man aus ihnen apodiktisch neue Wahrheit und Gerechtigkeit ableiten. Da sie aber Lücken, Unklarheiten und Widersprüche enthielten, musste aus ihnen auch dialektisch geschlossen werden; d.h. man musste Probleme aufwerfen, Klassifikationen und Definitionen treffen, gegensätzliche Meinungen registrieren und Widersprüche versöhnen."[377]

Die scholastische Philosophie erwies sich als Motor der Rationalisierung des Rechts. In ihrer nominalistischen Lesart waren die allgemeinen Begriffe Konstruktionen, abhängig von unserem Willen und unserer Vernunft. Sie konnten deshalb – und das führte unmittelbar zu einer massiven Aufwertung des

---

[377] H. Berman, a.a.O., 230f. In dieser letzteren Funktion sind die Juristen des mittelalterlichen Bologna die eigentlichen Väter von Dworkins „Richter Herkules" (s. o. FN 353).

positiven Rechts – durch Vernunft und Willen abgeändert werden.[378] Nach der berühmte Definition Thomas von Aquins, der bereits auf dem voll entwickelten Rechtssystem der mittelalterlichen Universitäten und der kirchlichen und weltlichen Gerichtsbarkeit im 13. Jahrhundert aufbauen konnte, ist das Gesetz „*eine Anordnung der Vernunft im Hinblick auf das Gemeingut, erlassen und öffentlich bekanntgegeben von dem, der die Sorge für die Gemeinschaft innehat.*"[379] Diese Anweisung kann, was die „menschlichen Gesetze" (*leges humanae*) betrifft, nach Maßgabe besserer Einsicht, die dem allgemeinen Fortschreiten der Vernunft folgt, und des menschlichen Wollens, das auf die „Wandelbarkeit der Lebensbedingungen" reagiert, *geändert* werden. (Wobei das Wollen selbst ein vernünftiges Wollen sein muss, denn nur dieses kann sicherstellen, dass die neuen Gesetze einen Fortschritt der Gerechtigkeit darstellen).[380] Die Änderbarkeit des Rechts, seine Positivierung hebt jedoch die Bindung des Gesetzgebers an das Gesetz keineswegs auf. Nach der neuen, durch Gratian und die kanonischen Juristen entwickelten Theorie „konnte der Gesetzgeber zwar alte Gesetze rechtens ändern, aber es war nicht rechtens, wenn er sie einfach missachtete."[381]

Gleichzeitig gingen gemäßigte Nominalisten wie Abälard davon aus, dass die Allgemeinbegriffe den von ihnen gekennzeichneten Einzeldingen innewohnten und somit das Ganze in den Teilen anwesend, sichtbar und an ihnen erkennbar sei und ihren Zusammenhalt stifte.[382] Diese Annahme treibt die Systematisierung des Rechts zu einer *Einheit in der Differenz* voran. Das Netz der Beziehungen zwischen den Teilen wurde als eine vernünftige Totalität begriffen, in der alles seinen Platz hatte und in der sich die Dialektik der Menschwerdung Gottes (der Erkennbarkeit des Unerkennbaren) unaufhörlich wiederholte,

---

378 A.a.O., 233.
379 Thomas, *Summa* (Bd.13) II,I, 90, 4.
380 Thomas, a.a.O., II, I, 97, 1; zum vernunftregulierten Wollen vgl. 90, 2.
381 H. Berman, a.a.O., 237.
382 Vgl. H. Berman, a.a.O., 233f.

und zwar ebenso sehr intellektuell wie moralisch, als dialektische, spannungsreiche, in autonome Momente zerlegte Synthese von Allgemein- und Einzeldingen, Glaube und Vernunft, Subjekt und Objekt, Argument und Gegenargument, aber auch: Gerechtigkeit und Gnade, Vorschrift und Rat, strengem Gesetz und Nachsicht in Ausnahmefällen, – wurde doch Gott selbst als „Gott der Gerechtigkeit *und* der Gnade, des strengen Gesetzes *und* der Billigkeit" begriffen und die weltlichen und kirchlichen Rechtsordnungen als sichtbare Verkörperungen, Transsubstantiationen, Menschwerdungen Gottes vorgestellt.[383]

Aus kanonischen Wurzeln entsteht Mitte des 12. Jahrhunderts der Umriss der ersten modernen Theorie des Politischen bei Johannes von Salisbury. Harold Berman hat in der Gegenüberstellung von Johannes 1159 veröffentlichten *Politicratus* mit dem knapp sechzig Jahre jüngeren Standardtext der damaligen politischen Theorie, dem Normanischen Anonymus von 1100 gezeigt, wie Johannes den Aristotelismus exemplarisch transformiert und im „modernen" Sinne umdeutet.[384] Während der Normanische Anonymus das sakrale Königtum in dogmatisch-prophetischem Stil rechtfertigt und sich dazu der biblischen Symbolik und Liturgie und nicht der Logik diskursiver Argumentation bedient, entwirft Johannes eine klassifizierend-wissenschaftliche Begründung des *regimen mixtum* und des rechtlich gebundenen, persönlichen Absolutismus. Der Herrscher, so führt Johannes im Kapitel 2 des IV. Buches aus, ist zwar eine Quelle der absolut bindenden Macht des Gesetzes, aber er ist das nur als dessen Diener.[385] Auch methodisch betritt Johannes Neuland. Er bedient sich nicht nur (wie Aristoteles) empirisch-induktiver und ethisch-normativer Argumente, die er dialektisch miteinander verschränkt, sondern die organismische Metapher wird von ihm bereits im Sinne einer funktionalen Analyse genutzt: „Der *Politicratus* führte in das europäische Denken zum erstenmal eine organismische Theorie der weltli-

---

383 H. Berman, a.a.O., 234

384 H. Berman, a.a.O., 443ff; John of Salisbury, *Politicrateus*, Cambridge: University Press 1990.

385 John of Salisbury, a.a.O., 30.

chen politischen Ordnung ein; er führte als erstes europäisches Werk die Metapher aus, dass jedes Reich (...) ein Körper sei. Der Herrscher wird mit dem Kopf verglichen, der Senat mit dem Herzen, die Richter und Provinzoberhäupter mit Augen, Ohren und Zunge, die Soldaten mit den Händen, die Bauern mit den Füßen. Die Analogie wird so weit getrieben, dass die Finanzbeamten und königlichen Schatzmeister mit Magen und Darm verglichen werden."[386] Von dieser hier erstmals bis ins Detail durchgeführten Analogie macht Johannes, anders als seine antiken Vorgänger von Aristoteles bis Plutarch, einen Gebrauch, durch den der heutige Leser „an die moderne Systemtheorie (…) mit ihren Begriffen des Flusses, der Unterordnung und der Hierarchie, der Rückkopplung, des Kontrollelements und des Programms" erinnert wird.[387]

Das organismische Paradigma legte es nahe, die politische Herrschaftsordnung der Gesellschaft nicht als Kontrolle der sündigen menschlichen Natur, sondern als Ausdruck dieser Natur aufzufassen. Johannes stand damit der aristotelischen Vorstellung von der geselligen Natur des Menschen näher als der augustinischen Erbsündenlehre. Freilich wich der Aristotelismus des Johannes und seiner Zeitgenossen in zwei wesentlichen Hinsichten von der klassischen Lehre ab. Einmal war die Natur für sie nur ein Werkzeug des göttlichen Willens und kein Zweck in sich, keine selbstgenügsame, teleologische Ordnung. Das galt natürlich auch von der politischen Natur des Menschen, so dass sich die Vorstellung des guten Lebens hier und heute der zukünftigen Rettung der Seelen unterzuordnen hatte. Dem entsprach eine stärker konstruktive Auffassung der Vernunft, die vor allem eine Methode zum Beweis der Offenbarung war und nicht mehr in der selbstgenügsamen Erkenntnis des natürlichen Seins bestand. Zweitens trennt die politische Theorie des Johannes sich von der Theorie der perfekten und singulären Polis durch die Zwei-Reiche-Lehre, derzufolge auch die politische Ordnung dualistisch in zwei zeitliche Ordnungen

---

[386] H. Berman, a.a.O., 458f; John of Salisbury, a.a.O., Buch IV und V, S.65ff, 103ff.

[387] H. Berman,a.a.O., 459.

zerfällt, die Kirche und das Leben der Kleriker einerseits, das Königtum und das Leben des Laien andererseits. „Johannes ging es um die Erklärung – und Beeinflussung – einer Situation, die Aristoteles ganz merkwürdig vorgekommen wäre: das Nebeneinanderbestehen einer Anzahl von Königreichen, Fürstentümer, Feudalgebieten und anderen autonomen weltlichen Gemeinwesen innerhalb eines zentralistischen kirchlichen Staates."[388] Die objektivierende und dezentrierende Perspektive des Beobachters tritt an die Stelle der handlungsorientierten Perspektive des Bürgers, der *seine* Stadt mit *der* Stadt identifiziert hatte.

So, wie die politische Theorie sich zum *System* schließt, so auch die Rechtsordnung, aus der sie hervorging. Aus der im Weberschen Sinne traditionalen Rechts*ordnung* der europäischen Völker vor dem Jahr 1075 wurde in kürzester Zeit „ein Rechts*system* im Sinne einer bewusst formulierten und systematisierten Struktur von Rechtsinstitutionen", die „von den anderen sozialen Institutionen klar abgegrenzt" waren und „in den Händen besonders dafür ausgebildeter Spezialisten" lagen.[389]

Das Recht, schreibt Berman, „löste sich" von der es umgebenden Gesellschaft „ab" und etablierte „eine verhältnismäßig scharfe Unterscheidung zwischen *Rechts*institutionen (...) und *anderen* Institutionen. Das Recht bleibt zwar unter starkem Einfluss der Religion, der Moral und der Sitte", auch der „Politik", aber es lässt sich „von diesen analytisch unterscheiden".[390] Immerhin hat schon Petrus Lombardus, der bedeutendste Schüler Abälards, im 12. Jahrhundert den sehr viel später formulierten Grundsatz *nullum crimen, nulla poena sine lege*, der im 18. Jahrhundert Menschenrechtskarriere gemacht hat, vorweggenommen in dem Moral von Recht trennenden Prinzip: „Es gibt keine Sünde ohne vorangegangenes Verbot."[391] Abälard selbst hatte den für die Kanonisten dann verbindlichen

---

388 A.a.O., 463.
389 A.a.O., 129.
390 A.a.O., 145, 24f.
391 Petrus Lombardus, zit.n. Berman, 311.

Rechtsgrundsatz aufgestellt, das Gesetz dürfe „auch moralisch verwerfliche Handlungen nur dann bestrafen, wenn sie auch für die Gemeinschaft, deren Gesetz angewandt wurde, abträglich waren."[392] Und Thomas von Aquin verlangt vom Gesetz, das für alle gleichermaßen gilt und nicht, wie die Tugend, steigerbar ist und ein mehr oder weniger kennt, dass es von Menschen, die unter besonderen wechselnden Umständen leben, „erfüllbar", d.h. *zumutbar* sein muss[393]. Das trifft aber vor allem auf die Verbote solcher Sünden zu, „durch die den *Mitmenschen* ein Unrecht angetan wird" und ohne dessen Beachtung „die menschliche Gesellschaft keinen *Bestand* haben könnte", also Verbote von „Mord, Diebstahl und ähnlichem."[394] Zwar ordnet Thomas die Gesetze (*lex humanae*) dem Telos tugendhafter Vollkommenheit unter, zu dem sie „Schritt für Schritt" hinführen sollen, – hier unterscheidet er sich signifikant von Rousseau, der die Tugendgesetze („Gesetze des Herzens") den Staatsgesetzen so an die Seite stellt, dass die primär erzieherische Rolle der letzteren entfällt und es den positivrechtlich unerreichbaren Sitten und Erziehungspraktiken allein überlassen bleibt, die Tugend zu fördern –, aber – anders als Aristoteles – geht Thomas mit Abälard von der Unterscheidung zwischen rechtlich relevantem *bonum commune* und rechtlich irrelevantem *bonum privatum* aus.[395]

Durch die Bindung an verwissenschaftlichte Formen der Argumentation gewinnt das Recht eine entscheidende Distanz zu seiner Umwelt. Das ist aber die wichtigste Voraussetzung für die funktionale Ausdifferenzierung und Schließung eines

---

392 H. Berman, a.a.O., 312.

393 Thomas v. Aquin, *Summa*, a.a.O., 96, 2: Während „in der Tugend nicht vollkommenen Menschen vieles zugestanden werden muß", was „bei tugendhaften Menschen nicht geduldet werden könnte", wird „das menschliche Gesetz einer Vielzahl von Menschen gegeben; und in ihr ist der größte Teil der Menschen nicht in der Tugend vollkommen. Deshalb werden durch das menschliche Gesetz nicht alle Laster verboten, deren sich der Tugendhafte enthalten, sondern deren sich der größere Teil der Menge enthalten kann."

394 Thomas, a.a.O., 96, 2.

395 A.a.O., 96, 3.

autopoietischen Rechtssystems: Gerade die „Spezifikation der Art und Weise, wie im Rechtssystem auf Rechtsmaterien argumentativ Bezug genommen wird, ist der eigentliche Träger der Evolution des Rechtssystems, der Durchbruch zu einer eigenständigen, auch gegen Moral und common sense und auch gegen den Alltagssinn von Worten differenzierbaren Rechtskultur".[396] Das Neue besteht in der Ausarbeitung des Rechts zu einem einheitlichen, in sich konsistenten *Korpus*. Seine Geltung wird damit von seinem Ort im System des Rechts abhängig, eine Vorstellung, die dem römischen Zivilrecht fremd war. Zu einer Rechtsdogmatik konnte es erst an den Universitäten des lateinischen Mittelalters fortentwickelt werden. Rechtsgeltung wird rechtsimmanent. Und erst seitdem, so Luhmann im Anschluss an Berman, „wird Rechtsdogmatik ein stabilisierender Faktor, *der auf die Evolution des Rechts selbst zurückzuwirken beginnt.*"[397]

Mit dem Schritt des christlichen 12. Jahrhunderts von der „Rechts*ordnung*" zum „Rechts*system*" (Berman) hat sich eine „ins gesellschaftliche Leben eindringende, es durchdringende und regulierende Rechtskultur" entwickelt, die – wohl zum ersten Mal in der Geschichte – die Selbstorganisation der Gesellschaft im Medium des Rechts ermöglicht.[398] Die Rechtsrevolution des Mittelalters hat – lange vor der protestantischen – eine *innere* Verbindung zwischen dem Erlösungssinn des christlichen Glaubens und dem Geist nicht nur weltzugewandter, sondern innerweltlicher Solidarität hergestellt. Und – anders als in der späteren protestantischen Ethik – handelt es sich hier nicht um eine Ethik kapitalistischer „Unbrüderlichkeit" (Weber), sondern um eine Ethik institutionalisierter Brüderlichkeit.

---

[396] N. Luhmann, *Das Recht der Gesellschaft*, a.a.O., 263.

[397] N. Luhmann, a.a.O., 265. Es liegt nahe, dass rechtshistorische Untersuchungen wie die von Berman und Luhmann dazu dienen, den historischen Anfangspunkt der Autopoiesis des Rechts empirisch zu markieren. Darin erschöpfen sich die Resultate Bermans - wie wir sehen werden - jedoch keineswegs.

[398] Vgl. N. Luhmann, *Das Recht der Gesellschaft*, a.a.O., 25.

Man könnte das die *Verrechtlichung des Sakralen* nennen. Das Recht wird durch die päpstliche Revolution zum Medium der Veränderung, der Verbesserung und Reform dieser Welt im Licht einer nun erstmals in die ferne und fernste Zukunft aufgeschobenen Erlösung. Zwischen die Gegenwart und die endgültige Erlösung am Tag des jüngsten Gerichts schiebt sich eine lange Periode, in der die Menschen selbst mittels des Rechts in den Stand versetzt sind, einen Teil des Erlösungsversprechens schon hier und heute in ihrer eigenen Gesellschaft zu verwirklichen. „Die päpstliche Revolution verwandelte", so Berman, den Jenseitsglauben in ein „politisches und juristisches Programm".[399] An die Stelle der frühchristlichen, augustinischen Geschichtsmetaphysik des Verfalls tritt eine Vorstellung von Fortschritt in der Zeit, symbolisiert in der dynamisch aufstrebenden gotischen Architektur der großen Kathedralen, deren Bau oft über Generationen und Jahrhunderte geplant wurde und das neue Zeitbewusstsein eines diesseitigen Reformismus ebenso zum Ausdruck bringt wie das neue Vertrags- und Handelsrecht, das erstmals langfristige, über den Tod der Vertragschließenden weit hinausreichende Kredite ermöglichte.

Aus der Inkarnationslehre machen die scholastischen Philosophen und die kanonischen Juristen eine Lehre von der praktisch machbaren, schrittweisen, reformistischen Internalisierung der jenseitigen *in* die diesseitige Welt. Eine solche Deutung der Inkarnationslehre, die fast auf das Programm einer *Säkularisierung des Christentums* hinauslief, hätte Augustinus, für den das *saeculum*, die zeitliche Welt, ausschließlich durch göttliche Gnade, ergänzt allenfalls um gläubig dienende Kontemplation, gerettet werden konnte und das in der vergehenden Zeit unwiderruflich zum Verfall bestimmt war, als schwere Sünde und Ketzerei wider den heiligen Geist erscheinen müssen. Die Inkarnation aber wurde seit dem 11. Jahrhundert, anders als im antiken Christentum, im Islam oder im Judentum „verstanden als das Immanentwerden der Transzendenz".[400]

---

399 H. Bermann, a.a.O., 286.
400 A.a.O., 262.

Der Bruch des ontologischen Kontinuums der heidnischen Welt, der am Anfang des Monotheismus stand (s. o. Kap. 2), wird partiell aufgehoben, bleibt aber – dialektisch – als Stufe in der Welt „sinnlich-praktischer Tätigkeit (Marx) erhalten. Die starke Betonung der Inkarnation im westlichen Christentum und nur hier erzeugte, so Berman, „eine ungeheure Energie zur Erlösung der Welt", und zwar gerade deshalb, weil sie „das Recht vom Spirituellen, das Politische vom Ideologischen abtrennte."[401] Erst die Trennung ermöglicht es, das weltliche Recht als unvollkommen, aber verbesserbar im Lichte der Transzendenz zu betrachten. Der Gedanke einer Rechtsreform im normativen Horizont eines jüngsten Gerichts, das *alles* Unrecht dieser Welt aufhebt, war den Römern und Griechen ebenso fremd wie den antiken Juden und Christen die Vorstellung einer schrittweisen, melioristischen Verwirklichung des messianischen Programms *durch* das abstrakte Medium des positiven Rechts. Es war die Überzeugung der mittelalterlichen Philosophen und Juristen, durch das System der Gesetzgebung und Rechtsprechung könnte die apokalyptisch von außen hereinbrechende Transzendenz ein Stück weit in eine praktisch-tätig, durch Reform oder Revolution herstellbare Transzendenz von Innen verwandelt werden. Die Apokalyptik, die *alle* großen westlichen Revolutionen, die päpstliche ebenso wie die französische, die amerikanische ebenso wie die protestantische begleitet, ist gerade *kein* chiliastisch weltabgewandter, revolutionärer Millenarismus, sondern eine *begrenzte*, politisch und rechtlich organisierte Apokalyptik. Die „großen *erfolgreichen* Revolutionen" der westlichen Geschichte waren „gleichzeitig grenzenlos und begrenzt (..); ihre Ziele waren nicht nur allgemein und grenzenlos, sondern auch besonderer und begrenzter Art. Sie waren eschatologisch orientiert, aber sie waren auch gut organisiert und politisch nicht laienhaft".[402] Der Grund ihres Erfolgs besteht in der schließlichen Selbstbegrenzung durch ein auf grenzenlose Geltung verweisendes Recht. Sakrament, Beichte, die Vorstellung eines Purgatoriums als eines

---

401 A.a.O.

402 H. Berman, a.a.O, 53f

postmortalen Gerichts *vor* dem letzten dienten ebenso wie die kirchliche und die weltliche Rechtsprechung der *Verzeitlichung des Ewigen.* Die Utopie wird in kleine Stücke zerlegt und so in den Horizont menschlicher Praxis zurückgestellt, ohne doch in ihrem Anspruch auf Unbedingtheit preisgegeben zu werden. Im Medium ihrer Verrechtlichung wird sie zur „konkreten Utopie" (Ernst Bloch). Die Kirche des Mittelalters wurde zwar noch als der „mystische Leib Christi" aufgefasst, aber auch „als etwas Sichtbares, Juristisches, Körperschaftliches mit einer irdischen Mission zur Reform der Welt".[403] Das mit Blick auf die Moderne welthistorisch Neue, die „Sonderstellung" der päpstlichen Revolution war die Verbreitung des Glaubens, „dass die Reformierbarkeit und Erlösung der weltlichen Ordnung durch die stetig voranschreitende Entwicklung von Rechtsinstitutionen und die wiederholte Revision der Gesetze zu geschehen habe."[404] Das Recht sollte die „Aufgabe der westlichen Christenheit erfüllen helfen, die Anfänge des Gottesreiches auf Erden zu bauen".[405]

Die Pointe des christlichen Reformismus besteht in der Verbindung des Erlösungsglaubens mit einer innerweltlichen Praxis, die den Menschen nicht nur *gewährt* ist, sondern in deren solidarischem, den „Andern einbeziehenden" (Habermas) Vollzug sie sich auch innerweltlich *bewähren* müssen. Das macht die päpstliche Revolution dem Protestantismus vergleichbar. Aber anders als in diesem kommt in jener ein Bewährungsgedanke zum Zuge, der dem asketischen Protestantismus, folgt man Weber, fremd war. Es ist der Gedanke *nicht* der einsamen, unbrüderlichen Berufsbewährung, sondern der Bewährung in einer reformistischen Praxis solidarischer Weltveränderung.
Berman glaubt, dass dieser Gedanke mit dem christlichen Naturrecht steht und fällt. Deshalb vertritt er eine starke Version der Kontinuitätsthese zwischen Mittelalter und Moderne.[406] Es

---

[403] A.a.O., 259.
[404] A.a.O., 622.
[405] A.a.O., 791
[406] Das ist der Grund, warum er heute, am Ende des 20. Jahrhunderts, die westliche Rechtstradition in größter Gefahr wähnt. In seiner

stellt sich jedoch die Frage, ob nicht die Idee solidarischer Weltveränderung in den republikanischen Verfassungsrevolutionen des 18. und 19. Jahrhunderts ihrerseits eine *zweite* Transformation erfahren hat, die sie vom Horizont religiöser Erlösung ablöst und der profanen Praxis egalitärer Demokratien verbindet, einer Praxis, die schließlich ohne letzten Sinn durchkommen muss. Der protestantischen Transformation des religiösen Rationalismus des Okzidents in den *Geist des modernen Kapitalismus* wäre dann die Transformation in den – mit der Eigenrationalität des Rechts verbundenen – durch und durch säkularisierten, profanen *Geist der modernen Demokratie* zur Seite zu stellen; – eines Geistes, der sich seit nunmehr

---

Perspektive erscheinen die Arbeiten der „Critical Legal Studies", besonders die von Roberto Unger und Duncan Kennedy, fast schon wie der Untergang des Abendlands (vgl. Berman, a.a.O., 75f, 269ff, bes. Fußnote 88 auf S. 270f). Man kann jedoch m. E. den Antifundamentalismus der „Critical Legal Studies" teilen, ohne ihre Formalismuskritik und die allzu eindimensionale Ideologiekritik an der Autonomie des Rechts zu akzeptieren.

Die starke Version der Kontinuitätsthese bei Berman scheint mir damit zu tun zu haben, dass dieser sich eine starke Verbindung von Recht und radikalem Reformismus nur vorstellen kann als produktive Spannung zwischen positivem und göttlichem Recht. Immer wieder betont er, die Eigentümlichkeit oder - mit Weber zu sprechen - die „Sonderstellung" des westlichen Rechts resultiere (neben dem Prinzip der Machtteilung und Pluralität) daraus, dass es sich aus „einer Wirklichkeit" „ableitete" und „in ihr verwurzelt war", „die über das bestehende Gefüge der politischen Macht hinausreichte. Jene wurde später in den Menschenrechten, den demokratischen Werten, und ähnlichen Überzeugungen gesehen. In der älteren Zeit war es die göttliche und die natürliche Gerechtigkeit gewesen." (A.a.O., 472) Das ist m. E. zu substanzialistisch gedacht. Man kann Menschenrechte und Demokratie auch ohne Menschenrechtsfundamentalismus verteidigen (s.u. Kap. 6). Auch den für die westliche Rechtstradition so charakteristischen Pluralismus sieht Berman in einer so engen Verbindung mit der iterativ immer wieder verdoppelten und im Transzendenten fest verankerten Zwei - Reiche Lehre, dass ein Fortfall dieser Lehre das ganze Gebäude zum Einsturz bringen würde.

zweihundert Jahren in ein spannungsreiches, oft antagonistisches, bisweilen destruktives, in den glücklicheren Augenblikken der Geschichte aber höchst produktives Verhältnis zu dem des Kapitalismus gesetzt hat. Erst aus einer solchen Perspektive erscheint das Schicksal der entwickelten modernen Gesellschaft nicht mehr an das „stahlharte Gehäuse" (Weber) der kapitalistischen Maschine gekettet zu sein, sondern, wie Habermas das einmal genannt hat, als unvollendetes Projekt.

Bevor ich darauf zurückkomme, werde ich zunächst die Theorie des modernen Rechtsstaats, der sich seit dem Absolutismus vom Kirchenstaat abgelöst, die Religion privatisiert und das Recht vollständig positiviert hat, entwickeln. Möglich geworden ist der Abschied Europas von seinem klassischen politischen Denken durch eine technische Revolution der kommunikativen Verbreitungsmedien, die Erfindung des Buchdrucks.

4. Kapitel: Die Sprache im Zeitalter ihrer technischen Reproduzierbarkeit

Wo die moderne Gesellschaft als „Kapitalismus" beschrieben wird, hat man immer das Geldmedium für wichtiger gehalten als die Druckerpresse. Dementsprechend fokusiert Marx die revolutionären technischen Innovationen, die den modernen Kapitalismus hervorgebracht haben, in der kapitalintensiven Produktionssphäre. Während der Pflug eine Gesellschaft von Feudalherrn erzeugt habe, bringe die Dampfmaschine eine von industriellen Kapitalisten hervor. Es fragt sich aber, ob es nicht eher die Druckerpresse war?

Wo die moderne Gesellschaft als „Protestantismus" beschrieben wird, hat man nicht die gesellschaftliche Kommunikation, sondern das desozialisierte Gewissen und Bewusstsein atomisierter Individuen für den „Geist des Kapitalismus" (Weber) verantwortlich gemacht. Es fragt sich aber auch hier, ob es nicht eher kommunikative Praktiken der Alphabetisierung waren, die dem Protestantismus die nötige Durchsetzungskraft – und dann auch das entsprechende Selbstbewusstsein einer ungeheuren Neuerung – verschafft haben?

Wo schließlich die moderne Gesellschaft als „Demokratie" beschrieben wird, hat man – von Jean-Jacques Rousseau bis John Dewey und Hannah Arendt und im Rückgriff auf die allgegenwärtigen antiken Vorbilder – das gesprochene Wort und die Präsenz der Volksversammlung zum Paradigma republikanischer Sozialintegration erklärt. Es fragt sich aber, ob das nicht nur Spätfolgen einer phonozentrischen Metaphysik der Präsens sind, die schon immer die 'Unschuld' der mündlichen Rede verklärt, die Schrift verachtet und der 'authentischen' Stimme nachgeordnet hat, um sie dann als Einbruch der Gewalt und herrschaftliche Verzerrung der Kommunikation unter Anwesenden stigmatisieren zu können.

Eine universelle Kommunikationsgemeinschaft ist in schriftlosen Kulturen schwer vorstellbar. Sie ist nicht mit der Sprache an sich gleichursprünglich. Die Sprache hat nicht schon von

Natur aus ein universalistisches Potential, sondern dieses wird überhaupt erst durch ihre Verschriftlichung geschaffen. Mit der – in Europa auf die lateinische Oberschicht beschränkten – handschriftlichen Kommunikation wird die Sprache aber erst *virtuell* zum Medium universeller Verständigung, und das spiegelt sich eindrucksvoll in der idealistischen Metaphysik, vor allem aber in den monotheistischen Buchreligionen (s. o. Kap. 1-3). Trotz des kontrafaktischen Universalismus und Egalitarismus der letzteren ändert sich jedoch über Jahrtausende faktisch nichts am Primat der mündlichen Rede, so wenig wie an der Klassenstruktur der stratifizierten Gesellschaft. Erst der Buchdruck treibt – Zug um Zug – die kontrafaktische Utopie universell-egalitärer Verständigung über alle sozialen und regionalen Grenzen hinaus. Die universelle Kommunikationsgemeinschaft *verwirklicht* sich in einer Weltgesellschaft, die den Spuren der Differenzierung in globale Funktionssysteme folgt.

In seiner Vorbemerkung zu den gesammelten Aufsätzen zur Religionsoziologie listet Max Weber eine lange Reihe spezifisch okzidentaler „Kulturerscheinungen“ auf. Die Liste reicht von den Techniken des „rationalen Beweises“ in der Geometrie über das „kanonische Recht“ und die „rationale Verwendung der Linear- und Luftperspektive“ bis zum „Gehäuse einer fachgeschulten Beamten*organisation*“, und sie endet mit „der schicksalsvollsten Macht unseres modernen Lebens: dem *Kapitalismus*“.[407] Eine dieser Kulturerscheinungen, die Weber zufolge die „*universelle Bedeutung* und Gültigkeit“ der „modernen europäischen Kulturwelt“ ausmachen, besteht in der spezifischen Verwendung der Druckerpresse[408]: „Produkte der Druckerkunst gab es in China. Aber eine gedruckte: eine *nur* für den Druck berechnete, nur durch ihn lebensmögliche Literatur: ‘Presse’ und ‘Zeitschriften’ vor allem, sind nur im Okzident entstanden.“[409]

---

[407] Max Weber, *Gesammelte Aufsätze zur Religionssoziologie* (1929), Tübingen: Mohr 1978, 1-4.

[408] M. Weber, a.a.O., 1.

[409] A.a.O., 3.

Die Erfindung der *Druckerpresse* durch Johann Gutenberg um das Jahr 1445 war die technische Voraussetzung der Entstehung einer modernen Öffentlichkeit, die sich durch einsames Lesen bildet. In knapp einem Jahrhundert hat die nur für Europa spezifische Kombination von Buchdruck und dezentraler Verbreitung durch einen schon weit ausdifferenzierten Markt die wohl geordneten Kommunikationsverhältnisse der alten, stratifizierten Feudalgesellschaft aufgelöst. Die Bibelübersetzung und die Einrichtung von Schulen, in denen Lesen und Schreiben von einer weit größeren Zahl von Menschen gelernt werden konnte als je zuvor, sicherten die sprachlichen, sozialen und kognitiven Voraussetzungen für einen effektiven Einsatz der neuen Technik. Ein Zeitgenosse, Guillaume Fichet, vergleicht 1470 die neue Kunst einem trojanischen Pferd. Ein treffender Vergleich, wurde letzteres doch - ähnlich dem Buchdruck - seinerzeit von fast allen Seiten gelobt und begrüßt, nicht anders als im späten 15. Jahrhundert der Buchdruck, der als „göttliche" oder „heilige Kunst" – *sancta ars* (Nikolaus von Kues) – zelebriert wurde.[410] Erst nach seiner Einführung in die Stadt zeigte sich, dass es Sieger und Verlierer gab. Dialektik der Aufklärung: „Die Kehrseite des Buchdrucks wurde erst richtig sichtbar, als er sich unumkehrbar durchgesetzt hatte."[411]

Jetzt aber kamen – nicht anders als heute angesichts des Fernsehens der pädagogische Furor Neil Postmans – die kulturkonservativen Warnungen zu spät. So heißt es in einem Nürnberger Gutachten, das Ende des 15. Jahrhunderts im Auftrag des Heiligen Stuhls verfasst wurde:

> Achtet darauf, dass ihr diesem Übel des Druckes von Büchern, die aus der Heiligen Schrift in die Volkssprache übersetzt sind, vor-

---

[410] Elisabeth Eisenstein, „Clio und Chronos. An Essay on the Making and Breaking of History-Book Time", in: *History and Theory*, Beiheft 6: *History an the Concept of Time*, Wesleyan University Press 1966, 37; Stephan Füssel, *Gutenberg und seine Wirkung*, Frankfurt: Insel 1999, 42.

[411] Michael Giesecke, *Der Buchdruck in der frühen Neuzeit*, Frankfurt: Suhrkamp 1991, 168.

> sorglich entgegentretet, denn diese Übersetzung zielt (...) auf die Schwächung der kirchlichen Hierarchie, auf die schwere Gefährdung des orthodoxen Glaubens, auf die Verwirrung der heiligen Kirche, auf die Verdammnis der Seelen und endlich auf die Vernichtung gleicherweise der weltlichen wie der geistlichen Ordnungen (...). In den Anfängen muss man aber Widerstand leisten, damit nicht durch Vermehrung der deutschsprachigen Bücher der Funke des Irrtums endlich sich zu einem großen Feuer entwickle.[412]

Die Gefahr ist klar erkannt, aber der Flächenbrand nicht mehr zu stoppen. Die Kirche selbst und die anderen großen Institutionen, die Universitäten und Verwaltungsapparate greifen sofort auf die neue Technik, das „Truckwerk" zu, um es für ihre Zwecke zu nutzen. Der Ablasshandel wird modernisiert, die Kommunikation von der römischen Spitze zur weit verzweigten Basis vereinfacht, beschleunigt, sicherer gemacht. Aber es hilft nichts. Die Oberhirten der Kirche, sie nähren nur die Schlange, die sie bald zerdrücken wird, an ihrer Brust. Keine ihrer Folgen haben die ersten Nutzer der Druckerpresse gewollt.[413] David Zaret nennt das das „Paradox der Innovation".[414] Überall in Europa entwickelt sich die neue Technik - wie Elisabeth Eisenstein schreibt - zu einer „run-away-technology", die ein „cosmopolitan book trade network" entstehen lässt.[415] Gut 150 Jahre nach Gutenbergs Erfindung blickt Campanella auf das 16. Jahrhundert zurück, um festzustellen, dass dieses in hundert Jahren mehr Geschichte erlebt habe „als der ganze Erdkreis in viertausend!" Und warum? – Weil es mehr Bücher gab: „In diesen hundert Jahren sind mehr Bücher herausgegeben worden (...) als in den vorausgegangenen fünftausend."[416] Wie Francis Bacon sieht er in den „wunderbaren

[412] Zit. n. M. Giesecke, a.a.O., 176 f; vgl. a. St. Füssel, a.a.O., 73 ff.

[413] Vgl. M. Giesecke, a.a.O., 217.

[414] David Zaret, „Petitions and the ‚Invention' of Public Opinion in the English Revolution", in: *American Journal of Sociology*, 6/1996, 1497-1555.

[415] Elisabeth Eisenstein, *The Printing Press as an Agent of Change*, Cambridge: Univ. Press 1979, 143.

[416] Campanella, *Der utopische Staat*, Frankfurt 1969, 162.

Erfindungen der Buchdruckerkunst, der Schießgewehre und der Magnetnadel" die „großartigen Zeichen" für die „Vereinigung aller Erdbewohner in einem Stall!"[417] Das *global village* Marshall McLuhans ist schon im Jahr 1600 im Grundriss fertig. Um 1480 hatten 110 europäische Städte Druckereien, zwanzig Jahre später waren es schon 286. Ende des 16. Jahrhunderts finden in Lyon, Medina del Campo, Leipzig und Frankfurt die ersten internationalen Buchmessen statt.[418]

Nach und nach werden dem Trojanischen Pferd sozial ungebundene, kleinbürgerliche Intellektuelle entsteigen. Die „desertion of intellectuals" im Frankreich der Bourbonen und die wachsende Zahl von „alienated intellectuals" im England der Tudors und Stuarts bringt den schwarzen Markt verbotener Bücher zur ersten Blüte. Die Schwarzmarkthändler, die Schmuggler, die Ladungen übersetzter Bibeln über die Grenze bringen, und die Produzenten von Vulgärliteratur bilden zusammen mit „frustrated literary carreerists" diejenige Gruppe von subversiven Intellektuellen, die Ende des 18. Jahrhunderts dann die Lehren der Aufklärung in die radikale politische Aktion, die das Ancien Regime mit sich fortreißt, übersetzen werden.[419]

Wie Elisabeth Eisenstein schreibt, war der Sturm auf die Bastille im Juli 1789 vor allem ein literarisches Ereignis, das die neue, revolutionäre Bedeutung der Schriftsteller signifikant werden ließ.[420] Über achthundert Autoren, Drucker, Verleger und Buchhändler waren zwischen 1600 und 1756 in das gefürchtete Gefängnis eingesperrt. Das hatten vor allem die Intellektuellen, die das Volk zwei Tage vor dem 14. Juli mit fadenscheinigen Gerüchten über hunderte von Gefangenen, riesige Waffenarsenale und prall gefüllte Vorratskammern zum Sturm

---

[417] Campanella, a.a.O.; zu Bacon vgl. a. Max Horkheimer/Theodor W. Adorno, *Dialektik der Aufklärung*, Frankfurt: Fischer 1998, 10f.

[418] Paolo Rossi, *Die Geburt der modernen Wissenschaft in Europa*, München: Beck 1997, 73; vgl. a. St. Füssel, a.a.O., 39 ff.

[419] Vgl. E. Eisenstein, a.a.O., 136 ff;

[420] A.a.O., 147 f.

aufwiegelten, nicht vergessen. Für sie kam es darauf an, das versteinerte Symbol, das für die jahrhundertelange Unterdrükkung der republikanischen Freiheit der neuen, lesenden Zivilgesellschaft stand, zu schleifen.

Zur selben Zeit plädiert Kant für die Freiheit der Feder, und damit war die Freiheit des gedruckten Buchstabens gemeint.[421] Die neue Freiheit ist die Freiheit des Lesers, und der neue Freiheitsheld der Schriftsteller, von Spinoza, Kant und Voltaire bis zu den Dissidenten unserer Tage. Die Freiheit der Feder einzufordern, wäre weder Cicero noch Brutus in den Sinn gekommen. Seit der Perikleischen Gefallenenrede war den Befürwortern der Republik die enge Verwandtschaft zwischen der politischen und der Freiheit der Rede, zumindest der gelungenen, im Doppelsinn virtuosen Rede, geläufig. Der Rhetor, nicht der Schriftsteller galt als Verkörperung republikanischer Freiheit. Die Rhetorik kommt seit dem 16. Jahrhundert in Verruf. So wie Hobbes mit einer heroischen Geste die nüchterne Überzeugungskraft seiner Argumente vom rhetorischen Glanz scholastischer Verführungskünste abgegrenzt hat, so versuchten auch die Dichter, die für den Druck schreiben, die authentische Poesie von der nun unauthentisch erscheinenden Rhetorik zu befreien.[422] Mit dem rasch wachsenden Lesepublikum verschiebt sich der Focus vom gesprochenen auf das gedruckte Wort. Die „Pressefreiheit“ wird im 19. Jahrhundert zur Verfassungsfrage, und noch der alte Sartre verkaufte, um für die Freiheit der Republik zu demonstrieren, eine verbotene Zeitung, die nicht nur maoistisch war, sondern mit ihrem Titel „La Cause du Peuple“ auch eine Variation auf Marats jakobinisches Revolutionsblatt „Ami du Peuple“ anklingen ließ. Die neue Freiheit, die zunächst die Intellektuellen für sich und ihre Druckerzeugnisse reklamierten, war negativ und absolut, ein subjektives Recht und keine objektive Tugend.

---

421 Vgl. Peter Niesen, *Kants Theorie der Redefreiheit*, Diss. Frankfurt 1998

422 Quentin Skinner, *Reason and Rhetoric in the Philosophy of Hobbes*, Cambridge: Univers.-Press 1996; W. J. Ong, *Orality and Literacy*, London: Routledge, 1995, 132ff.

Vor allem aber war sie, und das wurde erst seit Mitte des 19. Jahrhunderts bewusst, nur als Freiheit des gedruckten Wortes dem Komplexitätsniveau moderner *Massen*demokratien gewachsen. Von daher war es kein Zufall, dass sich die (immer auch nostalgisch-konservative) Kulturkritik an der Massendemokratie zumeist an der Präsenzmetaphysik des unmittelbar wahrnehmbaren, auf dem Forum hörbaren Worts orientiert hat. Das gilt exemplarisch für Hannah Arendt, aber auch für den Progessivisten John Dewey.[423] Es ist die Schwäche ebenso wie die Stärke dieser Kulturkritik, dass sie sich immer am Medium von gestern berauscht. Ihr Rausch macht Verluste erfahrbar, aber für die unbestreitbaren Gewinne des Fortschritts macht er blind.

Freilich war es nicht die Technik allein, die den Untergang der alten Gesellschaft Europas unausweichlich machte. Für sich genommen war, wie ihre fernöstliche Geschichte lehrt, die Druckerpresse noch kein revolutionäres Kommunikationsmedium. Neue *Ideen* und *Interessen* mussten hinzukommen, um die neue Produktivkraft in ein mächtiges Kommunikationsmittel zu verwandeln.[424] Die Interessen bildeten sich zusammen mit den marktabhängigen Erwerbsklassen, und die Ideen folgten der großen Transformation des ethischen Selbstverständnisses Europas durch Protestantismus, Aufklärung und Romantik.

Ohne den *Markt* wären die Produkte der Druckerpresse niemals über den Kontinent und dann über den ganzen Erdball verbreitet und an einer mehr oder weniger hilflos zuschauen-

---

[423] In *The Public and its Problems: The Later Works 1925-1953*, Carbondale (Southern Illinois Univ. Press) 1984, schreibt Dewey: „The connection of the ear with vital and outgoing thought and emotion are immensely closer than that of the eye. Vision is a spectator, hearing is a participator." (371). Gleichzeitig hat Dewey freilich die Presse und das Radio als authentische Medien der Demokratie freudig begrüßt. Das Radio aber ist – wie alle elektronischen Medien – keineswegs ein Rückfall in die Präsenzmetaphysik republikanischer face-to-face-Kommunikation, sondern – so Walter Ong – „secondary orality" (W. J. Ong, a.a.O., 122, 135).

[424] Vgl. Max Weber, *Gesammelte Aufsätze zur Religionssoziologie I*, 252.

den, selten treffsicher, dafür oft genug brutal zuschlagenden Zensur vorbeigeschleust worden. Und ohne die *Reformation* hätte es möglicherweise an politischen Motiven gefehlt, aus den neuen Techniken wirksame Waffen im Kampf gegen das Schriftmonopol sozial geschlossener Adels-und Klerikerkulturen zu schmieden.[425]

Vielleicht war das egalitäre Projekt der Alphabetisierung eines breiten Publikums sogar die folgenreichste Leistung der Reformation.[426] Reformationen, in denen sich die christlichen Askesetechniken zur Totalität methodischer Lebensführung radikalisieren, hatte es schon lange gegeben. Sie waren eng mit Schrift und Lesefähigkeit verbunden, wie etwa die Geschichte des Reformmönchtums (Cluny, Benediktiner) seit dem 10. Jahrhundert zeigt.[427] Aber sie blieben auf die Klöster zentriert. Erst der Buchdruck erweiterte die reformatorischen Bewegungen zu einer Reformation, die die Mauern des Klosters sprengte und sich rasch zur bürgerlichen Berufsaskese auswuchs, um am Ende die protestantische Ethik in den ganz und gar profanen Geist des Kapitalismus zu verwandeln.[428]

„Alphabetisazión es liberatión" war die Parole der sandinistischen Revolutionäre in Nicaragua in den 80er Jahren des 20. Jahrhunderts, aber schon am Beginn der Gutenberg-Galaxie hieß die Parole der protestantischen Kulturrevolution: Alpha-

---

425 Vgl. Michael Giesecke, „Volkssprache und Verschriftlichung des Lebens im Spätmittelalter", in: H. U. Gumbricht (Hg.), *Literatur in der Gesellschaft des Spätmittelalters*, Heidelberg 1980, 39 - 67.

426 Zur Rolle der Reformation bei der Alphabetisierung vgl. Michael Giesecke, „Alphabetisierung als Kulturrevolution. Leben und Werk des Valentin Ickelsamers (ca. 1500 - ca. 1547)", in: M. Giesecke, *Sinnenwandel, Sprachwandel, Kulturwandel*, Frankfurt: Suhrkamp 1992, 122 - 185.

427 Vgl. J. Wollasch, „Reformmönchtum und Schriftlichkeit", in: *Frühmittelalterliche Studien*, Bd. 26, 1992, 274-286.

428 Max Weber, „Die protestantische Ethik und der Geist des Kapitalismus", in: *Gesammelte Aufsätze zur Religionssoziologie*, a.a.O., 17 - 206.

betisation ist Reformation.[429] Ohne den Buchdruck wäre diese Parole hinter dicken Klostermauern verhallt. Die Folgen der protestantischen Indienstnahme des Buchdrucks waren *sozial* egalitär, auch wenn sie ganz auf jenseitige Zwecke individuellen Seelenheils gerichtet waren. Am Ende, nach einigen hundert Jahren Alphabetisierung, ist der Erfolg überwältigend. In seinem Buch *From Script to Print* schreibt H. J. Chaytor: „ The Ordinary man of our times probably sees more (...) written matter in a week than the medieval scholar did in a year.“[430]

Der kommunikative Gebrauch der Druckerpresse erzwingt eine „Revolution der Denkungsart“ (Kant). Die Leser der gedruckten Bücher und Flugschriften sehen, hören und denken nicht nur anders als Analphabeten, sondern auch anders als Schriftgelehrte vor dem 16. Jahrhundert. Vor der Durchsetzung gedruckter Schriften gab es kaum stummes Lesen.[431] „Als ich das erste Mal den Einsiedel die Bibel lesen sah,“ lässt Grimmelhausen den Simplicissimus berichten, „konnte ich mir nicht einbilden, mit wem er doch ein solch heimlich und meinem Bedünken nach sehr ernstlich Gespräch haben müsste. Ich sahe wohl die Bewegung seiner Lippen, hörte auch das Gebrummel, hingegen aber sahe und hörte ich niemand, der mit ihm redete.“[432]

Wenn wir an Sprache denken, denken wir an Buchstaben und gedruckte Sätze: „We cannot think of sounds without thinking letter,“ schreibt Chaytor. Ganz anders der mittelalterliche Leser:

---

429 Vgl. M. Giesecke, „Alphabetisierung als Kulturrevolution“, a.a.O., 126 ff.

430 H. J. Chaytor, *From Script to Print. An Introduction to Medieval Vernacular Literature*, London: Sidgwick & Jackson, 1966 (erste Auflage 1945). Vgl. a. K. Thomas, „The Meaning of Literacy in Early Modern England“, in: G. Baumann (Hg.), *The Written Word*, Oxford: Clarendon 1986, 101ff.

431 E. Eisenstein, a.a.O., 49.

432 H. J. Chr. v. Grimmelshausen, *Der abenteuerliche Simplicissimus*, I, 10, Frankfurt: Insel 1983, 39f.

> Nothing is more alien to medievalism than the modern reader, skimming the headlines of a newspaper and glancing down its columns to glean any point of interest, racing through the pages of some dessertation to discover whether it is worth his more careful consideration, and pausing to gather the argument of a page in a few swift glances. (...) The medieval reader, with a few exceptions, did not read as we do: he was in a stage as our muttering childhood learner: each word was for him a seperate entity and at times a problem, which he whispered to himself when he had found the solution.[433]

Auch Gelehrte lasen auf diese Weise, kaum mehr als ein Buch pro Jahr. Sie bildeten sich im Gespräch der Gebildeten, und ihre eigenen Bücher waren viel eher als Gedächtnisstütze und zum öffentlichen Vortrag durch den Autor selbst bestimmt als zur einsamen Lektüre eines anonymen Publikums. Weder Aristoteles noch Thomas haben, wenn überhaupt, dann auf keinen Fall primär für Leser geschrieben. Sartres Kindheitswunsch, ein berühmter Schriftsteller zu werden, wäre ihnen ganz fremd geblieben. Wirkung und Nachruhm waren ausschließlich an die persönliche Autorität des Lehrers und die mündliche Fortbildung seiner Lehre gebunden. Der Autor blieb ohnehin oft anonym und wurde als personaler Schöpfer seiner Werke erst erfunden, als der Buchdruck sich längst etabliert hatte. Der Autor ist eine Schöpfung des Buchdrucks. Das Mittelalter unterschied noch kaum zwischen „lesen" und „vorlesen", *legere* war gleichbedeutend mit *dicere.* Erst mit dem Buchdruck tritt die Differenz von *legere* und *dicere* als Differenz verschiedener Praktiken ins Bewusstsein und die auditiven Mnemotechniken treten hinter die visuellen zurück.[434]

Durch den Buchdruck wird aus kunstfertigem Handwerk eine industrielle Technik, aus der jede individuelle Prägung durch die Bewegung der Hand und des menschlichen Körpers verschwunden ist. Die maschinelle Technik ist eine reale Abstraktion von leiblichen Bewegungen. Den gedruckten Lettern sieht man nicht mehr an, dass ein bestimmter Schreiber sie

---

433 H. J. Chaytor, a.a.O., 10.

434 Vgl. H. J. Chaytor, 13 ff.

hervorgebracht hat. Die Wörter werden zu sichtbaren Dingen, zu ikonographischen Zeichen verdinglicht und bald massenhaft als Waren produziert.[435] Statt sie einfach in ein technisches Medium zu übersetzen, bringt der Buchdruck die Handbewegung des Schreibens zum Verschwinden.[436] Das neue Medium nötigt der Sprache die verselbständigte Eigenlogik „technischer Reproduzierbarkeit" (Walter Benjamin) auf:

> Wer für den Druck schreibt, weiß, dass der Leser seine Handbewegungen nicht mehr zu sehen bekommt. Folgerichtig rekonstruiert jener auch nicht mehr irgendwelche Bewegungen - schon gar nicht jene des Setzers - sondern starrt auf die unbeweglichen Formen der Buchstaben in den ausgedruckten Texten. (...) Erst das typographische Schriftbild und nicht schon das Manuskript ist eine Abstraktion von der leiblichen Bewegung und erst dieses eröffnet den Zugang zu einer allgemeinen strukturalistischen Betrachtung der Buchstaben: als reine (hinge-`setzte´) Form. Wenn man sich dann noch entschließen kann, die so verstandenen Buchstaben als Elemente `der Sprache´ zu begreifen, dann befindet man sich auf dem Boden des neuzeitlichen Sprachbegriffs. Hier gibt es nur noch mechanische Bewegungen des Setzers: Hinzufügen, Weglassen, Umstellen, Austauschen und deren Kombinationen."[437]

Lesen wird depersonalisiert und von der mimetischen Rekonstruktion von Körperbewegungen unabhängig.

Im Anschluss an Elisabeth Eisenstein könnte man sagen, dass das neue „*Ideenkleid*", das wir uns - nach einem Bild Edmund Husserls - in der modernen Revolution des europäischen Geistes übergestreift haben, schon einen bleischweren Schleier aus Druckerschwärze um den Körper des modernen Menschen gehüllt hat. Dieser „veil of print"[438] *technisiert* die kommunikative Tiefenstruktur der Lebenswelt, *die Sprache.*[439] Sprache

---

435 Vgl. W. J. Ong, *Orality and Literacy*, a.a.O., 118 f, 129, 133.

436 M. Giesecke, a.a.O., 125.

437 A.a.O.

438 E. Eisenstein, a.a.O., 8.

439 Vgl. zur „Technisierung der Lebenswelt" E. Husserl, *Die Krisis der europäischen Wissenschaft und die transzendentale Phänomenologie*, Haag: Nijhoff 1966, 30f, 43, 45ff.

wird zum System, das aus einer distinkten Zahl von Elementen und einer Liste von Kombinationsregeln besteht. Jetzt erst beginnt man, Seiten zu paginieren, Register anzulegen, Inhalte zu klassifizieren, Bücher in Kapitel zu untergliedern, mit Punkt und Komma zu schreiben, Wortende und –neuanfang optisch zu trennen usw.[440]

Die Bücher, die zuvor von Abschrift zu Abschrift fast immer schlechter und fehlerhafter wurden, werden nun, dank der engen Kooperation erst von Druckern und Humanisten, dann von Verlagen und philologischer Wissenschaft, von Ausgabe zu Ausgabe besser, und das legt, folgt man Elisabeth Eisenstein, die Vorstellung nahe oder verstärkt sie zumindest, dass auch die Gesellschaft immer besser wird.[441] Das moderne Fortschrittsbewusstsein entsteht zusammen mit den neuen Druckerzeugnissen. Erst der Druck ermöglicht die Etablierung einer soliden und zuverlässigen „knowledge-industry“, die das Wissen mit dem Bücherberg wachsen lässt und als Fortschritt erfahrbar macht.[442] Zur selben Zeit beginnt man, die Berufung auf das gute Alte zu entwerten und die Hoffnung auf Verbesserungen der Bücher, des Wissens, der Gesellschaft in die Zukunft zu projizieren.

Aber die „Realabstraktion“ (Sohn-Rethel) der druckschriftlich technisierten Sprache ist von anderer Art als diejenige des Geldes oder der Macht.[443] Das Medium des Buchdrucks technisiert die Lebenswelt, aber es kolonialisiert sie nicht. Genau dieser Unterschied wird von der – von Rousseaus erstem *Discours* bis Lévi-Strauss‘ „Schreibstunde“ der *Traurigen Tropen* und Foucaults Diskurstheorie reichenden – Kulturkritik beharr-

---

440 Vgl. H. J. Chaytor, a.a.O.; E. Eisenstein, „Clio and Chronos, a.a.O.; W. J. Ong, a.a.O.

441 E. Eisenstein, a.a.O.

442 A.a.O.

443 Zur Unterscheidung zweier Typen der Abstraktion und Rationalisierung vgl. a. Jürgen Habermas, *Theorie des kommunikativen Handelns*, 2 Bde., a.a.O.

lich übersehen.[444] Die neue Technik sperrt sich gegen ihre einfache Instrumentalisierung für Herrschaftszwecke. Sie entfesselt vielmehr das bis dahin an die Dominaz der mündlichen Kommunikation unter Anwesenden gebundene Kritik- und Negationspotential von Sprache und Schrift. Einer Spätzündung der ursprünglichen Verschriftung vergleichbar, wird die Produktivkraft gedruckter Kommunikation die Fesseln der feudalen Produktionsverhältnisse lange vor der Erfindung der Dampfmaschine sprengen.[445]

Zum ersten Mal ergreift die Druckschrift in Gestalt von Flugblättern während der Bauernkriege die nach wie vor des Lesens unkundigen Massen.[446] Erst die gedruckten Flugschriften stellen ein Medium bereit, das – so Giesecke – beim Kampf um die Einstellungen und den Glauben der Menschen „mit mündlichen Predigten konkurrieren kann. In den Glaubenskämpfen der frühen Neuzeit erfährt die neue Technologie ihre Nagelprobe."[447] Durch die gedruckten Pamphlete legen sich häretische Sekten öffentlich fest und appellieren an eine sozial unbestimmte, allgemeine Öffentlichkeit, aus der heraus sich spontan neue Gefolgschaften bilden und die Abweichung verstärken. An den verschiedensten, weit zerstreuten Orten können jetzt beliebig viele für sich allein dasselbe Schriftstück lesen.

Man liest für sich allein, aber alles was man liest, ist öffentlich. Der Gegensatz von öffentlich und privat gewinnt ebenso wie der von öffentlich und geheim eine ganz neue Bedeutung. Der „solitary reader" kommt gestärkt aus seiner Einsamkeit in die Öffentlichkeit zurück, ich-stark, autonom, ein distanzierter Beobachter, fähig und immer häufiger auch bereit zur radikalen Kritik des Bestehenden. [448] "Das *publicum* entwickelt sich zum

---

[444] Vgl. a. die bemerkenswerte Kritik in Jacques Derridas *Grammatologie*, a.a.O., 230.

[445] Vgl. N. Luhmann, *Die Gesellschaft der Gesellschaft*, a.a.O., 299.

[446] St. Fussel, *Gutenberg und seine Wirkung*, a.a.O., 116.

[447] M. Giesecke, „Alphabetisierung als Kulturrevolution", a.a.O., 126.

[448] Vgl. E. Eisenstein, *The Printing Press as an Agent of Change*, a.a.O., 132.

Publikum, das *subjectum* zum Subjekt, der Adressat der Obrigkeit zu deren Kontrahenten.“ [449]

Während die durch den Druck vermittelte Kommunikation unaufhörlich weiterrauscht und Text an Text, Buch an Buch anschließt, zieht sich der einsame Leser in das Innere seines Bewusstseins zurück, um aus dieser Reise nach innen dann von Zeit zu Zeit in die öffentlichen Rollen des Kritikers, des Autors oder des Privatmannes, der seine Meinung auf dem Markt zum Besten gibt, zurückzukehren. Die Differenz, die seit es Sprache gibt, das versprachlichte Bewusstsein von der sprachvermittelten Kommunikation trennt und das psychische System in die Umwelt des sozialen abdrängt, wird jetzt innerhalb des sozialen Systems der Gesellschaft noch einmal nachvollzogen und gesellschaftlich *institutionalisiert*. Der juristische Ausdruck dieser Institutionalisierung sind seit dem 17. Jahrhundert die subjektiven Rechte, ihre philosophische Erscheinungsform ist seit dem 18. Jahrhundert der transzendentale Idealismus des Bewusstseins, und die Soziologie wird sich, nachdem die romantische Propaganda des Subjekts verklungen ist, in der zweiten Hälfte des 19. Jahrhunderts als Reflexionswissenschaft der *gesellschaftlichen* Differenz von Individuum und Gesellschaft etablieren.

Das Publikum der alten *res publica*, dem Schrift nur als Gedächtnisstütze und Bildungsnachweis rhetorisch mündlicher Verständigung gedient hatte, zerstreut, atomisiert und individualisiert sich zu einer großen und anonymen Schar wohl informierter oder ins Reich der Phantasie entführter Leser.[450] In der Dichtung löst die „Prosa des modernen Lebens“ (Hegel), der Roman, das „Weltzeitalter des Epos“ (Lukaćs) ab. Das gedruckte, gut lesbare und leicht tragbare Buch in der Hand, ziehen sich immer mehr Leser „for solo reading in a quiet corner“ zurück.[451] Die Wörter werden zum Privateigentum der Autoren (*copyright*) und ihrer Konsumenten. Im 18. Jahrhundert heißt

---

[449] Jürgen Habermas, Strukturwandel der Öffentlichkeit, Frankfurt: Suhrkamp 1990, 84.

[450] E. Eisenstein, a.a.O., 132.

[451] W. J. Ong, a.a.O., 131.

„to be a well – informed man to spend a part of each day in *temporary isolation* of his fellow men.“[452] Der Realismus wandert aus der täglichen Predigt aus, deren profaner Informationswert schrumpft auf Null zusammen und die reine Glaubensbotschaft wird *nun erst* ihr einziger Inhalt. Die Information wird im 19. Jahrhundert zur Sache der Tagespresse. Der gesegnete Realismus des Dorfpredigers wird zum „realistischen Morgensegen“ (Hegel) einsamer Zeitungsleser und das lesende Kaffeehauspublikum zur ersten Erscheinungsform der „lonely crowd“ (David Riesman).

Aus dieser einsamen Masse formt sich die neue Zivilgesellschaft, die in den Verfassungsrevolutionen des 17., 18. und 19. Jahrhunderts zum öffentlichen Träger des demokratischen Rechtsstaates wird. Ihr Medium ist die Nationalsprache, das unmittelbare Produkt der technischen Reproduzierbarkeit der Sprache. Nur im Medium dieser Sprache haben die riesigen Bevölkerungsmassen der großen Territorialstaaten zwischen dem späten 18. und dem frühen 20. Jahrhundert eine realistische Chance, sich selbst als Autoren des positiven Rechts einer Rechtsgenossenschaft zu verstehen, die sich aus individualisierten und einander fremden Bürgern bilden muss. Die demokratische Ausdehnung des aktiven Bürgerstatus auf die Kommunikation unter Abwesenden wäre ohne eine Einheitssprache gedruckter Gesetzestexte, Amtsmitteilungen, Aushebungen, Bürgerlisten, Wahlzettel, Tageszeitungen undenkbar gewesen.[453] Das gilt auch für die Verbreitung der Ideen von 1789. Das revolutionäre Ereignis vergaß sich auch deshalb nicht, weil es die Druckerpresse gab und zur Zeitung bald der Telegraph – Vorzeichen einer weiteren Medienrevolution – hinzutrat. Politische Ideen ebenso wie politische Nachrichten verbreiteten sich seit dem 19. Jahrhundert mit rasch wachsender Geschwindigkeit, Intensität und immer lückenloser flächendeckend.[454]

---

[452] Chaytor, a.a.O., 131.

[453] Vgl. Rogers Brubaker, *Staats-Bürger*, Hamburg: Junius 1994, 31f.

[454] Vgl. a. Irmtraut Götz v. Olenhusen, „Die Revolutionen von 1848 / 49 in Deutschland und Frankreich: Vergleichende Überlegungen zum Wandel kollektiven Rechtsbewusstseins.“, in: I. Jung u. a.

Das Privileg der alten Bildungsschichten und der wenigen, die sich im lateinischen Europa überall verständigen konnten, bricht in sich zusammen. Aus der intensiv-autoritären Wiederholung der immer gleichen Texte wird die extensiv demokratische Lektüre immer wieder neuen Lesestoffs. Die ontologische *Vernunft des Vernehmens* höherer Wahrheit wird durch die zugleich funktionale *und* kommunikative *Vernunft des Vergleichs* verschiedener Texte, deren Wahrheitsansprüche von einem gleichzeitig immer breiter werdenden und immer mehr in die Tiefe spezialisierten Publikum zur Disposition gestellt werden, abgelöst.[455] Während der Englischen Revolution werden immer mehr Kontroversen und Debatten gedruckt, und die Leser folgen mit Eifer der Einladung, die verschiedenen Texte zu vergleichen, um ihre *eigenen Schlüsse* zu ziehen. Auch in diesem Sinne ist, wie Hegel sagt, alles Vernünftige ein Schluss. Wer hat recht, der König oder das Parlament? Diese Frage wird jetzt nach der Lektüre der verschiedenen Positionen zur Angelegenheit einer quer zu den Standesschranken wachsenden Öffentlichkeit, die sich als autonome Kraft zwischen Staat und bürgerliche Gesellschaft schiebt.[456]

Der Buchdruck erzwingt, sowie er als Verbreitungsmedium massenhaft genutzt wird, die Veröffentlichung allen Wissens und erweist sich so als die technisch-soziale Bedingung der Möglichkeit moderner Wissenschaft und ihrer Peirceschen Kommunikationsgemeinschaft. Nur wer für den Druck und ein anonymes Publikum schreibt, muss beständig idealisierend unterstellen, dass es ein von allen potentiellen Lesern geteiltes, jederzeit kritisierbares Wissen gibt. Er oder sie kann sich mit einer ontologisch gegen die Meinung der Andern wirksam immunisierten Wahrheit nicht mehr begnügen und muss bei Strafe des Untergangs die allgemeine Kommunikationsgemeinschaft als harte soziale Realität anerkennen.

(Hg.), *Der Wandel von Recht und Rechtsbewusstsein in Frankreich und in Deutschland*, Baden-Baden: Nomos 1998.

455 Vgl. N. Luhmann, a.a.O., 294.

456 D. Zaret, a.a.O., 1530.

Antiautoritär wirkt die individualisierende Entkopplung von Wissen und Prestige. Man kann ohne anwesende „Meister" und ihr persönliches Charisma allein zu Hause sitzen und sich an der Lektüre abarbeiten und fortbilden, und man kann sich als Individuum mit einer neuen, originellen und abweichenden Meinung bemerkbar machen. Die Beziehung zwischen Lehrern und Schülern verliert den unvermittelten Druck direkter sozialer Kontrolle. Die Kommunikation wird durch abstraktes, kontextübergreifend validiertes Buchwissen mediatisiert. Der Schüler hat – seit der ersten von Gutenberg für Unterrichtszwecke gedruckten Grammatik des Aelius Donatus – zwei Quellen der Lehre, die er einander vergleichen, gegebenenfalls kritisch konfrontieren kann, das gedruckte Buch und den redenden Lehrer. Gibt es Differenzen, so steht Autorität gegen Autorität, und das ist die Chance des Schülers, „selber zu denken" (Kant).[457]

Nicht anders im zentralen Bereich der sozialen Integration. In der Religion führt der antiautoritäre Effekt des gedruckten Buches rasch zur Revolution. Man muss nur die Bibel übersetzen und den Text durch Druck, Verkauf und Alphabetisierung möglichst vielen Lesern zugänglich machen, dann stellt sich von selbst der Effekt ein, „dass die Leser, wenn sie die Bibel lesen können, auch andere Texte lesen können", und das setzt kritische, autoritätszersetzende Potentiale in fast alle Richtungen frei.[458] Inkonsistenzen werden sichtbar, Ursprungsmythen verblassen im Licht gegenläufiger Informationen. Die Tradition gerät an allen Fronten unter massiven Konsistenzdruck, vor allem auch in dem schon weitgehend rationalisierten Rechtssystem. „Man kann richten, sortieren, vergleichen, verbessern. (...) Regionale Rechtsgewohnheiten werden für den Druck aufgeschrieben und damit nach und nach dem Zugriff der lokalen (grundherrlichen) Gerichtsbarkeit entzogen."[459] Zum ersten Mal wird der *codex juris justinianum* und das kanonische Recht im ganzen zugänglich und in seinen verschiedenen Vari-

457 M. Giesecke, *Der Buchdruck in der frühen Neuzeit*, a.a.O., 219f.
458 N. Luhmann a.a.O., 292.
459 A.a.O., 296.

anten und Teilstücken vergleichbar.[460] Die Rechtsphilosophen von Hobbes bis Hegel werden sich diese einmalige Chance, das Recht im ganzen auf konsistente Geltung festzunageln, nicht entgehen lassen und gegen das unübersichtliche, anarchische und heterogene „common law“ der europäischen, besonders der englischen Juristen zu Felde ziehen und auf der cartesischen Einfachheit und Klarheit des schriftlich gesatzten Rechts bestehen.[461]

Die Druckerpresse lässt das „Janusgesicht des Rechts“ (Habermas) in neuer Deutlichkeit hervortreten. Es dient der Emanzipation des öffentlichen Rechts absolutistischer Regimes aus der Oberhoheit der katholischen Kirche und zentralisiert, verfestigt und verstärkt deren Herrschaftsmacht in nie zuvor gekanntem Ausmaß, was freilich auch der Rechtssicherheit zugute kommt: „Die Druckerpresse erlaubte die sofortige Verteilung der Gesetze an die Gerichte und Amtsstuben, die Gesetzgebung konnte erheblich schneller auf Veränderungen reagieren und das neue Recht effizienter durchsetzen, seitdem authentische Texte in beliebiger Menge verfügbar waren. Rechtstexte und Rechtsargumente wurden Massenprodukte. (...) An die Stelle des mündlichen Richterspruchs im Freien oder des vom Sattel aus verkündeten Gebots traten nun – verhüllt in altrömische Terminologie – Edikt, Mandat, Reskript und Lex bzw. Gebot, Willkür, Satzung, Ordnung und Gesetz, sämtlich vom Schreibtisch aus erlassen und in gedruckter Form dem Land mitgeteilt. (...) Das neue Medium des gedruckten Wortes vervielfacht die Masse der Mitteilungen, die Formen werden vereinheitlicht, durch die Möglichkeit nachlesender Kontrolle erhöhen sich Gleichmaß und Rationalität der Verwaltung. Textvervielfältigung und Textverbreitung steigern die soziale Bedeutung des Standes der Schriftkundigen, zumal, wenn diese sich des Lateins bedienen und so das Fachwissen monopolisie-

---

460 Vgl. E. Eisenstein, „Clio and Chronos“, a.a.O.

461 Vgl. z. B. Th. Hobbes, *Dialog zwischen einem Philosophen und einem Juristen über das englische Recht,* Weinheim: VCH 1992; G. W. F. Hegel, „Über die englische Reformbill“, in: *Werke* 11, Frankfurt: Suhrkamp 1970.

ren."[462] Aber dieses Wissen lässt sich jetzt auch übersetzen und popularisieren und mit kritschen Akzenten versehen wiederum massenhaft drucken und verbreiten. Was der Stabilisierung der Monarchie dient, kann auch zu ihrem Untergang führen.

Im 17. Jahrhundert machen im Verlauf der Englischen Revolution alle Parteien ausgiebig von einem alten Privileg Gebrauch, dem Petitionsrecht gegenüber Parlament oder Krone, und alle Parteien sind sich, wie David Zaret zeigt, zunächst im konservativen Grundkonsens einig. Das Wort Revolution hat noch den alten Sinn der Wiederherstellung eines weit ins Vergangene zurückreichenden, unkorrumpierten Zustands des Gemeinwesens. Das Petitionssrecht ist als feudales Privileg anerkannt und unpolitisch. Niemand bestreitet, dass Petitionen der Geheimhaltung unterliegen und bestehendes Recht nicht in Frage stellen dürfen. Auch der unterwürfige Ton ist ihnen vorgegeben.

Doch die neue Technik des Buchdrucks, dessen sich, schon um nicht in Nachteil zu geraten, alle Parteien bedienen und der die Verleger, die gute Geschäfte machen, weiteren Auftrieb verleihen, treibt die Beteiligten in eine neue kommunikative Lage. Zur zügigen und effektiven Sammlung von Unterschriften müssen Petitionen vorab publiziert werden, und das einmal Publizierte wird gesammelt und zusammen mit Gegen-Petitionen wieder veröffentlicht. Um der eigenen Petition in der neu entstehenden, immer weniger an Standesgrenzen gebundenen Öffentlichkeit Nachdruck zu verleihen, bilden sich freiwillige, *issue*-gebundene Assoziationen quer zur alten Stratifikationshierarchie. Die Debatte wird immer politischer und verselbständigt sich zu einem Parteienstreit, der in der alten Ordnung schon wegen des tiefsitzenden Faktionsverbots undenkbar war; und weil jetzt an allen Ecken und Enden alle Gruppen gegen das alte Petitionsrecht, die Privilegienordnung, die Standesregeln, die Korporationsehre usw. verstoßen, kommt es im Verlauf der revolutionären Jahrzehnte zur Etablierung neuer Regeln des öffentlichen Diskurses. Plötzlich beginnt man, über

[462] Michael Stolleis, *Geschichte des öffentlichen Rechts in Deutschland*, Bd. 1, München: Beck 1988, 131f.

die Generalisierungsfähigkeit von Petitionen zu streiten. Die Geltungsfrage wird neu und radikal gestellt. Die guten alten Tugenden und Privilegien, die anfangs niemand außer Kraft setzen wollte, haben aufgrund der neuen Praxis jede Geltungskraft verloren. Von dem Augenblick an, in dem die Beteiligten anfangen, über die neue und ungewohnte Kommunikationssituation zu debattieren, entdecken sie die abstrakten, protokonstitutionellen Prinzipien des Konsenses, der Vernunft, der „unrestricted information" und der fairen Repräsentation.[463]

Demokratische Praktiken entstehen also wie im Beispiel der Englischen Revolution gegen die ursprünglichen Absichten ihrer Hauptakteure. Die Kombination aus Buchdruck und Markt hat eine unübersichtliche und komplexe Lage geschaffen, die zur Reflexion auf die impliziten Regeln der neuen Praxis und zu den entsprechenden, liberal-demokratischen Experimenten nötigt. Am Ende steht das moderne Petitionsgrundrecht. Erst werden Stellungnahme und Gegenstellungnahme zur öffentlich eingeübten Praxis immanenter und selbstreferenzieller Kritik, dann werden Theorien der liberalen Demokratie nachgeschoben. Deren Bedeutung unterschätzt Zaret freilich.[464] Ohne die explikatorische Leistung der Theorien von Locke bis Rousseau, die die neuen Verhältnisse (vorher oder hinterher) auf den Begriff bringen, wäre eine *nachhaltige* Stabilisierung des zur neuen Praxis passenden Selbstverständnisses nur schwer vorstellbar. Zwar schafft der massenhafte Gebrauch der neuen Technik (Variation) eine objektive Lage, die zu nichtintendierten Änderungen in Richtung moderne Demokratie (Selektion) führen. Aber – und das ist zugleich die Grenze der funktionalistischen Erklärung – man braucht trotzdem die große Theorie, um die nichtintendierten Handlungsfolgen gleichwohl als Fortschritt im Bewusstsein der Freiheit darstellen und fortan als ein nun auch Gewolltes verteidigen und bewahren zu können.

---

[463] D. Zaret, a.a.O., 1526 ff.
[464] D. Zaret, a.a.O., 1538 ff.

V. Kapitel: Souveränität des Subjekts

Auf der technischen Grundlage des Buchdrucks und des ihn begleitenden Rationalisierungsschubs ist seit dem 16. Jahrhundert in Europa eine durch *funktionale Differenzierung* geprägte, in ihren „Verständigungsverhältnissen" (Habermas) *posttraditionale* und *egalitäre* Gesellschaft entstanden. Sie hat in kurzer Zeit alle Schranken vormoderner Produktions- und Kommunikationsverhältnisse niedergerissen und deren fortbestehende Strukturen denen der modernen Gesellschaft angepasst. Der sozialen Evolution korrespondiert die Evolution neuer *Ideen*, und die Ideen gewinnen an Durchschlagskraft dadurch, dass eine neue Klasse von Besitz- und Bildungsbürgern entsteht, die sich immer seltener dem alten Differenzierungschema der privilegierten Ständeordnung einfügt. Die neuen, bürgerlichen *Interessen* bilden sich zusammen mit der funktionalen Differenzierung von Wirtschaft (Markt, Geld), Erziehung, Wissenschaft (Bildung, Wahrheit) und Religion (protestantische Sekten). Sie werden unterstützt durch Beamte und Juristen, die im wachsenden Verwaltungsapparat und im ausdifferenzierten Rechtssystem des absolutistischen Staats immer häufiger herkunftsunabhängige, leistungsbezogene Karrieren machen können.[465]

Politische Herrschaft wird im großen Stil bürokratisiert. Kam das römische Weltreich bei einer Gesamtbevölkerung von 50-80 Millionen Menschen noch mit ein paar tausend Beamten aus, so benötigte das absolutistische Frankreich zu Beginn der Ära des Sonnenkönigs Ludwigs des XIV. um die Mitte des 17. Jahrhunderts, bei einer Bevölkerung von nur 18-20 Millionen, bereits 50.000 Beamte, also das Dreißigfache.[466] Bürokratie

---

[465] Vgl. Martin van Creveld, *Aufstieg und Untergang des Staates*, München: Gerling-Akad. 1999; Wolfgang Reinhard, *Geschichte der Staatsgewalt*, München: Beck 1999; Heinz Schilling, *Die neue Zeit*, Berlin: Siedler 1999; Hagen Schulze, *Staat und Nation in der europäischen Geschichte*, München: Beck 1994.

[466] M. v. Creveld, a.a.O., 155.

und Buchdruck vereinigten sich zur Herrschaft des Staatsarchivs. Die Bürokratie trennt sich von der Gesellschaft, die Beamten von den Bürgern. Der Buchdruck ermöglichte eine Blüte der Kartographie, der Demographie und der Statistik, und das begünstigte die Entstehung des modernen Territorial- und Steuerstaats, der seine Grenzen ebenso exakt vermessen konnte wie die Kopfzahl seiner zahlungspflichtigen Bürger. Der patrimoniale Personenverbandsstaat, der bis dahin radikal nur durch den kirchlichen Anstaltsstaat überwunden worden war, wird jetzt im ganzen Raum des alten weströmischen Reiches durch den behördenmäßig organisierten, institutionellen Flächenstaat abgelöst, - und zwar sowohl unter absolutistisch-monarchistischen (Frankreich) wie unter aristokratisch-republikanischen (Holland) Vorzeichen.[467] Zu beiden Regimes werden jeweils passende Theorien der Souveränität entwickelt. Für den monarchischen Absolutismus frühbürgerlichen Zuschnitts sind die von Bodin und Hobbes, für die republikanische Bürgeraristokratie ist diejenige Spinozas ein Beispiel, und beide Regimes, der niederländische Republikanismus ebenso wie der französische Absolutismus sind frühe Formen des vorkonstitutionellen und vordemokratischen, weltlichen Rechtsstaats.

Die religiösen Bürgerkriege, insbesondere der Dreißigjährige Krieg (1618-1648) machen bewusst, dass „Glaubenskriege innerhalb der Christenheit zum unlösbaren Problem“ geworden sind.[468] Die politische Philosophie reagiert darauf mit der Theorie eines konstruktiv entworfenen Naturzustands, der *beides* enthält, die Beschreibung des Bürgerkriegs, dessen Ausbruch eine individualistische Gesellschaft ohne souveräne Staatsmacht nicht verhindern kann, - und die Normen (natürliche Gesetze), die seine Überwindung und den Auszug aus dem *status naturalis* möglich machen. Wiederum sind es die neuen Medien, der Buchdruck, der Markt und der spezialisierte Rechtsdiskurs, die eine neue Rezeption der nun gedruckt an vielen Orten gleichzeitig zugänglichen Schriften zum Investi-

---

[467] H. Schilling, a.a.O., 368ff, M. v. Creveld, a.a.O., 160ff.

[468] M. Stolleis, *Geschichte des öffentlichen Rechts in Deutschland*, Bd. 1, a.a.O., 194.

turstreit des 11. und 12. Jahrhunderts ermöglichen und das 16. und 17. Jahrhundert zu einer radikalen Neuinterpretation drängen, in der die Autonomie weltlicher Herrschaft gegenüber der römischen Kirche in den Vordergrund rückt.[469] Der gleiche Problemdruck und die gleichmäßige Verfügbarkeit der alten Texte lässt unabhängig und gleichzeitig an vielen verschiedenen Orten Europas den Diskurs über das neue, aus dem Schatten des kanonischen Rechts heraustretende *ius publicum* entstehen. Die Ausdifferenzierung von Religion, Politik und Recht – von der Wissenschaft (Galilei) ganz zu schweigen – wird jetzt viel schärfer beleuchtet als zu Zeiten der päpstlichen Revolution des Hochmittelalters. Das Christentum hat im Hobbesschen Staat nur noch instrumentelle Bedeutung und wird der staatlichen Souveränität untergeordnet. Die Vernunft, statt ihn zu beweisen, triumphiert über den Glauben, so sehr, dass Hobbes auch die Rechtfertigung eines nicht-christlichen Herrschers durch den Gesellschaftsvertrag ausdrücklich ins Auge fasst.[470] Der neue Doppelsinn im Begriff der Publizität, fortan einerseits das Alte: das öffentliche Recht und die öffentlichen Angelegenheiten (*ius publicum* und *res publica*), andererseits das Neue: den Journalismus, die käufliche, publizierte Meinung, den Verleger und Publizisten zu bezeichnen, hat den Diskurs der Macht ebenso grundstürzend verändert wie die Macht der Diskurse.[471]

Die königliche Gewalt des Mittelalters war – wie wir gesehen haben (Kap. 3) - durch die Legeshierarchie weitgehend an vorgegebenes, von Gott selbst gestiftetes (*lex aeterna*), biblisch geoffenbartes (*lex divina*) und natürliches Recht (*lex naturalis)* gebunden, wozu auch das im *Codex Justinianum* überlieferte römische Recht und das *Common Law,* das Gewohnheitsrecht gehörten. Die alteuropäische königliche Gewalt war unter sol-

---

469 M. Stolleis, a.a.O., 140, 157f.

470 vgl. Thomas Hobbes, *Leviathan*, Frankfurt: 1984 (ed. J. Felscher, übers. W. Euchner) 43. Kap., 458; Michael Großheim, „Religion und Politik", in: Wolfgang Kersting, *Thomas Hobbes Leviathan*, Berlin: Akademie 1996, 283ff.

471 Vgl. M. Stolleis, a.a.O., 197.

chen Voraussetzungen wesentlich richtende Gewalt und der Fürst *Richter-Herrscher*. Der neue, auf Bodin zurückgehende Souveränitätsbegriff hingegen, machte den Herrscher vor allem zum *Gesetzgeber*. Souveränität war jetzt im wesentlichen das Recht, Gesetze zu geben und Gesetze zu ändern. Die Gesetzgebung ist – so Bodin - das „hervorragendste Merkmal der fürstlichen Souveränität", und alle sieben Rechte des Souveräns, die Bodin aufzählt, sind „in der Gesetzgebungsgewalt zusammengefasst."[472] Das vom Souverän autorisierte Gesetz „bricht" das Gewohnheitsrecht, im Streit zwischen „gutem altem" und neuem, positiv gesetztem Recht triumphiert endgültig das neue über das alte. Das Gewohnheitsrecht füllt nur noch die Lücke im kodifizierten Gesetzeswerk und bleibt „in seiner Wirksamkeit abhängig vom souveränen Fürsten, so dass positives Gesetz wie Gewohnheitsrecht durch ihn Autorität erfahren."[473] So zumindest will es die Theorie, die Wirklichkeit bleibt bis zur Französischen Revolution weit dahinter zurück.[474] Aber der Begriff drängte zur Wirklichkeit, weil er besser zur Logik funktionaler Differenzierung, zum postkonventionellen Bewusstsein der Intellektuellen und zum entstehenden, egalitären Bürgerstatus passte als alle bisherige Staatstheorie.

Der frühmoderne Souveränitätsgedanke setzt *staatsunmittelbare Bürger* voraus, die der politischen Gewalt nicht mehr als sozial differenzierte Statusgruppen und Repräsentanten von Ständen entgegengetreten, sondern als einzelne Individuen, als sozial undifferenzierte *Subjekte*, - zunächst im Sinne rechtsunterworfener Untertanen. „The feudal pyramid of legal rights and obligations," schreibt Quentin Skinner in „The Age of Reformation", „is dismantled, the king is singled out as the

---

[472] Jean Bodin, *Six livres de la République*, Paris 1583, I, 10, zit. n. der deutschen Übers. von Gottfried Niedhart: *Über den Staat*, Stuttgart: Reclam 1976, 42, 44; vgl. a. Hermann Heller, Die Souveränität, in: *Gesammelte Schriften*, Bd. 2, Leiden: Sijthoff, 1971, 34ff, 51.

[473] J. Bodin, a.a.O., I, 10; I, 8, dt. Übers., a.a.O., 43, 25.

[474] Vgl. H. Schulze, a.a.O., 64 ff; W. Reinhard, a.a.O., 100 ff.

holder of complete *Imperium*, and all other members of society are assigned an undifferentiated legal status as his subject."[475] Nicht nur Anhänger der absoluten Monarchie betonen den inneren Zusammenhang von voluntaristischer Souveränität und positivem Recht, auch auf der anderen Seite erklärten die Verfechter der Parlamentssouveränität im englischen Bürgerkrieg (1640-1660), Henry Parker, Philip Hunton, Samuel Rutherford und William Prynne: „Das Parlament ist innerhalb des Reiches der absolute Souverän, es ist irgendwelchen Gesetzen nicht untertan oder an ihren Buchstaben oder ihre Intention gebunden, sondern es ist in Wahrheit der ausschließliche Gesetzgeber und hat eine absolute Souveränität über die Gesetze selbst (ja, sogar über die Magna Charta ...)."[476] So auch ihr Antipode Hobbes: „ Es ist nicht der Buchstabe des Gesetzes, was die Gesetze wirksam macht, sondern die Macht eines Menschen, der die Stärke der ganzen Nation in sich vereinigt."[477]

Die Macht spezialisiert sich auf die Produktion „bindender Entscheidungen" (Parsons). Sie reißt Zug um Zug alle Gesetzgebung an sich und errichtet das „Monopol legitimen physischen Zwangs", um der Herrschaft des Gesetzes (*rule of law*) jederzeit die nötige „Nachachtung" (Weber) verschaffen zu können.[478] *Auctoritas, non veritas, facit legem*, schreibt Hobbes und markiert damit scharf die Differenz von Politik, Recht und Religion / Wissenschaft / Philosophie, wie der Kontext des berühmten Zitats zeigt: „In einem Staate (*civitate constituta*)

---

[475] Mit Bezug auf Piere du Moulin, einen hugenottischen Zeitgenossen von Hobbes: Q. Skinner, *The Foundation of Modern Political Thought*, Cambridge: Univ. Press, vol. II,1978, 264.

[476] W. Prynne, *The Sovereign Power of Parliaments* (1643), Übersetzung zit. n. M. Goldie, „Absolutismus, Parlamentarismus und Revolution in England", in: *Pipers Handbuch der politischen Ideen*, Bd. 3, München: Piper 1985, 310.

[477] Th. Hobbes, *Dialog zwischen einem Philosophen und einem Juristen über das englische Recht*, Weinheim VCH 1992, 49 (geschrieben um 1670).

[478] M. Weber, *Wirtschaft und Gesellschaft*, 1. Halbband, Köln: Kiepenheuer & Witsch 1964, 39, 160; T. Parsons, *Zur Theorie der Interaktionsmedien*, Opladen: Westdeutscher Verlag, 1980, 57ff.

hängt die Auslegung der natürlichen Gesetze nicht von den Lehrern und Schriftstellern der Moralphilosophie, sondern von dem Staat (*authoritate civitatis*) selbst ab. Jene Lehren sind vielleicht wahr; aber nicht durch Wahrheit (*veritas*), sondern durch öffentliche Bestätigung (*authoritas*) wird etwas zum Gesetz.“[479] Entschieden weist noch der späte Hobbes die Auffassung des „Common Law“-Juristen Sir Edward Coke (1552-1643) zurück, es sei die „juristische Vernunft“, die *summa ratio* der Expertenkultur, die die Gesetze mache:

---

[479] Thomas Hobbes, *Leviathan*, Stuttgart: Reclam 1980. Im lateinischen Original wird der operative Sinn, das *facere* oder „machen“ der Gesetze durch den Souverän noch deutlicher. Auch wenn er natürliches Recht kraft seines Interpretationsmonopols nur auslegt, schafft er neues, kraft *auctoritas* gültiges Recht und verwandelt so das natürliche in positives. *Auctoritas* schreibt Hobbes mit „th“: „*authoritas*“, und das hält die alte Bedeutung von *auctoritas* als *Autor*, Erzeuger, Stifter fest, die sich im späteren – buchdruckinduzierten – Begriff des Autors als des Schriftstellers (egl.: *author*) dann gegenüber dem Rechtsbegriff ebenso verselbständigt hat wie der Journalist / Publizist gegenüber dem Begriff des öffentlichen Rechts, des *ius publicum*. Hobbes verwendet beides, *author* und *authoritas* bzw. *authority* im lateinischen bzw. Englischen noch im alten Sinn der öffentlich-rechtlichen Autorität und des öffentlichrechtlichen Autors des Gesetzes, mit dem er die Vertragsunterzeichnenden bzw. den mit diesen identifizierten Souverän bezeichnet (*Leviathan*, 18. Kap., engl. Ausgabe MacPherson, London: Penguin 195, erste Aufl. 1968 auf S. 232, dt. Übers. Euchner, Frankfurt: Suhrkamp 1991, erste Aufl. 1966 auf S. 139; lat. Ausgabe: *Leviathan sive De Materia, Forma, et Potestate Civitatis Ecclesiastical et Civilis*, London: Joanzum MDCCXLI, Vol. III der Opera Philosophica auf S. 135). Spricht Hobbes hingegen von der schreibenden Zunft, dann sagt er *writer* oder spricht von den *doctoribus et scriptoribus*, wie im lateinischen Original des oben in der Übersetzung Zitierten: *In civitate constituta, legum naturae interpretatia non a doctoribus et scriptoribus moralis philosophiae dependet, sed ab authoritate civitatis. Doctrinae quidem verae possunt; sed authoritas, non veritas, facit legem.*“ (26. Kap., 202).)

> Es ist (...) nicht die Weisheit, sondern die Autorität, die ein Gesetz zum Gesetz macht. Auch ist der Ausdruck ‚juristische Vernunft' dunkel; außer menschlicher Vernunft gibt es in irdischen Geschöpfen keine Vernunft. Ich vermute, er (der Jurist - H. B.) meint, dass die Vernunft eines Richters oder aller Richter (...) zusammengenommen jene *summa ratio* oder das Gesetz an sich bildet. Dies aber bestreite ich, da niemand ein Gesetz machen kann, außer er verfügt über die legislative Gewalt.[480]

Positives Recht und politisch-staatliche Souveränität sind zwei Seiten derselben Medaille.[481] Nicht von den „Professoren des Rechts", sondern vom Souverän werden „die Gesetze (...) zu Gesetzen gemacht."[482] Das gilt übrigens sowohl vom König wie vom Volk, sofern letzteres der Souverän ist: „Es war nicht Solon, der die Athenischen Gesetze schuf, sondern das höchste Gericht dieses Volkes; auch waren es nicht die Rechtsgelehrten in Rom, die das römische Recht zu Justinians Zeiten schufen, sondern Justinian selbst."[483]

Funktionale Differenzierung und posttraditionale, egalitäre Verständigungsverhältnisse, die sich *beide* in den neuen Theorien der Souveränität spiegeln, sind zwar ein Zufallsprodukt der sozialen Evolution, aber die semantischen Neuerungen („Variation") lassen sich kaum ohne die intentionale Schubkraft von Interessen und Klassenkämpfen durchsetzen, und ohne das revolutionäre Stimulanz normativ überzeugender Ideen blieben sie auf Dauer ohne sozialintegrative, Solidarität stiftende Kraft. Der evolutionäre Durchbruch der funktional differenzierten Gesellschaft, der im 16. und 17. Jahrhundert an Fahrt gewinnt, stellt den Betroffenen Probleme und setzt die „knappe Ressource Solidarität" (Habermas) Belastungen aus, denen die traditionalen Formen bürgerschaftlich-republikanischer und brüderlich-christlicher Solidarität nicht länger gewachsen sind. Das motiviert die Suche nach besseren Theorien

---

480 Th. Hobbes, *Dialog zwischen einem Philosophen und einem Juristen über das englische Recht*, a.a.O., 42f.

481 Vgl. H. Heller, *Souveränität*, in: *Gesammelte Schriften*, a.a.O., 79.

482 Th. Hobbes, a.a.O., 43, 49.

483 A.a.O., 49.

und nötigt die Betroffenen zum Lernen und Experimentieren mit ungewohnten Problemlösungen und neuen Formen der Solidarität. Was evolutionär durchbricht, als blindes Schicksal zustößt und den Horizont des Möglichen aufreißt, muss im Licht zündender Ideen interpretiert, von Interessen bewegt, revolutionär durchgesetzt werden, sonst – so ließe sich Kants berühmte, auf die Französische Revolution gemünzte Formel paraphrasieren – vergisst es sich wieder.

An der Schwelle, die die stratifizierte Feudalgesellschaft des europäischen Mittelalters von der modernen Gesellschaft der Funktionssysteme scheidet, hat denn auch eine Serie von Revolutionen die Abweichungen von alteuropäischen Denk- und Handlungsgewohnheiten verstärkt und in zwei Jahrhunderten die Welt verändert. Bürgerliche Klasseninteressen treiben eine neue, die Gesellschaft im Ganzen prägende Ordnung hervor: eine Ordnung der Funktionssysteme *und* Erwerbsklassen. Der Klassencharakter moderner Gesellschaften wird von funktionalistischen Soziologen gern unterschlagen. Es handelt sich zwar nicht mehr wie früher um privilegierte Stände, sondern - wie Marx und Weber gezeigt haben - um markt- und bildungsabhängige Erwerbsklassen, aber der Klassencharakter ist bis heute ein wesentliches Merkmal der modernen Gesellschaft. Sie ist eine *egalitäre, funktional differenzierte Klassengesellschaft.* Egalitarismus und Klassenbildung sind in dieser Gesellschaft dialektisch verschlungen. Die rechtliche Gleichheit – 1664 in England zum ersten Mal durchgesetzt - ist eine Voraussetzung der Klassenbildung unter dem Diktat der Funktionssysteme, vor allem der kapitalistischen Wirtschaft. Aber die rechtliche Gleichheit kann sich auch in eine Waffe im Kampf gegen alte und neue Formen der Ausbeutung und Unterdrükkung verwandeln. Die Serie der Revolutionen, in der kämpfende Klassen, Gruppen und Individuen der modernen Gesellschaft schließlich eine Gestalt aufgeprägt haben, mit der die Akteure sich normativ *auch* identifizieren konnten, reicht bis ins 16. Jahrhundert zurück.

Der Abfall der calvinistischen, städtisch geprägten Niederlande von Spanien Ende des 16. Jahrhunderts, Cromwells puritanische Revolution in England Mitte des 17. Jahrhunderts und schließlich die französische Verfassungsrevolution des späten 18. Jahrhunderts waren, nach einem Wort von Karl Marx, Revolutionen europäischen Stils. Ihre Strahlkraft erlischt nicht mit dem Ereignis, und sie leuchtet weit jenseits der Grenzen ihres Ursprungslandes. Ihrem identifikatorischen Sog können die Menschen sich nur schwer entziehen, ob sie nun dafür oder dagegen Partei ergreifen. Auch Talcott Parsons nennt ganz in diesem Sinne Holland, Frankreich und England die „Führungssysteme" des 17., 18. und 19. Jahrhunderts: „die 'Speerspitze' der frühen Moderne."[484] In der Neuen Rheinischen Zeitung schreibt Karl Marx am 15. Dezember 1848, am Abend einer gescheiterten Revolution:

> Die Revolution von 1789 hatte zum Vorbilde (wenigstens in Europa) nur die Revolution von 1648, die Revolution von 1648 nur den Aufstand der Niederlande gegen Spanien. Beide Revolutionen waren nicht nur der Zeit, sondern auch dem Gehalte nach um ein Jahrhundert ihren Vorbildern voraus. [...] Die Revolutionen von 1648 und 1789 waren keine *englischen* und *französischen* Revolutionen, sie waren Revolutionen *europäischen* Stils. Sie waren nicht der Sieg einer *bestimmten* Klasse der Gesellschaft über die *alte politische Ordnung*; sie waren die *Proklamation der politischen Ordnung für die neue europäische Gesellschaft*. Die Bourgeoisie siegte in ihnen; aber der *Sieg der Bourgeoisie* war damals der *Sieg einer neuen Gesellschaftsordnung*, der Sieg des bürgerlichen Eigentums über das feudale, der Nationalität über den Provinzialismus, der Konkurrenz über die Zunft, die Teilung über das Majorat, die Herrschaft des Eigentümers des Bodens über die Beherrschung des Eigentümers durch den Boden, der Aufklärung über den Aberglauben, die Familie über den Familiennamen, der Industrie über die heroische Faulheit, des bürgerlichen Rechts über die mittelalterlichen Privilegien. Die Revolution von 1648 war der Sieg des 17. Jahrhunderts über das 16. Jahrhundert, die Revolution von 1789 der Sieg des 18. Jahrhunderts über das 17. Jahrhundert. Diese Revolutionen drückten mehr noch die Bedürfnisse der damaligen

[484] T. Parsons, *Das System moderner Gesellschaften*, a.a.O., 73.

> Welt als der Weltausschnitte aus, in denen sie vorfielen, Englands und Frankreichs.[485]

Die bloße Liste der Änderungen, die der junge Marx aufzählt, zeigt, dass auch die Revolutionen „europäischen Stils" Rechtsrevolutionen im Sinne Harold Bermans waren. Sie schufen völlig neue Rechtsbegriffe, die scharfe Trennung von privatem und öffentlichem Recht, das universelle Privateigentum, das erstmals den Boden einschloss, die Vertragsfreiheit, die Privatisierung der Religion, eine neues Ehe- und Familienrecht, die bürgerliche Gleichheit, die nationale Staatsbürgerschaft usw. Die politischen Ideen, die in den Rechtsrevolutionen der europäischen Frühmoderne zum weit leuchtenden „Geschichtszeichen" (Kant) für den normativ-politischen „Fortschritt im Bewusstsein der Freiheit" (Hegel) wurden, speisen sich vornehmlich aus zwei Quellen: dem von Hobbes ausgehenden kontraktualistischen Argument des Aufklärungsdiskurses (Spinoza, Locke, Rousseau, Kant) und dem praktischen Ethos der protestantischen Sekten. Obwohl Hobbes und die calvinistischen Intellektuellen (Richard Baxter, John Knox, William Prynne, Henry Parker, Robert Barclay) politisch sehr verschiedene Ziele verfolgt haben, gingen beide doch von derselben, grundstürzenden Denkvoraussetzung aus, wenn sie eine bis dahin unvorstellbare, voluntaristische *Souveränität des Subjekts* postulierten; und sie haben sich gerade deshalb, weil sie erkannt hatten, dass die Freiheit die „letzte Angel" ist, „auf der der Mensch" der „neuen Zeit" „sich dreht" (Hegel), bewusst oder umbewusst die Frage gestellt, wie die entfesselte, frei flutende, aus allen sozialen Banden losgerissene Produktivkraft des Subjekts *durch sich selbst* und nicht durch autoritäre, übersubjektiv gerechtfertigte Institutionen (wie die römische Kirche) – daran gehindert werden könnte, in antisoziale Destruktivität zurück-

[485] K. Marx, „Die Bourgeoisie und die Konterrevolution" (Neue Rheinische Zeitung 15. Dez. 1848), in: *Werke* 6, Berlin: Dietz 1982, 107f.

zuschlagen.[486] Hobbes Antwort war die vertraglich-konsensuelle Konstitution eines übermächtigen Staats, dessen Macht er im Bild des biblischen Meerungeheuers Leviathan versinnlicht sah. Die Antwort der puritanischen Intellektuellen war die aus innerster Überzeugung frei gegründete Sekte, in der jeder die eigene und jeder die imaginierte Wolfsnatur jedes anderen kontrollieren und disziplinieren konnte und musste. Ganz unabhängig davon, dass Hobbes die Sektenexistenz ein Dorn im „großen Auge des Staates" (Foucault) war und den Sekten die Hobbessche Staatskirche eine Ausgeburt der Hölle, waren beider Lehren doch nicht nur funktional äquivalente Lösungen des neuzeitlichen Ordnungsproblems – des „Hobbesian problem of order" (Parsons) - , sondern lassen sich darüber hinaus komplementär ergänzen, gerade weil sie die evolutionär neue Logik funktionaler Differenzierung streng beachtet und einerseits – so Hobbes - das Recht moralisch neutralisiert, andererseits - so die Calvinisten - die Religion entpolitisiert haben. Hobbes folgt dabei (wie vor ihm schon Bodin) als theoretisierender Beobachter, der sich vor seinen Augen vollziehenden Verwandlung allen Rechts in positives, änderbares Recht, also der sich vollendenden Ausdifferenzierung von *Recht*, *Religion* und *Politik*, während die Schüler Calvins von Knox bis Baxter in ihren Gemeinden die gesellschaftliche Trennung von *Individuum* und *Gesellschaft* praktisch vollziehen, um den Menschen in ein Tier zu verwandeln, das sich – nach Marx Wort – „in der Gesellschaft vereinzeln" und in der Gemeinschaft sein individuelles Bewusstsein vollständig desozialisieren muss.[487] Darin sieht Weber den nicht mehr zu kittenden Bruch, den die calvinistische Uminterpretation der augustinischen Prädestinationslehre im christlichen Denken Alteuropas hinterlassen hat[488]:

---

[486] Vgl. zur Angel der neuen Zeit: G. W. F. Hegel, *Werke*, a.a.O., Bd. 20, 367; Bd. 13, 491ff.

[487] Vgl. Karl Marx, *Grundrisse der Kritik der politischen Ökonomie*, Berlin: Dietz 1953, 6.

[488] Die calvinistische Prädestinationslehre geht wie Augustinus davon aus, dass Gott durch eine ursprüngliche Gnadenwahl am Anfang

> In ihrer pathetischen Unmenschlichkeit musste diese Lehre (...) für die Stimmung einer Generation, die sich ihrer grandiosen Konsequenz ergab, vor allem eine Folge haben: das Gefühl einer unerhörten inneren *Vereinsamung des einzelnen Individuums*. In der für die Menschen der Reformationszeit entscheidensten Angelegenheit des Lebens: der ewigen Seligkeit, war der Mensch darauf verwiesen, seine Straße einsam zu ziehen, einem von Ewigkeit feststehenden Schicksal entgegen. Niemand konnte ihm helfen. Kein Prediger (...), kein Sakrament (...), keine Kirche (...), kein Gott (...)."[489]

Vergleicht man das mit der fiktiven Beschreibung des Naturzustands, die Hobbes im 8. Kapitel von *De cive* gibt, erscheint dessen individualistischer Ausgangspunkt fast wie eine Idylle: „Wir wollen nun wieder auf den Naturzustand zurückgehen und annehmen, dass die Menschen – gleichsam wie Pilze – plötzlich aus der Erde hervorgewachsen und erwachsen wären, ohne dass einer dem anderen verpflichtet wäre."[490] Anders als den Puritanern ist Hobbes die Desozialisierung des Individuums kaum ein *inneres* Problem. Seine Anthropologie des isolierten Besitzindividualisten, der nur in Ruhe, gut und angenehm, kurz: bürgerlich leben will, ist – verglichen mit der der Calvinisten – fast freundlich und keineswegs, wie oft zu Unrecht behauptet wird, düster. Das Problem, der Umschlag der

---

aller Zeiten unverrückbar entschieden hat, wer von den Menschen am Ende aller Tage erlöst wird und wer verdammt in alle Ewigkeit. Aber anders als bei Augustinus gibt es keine göttliche Gnade, die Sünden vergibt und den Gläubigen, besonders den Philosophen unter ihnen die Erkenntnis des Gnadenstandes ermöglicht. Es gibt nur Zeichen, und die bestehen in rein diesseitiger Bewährung in einem vollständig sündenfreien, wahrhaft heiligen Leben, in der allein Gott dienenden Erwerbsarbeit: Bewährung in lebenslanger „Werkheiligkeit", so dass wirtschaftlicher Erfolg, wird er nicht im sündigen Genuß verzehrt, sondern um seiner selbst willen angestrebt, als Zeichen göttlicher Gnade gelten kann.

489 M. Weber, *Gesammelte Aufsätze zur Religionssoziologie I*, a.a.O., 93f.

490 Th. Hobbes, De cive, 8, 1, zit. n. der dt. Übers.: *Vom Menschen. Vom Bürger*, Hamburg: Meiner 1959, 161.

natürlichen Vereinzelung in Krieg, ist eher eine nur allzu menschliche Folge reziprok hochgetriebener Sicherheitserwartungen, die in präventiv wirkende Aggressionsfurcht umschlagen, keineswegs aber die böse Absicht einer durch und durch verdorbenen Menschennatur.[491] Wenn John Knox seine puritanischen Heiligen ermahnt, Gott zu gehorchen und zu leiden: *obey and suffer*, so begnügt sich der Leviathan mit einem Gesetzesgehorsam, durch den man Leiden vermeiden kann.[492] Aber *strukturell* befinden sich die fiktiven Bewohner des Hobbesschen Naturzustands in exakt derselben, radikal desozialisierten Lage wie die wirklichen Mitglieder der puritanischen Gemeinde jenes neuenglischen Dorfes Salem im 17. Jahrhundert, in dem Hawthornes „Scarlet Letter" spielt. Niemand ist dort dem Anderen verpflichtet, jeder nur seinem – bis zum Jüngsten Tag gnadenlos abwesenden – Gott. Die praktische Diesseitsorientierung – den unerkennbar abwesenden *deus absconditus* - teilt der Theoretiker des Leviathan mit den Praktikern der innerweltlichen Askese.

Nur die vollkommen makellose Bewährung im diesseitigen, äußeren und inneren Leben konnte dem protestantischen Gläubigen des 17. Jahrhunderts als (jederzeit gefährdetes, niemals gewisses) Zeichen künftiger Erlösung dienen: „Der Gott der Calvinisten verlangte von den Seinigen nicht einzelne ‚gute Werke', sondern eine zum *System* gesteigerte Werkheiligkeit."[493] Gott hilft nur dem, der sich selber hilft.[494] Auf die Hilfe und caritative Zuwendung seines Nachbarn darf der Einzelne bei der religiösen Bewährung in der Erwerbsarbeit nicht mehr zählen und wehe dem, der scheitert. Nächstenliebe wird mit Gottesliebe identisch – ohne jede mitmenschliche Zwischenstufe wie noch bei Augustinus. Jedes Gemeindemitglied ist, weil sich der Andere jederzeit durch die erste offenbare

---

491 Vgl. a. J. B. Schneewind, *The Invention of Autonomy*, Cambridge: Univ. Press, 1998, 87.

492 John Knox zit. n. Q. Skinner, a.a.O., 194.

493 Max Weber, *Gesammelte Aufsätze zur Religionssoziologie* I, a.a.O., 114.

494 Max Weber, a.a.O., 111.

Sünde als absolut unverbesserlicher Feind Gottes entlarven kann, nach Baxters Wort „zu tiefstem Misstrauen auch gegen den nächsten Freund“ verpflichtet.[495] Die protestantische „Ethik der Unbrüderlichkeit“ (Weber) zwingt die Mitglieder der eigenen Gemeinde in ein rein instrumentelles Sozialverhältnis und nötigt sie zur permanenten „sozialen Selbstbehauptung im Kreise der Genossen.“[496] Nicht nur im Naturzustand des Thomas Hobbes, auch und gerade im Stande der eingetragenen und staatlich anerkannten Gemeindemitgliedschaft ist es jederzeit möglich, dass der Mitmensch seine sündige Wolfsnatur offenbart. Der Instrumentalismus, der dem Puritaner durch eine ungeheure Steigerung des Misstrauens und des Schuldgefühls und die Angst, verstoßen und verdammt zu sein, innerlich aufgenötigt wird, ist zugleich das ihm selbst unbewusste Geheimnis seines beruflichen Aufstiegs: einer höchst erfolgreichen *Sozialisation durch Desozialisierung.* Derselbe Instrumentalismus aber – nur diesmal ganz ohne Schuldgefühl und Verdammungsangst – ist für Hobbes der Schlüssel zu einer theoretisch reflektierten, hell bewussten Lösung des Ordnungsproblems, also auch in diesem Fall: einer erfolgreichen *Sozialisation desozialisierter Individuen*, die im Naturzustand füreinander Fremde waren und es im Gesellschaftszustand bleiben dürfen, nicht müssen, wie die Puritaner.

Das psychosozial hochdisziplinierte Glaubenssubjekt findet sich in einer *selbst geschaffenen* Gemeinschaft wieder, die jedes „Mittel zum periodischen ‚Abreagieren‘ des affektbetonten Schuldgefühls beseitigt hatte.“[497] Das gegen die eigene Person unerbittliche, methodisch – schriftgestützt (religiöses Tagebuch) – zur authentischen Selbstkontrolle und Selbstinqui-

---

[495] A.a.O., 96, 120.

[496] A.a.O., 234. Weber spricht deshalb an anderer Stelle auch von einer „machtvollen, unbewußt raffinierten Veranstaltung zur Züchtung kapitalistischer Individuen“, in: „Die Entfaltung der kapitalistischen Gesinnung“, *Die protestantische Ethik* I, München: Siebenstern 1969, 358 f.

[497] M. Weber, *Gesammelte Aufsätze zur Religionssoziologie* I, a.a.O., 97.

sition disziplinierte, gottunmittelbare Gewissen zwang den Einzelnen zur vollständigen Beherrschung der inneren Triebnatur: „Nur ein durch konstante Reflexion geleitetes Leben (...) konnte als Überwindung des status naturalis gelten. Descartes ‚cogito, ergo sum' wurde in dieser ethischen Umdeutung von den zeitgenössischen Puritanern übernommen."[498] Eine ganz ähnliche Reflexionsleistung hat Hobbes von seiner eigenen Theorie erwartet. Im puritanischen Mikrokosmos der reflexionsunterworfenen inneren Natur spiegelt sich der Hobbessche Auszug der Gesellschaftsvertragspartner aus dem Makrokosmos des äußeren Naturzustands: *exeundum esse e statu naturali.*[499] So wie der Imperativ des rationalen Naturrechts den äußeren Menschen zum Staatsbürger (*citoyen*) macht, so richtet die puritanische Askese den inneren Menschen zum „kapitalistischen Individuum" (Weber), zum *bourgeois* ab. So wie der Staat des Leviathan von oben auf den sprunghaft steigenden Rechts- und Sicherheitsbedarf der sich ausdifferenzierenden „Eigentumsmarktgesellschaft" (MacPherson) passt, so passt die protestantische Ethik von unten zu dem enormen Motivationsbedarf des spezifisch „modernen Kapitalismus" (Weber).[500] Während der Puritaner den äußeren Herrn nur losgeworden ist, um fortan „den Herrn in sich" (Hegel) zu tragen, ist der Preis der radikalen, zu nichts mehr innerlich verpflichteten Gedankenfreiheit des – in dieser Hinsicht ganz unpuritanischen – Hobbesschen Bürgers die selbst gewollte, äußere Herrschaft des Gesetzes.[501] Aber in beiden Fällen ist das Schicksal ein selbstgewolltes.

---

498 M. Weber, a.a.O., 115.

499 Th. Hobbes, *Leviathan*, I, 13,

500 C. B. MacPherson, *Die politische Theorie des Besitzindividualismus*, Frankfurt: Suhrkamp 1973; M.Weber, *Gesammelte Aufsätze zur Religionssoziologie* I, a.a.O., 4ff.

501 Vgl. G. W. F. Hegel, „Der Geist des Christentums und sein Schicksal", in: *Werke* 1, a.a.O., 323; Th. Hobbes, *Leviathan*, III, 37 (ed. Fetscher, dt. Übers. des engl. Textes von Walter Euchner) a.a.O., 340.

Der Exodus, der Auszug aus dem – wie immer vermeintlich-fiktiven – Naturzustand, den beide, der skeptische Theoretiker der Souveränität und die frommen Praktiker individueller Gewissensautonomie, propagieren, ist zugleich der – weder vermeintliche noch fiktive - Auszug aus der alten Gesellschaft Europas mit ihren Privilegien, Ständen, Koporationen, Konzilen und Konziliaristen. In Bezug auf diese doppelte, kirchliche *und* bürgerliche *societas* sind beide, Hobbes und die Puritaner, Staatsfeinde. Nicht nur die „antiautoritäre", „asketische Konventikel- und Sektenbildung" hat eine „radikale Sprengung der patriarchalen und autoritären Gebundenheit" bewirkt und erschien vielen Zeitgenossen in höchstem Maße „staatsgefährdend".[502] Auch die – in ihrem Kern liberale (s. u.) – Theorie des souveränen Rechtsstaats hatte bei den gesalbten Herrschern ihrer Zeit ebenso wie bei deren Gegnern, die sich der Modernität ihrer eigenen Opposition oft weit weniger bewusst waren als Hobbes, eine schlechte Presse und ist – nicht zu Unrecht – der Gleichmacherei bezichtigt worden. Die Bücher des Thomas Hobbes landeten regelmäßig auf dem Scheiterhaufen, und gelegentlich hat er, der immer die Furcht als seinen Zwillingsbruder bezeichnet hat, die eigenen Manuskripte vorsorglich verbrannt. Den alten Satz des Paulus, die Christen sollten dem Kaiser geben, was des Kaisers und Gott was Gottes ist, verstehen Hobbes *und* die Puritaner ganz anders als alle christlichen Jahrhunderte vor ihnen. Von Paulus bis Thomas, von Augustinus bis zur katholischen Renaissance der oberitalienischen Stadtstaaten war klar, dass der Satz niemals bedeuten konnte, die Seele, die Gedanken oder den stummen Geist zu einer staats- oder gar kirchenfreien Zone zu erklären: „Caesar as well as the Church had a claim for the care of the soul."[503] Genau diesen Anspruch aber – das Sorgerecht für die Seele ihrer Bürger, Untertanen oder Schäfchen – bestreiten sowohl Hobbes wie die Puritaner den alten autoritären Institutionen. Weder die

---

[502] M. Weber, a.a.O., 89, 183 f, 235.

[503] Harvey C. Mansfield, „Modern and Medieval *Representation*", in: J. Pennock/John W. Chapman, *Representation*, New York: Atherton Press, 1968, 68.

Kirche noch der König ist für das Seelenheil zuständig.[504] Mit der je spezifischen Kombination von Individualismus und Egalitarismus – staatsunmittelbare Bürger hier, gottunmittelbare Menschen dort - waren beide, Hobbes und die Puritaner, ihrer Zeit weit voraus.

Für Hobbes gibt es nur noch eine einzige normative Voraussetzung des konstruktiven Naturrechts, die es dem Naturzustandsbewohner ermöglicht, den Naturzustand zu verlassen: das Prinzip der *gleichen Freiheit aller*. Es liegt schon dem ursprünglichen Naturzustand („primärer Naturzustand"), in dem jeder ein natürliches Recht (*ius, right*) auf alles hat und der deshalb mit dem Kriegszustand identisch ist, zugrunde. Im Übergang („sekundärer Naturzustand") in den *status civilis* wird das Recht auf gleiche Freiheit (nach dem Muster der goldenen Regel) zum Naturgesetz (*lex, law*) konkretisiert, das jeden verpflichtet, „sich mit soviel Freiheit gegenüber anderen zufrieden zu geben, wie er anderen gegen sich selbst einräumen würde."[505] In dieser, zum natürlichen Gesetz konkretisierten

---

504 Das hat natürlich die Puritaner nicht gehindert, entdeckte Gottesfeinde in der *eigenen* Sekte, der sie sich aber – so zumindest die Präsupposition – *freiwillig* unterworfen hatten (s. u.), auf die brutalste Weise zu verfolgen, zu stigmatisieren („scarled letter"), umzubringen, als Hexen zu verbrennen usw. In *diesem* Punkt unterscheiden sich Hobbes und die Aufklärung sehr von den religiösen Fanatikern der frühen Moderne.

505 Th. Hobbes, Leviathan, I, 14 (ed. Fetscher), a.a.O., 100; vgl. a. Ingeborg Maus, „Der Urzustand bei John Rawls", Man., Frankfurt 199, 15ff; Otfried Höffe, *Politische Gerechtigkeit*, Frankfurt: Suhrkamp 1987, 300ff (zur Stufung des Naturzustands bei Hobbes). Naturrecht (primärer Naturzustand: *ius*) und Naturgesetz (sekundärer Naturzustand: *lex*) verhalten sich bei Hobbes ganz ähnlich wie Verfassungsrecht und einfaches Gesetz bei uns. Das Nähere des Naturrechts (gleiches *ius in omnia*) regelt ein natürliches Gesetz. Alle natürlichen Ausgestaltungen des Naturrechts, die den Zweck haben, den *status belli* aufzuheben, stehen so unter einem *gleichheitssichernden* Gesetzesvorbehalt. An dieser protorechtsstaatlichen Prämisse wird sich auch nichts ändern, wenn dann im *status civilis* die natürlichen Gesetze zum Material staatlicher Gesetzgebung werden (s. u.).

Fassung ist das Naturrecht eine rein formale, operativ-konstruktive Erzeugungsregel, die einen Vertrag aller Naturzustandsbewohner untereinander möglich macht, in dem diese wechselseitig zugunsten eines Dritten, des „großen Leviathan", auf ihr natürliches Recht auf alles nach Maßgabe jener Regel – also nur auf das, was mit dem jeweils *größtmöglichen Maß ihrer reziproken Freiheit* verträglich ist – verzichten, um es ihm, dem Leviathan zu „übertragen".[506] Wer ist dieser Dritte? – Dieser Dritte, der Leviathan, der *Souverän* ist nicht mehr der von Gott eingesetzte, väterliche Monarch, wie noch bei Bodin und Hooker, sondern die *abstrakte Staatsmaschine*: „ein Kunstwerk oder ein künstlicher Mensch", so wie ihn das Titelbild, das Frontispiz des Hobbesschen Buches darstellt.[507] Er, der „große Leviathan" ist keiner der Naturzustandbewohner, sondern – das ist der eigentliche Witz der Vertragskonstruktion – ausschließlich ein dem Vertrag eines jeden mit jedem, und das heißt: allein dem vereinigten Willen der Vertragsunterzeichner entsprungenes Kunstprodukt, eben der Staat, der *status civilis*.[508]

Auf diesen, nur von ihnen selbst erzeugten Dritten, den Hobbes auch den „sterblichen Gott" nennt, können und müssen die calvinistischen Puritaner verzichten, denn seine Position ist

---

506 Das größtmögliche Maß reziproker Freiheit ergibt sich aus der Prämisse, dass jeder jedem nur „so viel" Freiheitseinschränkung freiwillig zugesteht, wie wechselseitig erforderlich ist, um den Umschlag in den *bellum omnes contra omnes* ausschließen zu können. Unverzichtbar ist aber so viel Handlungsfreiheit, wie sie zu einem *angenehmen* Leben und *gefahrlosen* Überleben erforderlich ist.

507 *Leviathan*, Einleitung, a.a.O., 5.

508 Deshalb ist der Vertrag kein Tauschvertrag, wie Ludwig Siep meint, aber er ist auch kein Begünstigungs- oder Schenkungsvertrag, wie Hobbes selbst meint, denn der Hobbesche „dritte Mann" ist etwas kategorial anderes als die Vertragsunterzeichner: ein von diesen erzeugtes *Amt*, keine Person. Vgl. L. Siep, „Vertragstheorie – Ermächtigung und Kritik von Herrschaft", in: Udo Bermbach / Klaus-M. Kodalle; Hg.; *Furcht und Freiheit*, Opladen: Westdeutscher Verlag 1982, 129ff.

bei ihnen bereits durch den unsterblichen Gott besetzt, dem sie – gemäß der von ihnen immer wieder zitierten Stelle des Alten Testaments – mehr Gehorsam schulden als den Menschen. Von ihm dürfen sie, die radikalsten Verfechter des Bilderverbots, sich – im Unterschied zum Hobbesschen Leviathan – kein Bild machen. Sie dürfen ihn selbstverständlich ebenso wenig mit den Mitteln ihres rationalen Verstandes konstruieren oder wenigstens – wie Hobbes es mit dem sterblichen Gott macht, rekonstruieren. Schon die rationale Erkenntnis Gottes, Kern der mittelalterlichen Theologie, ist ihnen Frevel. Durch dieses biblisch begründete Denkverbot unterscheidet die protestantische Ethik sich von der Theorie des Leviathan. Sie schließt deshalb anarchistische Konsequenzen keineswegs aus, aber sie muss solche Konsequenzen, eben wegen des zentralen Gedankens radikal eigenverantwortlicher, innerweltlicher Bewährung, keineswegs ziehen. Wie die Naturzustandsbewohner bei den Theoretikern des Gesellschaftsvertrags, von Hobbes über Locke, Rousseau, Kant bis Rawls, müssen auch die calvinistischen Puritaner ihre irdische Gesellschaft durch eigene Arbeit selbst erzeugen, ohne natürliche Vorgaben, ohne ontologisch rückversichertes Telos, ohne den tragenden Grund eines die Menschen und ihre Praxis übersteigenden Seins. In dieser Lage aber sind sie - angesichts des unendlichen Gottes – ebenso *frei und gleich* wie die Menschen im *status naturalis* der kontraktualistischen Sozialphilosophen. Gerade weil die calvinistischen Puritaner davon ausgehen, dass die „direkte Verbindung der Seele des einzelnen mit einem souveränen Gott ohne jegliches menschliches Dazutun zum Heil führe", muss die sichtbare, „leiblich" anwesende, irdische Gemeinschaft der Gläubigen von ihnen „als rein menschliche Vereinigung begriffen" werden.[509]

So wie von Hobbes und den Kontraktualisten Staat und Politik, so werden von den Puritanern sichtbare Kirche und Kle-

---

509 T. Parsons, *Das System der modernen Gesellschaften*, a.a.O., 65. Auch das ist eine lebenspraktische Total-Rationalisierung des Sakralen, die aus der calvinistischen Prädestinationslehre folgt und der Religion *in dieser Welt* eigentlich *nichts* mehr zu tun lässt.

rus jeglicher sakramentaler Heilsvermittlung beraubt und vollständig säkularisiert. In der unsichtbaren Kirche der reinen Seelen gibt es nur noch die einzelnen Seelenatome und ihren Gott. Komplementär dazu zerfällt die sichtbare menschliche Gesellschaft nicht mehr - wie bei Thomas von Aquin – in zwei, klerikal und sakralmental vermittelbare Schichten, sondern muss sich als *eine* Gesellschaft gleichermaßen freier Gottesgeschöpfe begreifen, die für die irdische Ordnung der Dinge ausschließlich selbst verantwortlich sind. Die Ordnungsleistung einer methodisch disziplinierten Lebensführung musste deshalb ganz dem souveränen Willen der einzelnen Subjekte entspringen und – im ersten Schritt „voluntaristischer Gemeinschaftsbildung" – die „autoritäre Sittenpolizei der Staats*kirchen*" durch die „auf freiwilliger Unterwerfung ruhende Sittenpolizei der *Sekten*" ablösen.[510] Die voluntaristische Gemeinschaftsbildung unpolitischer Sekten hat zwar ihr politisches Gegenstück in der nicht minder volontaristischen Staatsgründung pilzartig vereinzelter Naturzustandsbewohner, aber ihre immense ordnungsstiftende, Solidarität *unter Fremden* erzeugende Kraft *bleibt* vorstaatlich und ist von sich aus auch nicht in Staatsorganen repräsentierbar[511]. Der Wille des Puritaners ist so wenig vertretbar, wie derjenige des in Genf protestantisch sozialisierten Jean-Jacques Rousseau, gerade deshalb aber auf gemeindenahe Formen direkter Demokratie bestens vorbereitet, - wie sie noch vor Revolution, Konstitution und Staatsgründung in Amerikas protestantisch geprägten, ländlichen und kleinstädtischen Kommunen blühten, - den berühmten *townhall-meetings*

[510] M. Weber, a.a.O., 162.

[511] Vgl. Harvey C. Mansfield, „Modern and medieval Representation", in: J. Roland Pennock / John W. Chapman (Hg.), *Representation*, New York: Atheron Press 1968, 68f. In beiden Fällen, bei den Puritanern und bei Hobbes handelt es sich freilich um einen methodisch rational reflektierten Voluntarismus, das eine Mal ethischer, das andere Mal theoretischer Natur. *Ratio* und *voluntas* sind also keineswegs zu unversöhnlichen Gegensätzen verdinglicht wie später in der protofaschistischen, ganz unhobbesianischen Verfassungslehre Carl Schmitts.

der amerikanischen Urdemokratie. Gerade weil es sich *nicht* um korporative „Genossenschaften" im Sinne Gierkes oder gar traditionale „Gemeinschaften" im Sinne von Tönnies handelte, sondern um universalistische, posttraditionale und egalitär-individualistische Sekten, waren sie ungeheuer erweiterungs-, bewegungs- und netzwerkfähig, bis hin zum pragmatistisch säkularisierten Traum John Deweys von der *Great Democratic Community* und Rortys dazugehöriges Echo des „we liberals", „who try to extent the reference of us as far as we can".[512] Eine genuin moderne Idee radikaler *Demokratie* lässt sich aus den egalitär-individualistischen Prämissen der protestantischen Ethik also durchaus entwickeln, wie die Geschichte der amerikanischen *movements* ebenso eindrucksvoll belegt wie die des amerikanischen Pragmatismus. Aber ein demokratischer *Rechtsstaat* ist damit nicht zu machen. Um die puritanisch-pragmatistische Idee radikaler Demokratie mit einem repräsentativ organisierten, Recht setzenden und durchsetzenden System legaler Herrschaft (*Rule of Law*), ohne das es keine *positiven* Menschen- und Bürgerrechte gibt, zu vermitteln, bedarf es des Durchgangs der Demokratie durch den Leviathan. Das haben denn auch die „Männer der Revolution" (Hannah Arendt) verstanden und sich bei Verfassungsgebung, Staatsgründung und in den vor- und nachgeschobenen Selbstlegitimationen an ganz unpuritanische, römische Vorbilder und vor allem an die – Hobbes nur weiterentwickelnde – Vertragstheorie John Lockes gehalten, und sie haben sich am Republikanismusdiskurs der wenige Jahres später ausgebrochenen Französischen Revolution – am Gedanken der Volkssouveränität also – orientiert.[513]

Nicht bei den Puritanern und ihren pragmatistischen Erben, nicht in den – scheinbar – demokratischen Varianten altstän-

[512] John Dewey, *The public and its problems: the later works*, Carbondale: Southern Illinois University Press 1984; Richard Rorty, „Solitarity or Objectivity", in: J. Raichman / Cornel West (Hg.), *Post- and analytical Philosophy*, New York: Columbia University Press 1986, 3ff.

[513] Vgl. Peter Nicolaisen, *Thomas Jefferson*, Reinbek: Rowohlt 1990.

disch-korporatistischer Repräsentation (Althusius)[514], schon gar nicht im machiavellistisch modernisierten, altrepublikanischen Denken der oberitalienischen Renaissancestädte, sondern nur bei Thomas Hobbes und den Kontraktualisten findet sich die neue Idee politischer Gerechtigkeit, die das Gemeinwohl ausschließlich aus der Souveränität gleichermaßen freier Subjekte ableitet und die zwingende Herrschaft des Gesetzes von der Autorschaft der Gesetzesunterworfenen abhängig macht. Seine ganze *auctoritas*, die die Gesetze macht (*facit*), verdankt der Souverän der Autorisierung durch die von seiner Gesetzgebung betroffenen, einzelnen Bürger und niemandem sonst. In Ausübung seiner Souveränitätsrechte ist der Souverän an die ihm *unverfügbare* Fiktion des autorisierenden Einverständnisses aller Gesetzesadressaten gebunden.[515] Er stellt überhaupt nichts anderes dar. Weil ihm – rechtlich – nichts anderes vorgegeben ist als der Wille seiner Bürger, kann der Staat „keine eigenen Rechtszwecke" verfolgen, und sein Zweck erschöpft sich in der rein formalen, gesetzlichen Kompatibilisierung von deren Freiheitsrechten.[516] Subjektive Rechte werden durch die Aufhebung des substantiellen Naturrechts im souveränen Staat überhaupt erst erzeugt. Ausdrücklich betont Hobbes – und das geht weit über das Menschenrecht auf ein angenehmes Leben, das die Bürger auch im Staat nicht verlieren können,[517] hinaus, –

---

514 Vgl. Hasso Hofman, *Repräsentation*, Berlin: Duncker & Humblot 1974, 355ff; *Recht – Politik - Verfassung*, Frankfurt: Metzner 1986, 1ff, bes. S. 9ff, 19f, 23f, 29.

515 Jürgen Habermas, „Die klassische Lehre von der Politik in ihrem Verhältnis zur Sozialphilosophie". In: *Theorie und Praxis*, Frankfurt, Suhrkamp 1971, 79; vgl. a. Klaus Günther, „Juristen in Stahlgewittern der politischen Philosophie", in: *Rechtshistorisches Journal* 1993, 145f; Wolfgang Kersting, „Die Begründung der politischen Philosophie der Neuzeit im *Leviathan*", in: W. Kersting, Hg. *Thomas Hobbes*, *Leviathan*, a.a.O., 27.

516 I. Maus, *Zur Aufklärung der Demokratietheorie*, a.a.O., 154.

517 Th. Hobbes, *Leviathan* II, 21, 27, 28, übers. a. d. lat. Ausgabe, a.a.O., 194, 250, 259. Wer den Naturzustand qua Gesellschaftsvertrag verlässt, verzichtet auf „das Recht zur Selbstverteidigung", aber *nicht* darauf, sich selbst gegen jeden – auch gegen den, der

das *Recht auf subjektive Handlungsfreiheit* als eine Implikation der Herrschaft des öffentlich verkündeten und ordnungsgemäß erlassenen Gesetzes:[518] „Denn das *Gesetz* verpflichtet mich, zu

---

den Gesetzesbefehl des Souveräns ausführt - zu verteidigen, wenn das eigene Leben oder das naher Freunde und Verwandter auf dem Spiel steht (II, 28, a.a.O., 259). Schickt der Souverän mich in den Krieg, darf ich weglaufen, wenn ich erkenne, dass die Kugel mich treffen könnte (II, 27, a.a.O., 250). Dasselbe gilt im Fall der Todesstrafe (II, 21, a.a.O., 194). Und darüber hinaus sogar im Falle jedes „gewaltsamen Angriffs" (a.a.O.) der mir ein „angenehmes Leben" (vgl. a. II, 21, egl. Ausgabe, MacPherson, a.a.O., 264) unmöglich macht, im Prinzip also von jeder Strafe, die mich verletzt oder meiner Freiheit beraubt. Durch den Gesellschaftsvertrag kann niemand verpflichtet werden *und sich auch nicht selbst verpflichten*, „sich selbst anzuklagen" (a.a.O.). Das unverlierbare Menschenrecht auf Leben ist damit ausdrücklich als ein *unveräußerliches Recht* bestimmt: „Die Verpflichtung der Untertanen gegen den Souverän dauert nur so lange, wie er sie aufgrund seiner Macht schützen kann, und nicht länger. Denn das natürliche Recht, sich selbst zu schützen, wenn niemand anderes dazu in der Lage ist, kann durch keinen Vertrag aufgegeben werden." (II, 21, übers. Euchner, a.d. egl., ed. Fetscher, a.a.O., 171). In dem Augenblick, in dem mich im Gesellschaftszustand die begründete *Furcht vor einem gewaltsamen Tod* packt, ist dieser Zustand vom ursprünglichen Naturzustand nämlich nicht mehr zu unterscheiden, und das *ist* ein Zustand, *der nicht sein soll*: *exeundum esse* ...

518 Wer das Gesetz nicht kennt (z.B. ein Fremder, der aus einer ganz anderen Kultur kommt – Hobbes Beispiel ist ein Indianer), darf, wenn er es übertritt, nicht verurteilt werden. Es muss ihm persönlich bekannt gemacht und erklärt werden, dass es prozedural ordnungsgemäß vom Souverän erlassen wurde, sonst hat es keine Gesetzeskraft (*Leviathan*, II, 27, a.a.O., 245, 254). „Ignorance of the civil law shall excuse the man in a strange country, till it be declared to him, because till then, no civil law is binding." (II, 27, egl. Ausgabe MacPherson, a.a.O., 338). Die öffentliche Bekanntgabe des Gesetzes, ja sogar die aktuelle persönliche Kenntnis ist also *ius gentium*, ein umfangslogisch über die bloßen Bürgerrechte hinausgehendes Menschenrecht: „Befehle des Staates oder die bürgerlichen Gesetze verpflichten nur die zum Gehorsam, welchen sie *wirklich* bekannt gemacht wurden." (II, 26, lat. übers., a.a.O.,

handeln oder eine Handlung zu unterlassen, es legt mir also eine Verpflichtung auf; aber mein *Recht* ist eine mir durch das Gesetz belassene Freiheit, alles zu tun, was das Gesetz mir nicht verbietet, und alle Dinge nicht zu tun, die das Gesetz auch nicht von mir verlangt."[519] Auch das – ganz unpuritanische, aber höchst moderne – *Recht auf radikale Gedankenfreiheit* ist eine weitere Implikation der Herrschaft bloß *äußerlich* wirkender, nur die Handlungsfreiheit, die „corporal Liberty" einschränkender Gesetze. Nur noch zum Lippenbekenntnis, Brot sei Fleisch und Wein sei Blut, kann und darf der Souverän seine Bürger zwingen. Die Inquisition ist abgeschafft. Geständnisse dürfen nicht mehr mit der Folter erzwungen werden. Ob ich anarchistische, revolutionäre oder atheistische Gedanken hege, geht den Staat nichts an.[520] Das wäre für Sokrates oder Cicero undenkbar gewesen. Souveränität, positives Recht und subjektive Rechte sind gleichursprünglich: „Der neue Leviathan, der nach eigener Staatsräson verfährt und darin durch

---

231, meine Hervorhebg.). Denn: „war man außerstande, von einem Gesetz Kenntnis zu haben, so ist man völlig entschuldigt, weil es *für einen* noch kein Gesetz war". (II, 27, 250, meine Hervorhebg.) Das geht weiter als der Code Napoleon oder die Verfassung des letzten deutschen Kaiserreiches, die nur die potentielle Kenntnis verlangen: Vgl. Paul Labant, *Das Staatsrecht des deutschen Reiches*, 2. Bd., Tübingen: Mohr 1911, 81). Man hat, egal ob Staatsbürger oder Fremder, in einem Hobbeschen Staat *Rechte* und ist in dieser Hinsicht *im* Staat *als* Subjekt anerkannte Rechtspersönlichkeit: „Nur als Staatsglied im weitesten Sinne erkennt der moderne Staat jedem Menschen, der irgendwie seinem Herrschaftsbereich verfällt diese Eigenschaft zu - ist der Mensch Träger von Rechten." (Georg Jellinek, *System des subjektiven öffentlichen Rechts*, Aalen: Scientia 1979, 82.)

519 Thomas Hobbes, *Dialog zwischen einem Philosophen und einem Juristen über das englische Recht*, a.a.O., 72; vgl. a. *Leviathan*, II, 21, a.a.O., 189f, 196; egl. Ausg. MacPherson, a.a.O., 264.

520 Vgl. Leviathan, I, 14, II, 27, übers. der lat. Ausg., a.a.O., 127, 244, III, 37, übers. a. d. egl., Fetscher / Euchner, a.a.O., 340. Vgl. a. H. Brunkhorst, „Menschenrechte und Souveränität – ein Dilemma?", in: H. Brunkhorst / W. Köhler / M. Lutz Bachmann (Hg.), *Recht auf Menschenrechte*, Frankfurt: Suhrkamp 1999, 159ff.

das Naturrecht nicht mehr gehindert werden kann, erweist sich damit als wenigstens theoretisch unter Kontrolle, als gewollt, als bejahbar. Er dient dem Schutz individueller Rechte."[521] Die individuellen Rechte des Bürgers im Leviathan sind natürlich keine einklagbaren Rechtsansprüche gegen den Staat, sondern – mit einem Ausdruck Georg Jellineks – „Reflexrecht": „Reflexwirkungen objektiven Rechts".[522] Rechte im Sinne eines individualisierten Rechtsschutz*anspruchs* werden überhaupt erstmals in der französischen Deklaration der Menschen- und Bürgerrechte vom August 1789 in scharf individualistischer Form artikuliert, zu *einklagbaren* Ansprüchen aber werden sie überall erst im Verlauf des 20. Jahrhunderts.

Die einzige Voraussetzung der rechtsstaatlichen Grundidee des „Leviathan", individuelle Freiheitsspielräume dialektisch, nämlich durch gesetzliche Begrenzung zu ermöglichen, ist die Gesellschaft selbst. Der Gesellschaftsvertrag ist ein *Autorisierungs- und Konstitutionsvertrag*, weil durch ihn die souveränen Subjekte den staatlichen Souverän allererst aus sich herausstellen, ihn im Wortsinne produzieren, und die Pointe ist, dass das Kunstprodukt keinen *eigenen* Willen hat. Dieses schon in die Hobbesche Konstruktion eingebaute Moment *autonomer*, sich selbst das Gesetz gebender und nicht nur sich selbst behauptender Freiheit unterscheidet den Leviathan von der Mafia, die *potestas* des Souveräns von der *violentia*, der nackten Gewalt des Gangstersyndikats und – nebenbei bemerkt – die Hobbesche *authoritas* von der (tugend- und terrorgestützten – s. o. Kap. 3) *auctoritas* des alten römischen Senats.[523]

Mit der Idee einer selbstorganisierten, durch die Subjekte selbst produzierten Gesellschaft ist der Paradigmenwechsel vom alteuropäischen zum modernen Gerechtigkeitsverständnis vollzogen. Von der Bibel bis an die Schwelle der Neuzeit, von

---

521 N. Luhmann, „Subjektive Rechte", in: *Gesellschaftsstruktur und Semantik*, Frankfurt 1981, 58.

522 Georg Jellinek, *System der subjektiven öffentlichen Rechte*, Aalen: Scientia 1979, 69f.

523 Vgl. a.a.O. Höffe, „Authoritas, non veritas, facit legem", in: W. Kersting, *Thomas Hobbes Leviathan*, a.a.O., 254f.

Platon bis Thomas von Aquin, vom römischen Senat bis zum mittelalterlichen Konzil galt Gerechtigkeit als die vollkommenste und zugleich umfassende, höherstufige Tugend aller Tugenden. Sie stand über dem König, aber auch über dem Volk. Sie war das Ziel seines Weges, zu ihm hin musste es durch die von Natur besten, also den König, die Senatoren oder die Bischöfe, ge- und erzogen werden.[524] Gerechtigkeit im menschlichen Lebensvollzug wurde als mehr oder minder gelungene Repräsentation oder Darstellung bzw. „performance" des natürlichen Gattungswesens oder als gnadenvermittelter, irdischer Reflex des göttlichen Lichts verstanden. Der gerechte Mensch oder die gerechte Republik – ein Spiegel der ewigen Natur.[525]

Liest man vor diesem Hintergrund die 1971 erschienene Theorie der Gerechtigkeit von John Rawls, die den vorläufigen Endpunkt des kontraktualistischen Denkens darstellt, so springen die Unterschiede ins Auge. Die Gerechtigkeit hat ihre Perfektionsgestalt zugunsten eines subjekt- und vermögensinvarianten Procedere abgestreift. Statt die Totalität des Sittlichen zu verkörpern, verdankt sie ihre Existenz dessen Entzweiung in das Richtige und das Gute. Schließlich ist sie nicht länger der innerweltliche Repräsentant einer höheren, letztlich dem menschlichen Verstehen entzogenen Ordnung, sondern das Produkt unserer konstruktiven Intelligenz, das wir eben deshalb verstehen, weil wir es gemacht haben. Das formalisierte „Naturrecht" Kants oder des Rawlschen „Urzustands" (*original position*) steht immer noch über der Regierung aber nicht mehr über dem Volk, denn es bindet den Willen der Regierung an den des Volkes und schützt die Ausübung der Volksrechte vor

---

[524] Vgl. a. H. Mansfield, „Modern and medial representation", a.a.O., 77.

[525] Vgl. R. Rorty, *Der Spiegel der Natur*, Frankfurt: Suhrkamp 1981. Zum „performance"-Aspekt virtuoser Tugendrepräsentation in der heidnischen Polis vgl. die nach wie vor unübertroffene Analyse von H. Arendt, *Vita activa*, München: Piper, 1981; dazu auch knapp: H. Brunkhorst: *Hannah Arendt*, München: Beck, 1999, 116ff; umfassend: D. Villa, *Arendt and Heidegger*, Princeton: Univ. Press 1996

dem Missbrauch der Regierungsgewalt. Die Ablösung von Perfektion durch Prozess, Einheit durch Differenz, Repräsentation durch Konstruktion beginnt in der Geschichte des politischen Denkens mit Thomas Hobbes und setzt sich über Locke, Rousseau, Kant, Marx, Dewey usw. bis Rawls, Habermas usw. fort.

Der Wandel *im* Begriff der Gerechtigkeit ist Resultat eines tiefgreifenden Paradigmenwechsels in der Rechts-, Staats- und Sozialphilosophie, die sich *von* ihrem Zentralbegriff der Gerechtigkeit abwendet, um sich der Freiheit als der - wie wir gesehen haben – „letzten Angel (...), auf der der Mensch sich dreht" (Hegel), zuzuwenden. Allegorisch sichtbar wird das daran, dass die Gerechtigkeit auf den Bildern der guten Herrschaft vom Zentrum an den Rand rückt und ihre Waage fortan nur noch für die Spezialfunktion der Rechtsprechung schwingt.[526] Statt dessen erscheint die Freiheit, *libertas* als *liberté* mit roter Jakobinermütze im Zentrum der revolutionär dynamisierten Bilderwelt (Delacroix). Während auf Lorenzettis Freske, „Allegorie der guten Regierung", die er Mitte des 14. Jahrhunderts ins Rathaus von Siena gemalt hat, die Kordel der Eintracht (*Concordia*) von der natürlichen bzw. göttlichen Gerechtigkeit (*Justitia*) gesponnen und von den versammelten Bürgern ergriffen wird, um diese dann als Fessel dem Herrscher um den Arm zu legen, sind die Bürger auf dem Titelblatt des Hobbeschen „Leviathan" in den Körper der mächtigen Herrschergestalt eingedrungen und „bilden buchstäblich selbst die Hoheitsgewalt, die ohne sie als deren Bausteine nicht aufragen würde über dem Land."[527] *Rex est populus*, schreibt

---

[526] Vgl. H. Hofmann, *Bilder des Friedens oder die vergessene Gerechtigkeit*, München: Carl Friedrich von Siemens Stiftung 1997, 49ff.

[527] H. Hofmann, a.a.O. 35; vgl. a. H. Bredekamp, *Thomas Hobbes Visuelle Strategien*, Berlin: Akademie 1999; R. Brandt, „Das Titelblatt des *Leviathan* und Goyas *El Gigante*", in: U. Bermbach / K.-M. Kodalle (Hg.), *Furcht und Freiheit*, Opladen: Westdeutscher Verlag 1982, 201, 231; zu Lorenzettis Freske vgl. a. Q. Skinner, „Ambrogio Lorenzetti: The Artist as Political Philosopher", in: H. Belting / D. Blume (Hg.) *Malerei und Stadtkultur*, München: Hauser, 85ff, bes. 92-94.

Hobbes.[528] Mithin bewirken offenbar allein die Bürger selbst, „was ihnen durch die Herrschaft geschieht".[529]

So bricht das Sinnbild des Leviathan mit dem elitären Repräsentationsgedanken Alteuropas. Der König (oder eine Bürgeraristokratie) ist jetzt nicht länger zugleich Repräsentant eines jeden, also für alle gleichermaßen da, *und* der erlesene, perfekte Teil des Ganzen, der als Repräsentant oder Darsteller der Wesensvollkommenheit des politischen Lebewesens alle anderen an tugendhafter Tüchtigkeit überragt und deshalb ihr legitimer Herrscher ist.[530] Der Leviathan „bedeutet theoretisch das Ende (...) des einst im Horizont naturgegebener Funktionsverteilung damit gefassten Pars-pro-toto-Gedankens".[531] Der besagte, dass der Teil (König) ein *selbstständig*, als *eigene* Willenseinheit vom Ganzen (Volk) verschiedener, aus ihm herausragender (= der beste Teil) desselben ist, - exemplarisch erörtert auf den ersten Seiten der aristotelischen „Politik".[532] Das aristotelische Führungsteil ist mit dem Ganzen zugleich identisch und nicht identisch – ein Gedanke, so schwer zu verstehen wie die Hegelsche Dialektik. Als eigenständiges Teil beherrscht es alle anderen *und* repräsentiert sie, stellt sie in ihrer eigentlichen Wesensvollkommenheit (= Natur i. S. des klassischen, teleologischen Naturbegriffs) dar. Legitmiert ist seine Herrschaft in letzter Instanz nicht durch den Gemein*willen* oder den Willen des Volkes, sondern durch Übereinstimmung des königlichen Handelns (Praxis) mit einer zeitlosen Naturordnung (Korrespondenztheorie der Wahrheit) bzw. dem transzendenten göttlichen Willen (Weltplan). Anders in der

528 *De cive* 12/8.

529 H. Hofmann, a.a.O., 35f.

530 Vgl. H. Hofmann, „Repräsentation, Mehrheitsprinzip und Minderheitenschutz", in: *Verfassungsrechtliche Perspektiven*, a.a.O., 162f.

531 H. Hofmann, *Repräsentation*, a.a.O., 391. H. Mansfield schreibt: Die mit Hobbes beginnende „modern debate assumes that the people are a whole to *be* represented by their government, while the medieval debate assumes that the people are a part to be represented *to* their government." (A.a.O., 79).

532 Aristoteles, *Politik*, 1252a-1253a.

modernen Theorie. Das repräsentierende Teil steht nicht mehr *für* das Ganze („government *for* the people"), sondern *vertritt* es lediglich als *dessen* unselbstständiger Repräsentant („government *through* the people").[533] Das Volk hat ihn selbst gewählt und kann ihn jederzeit abwählen oder auch selbst direkt regieren („government *by* the people"). Während in Lincolns berühmter Formel „government for the peoble, by the people, through the people" das „for" noch auf den alten Repräsentationsgedanken verweist, steht das „by" (= Bindung der Mandatsträger an die Volkswahl bzw. direkte Volksentscheide im Rahmen der Gewaltenteilung) ebenso wie das „through" (= Repräsentation als Mittel der Realisierung des Volkswillens) für den modernen Repräsentationsgedanken.[534] Dieser Gedanke ist bei Hobbes zum ersten Mal in aller Deutlichkeit vorhanden und insofern eine ideengeschichtliche, wissenschaftliche Revolution.[535]

Die Differenz der Hobbeschen Staatslehre auch noch zum Absolutismus des gesalbten und von oben legitimierten Sonnenkönigs, der sich wie der Phönix aus der Asche seines Vorgängers erhebt, wird schon auf dem Frontispitz klar erkennbar. Der riesenhafte Leviathan reicht zwar bis in den Himmel, „aber seine Basis bleibt das Erdrund. Sein Körper besteht nicht aus der Asche seines Vorgängers, sondern aus der Gemeinschaft von Menschen, und sein Kopf wird nicht von Sonnenstrahlen erhoben, sondern durch die Vernunft der Civitas."[536] Das nach den Direktiven von Hobbes in Kupfer gestochene allegorische

---

[533] Vgl. z. B. Richard Thoma, „Das Reich als Demokratie", in: Gerhard Anschütz / Richard Thoma, Hg. *Handbuch des deutschen Staatsrechts*, Bd. 1, Tübingen: Mohr 1932, 193.

[534] Vgl. Friedrich Müller, *Fragment (über) Verfassungsgebende Gewalt des Volkes*, Berlin: Duncker & Humblot 1995, 11, 13.; Vgl. zu Lincoln auch: H. Brunkhorst, *Demokratie und Differenz*, Frankfurt: Fischer 1994, 146ff; ders. „Sind Menschenrechte Aporien?", in: *Kritische Justiz*, 3 / 1996, 342f

[535] Zum Begriff der wissenschaftlichen Revolution: Thomas S. *Kuhn, Die Struktur wissenschaftlicher Revolutionen*, Frankfurt: Suhrkamp 1967.

[536] H. Bredekamp, a.a.O., 116.

Bild stellt das klassische Naturrecht vom Kopf auf die Füße: „As divine right is government from on high, modern representation is government from below."[537] Königliche Repräsentation ist die Form, die das Volk sich im Gesellschaftsvertrag selbst gegeben hat: „Eine Menge von Mensch wird zu *einer* Person, wenn sie von einem Menschen oder einer Person vertreten wird und sofern dies mit der besonderen Zustimmung jedes einzelnen dieser Menge geschieht." Freilich ist es „die *Einheit* des Vertreters, nicht die *Einheit* der Vertretenen, die bewirkt, dass *eine* Person entsteht."[538] Die Differenz, die den Leviathan von totalitärem „Identitätsdenken" (Adorno) bewahrt, bleibt also erhalten, aber nicht als soziale Differenz zwischen Personen verschiedener Natur, sondern als funktionale Differenz zwischen dem Volk und *seinen* Organen, - so wie ja auch noch der Art. 20, 2 des deutschen Grundgesetzes, zwischen dem „Volk", von dem alle Staatsgewalt ausgeht und der Ausübung dieser Gewalt in besonderen „Organen" unterscheidet. Freilich, und hier liegt die Differenz, die das Grundgesetz vom Leviathan und den demokratischen vom autokratischen Rechtsstaat trennt: Das Volk *selbst* stellt *im* Hobbeschen Staat überhaupt keine von seinem Repräsentationsorgan unterschiedene *Einheit* mehr dar, sondern existiert (nach Abschluss des Vertrages) nur noch als „Menge" (Hobbes). Als „Einheit", d.h. als „Volk"[539] existiert es nur in seinem Repräsentativorgan. Auch das kann man auf dem Frontispitz *sehen.* Deshalb *kann* es – egal ob der Souverän der König oder das Volk selbst ist – im Hobbeschen Staat niemals *als* Wahlvolk aktiv werden, um seine Repräsentanten zu wählen oder abwählen. Es gibt hier kein „government *by* the people".

Trotz des expliziten Ausschlusses demokratischer Repräsentation begründet das Bild des Leviathan „die Imago der Staatsmacht ohne Mithilfe des Himmels", und der gewaltige Staatsriese „definiert innerweltliche Ansprüche, die nicht nur vom Souverän ausgehen, sondern auch an ihn gerichtet werden. Um

---

537 H. Mansfield, a.a.O., 72.

538 Th. Hobbes, *Leviathan*, Hg. I. Fetscher, a.a.O. Kap. 16, 125.

539 Vgl. Th. Hobbes, *De cive*, 6, 1; a.a.O., 130ff.

einen Souverän zu imaginieren, dem weder Gott noch die Sonne noch die Geschichte die Legitimation verleiht, kommt Hobbes auf die egalitäre Versammlung von Menschen, die sich im Leviathan entäußern, um von dessen Übermacht den Frieden zu erhalten." [540] Damit bricht Hobbes der alteuropäischen Perfektionshierarchie die Spitze ab und egalisiert das Repräsentationsprinzip. Das alte Herrschaftsprivileg: *Quod licet Jovi, non licet bovi*[541] – gilt nicht mehr. Was der König per Gesetz seinen Untertanen antut, das tut er nicht mehr als einer, der das darf, weil er etwas Besseres und Höheres darstellen würde als alle anderen, denn er stellt nur noch deren eigenen Willen dar. Damit wird schon im Bild des Leviathan auch die frühfunktionalistische Analogie des Johannes von Salisbury (s. o. Kap. 3) zwischen *imperium* und menschlichem Körper radikal uminterpretiert, denn der König ist jetzt nicht länger das Haupt oder das Herz (*pars pro toto*) des Körpers, sondern Souverän ist der ganze Körper. „Hobbes' sovereign", schreibt Harvey Mansfield, „even if he is a monarch, was no better than any other man before he was chosen as a representative; and modern representation follows Hobbes' analogy. Modern representative government is not part of the community which it represents, and modern *representatives* in their private capacity are mere members of the people that first consent to *government*."[542] Die Regierung ist ein bloßes Kunstprodukt des vereinigten Willens der Repräsentierten, und die Repräsentanten sind nicht mehr der bessere Teil des Ganzen und deshalb zugleich dieses Ganze in seiner natürlichen Perfektionsgestalt, sondern Leute wie andere Leute auch. „The medieval representative constitutes part of the community he represents, whereas the modern representative is made entirely by his ‚constituents'.[543] Der egalitäre Charakter des Leviathan wird nicht zuletzt dadurch bekräftigt, dass das (aristotelische) *Gattungswesen*, das die Einzelnen umfasst *und* überragt, von dem nüchternen Pragmatiker

---

540 H. Bredekamp, a.a.O., 117.

541 Was Jupiter erlaubt ist, ist dem Ochsen noch lange nicht erlaubt.

542 H. Mansfield, „Modern and Medieval Representation", a.a.O., 80.

543 A.a.O.

Hobbes *avant la lettre* durch den Begriff einer *Population* von Individuen abgelöst wird, die diesen zwar die eigene Einheit, aber kein höheres Wesen mehr vorgibt, so dass die Rechtsvernunft fortan als die „Landstraße“ erscheinen kann, „wo jeder geht, wo niemand sich auszeichnet.“[544] Legitimität gewinnt die neue Form der Repräsentation nicht mehr aus einer höheren Gerechtigkeit, die das Band der Eintracht – wie auf Lorenzettis Allegorie – zu den Bürgern herablässt, so dass diese es nur noch aufgreifen müssen, sondern einzig und allein aus der Unterstellung, dass diese selbst die Autoren des Gesetzes sind. Der Gesetzestext ist *ihr* Text, von ihnen ursächlich produziert, aus ihrem eigenen Entschluss herausgestellt. „No Law can be unjust.“[545] Aber dieser Satz gilt nur deshalb, weil die Bürger selbst es so gewollt haben. Das gibt nun auch dem alten Satz des römischen Familienrechts, der schon im Hochmittelalter korporationsrechtlich politisiert worden war (s.o. Kap. 3): *Quod omnes tangit, ab omnibus approbetur*[546], eine neue egalitär-demokratische Bedeutung. Nicht länger gilt, dass *nur das*, was alle betrifft, auch alle entscheiden sollen und alles übrige – das wirkliche wichtige – der König, sondern schon in der Hobbeschen Version heißt der entsprechende Satz, dass „jede Handlung“ (Hobbes) der Regierung durch den vereinigten Willlen aller, also durch das „Volk“ autorisiert sein muss.[547] Hier gibt es *keine Ausnahme*.

No Law can be unjust. – Mit gutem Grund erscheint die Gerechtigkeit in der Hobbeschen und den ihm folgenden kontraktualistischen Begründungen legaler Herrschaft nurmehr negativ

---

544 G.W.F. Hegel, *Grundlinien*, a.a.O., § 15, Zusatz. Der Begriff der „Population“, der später nicht zufällig in der Evolutionstheorie Karriere gemacht hat, stammt aus dem 18. Jahrhundert, ist aber der Sache nach bereits bei Hobbes verfügbar. Kant und Hegel sind mit dem Begriff des Gattungssubjekts dahinter zurückgefallen.

545 Th. Hobbes, *Leviathan*, London: Penguin 1981 (1668), Chapter. 30, 388.

546 Was alle betrifft, müssen alle entscheiden.

547 Th. Hobbes, *Leviathan*, 16. und 18. Kap., ed. Fetscher, a.a.O., 126, 139.

immer wieder in der Gestalt einer doppelten Negation. Das Recht entsteht reflexiv-procedural aus der Negation des Rechts.[548] Naturrecht schlägt in Unrecht zurück, weil es – in direkter Umkehr der Tradition – *imperfekt* ist.[549] Ihm fehlt die Positivität des bewussten – Kant wird sagen: „vernünftigen" – Willens. Das alte, bloß substantiell rationale Naturrecht ist nicht rational genug, weil es den Willen der von ihm Betroffenen so unter sich subsumiert, *als wäre er etwas seiner Rationalität Fremdes*. Die neue, freiheitsbasierte Gerechtigkeitsidee, die von Hobbes bis Kant in allen ihren Konsequenzen ausbuchstabiert wird, vollzieht hier die kopernikanische Wende, indem sie die Rationalität des Rechts aus dem Willen *als sein Eigenes* ableitet und mit dieser Operation das Recht in das „Dasein des freien Willens" (Hegel) verwandelt.[550] „Weil in einem Staat, welcher freiwillig errichtet wurde, jeder von denen, die dem einen die höchste Gewalt übertrugen, sich als Urheber („*Author*") aller der Handlungen dieses einen ansehen muss, ist klar, dass der Oberherr keinem von diesen Unrecht tun kann: denn was er tut, tun sie selbst. Sich selbst aber kann niemand Unrecht zurfügen. (Im lateinischen Text: *Sibi ipsi iniuriam facere nemo potest*)."[551] Rousseau und Kant werden – nun freilich zur Begründung faktischer Volkssouveränität – diese Formel aufgreifen und in ihren eigenen Worten wiederholen. Sofern die Gesetze nichts anderes sind als „die Verzeichnisse unseres Willens", schreibt Rousseau, können sie „nicht ungerecht sein, da niemand gegen sich ungerecht ist."[552] Die gesetzgebende Gewalt kann deshalb und nur deshalb keiner anderen

---

[548] Manfred Riedel, „Zum Verhältnis von Ontologie und politischer Theorie bei Hobbes", in: R. Koselleck / R. Schnuur (Hg.), *Hobbes-Forschungen*, Berlin: Duncker & Humblot, 1969, 115.

[549] J. Maus, *Zur Aufklärung der Demokratietheorie*, a.a.O., 152f.

[550] G. W. F. Hegel, *Rechtsphilosophie*, § 29, a.a.O., 80.

[551] Th. Hobbes, *Leviathan*, Stuttgart: Reclam 1980, 18. Kapitel, 160; in der englischen Edition von MacPherson, London: Penguin 1981 (1668), 232; die lateinische Version: London: Jonatan Bohn, MDCCXLX, 135

[552] H. J. Rousseau, *Contract Social* II, 6, Stuttgart: Reclam 1986 (1762), 41.

Instanz zukommen als dem „vereinigten Willen des Volkes“, weil nur das, so auch Kant mit doppelter Negation, was jeder „über sich selbst beschließt“, „nie“ „unrecht“ sein kann, und Kant fügt hinzu: *volenti non fit iniuria.*[553]

Der Bruch mit der aristotelischen Konzeption ist vielleicht an keiner Stelle deutlicher als hier. Das Argument: *volenti non fit iniuria* findet sich schon in der Nikomachischen Ethik. Aber Aristoteles verwendet es gerade nicht, um die Gültigkeit des öffentlichen Rechts aus der individuellen Freiheit der Rechtsgenossen abzuleiten, sondern um die Sphäre sozialer Herrschaft, die der Hausherr – der *Oikosdespot* – über „das Seine“ (Sklaven, Frauen, Kinder, zahme Tiere) ausübt, aus dem Bereich, in dem es im engeren Sinn um Recht und Gerechtigkeit geht, *auszugrenzen.* Sklaven, Kinder und Frauen sind „Teil“ der Herrschaftsperson, und „gegen die eigene Person“, so Aristoteles, „kann es keine Ungerechtigkeit geben.“[554] Aus dieser doppelten Negation folgt aber – anders als bei Hobbes, Kant, Rousseau – keineswegs die Begründung einer Sphäre eigenen Rechts oder gar die Legitimation der Legalordnung, sondern das genaue Gegenteil: dass es, wo es kein Unrecht gibt, „auch kein Recht“ geben kann „wie unter Angehörigen des Gemeinwesens.“[555] Rechtsverhältnisse, in denen sich die vollkommenste Tugend ausdrückt, kann es nur zwischen potentiell vollkommenen Wesen geben, und das können - "ihrer Natur nach“ – nur diejenigen sein, die als freie Herren über Haus und Hof verfügen.[556] Die anderen sind keine „Angehörigen des Gemeinwesens“ und deshalb keine Rechtspersonen im eigentlichen Sinn von Recht und Gerechtigkeit.

Wird hingegen, wie bei Hobbes, Rousseau, Kant und in allen modernen Rechtsordnungen, der Gesetzesbegriff mit dem staatlichen Gewaltmonopol verbunden und in seiner positiv rechtlichen Geltung auf die gesamte Bevölkerung eines Landes

---

553 I. Kant, *Metaphysik der Sitten*, Rechtslehre § 46, ed. Weischedel, Frankfurt: Suhrkamp 1971, 432.

554 Aristoteles, *Nikomachische Ethik*, 1134b.

555 a.a.O.

556 a.a.O.

ausgedehnt, dann muss die Formel, dass man sich selbst kein Unrecht tun könne, zur Begründung allen Rechts durch den Willen eines jeden Gesetzesunterworfenen generalisiert werden. Soll Recht kein Unrecht sein, dann ist die Zwangsgewalt, die von ihm ausgeht, dann und nur dann gerechtfertigt, wenn auch auf der Eingabeseite der Urheberschaft des Gesetzes niemand ausgeschlossen ist. Die Sprengkraft dieses Prinzips zeigt sich daran, dass fortan jede Einschränkung begründungspflichtig wird und jede dieser Begründungen im Lauf der Zeit der Überprüfung und Revision durch das „Volk" ausgesetzt ist. Bei Hobbes bleibt die Aktivbürgerschaft, das Volk als Souverän fiktiv. Zwar hat Hobbes nur das Argument der Selbstgesetzgebung, um die Herrschaft des Gesetzes zu rechtfertigen. Aber eine Selbstgesetzgebung, die *nie* ausgeübt wird, ist so gut wie eine Kompetenz ohne Performanz, eine Latenz ohne Manifestation, eine Möglichkeit ohne Wirklichkeit. Sie existiert nicht, sie ist nicht erkennbar, sie ist ein leeres Versprechen. Erst durch Volkssouveränität wird Freiheit zum Ernstfall.

6. Kapitel: Demokratisierung der Souveränität

Ernst gemacht mit der Demokratisierung der Souveränität hat als erster – in der Theorie – Baruch Spinoza (1632-1677). Yirimiyahu Yovel hat ihn den Marranen der Vernunft genannt.[557] Die Marranen waren spanische Juden, die sich im Schatten der Inquisition genötigt sahen, Christen zu werden, jedoch heimlich Juden blieben, dabei im Lauf der Generationen das Judentum und seine Bräuche aber immer mehr vergaßen oder uminterpretierten, so dass sie am Ende weder Christen noch Juden waren und von beiden verfolgt wurden. Um 1600 sind Spinozas Eltern vor der spanischen Inquisition nach Holland, in das damals liberalste Land Europas emigriert. Als Jude marranischer Herkunft hat Spinoza eine rationalistische Philosophie entwickelt, die aus der gefährdeten Existenz *zwischen* den religiösen Strömungen Europas die aufklärerische Konsequenz eines nur noch auf Vernunft gegründeten Lebens zog, den Vernunftbegriff aber nicht mehr (wie Augustinus in der Tradition Platons, Plotins und der Stoa) einer Naturteleologie oder einem Gottesbegriff jenseits der Erscheinungswelt entspringen ließ, sondern mit der Immanenz dieser Welt identifizierte. Ausgehend von Descartes Methodenideal – *clare et distincta* will er, wie er immer wieder versichert, alles beweisen – hat Spinoza den Dualismus des cartesischen Denkens (*res extensa* vs. *res cogitans*) als erster radikal überwunden und die göttliche Vernunft als „existierende Idee" (Hegel) gedacht, die sich in der Welt – im „Abenteuer der Immanenz" (Yovel) – selbst verwirklicht. „Die denkende Substanz und die ausgedehnte Substanz sind eine und dieselbe Substanz. (...) Ein in der Natur existierender Kreis und die Idee eines existierenden Kreises ist

---

[557] Yirimiyahu Yovel, *Spinoza. Das Abenteuer der Immanenz*, Göttingen: Steidl 1996.

ein und dasselbe Ding."[558] Die Substanz (Gott) ist eine und unendlich, aber nur in den einzelnen Dingen anwesend oder verkörpert. Individualismus und Universalismus sind – in der ganzen Natur – zwei Seiten derselben Medaille.[559] Auch die Menschen existieren als Individuen (Einzeldinge) und sind als solche je eigene Verkörperungen der unendlichen Vernunftsubstanz. Das hat u.a. zur Konsequenz, dass Zwecke nicht in der Natur existieren, sondern nur in den Praktiken solcher Individuen, die imstande sind, sich selbst Zwecke vorzunehmen.[560] Teleologie verwandelt sich in eine Serie menschlicher Projekte.

Als Spinozas politisches Hauptwerk, der „Tractatus Theologico-Politicus" 1670 – aus Gründen politischer Vorsicht anonym – in Amsterdam erschien, war Hobbes schon ein alter Mann, aber er hat das Buch noch gelesen und seinen Mut bewundert.[561] Spinoza argumentiert staatstheoretisch zwar weitgehend auf der Grundlage des „Leviathan", aber er versucht, den Hobbeschen Rechtsstaat mit der Idee radikaler Demokratie zu vermitteln. Er war der erste Theoretiker der Volkssouveränität. Spinozas Definition der Demokratie nimmt diejenige Rousseaus – Rousseau spricht freilich aus guten Gründen (s.u.) nicht von Demokratie, sondern von Republik – fast wörtlich vorweg. Die „demokratische Regierung, schreibt Spinoza, in der „alle sich selbst, und keiner seinesgleichen dient", weil die „ganze Gesellschaft" „gemeinschaftlich die Regierung in der Hand behält", ist „die natürlichste" von allen, denn sie kommt „der Freiheit, welche die Natur jedem einzelnen gewährt, am näch-

---

558 Baruch de Spinoza, *Ethik*, II, 7. Lehrsatz, Anm., s.a. 11. Lehrsatz, III, 11. Lehrsatz, Anm., zit. n. d. dt. Übers. Leipzig: Reclam 1975, 88, 95, 170f.

559 Spinoza, *Ethik*, II, 13, 7. Hilfssatz, Beweis, a.a.O., 105: Die „ganze Natur" ist „Ein Individuum", „dessen Teile, d.h. alle Körper auf unendliche Weise verschieden sind, ohne irgendwelche Änderung des ganzen Individuums."

560 *Ethik* I, Anhang, a.a.O., 73: „Um nun aber zu zeigen, dass die Natur sich keinen Zweck vorgesetzt hat und dass alle Zwecke nichts als menschliche Einbildung sind, bedarf es nicht viel."

561 Vgl. Steven B. Smith, *Spinoza, Liberalism, and the Question of Jewish Identity*, New Haven: Yale Univ. Press 1997, 11.

sten (...). Denn bei ihr überträgt niemand sein Recht derart auf einen anderen, dass er selbst fortan nicht mehr zu Rate gezogen wird; vielmehr überträgt er es auf die Mehrheit der gesamten Gesellschaft, von der er selbst ein Teil ist. Auf diese Weise bleiben alle gleich, wie sie es vorher im Naturzustand waren."[562] Wie bei Rousseau repräsentiert der Mehrheitswille den Willen eines jeden, und der Naturzustand wird durch den vertraglich vereinbarten Gesellschaftszustand zu etwas Gewolltem, sodass das ihm innewohnende Prinzip gleicher Freiheit durch den tatsächlichen Vollzug gemeinschaftlicher Selbstgesetzgebung realisiert werden kann.

Das war weit weg von der holländischen Realität des 17. Jahrhunderts. Wollten die fanatischen Calvinisten Amsterdam in ein neues, sakral-klerikales Jerusalem verwandeln, so war Spinozas Rolle eher die eines säkularen Messias diesseitiger Erlösung. In gewisser Weise war er der Messias des säkularen Nationalstaates. Richteten sich die religions- und theokratiekritischen Passagen seines Werks offiziell gegen den Herrschaftsanspruch der Rabbiner und die israelitische Theokratie, so galt die für die Zeitgenossen leicht erkennbare, hinter der Kritik an den Juden verdeckte Stoßrichtung seiner Polemik den niederländischen Calvinisten auf der einen, der Papstkirche auf der anderen Seite. Für Spinoza war Jan de Witt's Amsterdam zumindest *on the road* zu einem *anderen*, ganz und gar weltlichen Jerusalem.[563] Den calvinistischen Exodus in den neuen Gottesstaat konterte Spinoza mit dem Exodus in den modernen Nationalstaat, und in dieser Hinsicht war er viel radikaler als der Realpolitiker Jan de Witt. Als Spinozas Schrift erschien, war Jan de Witt – ähnlich wie seinerzeit Perikles in Athen – noch der ziemlich unumschränkte Herrscher Amsterdams und

---

562 Spinoza, *Theologisch-politischer Traktat*, Hamburg: Meiner 1984, 85 (5. Kap.), 240 (16. Kap.). Die Parallelstellen bei Rousseau und Kant finden sich: Jean-Jaques Rousseau, *Contract social* I, 6; II, 6, dt. Übers. Stuttgart: Reclam 1991, 17f, 41; Immanuel Kant, *Metaphysik der Sitten*, Werke VIII, Frankfurt: Suhrkamp 1977, Rechtslehre § 47, S. 434.

563 Vgl. St. B. Smith, a.a.O., 121ff.

des Verbunds holländischer Republiken. Er war ein republikanischer Bewunderer von Thomas Hobbes und hat Spinoza vor den erregten Attacken klerikaler Kreise, die in ihm den Autor des gotteslästerlichen „Tractatus" vermuteten, geschützt. Aber als de Witt 1672 gestürzt und von der wütenden Menge bestialisch ermordet wurde, war es vorbei mit der niederländischen Liberalität. Zwei Jahre später kam das Buch zusammen mit den Werken von Hobbes auf den Index.

War für Hobbes der Bürgerkrieg die entscheidende politische Erfahrung seines Lebens, so für Spinoza das Schicksal einer doppelten Ausgrenzung. Er sah sich ganz persönlich in einen gesellschaftlichen Naturzustand zurückversetzt, aus dem es für ihn nur einen Ausweg gab: Das Vertrauen in die Macht der eigenen Vernunft. Die für die Theoretiker des Gesellschaftsvertrages typische doppelte Codierung des Naturzustands, einerseits – in Umkehr des klassischen Naturbegriffs (s. o. Kap. 2) – eine imperfekte, „höchst elende" (Spinoza) Ordnung darzustellen, andererseits diejenigen vernünftigen Normen zu enthalten, die – methodisch richtig angewandt – aus ihm herausführen sollten (s.o. Kap. 5), hat Spinoza als seine höchst individuelle, „existentielle Situation" (Sartre), die den „Entwurf" (Sartre) seines Lebens bestimmen sollte, erfahren. Spätestens als er 1656 aus der jüdischen Gemeinschaft verstoßen wurde, war ihm klar, dass er sich allen religiösen Traditionen Alteuropas radikal entfremdet hatte und es keinen Weg zurück gab, denn er verschmähte es, zu Kreuze zu kriechen und sich taufen zu lassen. „Er wurde", schreibt Heinrich Heine, „feierlich ausgestoßen aus der Gemeinschaft Israels und unwürdig erklärt, hinfüro den Namen Jude zu tragen. Seine christlichen Freunde waren großmütig genug, ihm diesen Namen zu lassen."[564]

So war Spinozas Lebens mit der politisch-theologischen Verfassung der damaligen Welt unvereinbar geworden, und er konnte sich nur retten, indem er, Genosse einer Zeit im Um-

[564] Heinrich Heine, „Zur Geschichte der Religion und Philosophie in Deutschland", in: *Sämtliche Werke* IX, München: Kindler 1964, 210.

bruch, Ideen aus sich „hervorgetrieben“ hat, „welche über die Ideen des ganzen alten Weltzustands“ (Marx) hinausführten.[565] Selbst in einem religiös toleranten Gemeinwesen wie den Niederlanden unter de Witt konnte er *nur* als Mitglied einer Religionsgemeinschaft, und nicht ohne Synagoge, Kirche oder Sekte leben. Er aber wollte in seiner öffentlichen Existenz nur Bürger der Vereinigten Niederlande und damit eines – damals noch inexistenten – modernen, laizistischen Verfassungsstaats sein. Aus *dieser* Perspektive war nicht erst der Bürgerkrieg, sondern schon der bestehende Gesellschaftszustand der *status naturalis*. Auch als verstoßener Jude blieb Spinoza für die christlichen Vollbürger Träger des „allgemeinen Namens“ Jude, und als solcher blieb ihm der volle Genuss der Bürgerrechte verwehrt. Diese Negativerfahrung drückt der Lehrsatz 46 des II. Teils der *Ethik* in scientistischer Unterkühlung aus, und er antizipiert damit Adornos – auf das Grauen des 20. Jahrhunderts gemünzte – Kritik an der „Herrschaft“ der Allgemeinbegriffe und dem sozialen „Identitätszwang“, der das „Nichtidentische“, die Freiheit des individuellen Subjekts zu vernichten droht:

> Wenn jemand von einem Angehörigen eines anderen Standes oder Volkes mit Lust oder Unlust erregt worden ist, verbunden mit der Idee desselben unter dem allgemeinen Namen (*sub nomine universali*) eines Standes oder Volkes als Ursache, so wird er nicht nur ihn, sondern alle Angehörigen seines Standes oder Volkes lieben oder hassen.[566]

Von einem wohlgeordneten Gemeinwesen verlangt Spinoza deshalb, dass es im Stande sei, den im Lehrsatz 46 der Affektenlehre enthaltenen, kollektivistischen Fehlschluss unmöglich zu machen und den zugrundeliegenden, affektgesteuerten Egozentrismus zu dezentrieren. Dieses Ziel setzt – da ist Spinoza

---

[565] Vgl. Karl Marx 1845 in der *Heiligen Familie* mit Bezug auf die Französische Revolution: Marx / Engels, *Werke* 2, Berlin: Dietz 1990, 126.

[566] Spinoza, *Ethik*, a.a.O., 211 (lat.-dt. Ausgabe Darmstadt: Wiss. Buchges. 1989, 324).

sich mit Hobbes einig – eine souveräne Zentralgewalt, die Zerschlagung der intermediären Mächte des alten Europa (Stände, autonome Klerikalmacht etc.) und die Schaffung eines egalitären, staatsunmittelbaren Bürgerstatus voraus. Aber Spinoza trennt sich von Hobbes an der Stelle, an der dieser dem Leviathan das absolutistische Prinzip des Westfälischen Friedens, *cuius regio, eius religio* – der Herrscher bestimmt das Lippenbekenntnis – mit auf dem Weg gibt. Spinoza möchte statt dessen den Staat von allen Bindungen an die Religion trennen und ihn – was erst in den Verfassungsrevolutionen des 18. Jahrhunderts durchgesetzt werden konnte – weltanschaulich neutralisieren.[567] Das aber, die *doppelte Säkularisierung* der Individuen (Privatisierung der Religion) und der Staaten (religiöse Neutralität), lässt sich – so glaubte Spinoza zur Zeit der Herrschaft de Witts, die ihm in *diesem* Punkt nicht liberal genug war – nur in einer Demokratie verwirklichen. Das ist die These des „Tractatus Theologico-Politicus" von 1670. Wo das aber nicht möglich ist, sollte die Herrschaft des Gesetzes zumindest die für Minoritäten und Außenseiter lebensgefährlichen Konsequenzen der Herrschaft des „allgemeinen Namens" unterbinden. Das ist die These des in politisch hoffnungsloser Zeit entstandenen „Tractatus politicus", begonnen 1675, erschienen in den „Opera Posthuma" 1677, kurz nach dem Tod des Autors.

Spinozas Freiheitsverständnis ist ganz auf das Ziel jener doppelten Säkularisierung von Individuen *und* Staaten zugeschnitten.[568] Denn unter Freiheit versteht Spinoza die Steigerung der Eigenmacht des einzelnen Menschen, und die größte

---

[567] Hasso Hofman erkennt in dem „einen Geist", der die inneren Antriebe der Menschen im Staat Spinozas zusammenführen soll (*una velute menti duci* ist die Formel des unvollendeten Spätwerks *Politischer Traktat*, Hamburg: Meiner 1994), aber von den einen nur aus Angst vor Strafe, von den anderen aus – *ganz unterschiedlich motivierter* – innerer Einsicht zu Stande kommt, sogar eine „frühe Form" des Rawls'schen „overlapping consensus", vgl. H. Hofman, „Spinoza als Theoretiker der Freiheit", Tagungsvorlage München: Siemens-Stiftung 1998, 10.

[568] Vgl. a. Y. Yovel, a.a.O., 252.

Eigenmacht besteht in der Führung eines vernünftigen Lebens, das viele Stufen kennt, letztlich aber im kontemplativen Leben des Philosophen gipfelt. Hier weicht Spinoza nicht von der klassischen Lehre Platons oder Augustins ab. Anders als Hobbes geht es ihm nicht nur um die Vergesellschaftung des rationalen Egoismus, sondern darüber hinaus um die Rationalisierung irrationaler Affekte, also um das, was Max Weber „methodische Lebensführung" nennt.[569] Der säkulare Staat und das säkulare autonome Individuum gehören zusammen.[570] Aber für Spinoza ist gerade die höchste Vollendung des säkularen Individuums, das Philosophenleben oder der *bios theoretikos*, weder mit einem Philosophenkönigtum (Platon) noch mit einem Kirchenstaat (Augustinus) noch mit einem Privileg der Weisen verbunden, sondern entspringt dem gleichen Recht eines jeden, seine Freiheit nach eigenem Vermögen zu gebrauchen. Wegen „der gleichen Natürlichkeit der Torheit hat diese dasselbe Recht, kraft der Macht desselben Selbstbehauptungswillens."[571] Spinoza privatisiert den *bios theoretikos*, weil die Wahrheit des Philosophen im säkularen Staat keine Allgemeinverbindlichkeit mehr beanspruchen kann. Er trennt die Theorie von der öffentlichen Solidarität, die Wissenschaft von der Politik. Der völlig unironische Spinoza verwandelt so die Philosophie strukturell in das, was Richard Rorty *private irony* nennt, um das Verlangen nach individueller Perfektion von der *public solidarity* des Staates zu trennen, - anders als Hobbes, der sich noch gern als ernster Staatsphilosoph gesehen und am liebsten einem König assistiert hätte, den Leviathan *more geometrico* ins Werk zu setzen.

Auch wenn Spinozas institutionelle Fantasie weit hinter der des gleichaltrigen Engländers John Locke zurückblieb – anders als Locke hat Spinoza keine moderne Idee parlamentarischer Repräsentation und keine funktionale Theorie der Gewalten-

---

569 Vgl. St. B. Smith, *Spinoza Liberalism, and the Question of Jewish Identity*, a.a.O., 129.

570 Vgl. a. Y. Yovel, Spinoza. *Das Abenteuer der Immanenz*, a.a.O., 252.

571 H. Hofman, a.a.O., 11; vgl. a. St. B. Smith, a.a.O., 137, 144.

teilung – so hat Spinoza doch den Locke fehlenden Ansatz zu einer Theorie der Demokratie in den gewaltmonopolisierenden Staat des Leviathan eingebaut. Für Locke ist das Parlament der Souverän, der die Gesetzgebungskompetenz des Volkes – wie bei Hobbes der König – restlos absorbiert und – unter Einschluss der extrakonstitutionellen, verfassungsgebenden Gewalt – vollständig verkörpert.[572] Das Volk ist kein aktuelles, nur virtuelles Staatsorgan. Nicht das wahlberechtigte Besitzbürgertum, sondern das Parlament *ist* der Souverän.

Das Volk überträgt dem Parlament die Souveränität und behält sich selbst lediglich vor, "*die höchste Gewalt*, die *Legislative* abzuberufen oder *zu ändern*", falls der Souverän den "*Zweck*" der Staatsgründung verfehlt oder verletzt.[573] Dieser Zweck ist bei Hobbes die Selbsterhaltung (s.u. Kap. 5), bei Locke die Erhaltung von *life, liberty* und *estate*. Nur wenn dieser Zweck der Staatsgründung vom Souverän mißachtet wird, hat er das "Vertrauen" des "Volkes" "*verwirkt*", und die Gewalt fällt in die Hände derjenigen zurück, "die sie verteilt haben und die sie nun von neuem vergeben können, wie sie es für ihre Sicherheit und ihren Schutz am besten halten".[574] Das ist - ohne explizit formuliert zu sein - bei Hobbes nicht anders. So bleibt dem Volk aktuell nur die negative Freiheit vorstaatlich fixierter Abwehrrechte gegen Staatsübergriffe. Das ist nicht Nichts, aber doch ein halbierter, unpolitischer Liberalismus, ein Liberalismus ohne Demokratie. Für Spinoza hingegen ist das Volk in der Demokratie der Souverän, und indem es sich – „vorbehaltlich des Rechts, sie wieder aufzuheben“ – Mehrheitsentscheidungen unterwirft, handelt das Wahlvolk als Staatsorgan und die Mehrheit aller Bürger ist deren *erster* Re-

---

572 Vgl. Martin Seliger, „John Locke“, in: Iring Fetscher / Herfried Münkler, Hg., *Pipers Handbuch der politischen Ideen*, München: Piper 1985, 388f. Das war politisch radikal, da Locke mit dieser Theorie das gegen die Monarchie gerichtete Revolutionsrecht verteidigen konnte.

573 John Locke, Zwei Abhandlungen über die Regierung (1690), II, § 149, Frankfurt: Suhrkamp 1995, 294.

574 J. Locke, a.a.O.

präsentant.[575] In der deutlich stärkeren, erstmals den Gültigkeitsanspruch hervorkehrenden Betonung individueller Rechte, unterscheiden sich zwar beide, Spinoza und Locke von Hobbes. Subjektive Rechte sind jetzt nicht länger eine bloß faktische Implikation souveräner Gesetzesherrschaft, sondern treten als Ansprüche eigener Würde aus dem Schatten des Leviathan heraus. Aber bei Locke ist der Preis ein Rückfall ins klassische Naturrecht vorstaatlich – in einer Legeshierarchie (s.o. Kap. 3) – gesicherter Rechte. Das kann Spinoza dadurch vermeiden, dass er die Realisierung individueller Rechte an die Existenz demokratischer Macht koppelt. „In gewisser Weise", schreibt Hasso Hofmann, „hat Spinoza auf den bitteren Stoßseufzer Pascals, dass man, weil man das Recht nicht finden konnte, die Macht gefunden hat, eine unzweifelhaft ganz moderne, in die Zukunft weisende Erwiderung gefunden, die freilich, weil sie ganz und gar nicht zynisch gemeint ist, erst recht nicht schmeckte: Es ist die Wahrheit, dass man das Recht, wenn es als solches nirgendwo zu finden ist, in den vorhandenen Machtstrukturen suchen muss."[576] Wenn die Metaphysik als öffentlich bindende Legitimationsinstanz ausfällt, ist am Ende – und bis zu *dieser* Konsequenz dringt der „Tractatus" von 1670 vor – nur noch der demokratische Weg zur Legitimation einer vollständig positivierten Rechtsordnung offen. Wenn das Recht in der Macht liegt, kann nur demokratische Macht richtiges, mit einem korrigierbaren Richtigkeitsindex versehenes Recht erzeugen.

Was bei Hobbes in der Schwebe zwischen Faktizität und Geltung bleibt, vereindeutigt Spinoza in zahlreichen Punkten im Sinne einer eigenständigen, nun aber gesellschaftsimma-

---

[575] Spinoza, *Theologisch-politischer Traktat*, a.a.O., 307. Die Mehrheitsentscheidung – deren Prinzip alle zugestimmt haben müssen – ist bei Spinoza wie bei Rousseau (*Contract social* I, 5, a.a.O. 16) der erste *Repräsentant* des Gemeinwillens (*volonté générale*). Ein parlamentarisches Regime mit Wahlmandaten, aber ohne Gesetzgebungskompetenz (z. B. verfassungsgebende Gewalt) auf dieser elementaren Repräsentationsstufe ist keine Demokratie.

[576] H. Hofmann, a.a.O., 7.

nenten, der Macht nicht mehr von außen entgegentretenden Geltungsdimension des Rechts. In der Monarchie ist zwar „jedes Rechtsgesetz der erklärte Wille des Königs (...), aber nicht jeder Wille des Königs ist auch Gesetz."[577] Das meint Hobbes auch, aber er vermeidet, es zu sagen. Einerseits ist der Hobbessche Gesellschaftsvertrag zwar, wie wir gesehen haben (Kap. 5), ein reiner Autorisierungs- und Konstitutionsvertrag, der nur die Funktion hat, den „großen Leviathan" aus dem Willen aller Rechtsgenossen als deren eigenes Produkt hervorgehen zu lassen, *faktisch* aber läuft das ganze Unternehmen auf einen Tausch Freiheit gegen Frieden hinaus. Auch diese Zweideutigkeit vereindeutigt Spinoza im „Tractatus Theologico-Politicus" zu Gunsten des faktischen Freiheitsvollzugs. Von allen Gründen des Rechts bleibt – wie Rousseau und Kant es dann ausbuchstabieren werden – nur die Freiheit übrig. Noch ganz auf der Grundlage des Hobbeschen „Leviathan" hat Spinoza diesen entscheidenden Schritt über Hobbes hinaus getan. Freiheit ist – jedenfalls im ersten „Tractatus" von 1670 – nicht mehr gegen Frieden tauschbar. Nur damit das einzelne Individuum seine Freiheit „vollkommen" behaupten kann, haben sich die Menschen zu „Staatsverbänden" zusammengeschlossen: „Der Zweck des Staates ist in Wahrheit die Freiheit."[578] Wie später bei Rousseau und Kant ist Freiheit *unveräußerliches Menschenrecht.* So wie Rousseau im Stile der Erklärung von 1789 Hobbes das Argument entgegenstellt, „auf seine Freiheit zu verzichten" hieße, „auf seine Eigenschaft als Mensch, auf seine Menschenrechte" zu verzichten, so besteht Spinoza darauf, dass „nie (...) einer seine Macht und folglich auch sein Recht so auf einen anderen" übertragen könne, „dass er aufhört, Mensch zu sein."[579] Das aber heißt, ein Recht auf eigene

---

[577] B. de Spinoza, *Politischer Traktat*, dt./lat., Hamburg: Meiner 1994 (1677), VII § 1.

[578] B. de Spinoza, *Politischer Traktat*, Hamburg: Meiner 1984, 84, 299, 301, Kap. 20.

[579] Jean Jaques Rousseau, *Contract social* I, 4, dt. Übers. Stuttgart: Reclam 1977, 11; Spinoza, *Theologisch-politischer Traktat*,

Gedanken und eigene Gefühle haben, das nicht nur – wie bei Hobbes – als reine Gedankenfreiheit eine bloß faktische Implikation der Herrschaft des Gesetzes ist. Gedanken, die niemals geäußert werden, - und das trifft den wunden Punkt des „Leviathan" – kann es nicht geben. Ideen, so argumentiert Spinoza in der „Ethik", sind nicht stumm wie Bilder, und Gedanken *existieren* nur als öffentlich geäußerte Meinungen, die bestritten werden können. Worte, die nicht gebraucht werden, haben keine Bedeutung.[580] Kurz: Innenwelt und Außenwelt, Bewusstsein und Handlung, Sprache und Rede sind nicht Bewohner zweier Reiche, sondern existieren nur gemeinsam, sind in denselben Dingen anwesend. Damit überwindet Spinoza den Restdualismus des Hobbesschen Staatsgedankens, der die Möglichkeit einer dauerhaft latenten Aktivbürgerschaft unterstellt hatte (s.o. Kap. 5). Spinozas Gegenthese, es gäbe keine Latenz ohne Manifestation, heißt politisch gesprochen:

Erstens, es gibt keine Gedanken ohne freie Rede. Die Meinungsfreiheit ist eine notwendige Implikation der Gedankenfreiheit und deshalb ist das *Recht*, „zu denken, was man will, und zu sagen, was man denkt," nicht nur eine faktische Implikation der Legalordnung (Reflexrecht), sondern ein ausdrücklich anzuerkennendes, „unveräußerliches Recht", „das niemand, auch wenn er wollte, aufgeben kann."[581] Dieses natürliche Recht – und das zeigt, dass es Spinoza um explizite *Rechte* geht, - konkretisiert sich in einem souveränen Staat zunächst als Wissenschaftsfreiheit und als Freiheit des religiösen Be-

---

a.a.O., 248, Kap. 17; vgl. a. Spinoza, *Politischer Traktat* VII, § 25, Hamburg: Meiner 1994, 125.

580 Spinoza, *Ethik* II, 43, Anm., 49, Anm., a.a.O., 137, 148: Die Ansicht, eine „Idee sei etwas Stummes" (137), bezeichnet Spinoza als ein „Vorurteil".(148). Wer „Ideen wie stumme Gemälde wie an einer Tafel" „betrachte", übersehe, „dass die Idee, sofern sie Idee ist, eine Bejahung oder Verneinung in sich schließt." (148). Und im „Tractatus" von 1670 heißt es im 12. Kapitel: „Worte erhalten ihre bestimmte Bedeutung bloß aus dem Gebrauch." (A.a.O., 197).

581 Spinoza, *Theologisch-politischer Traktat*, 18. und 20. Kap., a.a.O., 281, 299.

kenntnisses, schließt aber politisch oppositionelle Meinungen nicht notwendig ein, schon gar keine „aufrührerischen", auch nicht das Recht, religiöse Korporationen zu bilden.[582]

Zweitens – und hier wird die demokratietheoretische Pointe der antidualistischen Immanenzphilosophie Spinozas erkennbar – impliziert die These, Latenz müsse sich manifestieren, Kompetenz sich performieren, um als Idee zu existieren, dass es im Staat keine Autorschaft am Gesetz *ohne* die tatsächliche Ausübung der Gesetzgebungskompetenz geben kann. Wer einen Gesellschaftsvertrag abschließt, muss deshalb die Demokratie wollen. Wenn der Gesellschaftsvertrag die einzelnen Individuen – wie Hobbes sagt – zu den „Urhebern" „aller Handlungen" des Souveräns macht, müssen diese – da es keinen Autor ohne von ihm verfasste Texte gibt – auch bei dessen aktueller Gesetzgebung beteiligt werden. Da die beste Staatsform diejenige ist, die den Gesellschaftsvertrag am besten erfüllt, folgt daraus, dass die Demokratie die beste Staatsform ist. So wie die Immanenzphilosophie den Dualismus in der Metaphysik aufhebt, so hebt die Demokratie den Dualismus in der Politik auf, womit Spinoza immerhin die alteuropäische Staatsformenhierarchie (s. o. Kap. 3) von der Spitze auf den Sockel gestellt hätte.

Die demokratietheoretische Modernität Spinozas könnte man ohne Übertreibung darin sehen, dass er – weit vorgreifend – die politische Grundidee des amerikanischen Pragmatismus mit der Rechtsstaatsidee des Thomes Hobbes verknüpft. Demokratie besteht für Pragmatisten wie Dewey, Mead oder heute Rorty nämlich ganz spinozistisch im gleichzeitigen, wechsel-

---

582 Spinoza, a.a.O., 300ff. Das muss man freilich im Kontext verstehen. Vereinigungen aller Art waren für Autoren wie Hobbes, Spinoza oder Rousseau, auch für die Aktivisten der Revolutionen des 18. Jahrhunderts, die *eigenmächtigen* und *privilegierten* Korporationen Alteuropas, keine *freiwilligen* Vereinigungen wie die modernen Parteien oder Gewerkschaften, die sie sich kaum vorstellen konnten. Auch die *freedom of speech* schließt erst seit den 60er Jahren des 20. Jahrhunderts die „aufrührerische" Meinung ausdrücklich ein. Noch zu Beginn dieses Jahrhunderts konnte man für solche Meinungen sogar in den Vereinigten Staaten zum Tode verurteilt werden.

seitig bedingten Wachstum der Macht des einzelnen Menschen *und* der Macht der bürgerlichen Gemeinschaft. Spinoza hat dieselbe, kommunitaristische Machttheorie: Individualmacht wächst in der Gemeinschaft.[583] Nur die Demokratie optimiert die Chancen und Möglichkeiten (Macht) des Einzelnen, sich im Zuge wachsender Gemeinschaftsmacht selbst zu realisieren. Gerade auch die Macht, sich als minoritäre und abweichende Stimme je eigene Realität zu verschaffen, ist in der starken Demokratie größer als in jedem anderen Regime. Wie später für John Dewey ist die Demokratie deshalb schon für Spinoza nicht nur eine Rechtsgenossenschaft, sondern eine *Lebensform*, in der auch Leute, die so sehr aus dem Geist ihrer Zeit herausgefallen sind wie Spinoza, ihr eigenes Leben leben und ihre Eigenmacht (Autonomie) steigern können. Spinozas über den Pragmatismus hinausweisende Leistung besteht jedoch darin, diese Idee demokratischer, individualistisch-kommunaler Machtsteigerung mit Hobbes Entwurf einer rationalen Rechtsordnung, die Solidarität nicht nur unter Nachbarn, sondern auch unter Fremden möglich macht, zu der These zu integrieren, dass Macht nur als Recht und Recht nur als Macht existieren kann, und daraus schließt er, dass die Rechtsmacht des Einzelnen immer nur gleichzeitig und gleichursprünglich mit der Macht des Staates, Recht zu setzen und durchzusetzen, erzeugt und gesteigert werden kann. Diesen Zweck aber, der Spinozas Interesse an der doppelten Säkularisierung von Individuen *und* Staaten entspricht, erfüllt am besten der demokratische *Rechtsstaat*.

Weil Spinoza Recht und Macht identifiziert, ohne das Recht zynisch der Macht auszuliefern oder die Macht ideologisch höherrangigem Recht zu unterstellen, ist für ihn das Menschenrecht gleicher Freiheit kein vorstaatliches Abwehrrecht, wie in der von Locke begründeten Tradition des Liberalismus, was

---

[583] Spinoza, *Politisch-theologischer Traktat*, a.a.O., 84 (Kap. 5); *Politischer Traktat* I, § 7, II, § 15; vgl. a. Manfred Walther, „Kommunalismus und Vertragstheorie“, in E. Blickle (Hg.) *Theorien kommunaler Ordnung in Europa*, München: Oldenburg 1996, 140ff.

freilich nicht heißt, dass es dort, wo es zur Wissenschafts- und Religionsfreiheit positiviert worden ist, nicht die Funktion hätte, die Wissenschaft, die Religion und das einzelne, denkende und glaubende Individuum vor Übergriffen einer „Gewaltherrschaft" zu schützen.[584] Die positiv-rechtlich gewährleistete Freiheit des Urteils (= Wissenschafts- und Bekenntnisfreiheit) ist für Spinoza gerade das Kriterium eines nicht-tyrannischen Regimes: „Je weniger man demnach den Menschen die Freiheit des Urteils zugesteht, umso mehr entfernt man sich von dem natürlichen Zustand (das ist in diesem Zusammenhang der demokratische Staat – H. B.) und umso gewalttätiger ist in Folge dessen die Regierung."[585] Aber Spinozas Menschenrecht ist kein Recht, das dem *status civilis* vorherginge. Denn Recht und Rechte gibt es nur, wo es Macht gibt. Im ursprünglichen Naturzustand gibt es weder „Religion" noch „Gesetz" noch „Sünde" noch „Unrecht", sondern nur das gleiche Recht aller Newtonschen Körper, ihrem *conatus* gemäß danach zu streben, sich in ihrem Sein zu halten.[586] In diesem Zustand können allenfalls die physikalischen Körper der Menschen mit der physikalischen Macht ihrer trägen Masse existieren. Als vernunftbegabte Triebwesen wären sie vollständig ohne jedes Recht und ohne jede Macht. Eine ihrer Vernunft adäquate Macht gewinnen sie *als* Individuen *nur* aus der Macht der Gemeinschaft, die sie mit anderen bilden, und erst in dieser – im weitesten Sinne – staatlichen bzw. politischen Gesellschaft (*statum aliquem civilem*) sind sie Träger natürlicher Rechte, die ihrer „immer schon" (*ubique*) vergesellschafteten Macht entsprechen.[587] So wie die ursprüngliche, die Menschen mit Macht und Recht ausstattende, staatliche Gemeinschaft nichts anderes

---

584 Spinoza, *Theologisch-politischer Traktat*, a.a.O. 299 (20. Kap.).

585 A.a.O., 307, 20. Kap.

586 Spinoza, a.a.O., 245.

587 Spinoza, *Theologisch-politischer Traktat* I, § 7, a.a.O., 12f. Wegen der radikal individualisischen Implikationen passt die These, alle Macht und alles Recht der Menschen entspringe *ex hominum communi natura* (a.a.O., 12), besser zu Georg Herbert Mead als zu Aristoteles.

ist als die erste Stufe des Naturzustands, so ist auch der, aus einem bereits juridisch-innerstaatlichen Vertrag hervorgehende, Hobbessche Gesellschaftszustand staatlich-politischer Souveränität nichts anderes als eine Stufe im Kontinuum der Natur.[588] Auf dieser Stufe werden die natürlichen Rechte – ganz so wie später bei Rousseau und Kant (s. u.) – zum Material möglicher Positivierung.[589] In der Demokratie als der freiheitsadäquatesten Staatsform ist es das Volk, das sie in einem demokratischen Verfahren selbst erzeugt und nicht mehr die stumme Natur, die sie als Wertordnung vorgibt. Spinozas ontologische Formel: Macht gleich Recht, heißt hier: Die Macht des vereinigten Volkswillens kann sich nicht über das Recht – wie eine Willkürherrschaft – hinwegsetzen – muss sie doch unter gleicher Beteiligung aller Recht setzen und die Macht des Individuums, die im freien Urteil liegt, achten; aber das Recht steht auch nicht – wie ein transzendentaler Ideen- und Wertehimmel – über der Macht des Volkes.

Natürlich hat Spinozas Demokratietheorie ihre historischen Grenzen. Nicht nur fehlt jede Idee funktionaler Gewaltenteilung – nur die Konzentration der Souveränität auf die Gesetzgebung, die ja auch schon die Souveränitätstheorien Bodins und Hobbes charakterisierte, lässt ein erstes Moment funktionaler Spezialisierung erkennen. Das unterscheidet Spinoza von Rousseau. Es fehlt aber auch eine Theorie der parlamentarischen Repräsentation. Das unterscheidet Spinoza von Sièyes, dem Verfassungstheoretiker der Französischen Revolution. Was Spinoza letztlich unter „Demokratie“ versteht, entstammt der Lektüre der Klassiker, also Athener Volksversammlung mitsamt Volksgerichtshof, Kadijustiz etc. (s. o. Kap. 2). Sucht er ein aktuelleres Beispiel, so fällt ihm „die Stadt Amsterdam“ ein, um sie mit ähnlichen Worten als Republik der Freiheit zu preisen wie seinerzeit Perikles seine Vaterstadt in der berühm-

---

[588] Zur juridischen Form des Gesellschaftsvertrags bei Spinoza vgl. a. M. Walther, a.a.O. Wie man sieht, ist Spinoza auch in diesem Punkt John Dewey und der modernen Evolutionstheorie näher als dem Apriorismus der neuzeitlich-frühmodernen Kontraktualisten.

[589] Vgl. I. Maus, *Zur Aufklärung der Demokratietheorie*, a.a.O., 153f.

ten Gefallenenrede: „In ihrem prächtigen Gedeihen und in der Bewunderung aller Völker erfährt sie die Früchte dieser Freiheit. In diesem blühenden Staat (*republica*), in dieser herrlichen Stadt (*urbs*) leben alle Menschen, welchem Volk und welcher Sekte sie auch angehören, in vollkommener Eintracht (*concordia*). Will man jemand sein Vermögen anvertrauen, so braucht man nur zu wissen, ob er reich oder arm ist, ob seine Handlungsweise ehrlich oder unehrlich befunden worden; um die Religion oder die Sekte kümmert man sich nicht, weil sie beim Richter für die Entscheidung über Recht und Unrecht nicht in Betracht kommt.“[590] Zwar ist der Unterschied zu Perikles trotz der traditionell republikanischen Beschwörung der *concordia* enorm: Statt der Einheit von Kult und Staat die positivrechtlich gesicherte religiöse Ignoranz der Staatsmacht; und statt des Perikleischen Lobs militaristischer Tugenden, der – verglichen damit - wohltuende Stolz auf besitzbürgerliche Sekurität. Was da blüht, ist vor allem der Handel. Aber Amsterdam war politisch keine Demokratie, sondern eine bürgerlich-republikanische Aristokratie, und in seinem späteren Traktat (1675 / 77) hat Spinoza seine interne Kenntnis der holländischen Verfassung denn auch seiner Beschreibung der aristokratischen Staatsform zu Grunde gelegt, und die zeigt, als Gesellschaft war Amsterdam modern, als Staatsform nicht.

Den Mangel des klassischen Demokratiemodells ohne Gewaltenteilung hat kaum jemand so scharf artikuliert, wie Jean-Jacques Rousseau und deshalb seinen Idealstaat eine Republik und keine Demokratie genannt. Die Demokratie alten Typs (Athen) passt nicht zum modernen Rechtsstaat, zur Idee der Gesetzesherrschaft, die wiederum keiner klarer formuliert hat als Rousseau.[591] Die klassische Demokratie trennt die Gewalt

---

590 B. Spinoza, *Theologisch-politischer Traktat*, Kap. 20, a.a.O., 307; vgl. a. die lat.-dt. Ausgabe: *Tractatus Theologico-Politicus*, Darmstadt: Wiss. Buchges. 1989, 616.

591 Vgl. *Contract sociale* II, 6, a.a.O., 39ff; *Briefe vom Berge*, Schriften II, München: Hanser 1978, wo es kategorisch heißt: „Es gibt (...) keine Freiheit ohne Gesetze, und auch dort gibt es keine, wo jemand über den Gesetzen ist (...). Ein freies Volk gehorcht, allein,

der Legislative nicht von den gesetzesgebundenen Gewalten der Exekutive und der Judikative. Das Volk Athens ist deshalb ein despotischer Herrscher und Richter. Wenn das Volk direkt urteilt und herrscht, verwandelt sich der allgemeine Wille (*volonté générale*) in den willkürlich-partikularistischen „Beschluss einer der Parteien und (ist) folglich für die andere nur ein von außen kommender besonderer Wille (...), der in diesem Fall zur Ungerechtigkeit neigt und dem Irrtum unterworfen ist. (...) Wenn z.B. das Volk von Athen seine Oberhäupter ernannte oder absetzte, dem einen Ehre zuerkannte und dem anderen Strafe auferlegte, und durch Massen von Einzelverordnungen unterschiedslos alle Regierungsgeschäfte erledigte, hatte das Volk keinen Gemeinwillen (*volonté générale*); es handelte nicht mehr als Souverän, sondern als Behörde."[592] Dieser für die moderne Demokratietheorie grundlegende, funktionale Unterschied zwischen souveräner Legislativkompetenz und Regierung / Verwaltung, der Rousseau und Kant dort von Republik sprechen ließ, wo wir heute von Demokratie reden, fehlt in Spinozas flüchtigen Skizzen zu einer Idee der Demokratie. Seine Skizzen bleiben aber insofern aktuell, als sie die Verwirklichung der Demokratie nicht mehr an die klassische, unter territorialstaatlich-egalitären Bedingungen hoffnungslos utopische Forderung vollkommener Tugend binden.[593] Dem, was die Mehrheit beschließt, muss jeder folgen, aber jeder wie er kann

es dient nicht; es hat Oberhäupter, aber keine Herren; es gehorcht den Gesetzen, aber es gehorcht nur den Gesetzen, und durch die Gewalt der Gesetze gehorcht es nicht den Menschen. (...) Mit einem Wort, die Freiheit hat immer gleiches Schicksal mit den Gesetzen, sie regiert oder sie fällt mit ihnen; ich wüsste nichts Gewisseres zu sagen." (a.a.O., 189). Anders als Augustinus (s.o. Kap. 3) unterscheidet Rousseau „gehorchen" und „dienen". Darin spiegelt sich eine semantische Revolution. Rousseau bezieht Gehorsam auf Gesetzesherrschaft = Freiheit, weil die Gesetze selbst gegebene sind, während Augustinus Gehorsam klassisch mit Knechtschaft und Herrschaft assoziiert.

592 J. J. Rousseau, *Contract Social*, II, 4, a.a.O., 34.

593 So noch Montesquieu, *L'esprit de Loi*, III, 3, zit. n. d. dt. Übers. Reclam: Stuttgart 1989, 118ff

und für richtig hält, und kein öffentlicher Erzieher (Zensor) hat das Recht, sich einzumischen. Der Philosoph wird vielleicht aus innerer Überzeugung den Gesetzen folgen, aber nur, wenn er sie für richtig hält. Ansonsten wird er sich aus strategischen Gründen, um Nachteile zu vermeiden, an sie halten, so wie der törichte Bauer auch, der partout nicht einsehen will, dass er die höhere Vernunft der Gesetze seinen naheliegenden Affekten überordnen soll. Modern ist die Demokratietheorie Spinozas, weil sie die partizipative Erzeugung des Rechts mit dessen moralischer Neutralität koppelt.[594] Alle können sich, anders als in der Aristokratie, selbst verwirklichen. Das ist das Moment positiver Freiheit. Aber wenn sie das nicht wollen, können sie sich immer noch aus Eigennutz und Opportunismus an die Gesetze halten, die sie sich schließlich selbst gegeben haben. Das ist das Moment negativer Freiheit, was den Rechtsstaat selbst einem „Volk von Teufeln" (Kant) schmackhaft macht.

Als Spinoza schrieb, war die europäische Welt noch weit von den Verfassungsrevolutionen des 18. Jahrhunderts und den ersten realen Experimenten mit der modernen Demokratie entfernt. Zwar gab es auch im absolutistischen 17. und 18. Jahrhundert immer eine große Variation von Herrschaftstypen, aber doch eine modellhaft wirkende Dominanz des Absolutismus.[595]

Der absolutistische Rechtsstaat, der zumindest insoweit mit Hobbes Lehre übereinstimmt, dass er den Adel entwaffnet, alle eigenmächtigen Schichten und Gruppen der Gesellschaft (nicht immer mit Erfolg) entmachtet und alle Gewalt bei sich zu konzentrieren sucht, hat strukturelle Schwächen. Er entzieht sich *faktisch* der Gesetzesbindung und verselbstständigt sich zu gesetzloser Herrschaft. Dagegen gibt es auch bei Hobbes kein Mittel. Von den „Betroffenen aus gesehen", erhält „der Souverän keinerlei Machtbegrenzung".[596] Gerade die „staatsbezoge-

---

[594] Vgl. a. Manfred Walther, „Spinoza und der Rechtspositivismus", in: *Archiv für Rechts- und Sozialphilosophie* 80, 1982, 407ff.

[595] Vgl. z. B. H. Schulze, *Staat und Nation in der europäischen Geschichte*, a.a.O., 64ff; M. v. Crèveld, *Aufstieg und Untergang des Staates*, a.a.O. 145ff.

[596] O. Höffe, *Politische Gerechtigkeit*, a.a.O., 137.

nen subjektiven Rechte" bleiben im absolutistischen Staat wegen der fehlenden Gewaltenteilung in „einem molluskenhaften Zustand der Unzuverlässigkeit und Unberechenbarkeit."[597] Das aber verwandelt die gerade gewonnene Rechtssicherheit *de facto* in den latenten Kriegszustand zurück. Die Verselbstständigung politischer Macht gegen das Recht wurde denn auch von den Schriftstellern und Philosophen des späten 17. und 18. Jahrhunderts immer häufiger als „Despotie" und „Tyrannei", als bloßes „Recht des Stärkeren" (Rousseau) angeprangert. Für John Locke ist der Vertrag zugunsten des Leviathan ungültig, weil er eine „despotische Gewalt" konstituiere, der man etwas veräußern müsse, was – Locke zufolge – zu den unveräußerlichen Rechten des Menschen (auf Leben, Freiheit und Eigentum) gehört. Alle Verträge zu Gunsten despotischer Gewalt sind ungültig, „weil der Mensch keine solche willkürliche Gewalt über sein eigenes Leben hat, dass er eine solche Gewalt einem anderen verleihen könnte".[598] Das tut Hobbes zwar unrecht, verweist aber auf das bei diesem ungelöste Problem, wie denn der Umschlag des autoritären Rechtsstaats in einen despotischen Unrechtsstaat faktisch korrigiert werden könnte, wenn den passiven *citoyens* im Bauch des Leviathan noch nicht einmal erlaubt ist, öffentlich gegen den Rückfall in Tyrannei zu protestieren. Um der Tyrannenmacht vorzubeugen, bedarf es der in öffentliche Belange intervenierende und insofern auch über das Spinoza staatsverträglich erscheinende Maß der Freiheit hinausgehenden „Freiheit der Feder" (Kant).[599]

Noch schärfer trifft Rousseaus Kritik Hobbes, weil sie nicht gegen die – nur vermeintlich „despotische" Gewalt des Leviathan - sondern prinzipiell gegen die von Hobbes favorisierte Monarchie gerichtet ist. Rousseau erklärt den alten, seit Platon

---

[597] Richard Thoma, „Das System der subjektiven öffentlichen Rechte und Pflichten", in: Gerhard Anschütz / Richard Thoma, *Handbuch des deutschen Staatsrechts*, Bd. 2, § 102, a.a.O., 613.

[598] J. Locke, *Zwei Abhandlungen über die Regierung*, Frankfurt: Suhrkamp 1995 (1690), II, § 172, S. 309f.

[599] Zur komplexen Theorie der Redefreiheit bei Kant vgl.: Peter Niesen, *Kants Theorie der Redefreiheit*, Diss. Frankfurt, 1998

und Aristoteles kanonisierten Unterschied guten und schlechten Königtums – wie Hobbes – für nichtig, um daraus jedoch – anders als Hobbes – ein Argument gegen die Monarchie und für Volkssouveränität zu machen. Der Monarch, den die augustinisch-christliche Tradition immer als guten Hirten dargestellt hatte, ist in Wahrheit immer der Tyrann, er mag so gut sein wie er will. Nicht die Person des Königs ist das Problem, sondern die Institution des Königtums: die Struktur fürstlicher Souveränität. Ob nämlich das Menschengeschlecht, so wendet Rousseau - schon die Geste revolutionärer Polemik antizipierend – gegen Grotius und Hobbes ein, „hundert Leuten gehört oder ob diese hundert Leute dem Menschengeschlecht gehören", macht einen Unterschied, der letztlich mit dem Entweder-oder von Sklaverei und Freiheit zusammenfällt. Ist, wie bei Hobbes und in der Monarchie, ersteres der Fall, so „wird die menschliche Art in Viehherden aufgeteilt, deren jede ihr Oberhaupt hat, das sie bewacht, um sie zu verschlingen. Wie der Hirt von Natur höher steht als seine Herde, so stehen die Hirten der Menschen, ihre Oberhäupter, ebenfalls von Natur höher als ihre Völker."[600] Nicht der Mensch ist des Menschen Wolf, sondern der König. Nicht der Naturzustand ist latenter Krieg, sondern ein bestimmter, vorrepublikanischer Gesellschaftszustand[601]. Auch Rousseaus Polemik tut Hobbes zwar unrecht, denn sie unterstellt diesem eine höhere, „natürliche" Legitimation der Monarchie im Stile des Gottesgnadentums der Sonnenkönige. Aber Rousseau spitzt die Sache auf den Punkt zu, an dem diese Differenz vernachlässigt werden kann, weil die Republik, in der das Volk tatsächlich der Souverän ist, zur *einzigen* Alternative der Despotie wird. Fortan – von Rousseau bis Hannah Arendt – gilt: Republik oder Despotie – *tertium non dabitur*. Weder der persönlich gute Herrscher noch der zum objektiv Guten ge-

[600] J. J. Rousseau, *Vom Gesellschaftsvertrag*, Stuttgart: Reclam 1986 (1762), I, 2, S. 7.

[601] Das ist die These, die Rousseau in seinem *Diskurs über die Ungleichheit*, München: Schöningh 1990 (1755), entwickelt. Das deckt sich mit der Hobbes-Kritik von MacPherson, *Die politische Theorie des Besitzindividualismus*, a.a.O.

salbte, zweite Körper des Königs noch der streng legalistisch konstruierte Kunstkörper des Leviathan können garantieren, dass aus Recht über Nacht Unrecht wird, und deshalb ist auch vom Leviathan keine Überwindung des latenten gesellschaftlichen Kriegszustands zu erwarten.

In Lockes und Rousseaus Kritik an Hobbes spiegeln sich die schlechten Erfahrungen der europäischen Intellektuellen mit dem absolutistischen Rechtsstaat des *ancien regime.* Auch ohne – wie seinerzeit Hobbes – in den Naturzustand eines grässlichen Bürgerkriegs geworfen zu sein, musste Rousseau gleich mehrmals das Land verlassen, um der Verfolgung, die seinen Schriften galt, zu entkommen. Nicht viel besser ging es den meisten Philosophen der französischen Aufklärung. Der absolutistische Staat, in dem das Gesetz herrscht, ist in der Praxis immer wieder zu einer Herrschaft degeneriert, die sich des öffentlichen Rechts nur bedient, um die privaten Interessen der herrschenden Minorität gegen die große Mehrheit durchzusetzen.[602] Was die Schriftsteller – hundert Jahre nach Spinoza, zu einer Zeit, in der Markt und Druckerpresse bereits eine schnell reagierende, europaweit kommunizierende, längst unkontrollierbare und irreversibel gewordene Öffentlichkeit geschaffen hatten – wirkungsmächtig diagnostizieren, ist die Legitimationskrise des *ancien regime.*

Diese Krise wurde in den Rechtsrevolutionen des späten 18. Jahrhunderts, die - geht man von der modernen Bedeutung des Wortes "Verfassung" als einer geschriebenen und vom Volk bzw. seiner Vertretung verabschiedeten Verfassung aus - die ersten genuinen und als solche intendierten Verfassungsrevolutionen der Geschichte waren, manifest. Ihre Leistung bestand darin, das Recht, Recht eigenmächtig zu setzen, zu Verfassungsrecht zu positivieren und zum permanenten Recht aller Staatsbürger zu erklären. „Das Volk“, notiert Kant nach Ausbruch der Französischen Revolution, „ist permanent constituie-

---

[602] So exemplarisch und im Rückblick auf die absolutistische Epoche Hegel: „Die Verfassung Deutschlands“, in: *Werke 2*, Frankfurt: Suhrkamp 1971.

rend“[603] Mit der Besetzung der Stelle des Fürsten durch das Volk wird der naturrechtliche, vorstaatliche und vorgesellschaftliche Rest der alten Souveränitätslehre, der Bodinsche gesalbte, ewige Körper des Königs ebenso beseitigt wie der Hobbesche Staatskörper mit seinem vorgesellschaftlichen *ius in omnia*, dem Recht auf alles. Dasselbe Volk, das sich durch seine Repräsentanten in der Nationalversammlung am 3. September 1791 eine Verfassung gibt, erklärt sich in dieser Verfassung zum alleinigen Gesetzgeber (Präambel und Art. 6, vgl. a. die Präambel und die Art. 25-29 der Verfassung vom 24. Juni 1793). Die Antwort auf die Frage, wie Politik den Machtgebrauch politisch legitim regulieren kann, lautet jetzt: durch die gleichzeitige Verrechtlichung und Demokratisierung der Souveränität. Legitimität kann nur dann ohne einen naturbelassenen Rest höherer Wahrheit, allein durch die Herrschaft des Gesetzes und das heißt *durch* Legalität erzeugt werden, wenn rechtlich verbürgt ist, dass die Adressaten des Gesetzes und nur sie dessen Autoren sind.[604] Volkssouveränität besteht in der Ausübung der Gesetzgebungskompetenz durch das Volk und wird von Rousseau ausdrücklich auf die Legislative eingeschränkt. Alle anderen Staatsfunktionen sind davon strikt getrennt und als „Behörde“, „Verwaltung“, „Werkzeug“, „Beamter“ des Staates an die Grenzen gebunden, die das Gesetz ihnen zieht.[605]

Entscheidend ist der Gedanke, dass das höherstufige Recht (Verfassung), das die einfache Gesetzgebung reguliert, selbst positives Recht sein muss und keine substantiell höhere, überpositive Legalität beanspruchen darf. Durch die seit 1789 nicht mehr von der europäischen Agenda verschwundene Idee, Sou-

---

[603] *Opus posthumum*, zit. n. I. Maus, *Zur Aufklärung der Demokratietheorie*, Frankfurt: Suhrkamp 1992. Ich folge, wo ich mich auf Kant beziehe, der von Ingeborg Maus vorgeschlagenen, demokratietheoretischen Lesart von Kants Rechtsphilosophie.

[604] Vgl. J. Habermas, „Wie ist Legitimität durch Legalität möglich?“, in: *Faktizität und Geltung*, a.a.O., 541-570.

[605] J.-J. Rousseau, *Contract Social*, II, 4; III, 12; IV, 5, a.a.O., 32-36, 98, 134; *Briefe vom Berge*, a.a.O., 184, 186, 249 (8. Brief).

veränität durch Verfassungen gleichzeitig zu verrechtlichen *und* zu demokratisieren – eine Idee, die Spinoza mit der Formel „Macht = Recht“ *in nuce* schon vorweggenommen hatte, - wird mit einem Schlag das gesamte Naturrecht gesellschaftlich internalisiert. Der „Stufenbau des Rechts“ (Kelsen) schließt sich zu einem in sich gestuften „Kommunikationskreislauf“ (Habermas) von Macht und Recht und verwandelt alle Aprioris – seien es „Grundnormen“ (Kelsen) oder substantiell erste, verfassungsgebende Gewalten (Sièyes) – in gesellschaftliche Immanenz.

Verfassungen sind reflexiv geschlossene, positiv gesetzte Normordnungen.[606] „Die Verfassung bezeichnet sich selbst als Verfassung.“[607] Darin sind die Amerikanischen und Französischen Revolutionsverfassungen nicht von der Verfassung des letzten deutschen Kaiserreichs oder dem Grundgesetz der Bundesrepublik Deutschland unterschieden. Die Rechtssätze der Verfassung sind zwar in der Regel „nur unter erschwerten Bedingungen“ änderbar, „aber eine *höhere Autorität* als anderen Gesetzen kommt ihnen nicht zu. (...) Die Verfassung ist keine mythische Gewalt, welche über dem Staat schwebt, sondern gleich jedem anderen Gesetz ein Willensakt *des* Staates und mithin nach dem Willen *des* Staates veränderlich.“[608] Was Paul Laband von der Verfassung des Kaiserreichs behauptet, gilt – was die verfassungsgebende Gewalt des Volkes (Präambel und Art. 146 GG) betrifft – auch noch vom Grundgesetz. Daran ändert auch die Ewigkeitsgarantie des Art. 79 Abs. 3 (Menschenwürdepostulat, Demokratie und Grundrechte dürfen

---

606 Niklas Luhmann, *Grundrechte als Institution*, Berlin: Duncker & Humblot, 1986 (1965), 115.

607 Paul Laband, *Das Staatsrecht des Deutschen Reiches*, a.a.O., 38.

608 P. Laband, a.a.O., 39; vgl. a. Georg Jellinek, *Verfassungsänderung und Verfassungswandlung*, a.a.O.: „Die Festigkeit der Grundgesetze (ist) keine höhere als die anderer Gesetze.“ (1). Entsprechendes gilt von der Weimarer Reichsverfassung, wobei nun freilich der „Wille des Staates“ (Laband) eindeutig als „Wille des Volkes“ bestimmt ist: Vgl. Gerhard Anschütz, *Die Verfassung des Deutschen Reiches*, Berlin: Stilke 1926, 30, 37ff, 229; Hans Kelsen, *Wer soll der Hüter der Verfassung sein?*, a.a.O., 19f.

durch Änderungen ihrer Textgestalt der Sache nach nicht geändert werden) nichts. Den Artikel 79 Abs. 3 könnte sogar der Bundestag – also eine fest konstituierte Organgewalt – aufheben.[609] Die Demokratie kann ihre eigene Verfassung auf legalem Wege durchbrechen und grundstützend revolutionieren.[610] Sie ist insofern ihrem Prinzip nach eine „permanente legale Revolution" (Julius Fröbel).[611] Und sie war es auch in der Geschichte. Selbst – und gerade – in den Vereinigten Staaten, in denen immer noch die Revolutionsverfassung des 18. Jahrhunderts in unverändertem Wortlaut gilt, hat sich der Geist der Gesetze durch die sie konkretisierenden Buchstaben (Verfassungsergänzungen, einfache Gesetzgebung, Urteile, usw.) doch mehrfach vollständig revolutioniert. War anfangs die freie Rede zwar erlaubt, die sittlich falsche aber strafwürdig, so wäre eine solche Auslegung der Verfassung heute *unconstitutional.*[612] Waren die endlose Ausdehnung des Arbeitstages anfangs verfassungskonform und Gewerkschaften verboten, so gilt heute überall in Europa und Amerika ein entsprechender Arbeitsvertrag als verfassungswidrig, und derselbe Wortlaut der Verfassung, der einst das Verbot der Gewerkschaften besiegelte, beinhaltet heute das Verbot des Verbots. Dasselbe gilt von den zahlreichen – wahrhaft revolutionären – Änderungen

---

609 N. Luhmann, a.a.O., 184. Ähnlich hat schon Richard Thoma mit Bezug auf die Weimarer Verfassung argumentiert und Carl Schmitts Vorstoss gekontert, den Art. 76 der Weimarer Verfassung, der die Modalitäten der Verfassungsänderung regelt, so zu ergänzen, dass ein Verfassungskern gegen jede Änderung immunisiert wird („Die juristische Bedeutung der grundrechtlichen Sätze", a.a.O., 35). Zum Problem jetzt auch: Cornelia Visman „Theorien der Verfassungsänderung und Unantastbarkeit", erscheint in: *Alternativkommentar zum Grundgesetz*, 2000.

610 Vgl. z. B. Richard Thoma, „Das Reich als Demokratie", in: G. Anschütz / R. Thoma, Hg., a.a.O., 199.

611 Vgl. J. Habermas, „Ist der Herzschlag der Revolution zum Stillstand gekommen?", in: Forum für Philosophie, Hg., *Die Ideen von 1789 in der deutschen Rezeption*, Frankfurt: Suhrkamp 1980, 18ff.

612 Vgl. z. B. U. Rödel / G. Frankenberg, *Von der Volkssouveränität zum Minderheitenschutz*, Frankfurt 1981.

des Wahlrechts, die schließlich die Bourgeoisie als herrschende Klasse entmachtet haben.[613] Nur sich selbst *als* Demokratie aufheben könnte die Demokratie – und *moderne* Demokratie ist *immer* ein Verfahren, das an der Idee orientiert ist, *allen* Gesetzesunterworfenen gleichen Anteil an der Gesetzgebung zu gewährleisten – sich freilich nur um den Preis eines pragmatischen Selbstwiderspruchs. Das einmal etablierte Recht öffentlicher Selbstgesetzgebung – so argumentiert Kant – ist als „subjektives öffentliches Recht" (Jellinek) jedes einzelnen Staatsbürgers deshalb unveräußerlich wie die Freiheit selbst, ist es doch nichts anderes als die Freiheit im *status civilis*: „Das Recht der obersten Gesetzgebung im gemeinen Wesen ist kein veräußerliches, sondern das allerpersönlichste Recht." Ein entsprechender Vertrag zwischen „Volk" bzw. „Nationalversammlung" und „Monarch" wäre „null und nichtig".[614]

Mit den frühen Verfassungstexten der Französischen Revolution beginnt die Verwandlung der natürlichen Rechte in positive Menschen- und Bürgerrechte. Das Verfassungsgesetz soll eine demokratische *Gesetzgebung* ermöglichen, die den Herrscher bzw. die Exekutivgewalt (einschließlich der Gerichte) an die Gesetze bindet und die reziproken Freiheitsspielräume, die die Bürger sich wechselseitig zugestehen, festlegt und rechtlich ausgestaltet.[615] Die Verfassungstexte enthalten deshalb neben der Erklärung der Rechte und der Bestimmung der Volkssouveränität immer einen Organisationsteil, der zusammen mit ergänzenden einfachen Gesetzen (Wahlgesetz, Geschäftsordnung des Parlaments etc.) die Verfahren der Gesetz-

---

[613] Vgl.a. mit Bezug auf den Gleichheitssatz der amerikanischen Verfassung Franz Neumann, „Die soziale Bedeutung der Grundrechte in der Weimarer Verfassung"(1930), in: *Wirtschaft, Staat, Demokratie*, Frankfurt: Suhrkamp 1978, 64. Vgl.a. allgemein: Hermann Heller, *Staatslehre*, Leiden: Sijthoff 1934, 257f.

[614] I. Kant, *Metaphysik der Sitten*, Rechtslehre § 52, a.a.O., 465. Vgl.a. I. Maus. „Zur Theorie der Institutionalisierung bei Kant", in: G. Göhler, *Politische Institutionen im gesellschaftlichen Umbruch*, Opladen: Westdt. Verlag 1990, 373ff.

[615] Vgl. I. Maus, Zur Aufklärung der Demokratietheorie, a.a.O., 159ff.

gebung und des Gesetzesvollzugs durch die Staatsgewalten regelt. Die Verfassung organisiert die Hauptträger der drei Gewalten (Legislative, Judikative, Exekutive) unter Berücksichtigung der Zentralität der Legislativgewalt und einschließlich aller Ausnahmen vom Prinzip der Gewaltenteilung.[616] Rechte und konkretisierende Verfassungsnormen regeln die demokratische Selbstgesetzgebung, aus der sie selbst hervorgehen und durch die sie – wie alles positive Recht – geändert werden können. Der Grundgedanke der modernen Demokratie ist, dass die demokratisch institutionalisierte Verfassung *reflexiv* – also korrigierbar - der einfachen Gesetzgebung als Verfahrensnorm vorgegeben ist, aber *alle* Bestimmungen ihres Inhalts – einschließlich der Verfahrensnormen selbst - Sache der demokratischen Legislative (Volk, Parlament) sind. Das Gesetz ist – so Paul Labend mit Bezug auf die Französische Deklaration von 1789 – durch den „verfassungsmäßig bestimmten Weg" der Gesetzgebung in seiner Form bestimmt, aber „ein und dasselbe Gesetz kann eine sehr verschiedenartigen Inhalt haben und neben wirklichen Rechtssätzen Verwaltungsvorschriften, Finanzmaßregeln, Ermächtigungen usw. enthalten. Es gibt mit einem Wort keinen Gegenstand des gesamten staatlichen Lebens, ja man kann sagen, keinen Gedanken, welcher nicht zum Inhalte eines Gesetzes werden könnte."[617] Spätestens in der Französischen Verfassung von 1791 (Titel III, Kap. III, Sekt. III, Art. 6) „tritt" – so Georg Jellinek – „in voller Klarheit ein neuer Begriff, der der *formellen Gesetzeskraft* auf, welche den (...) Dekreten der Nationalversammlung, was auch ihr Inhalt sein möge, den Charakter von (...) staatlichen Willensakten verleiht, die nur auf demselben Wege, auf dem sie entstanden sind, aufgehoben und modifiziert wer-

---

616 Vgl. Richard Thoma, „*Grundbegriffe und Grundsätze*", in: Gerhard Anschütz / Richard Thoma, Handbuch des deutschen Staatsrechts § 71, Tübingen: Mohr 1932, 109ff, 116f.

617 P. Laband, a.a.O., 63f; vgl. a. I. Maus, „Zur Theorie der Institutionalisierung bei Kant", in: G. Göhler u.a., Hg., *Politische Institutionen im gesellschaftlichen Umbruch*, Opladen: Westdt. Verlag 1990, 372.

den können."[618] „Gesetze", so schließlich Hermann Heller, „heißen (...) im Rechtsstaate nur, aber auch alle von der Volkslegislative gesetzten Rechtsnormen".[619] Rechtsstaat und Demokratie sind auf diese Weise untrennbar miteinander verschränkt. Verfassungsregimes sind demokratische Regimes. Nicht schon die Legislativgewalt an sich - wie von Jean Bodin bis Paul Laband angenommen –, erst die demokratische Legislative trennt definitiv Rechtsstaat und Diktatur: „Das konstitutionelle Gesetz muss als die oberste von der Volkslegislative (...) gesetzte Norm bezeichnet werden, denn nur dadurch, dass das Volk oder seine Repräsentation das Gesetz (...) beschließt, unterscheidet sich das konstitutionelle Gesetz von der Norm eines absoluten Monarchen oder Diktators."[620] Die Verfassungsbindung der einfachen Gesetzgebung kommt ohne Rückgriff auf höheres Recht rein positivrechtlich darin zur Geltung, dass die Normen, die die Gesetzgebung regulieren, dieser zeitlich vorhergehen und sachlich *im* laufenden Entscheidungsverfahren nicht mehr geändert werden können, sondern dazu einer besonderen Form oder Stufe der Gesetzgebung bedürfen, die zeitlich *vorher* oder *nachher* wirksam wird.[621] Das verfassungsmäßige Procedere der Gesetzgebung ist das einzige Medium, durch das die Rechte des Menschen und des Bürgers fortan *Substanz* gewinnen, denn ohne positiv-

---

[618] Georg Jellinek, *Gesetz und Verordnung*, Aalen: Scientia 1964 (1887), 76. Der Artikel III, III, III, 6 der 91er-Verfassung lautet: „Die Beschlüsse (der Nationalversammlung), die durch den König bestätigt und die, die ihm durch drei aufeinander folgende Legislaturperioden vorgelegt sind, haben Gesetzeskraft und führen den Namen und Titel ‚Gesetz'." (Günther Franz, Hg., *Staatsverfassungen*, München: Oldenburg 1964, 346.) In rein republikanischen Verfassungen wie der von Weimar entfällt natürlich das monarchische oder sonst ein Sanktionsrecht. Vgl. R. Thoma, a.a.O., 144.

[619] Hermann Heller, „Der Begriff des Gesetzes in der Reichsverfassung", in: *Gesammelte Schriften*, Bd. 2, a.a.O., 226.

[620] H. Heller, a.a.O.

[621] Vgl. Dieter Grimm, „Der Wandel der Staatsaufgaben und die Krise des Rechtsstaats", in: *Die Zukunft der Verfassung*, Frankfurt: Suhrkamp 1991, 161.

rechtliche Konkretisierung blieben sie, was sie im Naturzustand – nach Hobbes Einsicht – immer schon waren: *only words*. Menschenrechte, die mehr Wert sind, als das Papier, auf dem sie stehen, gibt es nur im demokratischen Rechtsstaat. Das ist die normative Erkenntnis von 1789.

Nicht die Verfassung, schon gar nicht ihre überpositive Substanz, legitimiert die Demokratie, sondern die Demokratie die Verfassung. Die Tatsache, dass die Rechtssetzung durch die Demokratisierung der Souveränität ihrerseits verrechtlicht wird, hat neben der *normativen* eine *funktionale* Seite.[622] Die demokratische Verrechtlichung der Rechtssetzung steigert – ohne Rückgriffe auf Naturrecht und sehr viel effizienter als je zuvor – die Bindungswirkung des Rechts. Sie löst die Legitimationskrise des *ancien regime* ebenso effektiv wie die funktionalen Probleme des in der gesellschaftlichen Umwelt von Politik und Recht rasant wachsenden Anpassungsdrucks. Sie entfaltet ihre – im Weberschen Sinn – rationalisierende Kraft, indem sie zugleich *richtiges* (weil durch die Gesetzesunterworfenen selbst gesetztes) und *funktionales* (Verhalten steuerndes und Konflikte regulierendes) Recht erzeugt: „Die neue Konstruktion unterwirft politische Herrschaft dem Willen der gesellschaftlichen Basis und trägt gleichzeitig dem raschen rechtlichen Änderungsbedarf einer modernen Gesellschaft Rechnung, die mit apokryphen Anpassungsleistungen durch Neuinterpretation des alten Rechts, wie sie die statische mittelalterliche Gesellschaft kannte, nicht mehr auskommt“.[623]

Was den in fortlaufender Debatte und revolutionärer Tagespolitik engagierten Intellektuellen als *Legitimationsproblem* erscheinen musste, erschien aus der Perspektive der nachgeborenen sozialphilosophischen und soziologischen Beobachter von Hegel über Marx und Weber bis Luhmann in erster Linie als ökonomisch-administrative *Rationalitätskrise* des *ancien*

[622] Vgl. D. Grimm, „Der Wandel der Staatsaufgaben und die Krise des Rechtsstaats“, a.a.O., 161.

[623] I. Maus, „Naturrecht“, a.a.O., 3; vgl. a. J. Habermas, *Faktizität und Geltung*, a.a.O., 555.

regime.[624] Verfassungen lösen beide Probleme, das normative der Legitimationskrise durch Institutionalisierung demokratischer Gesetzgebung *und* das funktionale der Rationalitätskrise durch effektive und berechenbare Verkopplung von Politik und Recht.[625] Verfassungen sind Produkte der sozialen Evolution: Zufallserfindungen, die selektiv wirken, wenn strukturelle Probleme nicht mehr durch das bisherige Regime gelöst werden können. Mit der im Absolutismus vollzogenen Ausdifferenzierung von Politik und Recht sind beide sozialen Systeme füreinander fremde – Hegel und Marx sagten „entfremdete", Luhmann sagt „blinde" – Umwelten geworden. Die Politik der Fürstenhäuser entwickelt oft erstaunlich fortschrittliche Reformprogramme, aber das Rechtssystem blockt als eigenlogisch organisierte Expertokratie, gestützt durch entsprechende Interessenkonstellationen, alles ab. Die Parlamentsreform scheitert im vorrevolutionären Frankreich. Aber auch umgekehrt: Das Recht verstetigt sich zu Weberscher Verlässlichkeit und Berechenbarkeit, doch die Willkür des gesalbten Hauptes macht alle rechtsstaatlichen Errungenschaften in legalen Nacht- und Nebelaktionen wieder zunichte. Die neue, aufstrebende Bourgoisie ist empört, das Volk fühlt sich betrogen. Sprichwörtlich sind die Halsbandaffäre 1785 in Paris oder der Fall des Müllers Arnold in Preußen von 1778. Erforderlich sind in dieser Lage Regelungen, die Politik und Recht in ihrer Differenz erhalten und den geordneten Vollzug ihrer Eigenoperation ermöglichen, indem sie reziproke Interventionen, Rechtssetzungsverfahren und Kontrollbefugnisse normieren, Grenzen fixieren usw. Die

624 Zu einer brauchbaren Krisentypologie vgl. Jürgen Habermas, *Legitimationsprobleme im Spätkapitalismus*, Frankfurt: Suhrkamp 1973, 66ff.

625 Zum funktionalen Problem vgl. a. Karl Marx „Zur Judenfrage", in: Marx-Engels I, *Studienausgabe*, Frankfurt: Fischer 1966; Franz Neumann, „Der Funktionswandel des Gesetzes im Recht der bürgerlichen Gesellschaft", in: *Zeitschr. f. Sozialforschung* 6, 1937, München: dtv 1980, 542ff.; Niklas Luhmann, *Grundrechte als Institution*, Berlin: Duncker & Humblot 1986 (1965); ders., „Verfassung als evolutionäre Errungenschaft", in: *Rechtshistorisches Journal* 9, 1990, 176-220.

Systemtheorie spricht von „struktureller Kopplung", bei Hegel hieß es „Vermittlung". Vereinfacht stellt sich die funktionale Leistung der Französischen Revolution zu Beginn des 19. Jahrhunderts aus funktionalistischer Sicht so dar: Die Französische Revolution institutionalisiert zum Zweck der „strukturellen Kopplung" von Politik und Recht Verfassungsprinzipien, die mit dem europaweit wirkenden Code Napoleon ein staatlich organisiertes Rechtssystem hervorbringen, das den Staat überhaupt erst in die mächtige Maschine verwandelt, von der Hobbes und die Aufklärer an den absolutistischen Höfen immer geträumt hatten, die der Absolutismus aber ohne ein Minimum an Verfassungsfunktion – wie sie dann im Napoleonischen Staat nach Abzug des Freiheitspathos der Revolution wirksam wurde – niemals hätte durchsetzen können.[626] So sah es Hegel: Das moderne Recht mit zugehöriger souveräner Staatsgewalt wurde 1789 von den letzten feudalen Fesseln losgerissen, konstitutionalisiert und codifiziert und von Napoleon der Welt (Kontinentaleuropa) mit Blut und Schwert mitgeteilt und unverlierbar eingeprägt. Sonntags war dann noch von Freiheit die Rede, als Kompensationskultur, „herrlicher Sonnenaufgang" usw.[627]

Aber die rein funktionale Rechnung ging nicht auf, denn das Ereignis *vergaß sich nicht*, und Demokratie und Menschenrechte wurden zur Forderung, Verfassungen zu schaffen und sie immer von neuen zu revolutionieren, Partizipationsrechte auszugestalten, vernachlässigte Minoritäten zu beteiligen, das System der Rechte auszubauen: „Seit der Französischen Revolution konnte revolutionäre Gewalt als legitim gelten; Rousseaus Diktum ‚Der Mensch wird frei geboren und ist doch überall in Fesseln', war jetzt in den Köpfen der Menschen."[628]

---

626 Vgl. H. Schulze, a.a.O., 96ff.

627 G. W. F. Hegel, *Philosophie der Geschichte*, Werke 12, a.a.O., 528ff. Besonders markant kommt Hegels funktionalistische Sicht der Französischen Revolution in der Schrift von 1817 zum Württembergischen Verfassungsstreit zum Ausdruck: *Nürnberger und Heidelberger Schriften*, Werke 4, a.a.O., 462ff.

628 H. Schulze, a.a.O., 106.

Und Rousseau hatte der Verheißung auch gleich die institutionalisierbare, zumindest funktionsspezifische Gebrauchsanweisung mitgeliefert, wenn er dem berühmten Satz die Frage folgen ließ, was denn den Fesseln „Rechtmäßigkeit" verleihen könne und dann die Antwort gab, das sei die Selbstbindung oder Selbstgesetzgebung durch die vereinigte Bürgerschaft: „Zugleich frei und den Gesetzen unterworfen" ist man genau dann, wenn die Gesetze „nur die Verzeichnisse unseres Willens sind."[629] Der Schritt zur demokratischen Verrechtlichung der Rechtssetzung, der mit der Verfassungsgebung der Revolutionszeit vollzogen wird, entspricht theoriegeschichtlich dem von Locke zu Rousseau. Er führt vom liberalen Naturrecht zum demokratischen Verfassungsrecht. Zwar folgt auch Rousseau noch der naturrechtlichen Bahn des Kontraktualismus, aber – und daran werden die Französische Nationalversammlung, die Jakobiner und Kant anschließen – die Lehre vom Gesellschaftsvertrag nimmt bei dem Genfer Uhrmachersohn erstmals die Gestalt eines nahezu *vollständig* formalisierten Naturrechts gleicher Freiheit an. Diese Freiheit ist bei Rousseau und Kant kein substantiell höheres, materiales Naturrecht mehr, sondern der transzendentale Grund allen Rechts: die formale *Bedingung seiner Möglichkeit.*[630] „Bedingungen der Möglichkeit" – Kants bahnbrechende Formel – sind reflexive Voraussetzungen, die wir *in* unserer Praxis erfüllen müssen, um diese Praxis – z.B. die Gesetzgebung – überhaupt vollziehen zu können. Indem es nur die Achtung der Bedingungen gleicher Freiheit und ihre Konkretisierung durch den Gesetzgeber verlangt, soll das natürliche Gesetz die procedural *richtige Erzeugung* des Rechts ermöglichen, stellt aber selbst keinen materialen Maßstab mehr zur Verfügung, an dem dessen Richtigkeit unabhängig von der faktischen Konsensbildung der rechtsunterworfenen Bürger

---

629 J.-J. Rousseau, *Contract social*, II, 6, a.a.O., 41.

630 Vgl. M. Riedel, „Herrschaft und Gesellschaft", in: Zwi Babscha, Hg., *Materialien zu Kants Rechtstheorie*, Frankfurt: Suhrkamp 1969, 134; vgl. a. E. Cassirer, „Das Problem Jean-Jacques Rousseau", in: *Archiv für Geschichte der Philosophie*, Bd. XLI, Berlin 1932, 195.

überprüft werden könnte.[631] Das natürliche Gesetz begründet nicht mehr das positive Recht, sondern nur noch die „Befugnis" und „Autorität des Gesetzgebers".[632] Es wird damit zur Verfahrensnorm „empirischer Konsensermittlung".[633]

Die „Natur" des Naturzustands ist bei Rousseau und Kant also vor allem normativ, sie ist so, wie die Gesellschaft wäre, wenn sie von Anfang an ihre Gesetzgebung an der gleichen Freiheit aller orientiert hätte.[634] Auf die Zukunft bezogen kann daraus nur ein „Vorschlag zu einem Verfahren" werden, „dessen Rationalität die Richtigkeit beliebiger verfahrensmäßig zustande gekommener Entscheidungen" garantieren soll.[635] Schon Franz Neumann hatte hierin den Grundzug von Kants Rechtslehre und den Unterschied zu dessen Ethik gesehen. Soweit man sie isoliert von seiner Ethik betrachte, schreibt er in dem 1937 erschienenen Aufsatz über den „Funktionswandel des Gesetzes im Recht der bürgerlichen Gesellschaft", verschwinde „das Naturrecht völlig" und der Staat werde zu einer „Organisation, die es ermöglichen soll, dass die Freiheit eines Individuums neben der der anderen bestehen kann."[636]

Der Naturbegriff dient Rousseau und Kant zur normativen Genese der Gesellschaft im Unterschied zum faktischen Verlauf ihrer Geschichte.[637] Der methodische Sinn des Naturzu-

---

631 Vgl. I. Maus, *Rechtstheorie und politische Theorie im Industriekapitalismus*, a.a.O., 13f; I. Maus, „Zur Theorie der Institutionalisierung bei Kant", in: G. Göhler u.a. (Hg.), *Politische Institutionen im gesellschaftlichen Umbruch*, Opladen: Westdeutscher Verlag 1990, 359f, 371, 373; W. Kersting, *Wohlgeordnete Freiheit*, a.a.O., 265.

632 I. Kant, *Metaphysik der Sitten*, a.a.O., 331.

633 I. Maus, *Zur Aufklärung der Demokratietheorie*, a.a.O., 156f, 159.

634 I. Maus, a.a.O.

635 So kritisch gegen Max Weber: J. Habermas, *Faktizität und Geltung*, a.a.O., 50.

636 F. Neumann, „Der Funktionswandel des Gesetzes im Recht der bürgerlichen Gesellschaft", a.a.O., 555.

637 Vgl. H. Brunkhorst, *Soldarität unter Fremden*, Frankfurt: Fischer 1997, Kap. II, 11-20. Zum Begriff der „normativen Genese" vgl.

stands besteht in einer Kritik der gesellschaftlichen Entwicklung, die es erlaubt, in der Gesellschaft zwischen „ordnungswidriger", das heißt freiheits*vernichtender* und „gesetzlicher", das heißt freiheits*ermöglichender* „Abhängigkeit" zu unterscheiden.[638] „Ordnungswidrig" sind alle herrschaftlichen – Kant sagt „bloß usurpierten" – Abhängikeitsverhältnisse zwischen Menschen, und das „einzige" freiheitsverbürgende „Mittel" gegen „dieses Übel in der Gesellschaft" sieht Rousseau darin „das Gesetz", das dem „allgemeinen Willen" entspringt, „an die Stelle des Menschen zu setzen."[639] Das durch gemeinsame Willensbildung zustande gekommene Gesetz ist die gesuchte, freiheitsermöglichende Abhängigkeit. Wenn man die Idee der Gesetzesherrschaft zu Ende denkt, muss man sie zur Selbstgesetzgebung radikalisieren.

Freilich glaubte Rousseau noch, eine doppelte, pragmatische Partizipations- *und* semantische Anwendungsallgemeinheit des Gesetzes postulieren zu müssen.[640] Er kannte die gekrönten Häupter seiner Zeit und dachte, doppelt hält besser. Aber das war falsch und zeigt nur, dass Rousseau – anders als der geniale Spinoza, der seiner Zeit so sehr voraus war – immer noch zu dualistisch dachte. Die semantische Anwendungsallgemeinheit des Gesetzes kann Rousseau nämlich nicht mehr immanent begründen, und deshalb muss er stillschweigend doch wieder auf materiales Naturrecht zurückgreifen. Formales Naturrecht ermöglicht die „Beteiligungsallgemeinheit" (Hasso Hofmann), materiales Naturrecht unterwirft den gesetzgebenden Willen dem Apriori semantischer Allgemeinheit. Das aber geht nicht nur an der Realität des Rechts – so wie sie schon zu Rousseaus Zeit gegeben war – vorbei, es schwächt vor allem den demokratischen Gesetzgeber. Man könnte auch auf ihn verzichten, hat man doch für den Fall des Falles eine transzendentale

---

P. Lorenzen, *Normative Logic and Ethics*, Mannheim: B I 1969, 85f.

[638] J.-J. Rousseau, *Contract Social* II, 7, a.a.O., 39ff.

[639] J.J. Rousseau, *Emile oder Über die Erziehung*, Stuttgart: Reclam 1990 (1762), 197.

[640] J.-J. Rousseau, *Contract Social* II, 6, a.a.O., 39ff.

Rückversicherung. Aber nur ein Teil der Gesetze hat die allgemeine Form „Immer wenn Tatbestand x vorliegt, soll Sanktion y erfolgen". Für das Kernstrafrecht (Mord, Raub etc.) ist das (weitgehend) klar. Aber alle Einzelfallverordnungen, Verfahrensregeln, Haushaltsgesetze etc. fallen durch das Raster durch. Das legt die Versuchung nahe, dann gleich alle Verordnungen einfach vom Gesetz abzutrennen und sie der Regierung bzw. der Verwaltung zu überlassen. Carl Schmitt hat sich deshalb die Forderung nach strikter Allgemeinheit des Gesetzes in den 20er Jahren zueigen gemacht, um den demokratischen Gesetzgeber zu schwächen und stattdessen die autoritären Instanzen der Verwaltung vom Reichspräsidenten an abwärts zu stärken. Das Parlament wird in den Himmel des Allgemeinen verschoben, kontrolliert vom Hüter der Verfassung (vor 1933 der Präsident, nach 1945 das Gericht), während die konkreten Entscheidungen, auf die es ankommt, von den Eliten unter sich ausgemacht werden.[641] Als Hitler dann an der Macht und die Demokratie beseitigt war, wollte Schmitt von der Allgemeinheit des Gesetzes nichts mehr wissen. Das Demokratieproblem war gelöst.[642]

Auch ein so wichtiger Verfassungsgrundsatz wie die Gleichheit vor dem Gesetz lässt sich, wenn es um seine sozialstaatliche Ausgestaltung geht, kaum mit Hilfe streng allgemeiner Gesetze realisieren. Durch die Maschen des allgemeinen Ge-

---

[641] Carl Schmitt, *Verfassungslehre*, Berlin: Duncker & Humblot 1989 (1928), 138ff; vgl. a. I. Maus, *Bürgerliche Rechtstheorie und Faschismus*, München: Fink 1980. „Die Einengung des Rechtsbegriffs" – so die Kelsen-Schülerin Margit Kraft-Fuchs gegen Carl Schmitt – „auf den Begriff des (allgemeinen) Gesetzes (...) hat nur den Zweck, eine rechts*freie* Sphäre zu schaffen, die die Möglichkeit gibt, Staatshandlungen auch ohne oder gegen das positive Recht vornehmen zu können. Diese Theorie ist in der Geschichte der Staatslehre – speziell der autokratisch orientierten – allerdings auch nicht gerade originell.", M. Kraft-Fuchs, „Prinzipielle Bemerkungen zu Carl Schmitts Verfeassungslehre", in: *Zeitschrift für öffentliches Recht*, Bd. IX, 1930, 537.

[642] C. Schmitt, *Über die drei Arten des rechtswissenschaftlichen Denkens*, a.a.O.

setzes schlüpfen dann die Reichen, während die Armen drin hängen bleiben. Deshalb hat der Stammvater des Thatcher-Reagenschen Neoliberalismus, Friedrich Hayek so leidenschaftlich für die strikte Allgemeinheit des Gesetzes gekämpft. Sie lässt sich, wie Hayek richtig erkannt hat, nur naturrechtlich begründen und als Beschränkung der Demokratie – hier trifft er sich mit Schmitt – durchführen.[643] In beiden Fällen sticht Legitimität Legalität aus.[644] Um solche Gefahren zu vermeiden, die Demokratie und Liberalismus in eine Oppositionsstellung hineinzwingen, die dann nur noch autoritäre Lösungen offen lässt, ist es erforderlich, Rousseaus Weg zur vollständigen Internalisierung des Naturrechts in die Gesellschaft zu Ende zu gehen und die Allgemeinheit des Gesetzes ausschließlich auf der Eingabeseite der Gesetzgebung zu lokalisieren. Das allgemeine Gesetz wird zur allgemeinen Prozess-Norm der Erzeugung der *volonté générale*. Es hat dann nur noch die Funktion, die faire, gleiche und freie Partizipation aller Gesetzesunterworfenen an der Gesetzgebung zu gewährleisten.[645] Mehr Allgemeinheit braucht das Gesetz nicht. Entscheidend – und das führt über Rousseaus Zweideutigkeit hinaus – ist hier die antidualistische (spinozistisch-pragmatistische) Einsicht, dass es keinen allgemeinen Willen und deshalb auch keine Allgemeinheit des Gesetzes *vor* der konkreten, faktischen Willensbildung der Betroffenen geben *kann*.[646]

Um die Allgemeinheit des Gesetzes von jeder platonischen Idealisierung abzulösen und ganz aus der Praxis bürgerschaftlicher Selbstgesetzgebung hervorgehen zu lassen, müssen zwei

---

643 Friedrich von Hayek, *Die Verfassung der Freiheit*, Tübingen: Mohr 1991.

644 Vgl. Hasso Hofmann, *Legitimität gegen Legalität*, Berlin: Duncker & Humblot. 1992 (1964).

645 So die Rousseau-Kant-Interpretation von Ingeborg Maus, *Zur Aufklärung der Demokratietheorie*, a.a.O.; vgl. a. Klaus Günther „Legal Adjudication and Democracy“: Some Remarks on Dworkin and Habermas“, in: *European Journal of Philosophy*, Vol. 3, 1994, 39.

646 Das ist der Punkt der Demokratietheorie von J. Habermas, *Faktizität und Geltung*, a.a.O.; vgl. a. K. Günther, a.a.O., 42.

Voraussetzungen erfüllt sein: *Erstens* ist ein Paradigmenwechsel von der Subjektivität (Subjekt-Objekt-Dualismus) zur Intersubjektivität, vom Bewusstsein zur Kommunikation erforderlich, den – im Prinzip – Rousseau und Kant in der Rechtstheorie (nicht in der Erkenntnistheorie und in der Ethik) schon vollzogen haben, denn dazu hat sie der Übergang von autokratischer zu demokratischer Souveränität praktisch genötigt. *Zweitens* braucht man starke Menschenrechte, die diejenigen, die den Gesetzen zwar unterworfen, aber an der aktuellen Gesetzgebung – sei es der wahlberechtigten / wählenden Aktivbürgerschaft, sei es der jeweiligen Mehrheit, sei es des Repräsentativorgans (Parlament) – nicht beteiligt sind, in einen Status versetzen, der dem des entscheidenden Souveräns gleichberechtigt ist.

Erstens. Während der Hobbesche Souverän seine Gesetzgebungskompetenz in letzter Instanz von *außen*, aus vorstaatlich-natürlichem Recht (*ius ad omnia)* und buchstäblich – wieder *zeigt* es der menschenleere Königskopf des Frontispitz – privat, als einsam entscheidendes Bewusstseinsubjekt, auf die ihm unterworfene Gesellschaft ausübt, kann der gesetzgebende Wille des Volkes nur von *innen*, aus der Gesellschaft heraus und nur *im* Licht ihrer Öffentlichkeit operieren. Der Wille des Leviathan ist eine Tatsache des Bewusstseins, die *volunté générale* eine Folge gesellschaftlicher Kommunikation. Das, „was ein einzelner Mensch, wer immer er auch sei, eigenmächtig verfügt" ist „keinerlei Gesetz".[647] Das Gesetz kann unter Prämissen der Volkssouveränität nicht mehr – wie bei Hobbes – „im Willen dessen gründen", der autorisiert ist, „den Gesetzesbefehl auszusprechen".[648] Ein jeder muss vielmehr – so Rousseau – das „einfache Recht" haben, „bei allen Akten der Souveränität abzustimmen" und „das Recht, seine Meinung zu äußern, Vorschläge zu machen, einzuteilen und zu diskutieren."[649] Aus diesem Grund nötigt der Übergang zur Volkssou-

---

[647] J. J. Rousseau, *Contract Sociale*, II, 6, a.a.O., 41

[648] H.Hofmann, *Gebot, Vertag, Sitte*, Baden-Baden: Nomos 1993, 32f.

[649] *Contract Social*, IV, 1, a.a.O., 114.

veränität die Staatstheorie – noch auf dem Boden der Bewusstseinsphilosophie – zum *Paradigmenwechsel vom Bewusstsein zur Kommunikation.* Während der solitäre Souverän der Hobbeschen Staatslehre sich bei der Bildung des gesetzgebenden Willens auf die vorstaatlich-natürliche Freiheit seines subjektiven Bewusstseins zurückgeworfen sieht, müssen die Bürger, wollen sie sich als Volk Gesetze geben, aus dem eigenen Bewusststein heraustreten und ihre verschiedenen Interessen, Absichten und Überlegungen der öffentlichen Kommunikation preisgeben. Denn die verschiedenen, stets heterogenen Interessen können nicht durch einsames Denken, sondern nur durch kommunikative Operationen offenbart, koordiniert und schließlich zu Gesetzen kompatibilisiert werden. Gesetzgebung heißt unter demokratischen Prämissen, die unüberschaubare Vielzahl kommunikativer Operationen durch den Filter des freien und gleichen Vollzug kommunikativer Operationen zu erwartungsstabilisierenden Gesetzen zu koordinieren. Die Hereinnahme der Willensbildung *in* die gesellschaftliche Kommunikation diktiert inhaltlich unbeschränkter Souveränität einschränkende Erzeugungsbedingungen. Das *Wie* der richtigen Erzeugung rechtlicher Normen hängt deshalb nicht mehr „vom Willen des Souveräns" ab, sondern kommt dadurch zustande, „dass der demokratische Souverän von vornherein nicht über einen persönlichen, einheitlichen Willen verfügt, sondern diesen erst aus höchst uneinheitlichen Willensmomenten bilden muss."[650] Konsequent zu Ende gedacht heißt das: Im Unterschied zur Souveränität des Hobbesschen Staatssubjekts kann „Volkssouveränität nicht mehr in einer anschaulichen identifizierbaren Versammlung autonomer Bürger" verkörpert und sinnlich – sogar sinnbildlich wie auf dem Frontispitz – dargestellt werden. „Sie zieht sich in die gleichsam subjektlosen Kommunikationskreisläufe von Foren und Körperschaften zurück."[651] Übrigens ist beides für die Demokratie unerlässlich, Foren, auf denen öffentlich debattiert wird *und* Körperschaften, die kom-

---

650 I. Maus, *Zur Aufklärung der Demokratietheorie*, a.a.O., 180.
651 J. Habermas, *Faktizität und Geltung*, a.a.O., 170, vgl. a. 362, 365.

munikativ entscheiden, was gelten soll und was nicht.[652] Nur der von partikularer Macht unverzerrte Kreislauf sichert, dass die *Überzeugung* eines „egalitär zusammengesetzten Laienpublikums“ „*letztlich*“ die „Autorität“ – die Hobbessche *Authoritas* - darstellt.[653] Nur die angemessene Übersetzung der Überzeugungen in bindende *Entscheidungen* garantiert, daß demokratische Autorität auch Gesetze macht (*facit*). So ist es bei Habermas. Aber schon bei Kant spiegelt sich die für den Übergang von Fürsten- zu Volkssouveränität charakteristische Trennung von Bewusstsein und Kommunikation in derjenigen von Moral und Recht. Während die Moral eine Maximen testende Verallgemeinerungsleistung des je individuellen Bewusstseins („Gewissen“) bleibt, wird das Recht zum Medium der öffentlichen Koordination sozial wahrnehmbarer Kommunikationen („äußere Handlungen“). Nicht in die bewusstseinsabhängige „Tugend der Mitwirkenden“ setzt Kant deshalb „die Hoffnung eines vernünftigen und zugleich automatischen Ausgleichs der diffusen Intentionen“, sondern in die kommunikative „Notwendigkeit der Willensbildung aus der gleichen und freien Beteiligung (...) aller höchst partikularen Einzelwillen“.[654]

Mit der Trennung von Bewusstsein und Kommunikation steigt der Koordinationsbedarf und mit ihm steigen die normativen Anforderungen auf der Eingabeseite der Gesetzgebung. Die gleiche Freiheit aller muss jetzt durch rechtsförmige Verfahrensnormen institutionalisiert werden, wenn es überhaupt zu einem einzigen gültigen Gesetz kommen soll. Wenn das aus individuellen Freiheitssubjekten aggregierte Volk der aktive Souverän ist, dann muss vorab gesichert sein, dass die einzelnen Staatsbürger bei Beratung und Beschluss gleichberechtigt und unabhängig vom Willen des anderen zum Zuge kommen. Grundlage der Volkssouveränität ist gerade für Rousseau *nicht*

---

652 Vgl. a. J. Habermas, *Die nachholende Revolution*, Frankfurt: Suhrkamp 1990: „Argumentation ist kein *Entscheidungsverfahren*, das in Beschlüssen resultiert, sondern ein Problemlösungsverfahren, das zu *Überzeugungen* führt.“ (125f).

653 J. Habermas, a.a.O., 440.

654 I. Maus, a.a.O., 180.

der Wille eines Kollektivsubjekts, sondern der Wille jedes Einzelnen, und es ist der Sinn aller Beratungs- und Abstimmungsregeln, den kommunikativen Operationen (Meinungsäußerungen und Entscheidungen) der einzelnen Subjekte die jeweils größtmögliche Unabhängigkeit zu garantieren.[655] Gesetze sind in genau dem Maße Ausdruck der *volonté générale*, in dem das Verfahren der Gesetzgebung solche Unabhängigkeit verwirklicht. Aus diesem Grund – und weil die Gesetze nicht nur für tugendhafte, sondern auch „für verderbte Menschen passen" müssen – plädiert Rousseau (gegen Cicero) für geheime Wahlen[656] „Individuelle Willensakte" so auch Sièyes im Anschluss an Rousseau, sind „der Ursprung aller Macht; die gesellschaftliche Vereinigung ist ihr Werk"; und sie bleiben auch nach Bildung eines gemeinschaftlichen Willens (*volonté générale*) dessen „wesentliches Element".[657] Die Freiheit Rousseaus und Sièyes', die sich im klassisch-republikanischen Element der Teilnahme aller Bürger an der Gesetzgebung realisiert, ist deshalb *nicht* die Freiheit der Alten, sondern die ethisch neutralisierte, moderne Freiheit des Individuums.[658]

Allerdings, und hier gab es für Sièyes und die Aktivisten der Revolution gar keine Alternative, so wie Rousseau sich die republikanisch verfasste Demokratie vorgestellt hat, nur mit dem repräsentativen Mehrheitswillen des Staatsvolkes als einzigem Repräsentativorgan ausgestattet – auch der Mehrheitswille der Gesamtbevölkerung, ja schon das Aktivvolk ohne Babies, Gefängnisinsassen und durch das Land reisende Ausländer ist ein Repräsentativorgan[659] - lässt sich kein demokrati-

---

[655] Vgl. nur: J.-J. Rousseau, *Contract Social* II, 3; IV, 4, 8, a.a.O., 31f, 127, 131, 159 (FN).

[656] *Contract Social* IV, 4, a.a.O., 131. Also auch bei Rousseau findet sich schon das Argument Kants von der staatenbildenden Kompetenz einer Teufelspopulation.

[657] E. J. Sièyes, *Was ist der dritte Stand?*, Essen: Hobbing, 1988 (1789).

[658] Vgl. H. Hofmann, „Zur Herkunft der Menschenrechtserklärungen", in: *JuS 11* / 1988, 847.

[659] Vgl. Hans Kelsen, *Vom Wesen und Wert der Demokratie*, Aalen: Scientia 1981; H. Hofmann, *Repräsentation*, a.a.O., 222ff.

scher Staat machen, der größer wäre als das klassische Athen (ca. 100.000 Einwohner). Rousseau beachtet das in seiner „realen“, aber nicht in seiner „idealen“ Theorie, in seinen Verfassungsentwürfen, aber nicht im „Contract Social“. Es ist aber ein prinzipielles Problem und gehört in die letztere. Was die Verfassungsrevolutionen des 18. Jahrhunderts vollzogen haben, war nämlich der Übergang von der mittelalterlichen Identitätsrepräsentation, die – wie in der klassischen antiken Republik – immer nur die „kollegiale Gleichheit einer privilegierten Gruppe“ kannte, zur egalitären, demokratischen Bevollmächtigung, die nur noch eine direkte „Verknüpfung von Repräsentation und Wahlmandat“ zulässt.[660] Das war – wie Karl Loewenstein gezeigt hat – die große verfassungstheoretische Leistung von Sièyes wirkungsmächtiger Flugschrift aus dem Januar 1789 über die Frage: „Was ist der dritte Stand?“ Die berühmte Antwort bestand in den zwei Worten: „Die Nation“. Ihr Organ sollte die „Nationalversammlung“ sein – eine ganz andere Repräsentativverfassung als die Ständeversammlungen sie je ge-

[660] H. Hofmann, a.a.O., 225, 231, vgl. a. 235, 428ff, 442f, 446ff, 454ff. „Der juristisch präzise Unterschied“ – so auch Hermann Heller – „zwischen der aristokratischen oder der monarchischen Autokratie und der Demokratie liegt in der Stellung der Repräsentanten begründet. In der Autokratie ist eine den Regierten gegenüber juristisch ungebundene, souveräne Repräsentation vorhanden, der Staat der Volkssouveränität kennt dagegen nur ausnahmslos juristisch gebundene, magistratische Repräsentation.“ (H. Heller, *Souveränität*, a.a.O., 97) Der gesamte Organisationsteil der Verfassung, der die Repräsentation des Volkswillens (*volonté générale*) im Detail regelt: „das ganze System von Abhängigkeiten, wie Wahl, Gegenzeichnung, Parlamentarismus, Referendum, Initiative“, aber auch alle Normen, die die Stellung des Präsidenten, der Regierung, der Legislative usw. festlegen, haben „nur den juristischen Sinn (…), das Ausgehen der Staatsgewalt vom Volke juristisch zu garantieren“ (H. Heller, a.a.O., 98). Der Sinn der Verfassung ist *nicht* die Volksmacht einzuschränken, sondern ihre unverkürzte Realisierung zu ermöglichen.

kannt hatten.[661] Die Repräsentierten dürfen aber auch in einer Nation mit Nationalversammlung nicht durch ihre Repräsentanten mediatisiert werden, so dass dann – wie im deutschen Vormärz – am Ende eine fade und fadenscheinige „Souveränität der Vernunft“, die eine besitzbürgerliche Minorität sich selbst großzügig konzediert, die Stelle der Souveränität des Volkes okkupiert.[662] Das Volk muss *aktuell* in allen seinen Organen repräsentiert sein und auch direkt als gesetzgebendes Aktivvolk zur Geltung kommen können, sonst sollte man lieber nicht von einem *demokratischen* Rechtsstaat sprechen.[663] Dieser Stachel Rousseaus darf der Demokratie nicht gezogen werden, sonst ist es nur eine Scheindemokratie. Auf allen Ebenen aktueller Machtausübung ist das Volk jedoch auf repräsentative Entscheidungsverfahren angewiesen. Ohne sie hätte die Macht des Volkes keine Wirklichkeit und würde auf „öffentliche Meinung“, *movement* und *civil society* – *de facto* auf Akklamation - reduziert werden.[664] Die Demokratie braucht ein direkt mandatiertes Repräsentativsystem, gerade um sicherzustellen, dass der Staat der „Staat des Volkes“ bleibt.[665] Aber wer ist das Volk? – Die Antwort auf diese Frage ist in der zweiten Voraussetzung partizipativ allgemeiner Legislation enthalten.

Zweitens. Die Demokratie braucht starke Menschenrechte. Ohne Menschenrechte keine Demokratie, aber ohne Demokratie auch keine Menschenrechte. Das behauptet heute fast nur

---

[661] Emmanuel Joseph Sièyes, *Was ist der Dritte Stand?*, Essen: Hobbing 1988 (1789). Eine interessante Übersetzung übrigens von Johann Gottfried Ebel aus dem Jahr 1796. Vgl. a. Karl Loewenstein, *Volk und Parlament*, Aalen: Scientia 1964 (1922), 3ff.

[662] H. Hofmann, a.a.O., 442f, 457. Hofmann zitiert hier Marx aus der Heiligen Familie, wo dieser den Doktrinären des Vormärz vorwirft, sie proklamierten „die Souveränität der Vernunft im Gegensatz zur Souveränität des Volkes (...), um die Massen auszuschließen und alleine zu herrschen“. (*Frühschriften*, Stuttgart: Kröner 1953, 322.)

[663] Vgl. a. H. Hofmann, a.a.O., 455.

[664] Vgl. a. a.a.O., 422.

[665] Dieter Grimm, *Die Zukunft der Verfassung*, Frankfurt: Suhrkamp 1991, 266.

noch Habermas, aber im 18. Jahrhundert war es selbstverständlich.[666] Der Sinn aller Menschenrechte ist demokratische Inklusion, egalitärer Einschluss, die „Einbeziehung des Anderen" (Habermas). Alle Gesetzesunterworfenen – ohne Ausnahme – sind das Volk. Das 18. Jahrhundert – und über weite Strecken auch das 19. – sah überhaupt noch keinen Unterschied zwischen Menschenrechten und Demokratie. Die Forderung nach Menschenrechten wurde von beiden Seiten, von denen, die sie erhoben und erst recht von denen, die schon das öffentliche Verlangen nach Rechten mit Geheimpolizei, Folter und Festungshaft verfolgen, mit der Forderung nach Volkssouveränität identifiziert *et vice versa*. Für Kants ideale Theorie kosmopolitischer Staatsgründung gibt es *Menschen* im Zustand der Natur. Hier herrscht Privatrecht, und es gibt ein und nur ein Menschenrecht. Er nennt es das „angeborene Recht": „*Freiheit* (Unabhängigkeit von eines anderen nötigender Willkür), sofern sie mit jedes anderen Freiheit nach einem allgemeinen Gesetz zusammen bestehen kann, ist dieses einzige, ursprüngliche, jedem Menschen, kraft seiner Menschheit, zustehende Recht."[667] Am Schopf dieses Rechtes ziehen die Menschen sich aus dem Sumpf des Naturzustands, verwandeln sich in *Staatsbürger* und ihr einziges Menschenrecht in die Erzeugungsbedingung des souveränen Volkswillens, das negative Gerechtigkeitsprinzip *volenti non fit iniuria*. In der Rechteerklärung der Französischen Revolution war es genauso. Erst gab es Menschen mit gleichen natürlichen Rechten, dann wurden aus allen Menschen Franzosen mit positiven Rechten des Menschen und des Bürgers.

---

[666] Anderer Meinung als Habermas sind z. B. J. Rawls, „The Law of Peoples", in: Stephen Shute / Susan Hurley, Hg., *On Human Rights*, New York: Basis Books 1993, 41ff.; Ernst-Wolfgang Böckenförde, „Ist Demokratie eine notwendige Forderung der Menschenrechte?", in: *Staat, Nation, Europa*, Frankfurt: Suhrkamp 1949, 246ff.

[667] I. Kant, *Metaphysik der Sitten*, Rechtslehre, Einteilung B, a.a.O., 345.

Das war am 3. September 1791. Aber schon am nächsten Tag zeigte sich die Differenz zwischen idealer und realer Theorie. Nur einige Menschen waren zu Franzosen geworden. Die Verfassung garantierte gleiche Rechte allen Staatsbürgern, aber was war mit den Frauen, durchreisenden Ausländern, den Schwarzen in den Kolonien und allen anderen, von französischen Gesetzen Betroffenen? Und wer war das Volk, der Souverän? Natürlich alle. Aber nur männliche Besitzbürger hatten das Wahlrecht. Es gab Konflikte. Eine Frauenrechtlerin, Olympe de Gouges, erklärte den „Männern der Revolution" (Hannah Arendt) noch im selben Jahr die „Rechte der Frau und der Bürgerin" und lag zwei Jahre später auf der Guillotine. Aber man sah das Problem. Die Jakobiner waren die Fortschrittlichsten. Sie gaben den schwarzen Franzosen in den Kolonien die Bürgerrechte und erklärten in ihrer – leider nie in Kraft getretenen – Verfassung von 1793, dass jeder Ausländer, der ein Jahr in Frankreich lebt, und selbstständig ist – Eigentum war schließlich „unverletzliches und geheiligtes Recht" (Art. 17 der Deklaration von 1789) – französischer Bürger werden kann. Aber selbst in der fortschrittlichsten, noch heute nirgends realisierten Version, bleibt die Differenz, der Abstand eines Jahres; von Frauen, Kindern, Gefangenen, unselbstständigen Knechten ganz zu schweigen. Auch Gesetze, die die Nationalversammlung beschließt, beschließt sie zwar *als* Volk, aber doch ohne aktive Partizipation dieses Volks im Augenblick der Entscheidung. Auch hier klafft eine Lücke.

In diese Lücke springen die Menschenrechte ein. Sie sind Platzhalter für demokratische Autonomie. Sie geben denen, die es nicht sind, noch nicht sind oder – aus welchen Gründen auch immer – nicht sein können, die Gewissheit, dass die Beteiligungsallgemeinheit des Gesetzes sie wenigstens kontrafaktisch einschließt. Die Menschenrechte erschließen – in ihrer positivierten Gestalt, sonst sind es *only words* – den Möglichkeitsraum einer *zukünftigen* Verwirklichung des Projekts der Demokratie. Menschen sind Aktivbürger im *status negativus* (Georg Jellinek), aber der enthält das Potential seiner Selbstnegation und er besagt, dass *alle*, die heute keine Bürger im *sta-*

tus activus sind, einen *Rechtsanspruch* haben, wenigstens so behandelt zu werden, als wären sie schon heute „Mitglied des Souveräns".[668] Durch die Menschenrechte wird der bürgerliche Republikanismus erst zu einer wahrhaft demokratischen, nämlich inklusiven Idee: der Idee einer sich ständig durch Selbstrevision erweiternden, expandierenden, alle Anderen und Fremden Zug um Zug einbeziehenden Gemeinschaft.

In der Nichtunterscheidung der Rechtssubjektivität von Menschen und Bürgern in den Französischen Deklarationen von 1789, 1791 und 1793 steckt deshalb der kontrafaktische Rechtsgrundsatz, alle Menschen so zu achten, als wären sie Mitbürger; während die faktische Differenz, die im Augenblick der Deklaration die Einheit von Menschen- und Bürgerrechten zerreißt, das uneingelöste Versprechen enthält, alle die es heute noch nicht sind, zu Aktivbürgern zu machen. Am normativen Horizont des Staatsbürgerrechts erscheint das zukünftige Weltbürgerrecht, das niemanden mehr ausschließt. Die Differenz zwischen aktuellen Staats- und potentiellen Weltbürgern spiegelt sich im Volksbegriff demokratischer Verfassungen, z.B. im Art. 20 Abs. 2 Satz 1 des deutschen Grundgesetzes: „Alle Staatsgewalt geht vom Volke aus." Hier – in der Formulierung des Demokratieprinzips – hat der Volksbegriff einen kontrafaktischen und menschenrechtlichen Status. Das Volk, das diesem Satz zufolge die *einzige legitime Quelle* allen positiven Rechts ist, ist hier als unspezifizierter, „offener Begriff" zu verstehen, dessen „Umgrenzung" „dem politischen Prozess überlassen" bleiben muss.[669] Er umfasst ohne weitere Qualifikation die

---

[668] Friedrich Müller, *Wer ist das Volk?*, Berlin: Duncker & Humblot 1997; vgl. a. ders. „Demokratie und juristische Methodik", in: H. Brunkhorst / P. Niesen (Hg.), *Das Recht der Republik*, Frankfurt: Suhrkamp 1999, 202ff.

[669] Stefan Oeter, „Allgemeines Wahlrecht und Ausschluss von Wahlberechtigung: Welche Vorgaben enthält das Grundgesetz?" in: Ulrike Davy, Hg., *Politische Integration der ausländischen Wohnbevölkerung*, Baden-Baden: Nomos 1999, 38; vgl. a. I. Maus, „Volk und ‚Nation' im Denken der Aufklärung", in: *Blätter für deutsche und internationale Politik* 5, 1994, 602ff; dies., *Zur Aufklärung der Demokratietheorie*, a.a.O., 203ff.; H. Hofmann, „Geschicht-

„Gesamtheit der von den Normen Betroffenen", die Bevölkerung im weitesten Sinne, also auch Babys, Schwachsinnige, durchreisende Ausländer, ja sogar (über die in Deutschland anwesende Bevölkerung hinaus) Einwohner Perus, die durch deutsche Zollgesetze in der Ausübung ihrer Handlungsfreiheit beschränkt werden, Bewohner Jugoslawiens, die die Folgen eines Embargos der EU zu tragen haben usw.[670] „Volk" im Sinne von Art. 20 (2) 1 ist als offener (und erweiterbarer) Begriff letztlich mit der „Kommunikationsgemeinschaft der Betroffenen" (Habermas) identisch.[671] Letztere ist der Souverän und niemand sonst. Das sagen die Menschenrechte.

Seit die alte Legeshierarchie der christlich-monarchischen Legitimität in sich zusammengebrochen ist, und die soziale Evolution ausnahmslos *alles* Recht in positives, gesetztes und änderbares Recht verzeitlicht hat, ist – wie wir gesehen haben - die demokratische Selbstgesetzgebung, die verlangt, dass alle Gesetzesunterworfenen gleichermaßen an der Gesetzgebung beteiligt werden, das einzige noch verbliebene Legitimationsprinzip. Das im Demokratieprinzip des 1. Satzes des 2. Absatzes von Art. 20 GG angesprochene, unspezifizierte Volk aller *Rechtsadressaten* ist aber niemals aktuell mit dem – im Satz 2 dann erwähnten – Aktivvolk der wahlberechtigten Bürger und dieses nicht mit dem Volk, das den Entscheidungen seiner repräsentativen „Organe" (Art. 20 Abs. 2 Satz 2 GG) bloß zugerechnet wird, dem „Zurechnungsvolk" identisch.[672] So unaufhebbar die Differenz von Adressaten-, Aktiv- und Zurechnungsvolk ist, es macht, wie man aus der Geschichte der

---

lichkeit und Universalitätsanspruch des Rechtsstaats", in: *Der Staat* 34, 1995, Heft 1, 17.

670 F. Müller, *Wer ist das Volk?*, Berlin: Duncker & Humblot, 1997, 24f; zum Problem vgl. a. Robert Dahl, *Democracy and its Crities*, Yale: Univ. Press 1989.

671 Vgl. J. Habermas, *Legitimationsprobleme im Spätkapitalismus*, Frankfurt: Suhrkamp 1973, 144.

672 F. Müller, a.a.O., 39f. Art. 20(2) lautet im ganzen: „1 Alle Staatsgewalt geht vom Volke aus. 2 Sie wird in Wahlen und Abstimmungen und durch besondere Organe der Gesetzgebung, der vollziehenden Gewalt und der Rechtsprechung ausgeübt."

bis heute andauernden Verfassungskämpfe weiß, einen riesigen Unterschied, ob nur die besitzenden weißen Männer das *Aktivvolk* bilden oder ob auch Frauen, Arbeiter, dauerhaft in einem Land lebende Ausländer usw. dazugehören; und es macht natürlich auch einen Riesenunterschied, ob das Zurechnungsvolk Produkt einer bloß fiktiven, nominalistischen Zuschreibung ist, wie in allen autoritär-populistischen oder bonapartistischen Regimes, oder ob die Zuschreibung auf eine „ununterbrochene demokratische Legitimationskette" (Böckenförde) direkt und frei gewählter Volksvertreter zurückgeht; oder ob die Gesetzgebungskompetenz der Organe durch Referendumsbedingungen oder auf bestimmte Materien (z.B. einfache Gesetzgebung und nur bestimmte Verfassungsänderungen) eingeschränkt ist usw. Das Demokratieprinzip verlangt *in the long run*, den Herrschaftscharakter des Staates, der im Ausschluss von der aktiven Selbstgesetzgebung besteht und deshalb auch in der Demokratie fortbesteht, zu minimieren. Der Artikel 20 (2) 1 des Grundgesetzes ist nicht mehr und nicht weniger als der Auftrag an den Gesetzgeber, Demokratie zu verwirklichen, und das heißt, „dafür zu sorgen, dass der Kreis der von den Entscheidungen essentiell betroffenen ‚Herrschaftsunterworfenen' und der Kreis der an diesen Entscheidungen beteiligten Aktivbürger – soweit es irgend möglich ist, deckungsgleich gehalten wird".[673]

Aus der Perspektive des wirklich universellen, nämlich *alle* jeweils Gesetzesunterworfenen umfassenden Adressatenvolks gilt aber, dass dieses Volk dann und nur dann als Legitimationsquelle allen Rechts taugt, wenn *jeder* einzelne „als Mitglied des Souveräns", des das Ganze des Staats „im tiefsten legitimierenden ‚Volkes'„ behandelt wird.[674] Schon der abwehrrechtliche *status negativus* ist mithin auf die Einlösung des Demokratieprinzips in der Verfassungswirklichkeit eines Landes angelegt. Im *status civilis* ist demokratische Selbstgesetzgebung das *einzige* Menschenrecht, weil es die positiv-rechtliche Erzeugung aller anderen überhaupt erst ermöglicht.

---

[673] St. Oeter, a.a.O., 50, vgl. a.53.
[674] F. Müller, a.a.O., 62.

Soll Recht kein Unrecht sein, dann ist die Zwangsgewalt, die von ihm ausgeht, dann und nur dann gerechtfertigt, wenn auch auf der Eingabeseite der Urheberschaft des Gesetzes niemand ausgeschlossen ist. Die geschichtliche Sprengkraft dieses Prinzips zeigt sich daran, *dass fortan jede Einschränkung begründungspflichtig ist* und jede dieser Begründungen im Lauf der Zeit der Überprüfung und Revision durch das „Volk" ausgesetzt ist: „The same equality of the Declaration of Independence which Lincoln invoked to condem slavery can be invoked to condem the inequality and oppression of women." [675] Rawls macht hier einen interessanten – für das amerikanische Selbstverständnis bis heute zentralen – Gebrauch des Wortes „equality". Es bedeutet nämlich für die Amerikaner ununterscheidbar beides zugleich: Träger gleicher Rechte *und* Subjekt demokratischer Selbstorganisation zu sein. Erst durch Volkssouveränität wird die Freiheit zum Ernstfall. Ein höchst dramatischer Prozess, der heute, am Anfang des 21. Jahrhunderts noch keineswegs zuende ist, wird in Gang gesetzt. Überall dort und in dem Augenblick, in dem politische Verfassungen, die das Volk zum Souverän erklären, normative Faktizität gewinnen, steht das Problem der politischen Inklusion der gesamten Bevölkerung eines Landes auf der Tagesordnung.[676] Die normative Wirksamkeit der Verfassung ist nicht etwa die Lösung des Problems, sondern dieses wird überhaupt erst in dem Maß *als* Problem erkennbar und drückend, in dem demokratischen Verfassungen positiv-rechtliche Durchschlagskraft zuwächst. Was nun erst schmerzlich erkennbar wird und zur politischen Aktion drängt, ist eben die doppelte Differenz, die 1. die jeweils wahlberechtigte Aktivbürgerschaft von ihren parlamentarischen Vertretern und 2. beide, aktive Staatsbürger und repräsentative Staatsorgane von der Gesamtheit der Gesetzesadressaten trennt. Die verfassungsrechtlich *institutionalisierten Dif-*

---

[675] J. Rawls, *Political Liberalism*, New York: Columbia Univ. Press, 1993, XXIX.

[676] Zur normativen Wirksamkeit einer Verfassung im Unterschied zu ihrer bloß nominellen Deklaration vgl. K. Löwenstein, *Verfassungslehre*, Tübingen: Mohr, 1959, 151ff.

ferenzen im Begriff des Volkes sind Treibriemen des demokratischen Kampfes um politische Inklusion, und die Menschenrechte werden erst durch diese Differenzen im Begriff des Volkssouveräns zu einer wirklichen Macht.

Angetrieben durch den Motor sozialer Bewegungen geht der Trend in den Staaten des nordatlantischen Segments seit gut 200 Jahren – trotz der Unterbrechung durch massive Regression – in Richtung erweiterter Inklusion:[677] Erst nur besitzende Männer, dann auch die Arbeiter, die Schwarzen, schließlich die Frauen, und heute diskutieren wir über Ausländerwahlrecht, – während gleichzeitig Leute, die nie deutschen Boden oder EG-Boden betreten haben, unter Strafgesetze subsummiert werden, deren demokratische Legitimation nur durch das deutsche Volk oder bestenfalls die Völker der Union gedeckt ist. Die Differenz, die bislang den Prozess einer fortschreitenden Demokratisierung nationaler Gesellschaften in Gang gesetzt hatte, sprengt damit die territorialen Landesgrenzen.

[677] Vgl. T. H. Marshall, *Bürgerrechte und soziale Klassen*, Frankfurt: Campus 1992, 33ff.

Zusammenfassung und Ausblick: Lässt sich die Solidarität der Bürgergesellschaft globalisieren?

Die Geschichte politischer Ideen kann als Prozess der schritt- und stufenweisen Erweiterung von Solidarität verstanden werden.

Die *bürgerschaftliche Solidarität* antiker Stadtrepubliken hob die Schranken der Bluts-, Sippschafts- und Familienbande auf, um einen freien Bürgerbund mit politischen Ämtern auf der Grundlage von Netzwerken freier Bürgerfreundschaft (*philia*) zu begründen. Diese Form der Solidarität ist politisch und partikularistisch. Sie setzt die *Gleichheit freier Bürger* ebenso voraus wie die *soziale Ungleichheit aller übrigen Menschen*, die als Frauen, Sklaven, Nachbarstädte, Barbaren, Fremde aus der Rechtsgenossenschaft der Polis ausgeschlossen bleiben. Klassisch-republikanische Solidarität ist elitäre Oberschichtsolidarität, deren Ethos sich selbst als Verkörperung des Gemeinwohls versteht (Kap. 2 und 3).

Anders verhielten sich die Dinge bei der jüdisch-christlichen Nächstenliebe, der anderen antiken Quelle unseres Begriffs der Solidarität. Die im Juden- und Christentum zur Fernsten- und Feindesliebe generalisierte *brüderschaftliche Solidarität* ist *unpolitisch* und *universell*. Das erforderte eine abstrakte und differenzierte Form der Institutionalisierung, die den Rahmen der *face-to-face-societies* (Moses Finley) antiker Stadtrepubliken sprengen musste. Zugleich aber musste das revolutionäre Potential brüderschaftlicher Solidarität in einer sozial stratifizierten Klassengesellschaft auf Dauer latent gehalten werden. Das war die Leistung des auf der Grundlage der Zwei-Reiche-Lehre einerseits, des römischen Rechts andererseits errichteten, abstrakt anstaltsmäßig organisierten, päpstlichen Rechtsstaats des Hochmittelalters (Kap. 3).

Die moderne Idee der *Solidarität* beerbt beide Traditionen, verzichtet aber auf jeweils einen wesentlichen Teil jenes Erbes.

Sie übernimmt von der republikanischen Bürgerfreundschaft den *politischen Charakter* lässt aber das elitär-partikularistische Oberschichtethos – wie es im Lied der Internationale heißt - „im dunklen Vergangenen" zurück; und sie negiert komplemetär den unpolitischen Grundzug der christlichen Brüderlichkeitsethik und dessen substantielle Bindung an das Liebesgebot, aber sie hält den Anspruch dieser Ethik auf *Universalisierbarkeit* fest. Durch die Politisierung der Brüderlichkeitsethik wird die, für die Tradition der christlichen Kirche konstitutive, augustinische Arbeitsteilung zwischen einer egalitären, aber außerpolitischen Liebesgemeinschaft und einer elitär strukturierten, politisch-kirchlichen Ordnung aufgehoben; und die heidnische Bürgersolidarität verwandelt sich durch dieselbe Operation in eine allgemeine Solidarität unter Fremden, die sich nicht mehr lieben müssen (Kap. 5 und 6). Rechtsgenossen, die ihre Konflikte durch konsensuelle Verständigung und Entscheidung lösen, müssen sich das Recht zugestehen, „füreinander Fremde zu *bleiben*".[678]

Schon in der Parole der Französischen Revolution „*Liberté, Egalité, Fraternité*" wird die Brüderlichkeit aus ihrem christlich-ethischen Kontext herausgelöst und im „jakobinischen Menschenrechtspatriotismus" (H. Ahrendt) auf den politischen Begriff der Freiheit und den juristischen der Gleichheit bezogen, um von daher dann neu interpretiert zu werden.

Die politisch-institutionelle Durchsetzung spezifisch-moderner Formen abstrakter Solidarität ist – wie wie gesehen haben (Kap. 4 und 5) - eng mit dem evolutionären Durchbruch der funktional differenzierten Gesellschaft verbunden. Aber sie ist mit der Erfindung dieser Gesellschaft nicht gleichursprünglich, sondern musste ihr in langen sozialen Kämpfen und Revolutionen erst abgetrotzt werden. Der evolutionäre Durchbruch einer neuen „Gesellschaftsformation" (Marx) ist nicht dasselbe wie die revolutionäre Durchsetzung einer neuen Idee.

Funktionale Spezialisierung beruht auf einem reflexiven Mechanismus, den man mit Hannah Arendt als entgrenzte

[678] J. Habermas, *Faktizität und Geltung*, Frankfurt: Suhrkamp 1992, 374.

„Expansion um der Expansion willen" beschreiben könnte und der die Wachstumsdynamik der Verbreitungstechnologien, der Information, der kapitalistischen Wirtschaft, imperialer Machtpolitik, expansiver Bildungspolitik, des Straßenverkehrs, der Technologie, der Verrechtlichung, der Verwissenschaftlichung usw. bestimmt. Das Wachstum der Funktionssysteme erzeugt Strukturprobleme, die die Systeme mit eigenen Mitteln nicht lösen können, die aber ihre Funktionsfähigkeit gefährden.[679] Heterarchisch gegliederte Funktionssysteme setzten den *Einschluss* aller Individuen und die Gleichheit zwischen *Zugang* zu ihren Leistungen und *Abhängigkeit* der individuellen Lebensführung von ihnen voraus. Sie haben aber regelmäßig dysfunktionale Exklusionseffekte, durch die sich Zugang und Abhängigkeit höchst ungleich verteilen.[680] Für das Verständnis dieser Dialektik des Fortschritts ist immer noch die Marxsche Analyse der kapitalistischen Krisen exemplarisch. Es lassen sich zwei Typen von *Inklusionsproblemen*, mit denen die moderne Gesellschaft von sich aus nicht fertig wird, unterscheiden. Das erste ist eine Individualisierungsfolge und betrifft die *Desozialisierung der Individuen* und religiös integrierten Gruppen. Das zweite ist eine Folge der Formierung markt- und bildungsabhängiger Klassen und betrifft die *Proletarisierung der Gesellschaft.*

Die seit der frühen Neuzeit immer deutlicher hervortretende Differenzierung von Individuum und Gesellschaft hat das religiöse Weltbild zersplittert und pluralisiert. Die Individuen werden (infolge einer katastrophalen Kolonialisierung ihrer Lebenswelt) auf ihr persönliches Bewusstsein zurückgeworfen und höchst unsanft zur Autonomie genötigt. Vor allem der protestantische Individualisierungsschub liefert das religiöse Bewusstsein an eine außer- und vorgesellschaftliche, gemein-

679 Vgl. M. Neves, *Symbolische Konstitutionalisierung*, Berlin: Duncker & Humblot 1998, 70; vgl. a. N. Luhmann, *Politische Theorie im Wohlfahrtsstaat*, München: Olzug 1981, 25ff; *Das Recht der Gesellschaft*, Frankfurt: Suhrkamp 1993, 582.

680 Sehr instruktiv: M. Neves, *Verfassung und Positivität des Rechts in der peripheren Moderne*, Berlin, Duncker & Humblot 1992.

schaftsfeindliche Macht aus: das rein individuelle Gewissen (Kap. 5). Das sprengt das apriorische Perfekt eines „immer schon“ integrierten Kollektivbewusstseins, das fortan durch kontingente Bildungsprozesse immer von neuem hervorgebracht werden muss, um deren höchst verschiedene Resultate, die fragmentierten Weltbilder zur „Kollision“ (Hegel) und in den Bürgerkrieg treiben. Nicht minder bedrohlich ist das zweite Inklusionsproblem, das dem entfesselten Akkumulationsprozess des Kapitals auf dem Fuße folgt, und das seit Mitte des 19. Jahrhunderts durch die Expansion des Erziehungssystems noch verstärkt wird und im Nu aus kleinen Unterschieden große macht, bis hin zur Polarisierung von Lohnarbeit und Kapital. Auch hier wird das apriorische Perfekt einer „immer schon“ hierarchisch geordneten Gesellschaft aufgelöst, - mitsamt der in sie eingebundenen Formen bürgerlicher *und* brüderlicher Solidarität. Was im Zuge von Pauperisierung und Proletarisierung entsteht, hat Marx als eine „in die Gesellschaft eingeschlossene Klasse von Ausgeschlossenen“ beschrieben. Diese Klasse bleibt von der Funktionsfähigkeit des Wirtschaftssystems *abhängig*, während ihr gleichzeitig der *Zugang* zu seinen Leistungen verstellt ist. Die moderne Gesellschaft ist eine egalitäre, funktional differenzierte Klassengesellschaft (Kap. 5).

Beide Inklusionsprobleme, die zunächst in der frühen Neuzeit und dann im 19. Jahrhundert massiv hervorbrechen, hat der von unten erkämpfte *demokratische Rechtsstaat*, der im nordatlantischen Raum durchgesetzt und wohlfahrtsstaatlich *realisiert* werden konnte, auf eine – im historischen Rückblick – eindrucksvolle Weise gelöst. Grob gesagt, hat schon die von Hobbes auf den Begriff gebrachte, rigide Trennung von Recht und Moral einschließlich der (schon bei Hobbes) zugehörigen Verbindung von positivem Recht und subjektiven Rechten, eine rechtliche *Institutionalisierung des Pluralismus der Weltbilder* ermöglicht (Kap. 5). Aber erst das Prinzip demokratischer Selbstgesetzgebung hat *erstens* zu einer stabilen und allgemein akzeptierbaren, für Lernprozesse offenen Lösung des Pluralismusproblems geführt und *zweitens* die Partizipation immer breiterer Schichten der Bevölkerung eingefordert und damit die wohlfahrtsstaatliche *Realisierung politischer Inklusion* auf die Agenda gesetzt.

Aus der partizipativen Perspektive seiner Bürger erscheint der demokratische Staat als organisierte Solidarität einer Bürgergesellschaft, deren egalitär-menschenrechtlicher Anspruch eine „Leuchtkraft“ (H. Hofmann) hat, die weit über die jeweiligen Landesgrenzen und die jeweilige Menge aktiver Staatsbürger ausstrahlt, also externe und interne Grenzen normativ transzendiert.[681]

Ursprünglich war der demokratische Rechtsstaat eine rein europäische Idee, die in den Verfassungsrevolutionen und Klassenkämpfen des 18., 19. und 20. Jahrhunderts zunächst nur in Westeuropa und Nordamerika politisch *durchgesetzt* und *realisiert* werden konnte, also regional beschränkt blieb; denn zunächst nur in Europa und Nordamerika musste die Gesellschaft Inklusionsprobleme lösen, die so gewaltig waren, dass die Existenz der funktional differenzierten Gesellschaft auf dem Spiel stand.

Aber die auf egalitäre Zugangschancen *angewiesene* Gesellschaft autonomer Funktionssysteme, deren Exklusionseffekte die Nationalstaaten Nordamerikas und Westeuropas unter Kontrolle gebracht hatten, ist – heute – *keine europäische mehr*. Die im Westen erfundene, funktional differenzierte Gesellschaft hat sich – angestoßen durch die Revolution der Verbreitungsmedien und Verkehrstechniken – globalisiert und ist zu *einer einzigen* Gesellschaft geworden. Sie war eine spezifisch europäische Erfindung, die der „Sonderstellung“ (M. Weber) des okzidentalen Rationalismus entsprungen ist. Zur Weltgesellschaft erweitert, hat sie jede „Sonderstellung“ verloren und sich vollständig dezentriert. Sie hat aufgehört, etwas spezifisch Europäisches oder Westliches zu sein. Sie war ein europäisches Projekt, aber sie *ist es nicht mehr*. Jede und jeder muss in ihr leben, und zwar *als* Individuum, ob sie das will oder nicht. Das ist eine höchst ambivalente Sache, und die Gefährdungen über-

---

681 Vgl. H. Hofmann, „Die Grundrechte 1789-1949-1989“, in: *Verfassungsrechtliche Perspektiven*, Tübingen: Mohr 1995, 35.

ragen die - trotz aller Katastrophen – durchaus beachtlichen und nicht nur technisch beeindruckenden Fortschritte des 20. Jahrhunderts.

Der Globalisierungsprozess hat längst den imperialistischen Charakter abgestreift, der ihn in der letzten Hälfte des 19. bis weit in die Mitte des 20. Jahrhunderts geprägt hatte. Verglichen mit der imperial-kriegerischen Vergangenheit gibt es immense Fortschritte, die sich zwanglos als Fortschritte auf dem Weg zu einer teils staatsgebundenen, teils überstaatlichen Globalisierung bürgerschaftlicher Solidarität darstellen lassen. Parallel zur Globalisierung der heterarchischen Netzwerke von Kapital und Macht hat sich das Rechtssystem zu einem *Weltrechtssystem* fortentwickelt, das vom *Lex Mercatoria* bis zu dem inzwischen vergleichsweise fest positivierten System der Menschenrechte reicht. *Staatsbürgerschaft* und effektive *Rechtspersonalität* sind im nationalen und internationalen Recht auseinander getreten, sodass auch Hannah Ahrendts zentraler Einwand gegen die Menschenrechte, sie seien für Staatenlose wertlos, entfällt.[682] Nirgends auf der Welt muss man noch damit rechnen, „wie ein rechtloser Fremder behandelt zu werden“.[683] Aus dem immer dichter werdenden Netzwerk internationaler Menschenrechtspakte, supranationaler Organisationen und transnationaler Gerichtshöfe können einzelne Staaten kaum noch ausbrechen, sodass die nach wie vor häufigen Regelverletzungen mittlerweile die Regel in ihrer positiv-rechtlichen Geltung bestätigen. Das bestehende globalrechtliche Netzwerk lässt die Rede vieler Völkerrechtler von einem „global constitutional project“ (A. Rosas) oder sogar einem „Weltverfassungsrecht“ (D. Thürer) keineswegs als gänzlich verfrüht erscheinen.[684] Es

---

682 Vgl. J. Cohen, „Rights and Citizenship in Hannah Arendt“, in: *Constellations* 2/1996, 164-189; H. Brunkhorst, „Rights and Sovereignty of the People in the Crisis of the Nation State“, in: *Ratio Juris* 1/2000.

683 N. Luhmann, *Das Recht der Gesellschaft*, a.a.O., 573.

684 A. Rosas, „State Sovereignty and Human Rights: Towards a Global Constitutional Project“, in: *Political Studies*, Special Issue: *Politics and Human Rights* 1995, 61-78; dt. Übersetzung in: H.

gibt keine gerechten Kriege mehr, sondern nur noch legale oder illegale.[685] Auch das ist ein Fortschritt. Schließlich wird das sich entwickelnde Weltverfassungsrecht von einer globalen „Menschenrechtskultur" (R. Rorty) und der „global civil society" (J. Cohen) ebenso getragen wie von jenem wachsenden Teil der neuen „global professional class" (M. Bertilson) aus Juristen, Ärzten, Wissenschaftlern, die nicht mehr ausschließlich im Dienst der Großbanken, internationalen Anwaltskanzleien und Militärapparate stehen.[686]

Alles in allem ist jedoch der bereits vollzogene Übergang der globalen Rechtsgenossenschaft vom Naturzustand internationalen *Privatrechts* – Kants „provisorisches Recht" – zu einem transnationalen Zustand *öffentlichen Rechts* auf dem Niveau einer „weak public" stecken geblieben. Es ist von einer demokratisch organisierten „strong public", die zu verlässlich *bindenden Entscheidungen* imstande wäre, nach wie vor weit entfernt.[687]

Die bestehende globale Öffentlichkeit ist nämlich viel zu schwach, um mit den täglich wachsenden Problemen einer nicht nur funktional differenzierten, sondern eben auch sozial in *Zentrum* und *Peripherie* stratifizierten Weltgesellschaft fertig zu werden. Das „polykontextural" (G. Teubner) vernetzte Weltrecht bleibt – legt man Loewensteins Verfassungstypologie zugrunde – auf dem Niveau einer *nominalistischen* Verfassung hängen; ein Niveau, das nach wie vor – trotz erheblich

---

Brunkhorst/M. Kettner (Hg.), *Demokratie und Globalisierung*, Frankfurt: Suhrkamp, 2000, 151-176; D. Thürer, „Der Wegfall effektiver Staatsgewalt: The Failed State", in: *Berichte der deutschen Gesellschaft für Völkerrecht*, 34/1997, 15-41.

685 Vgl. U Preuß, „Zwischen Legalität und Gerechtigkeit", in: *Blätter für deutsche und internationale Politik*, 7/1999, 816-828.

686 Vgl. R. Rorty, „Human Rights, Rationality, and Sentimentality", in: St. Shute/S. Hurley (Hg.), *On Human Rights*, New York: Basic Books 1993, 111-134; J. Cohen, a.a.O.; M. Bertilson, „On the Role of Professions and Professional Knowledge in Global Development", Manuskript (im Erscheinen), Kopenhagen 1999.

687 Zur Unterscheidung „weak" vs. „strong public" vgl. N. Frazer, Tanner Lectures, erscheint bei Suhrkamp in Frankfurt 2000

verbesserter Verfassungs*texte* – für alle Länder des peripheren Sektors bestimmend ist.[688] Sobald ein solches, letztlich schwaches Recht unter den doppelten Druck *überintegrierter* Minderheits- und *unterintegrierter* Mehrheitspopulationen gerät, schrumpft seine grenzziehende, differenzerhaltende und positiv verbindliche Rechtskraft, - wie zuletzt Marcelo Neves am brasilianischen Beispiel eindrucksvoll gezeigt hat. Die einen – die überintegrierte Minderheit – setzen sich über die Verfassung hinweg, während die anderen – die unterintegrierte Majorität – unter ihr nur zu leiden hat. „Recht ohne zentrale Gesetzgebung und Gerichtsbarkeit" (Luhmann) kann zwar zu einer Rechtsordnung vernetzt werden, bleibt aber im Zweifelsfall für die Fremdreferenz überlegener Wirtschaftsinteressen oder die stärkeren Bataillone offen. Es verliert seine neutralisierende Kraft. Auch der reale Menschenrechtsfortschritt, der mit der Trennung von *legal personhood* und *citizenship* erreicht worden ist, bleibt zutiefst ambivalent. Die Ausweitung der Rechtspersonalität auf alle Kategorien temporärer oder dauerhafter Nicht-Staatsbürger verstärkt nämlich die ohnehin bestehende globale Tendenz zur Entkopplung von Menschenrechten und Demokratie. Doch Rechtsstaatlichkeit *ohne* effektive Demokratie tendiert – wie man wiederum am Beispiel Brasiliens sehen kann – zur Rückentwicklung der Verfassungswirklichkeit auf ein nominalistisches Niveau, durch das zumindest wesentliche Teile der Rechtsordnung parteigebundenen Zwecken symbolischer Politik unterworfen bleiben. Die Menschenrechte stehen dann nur noch auf dem Papier. Auch hier gilt: Je mehr *legal personhood* ohne *citizenship*, desto weniger effektive Demokratie, und je weniger Demokratie, desto weniger Rechtsstaatlichkeit (s.o. Kap. 6).

Mit der Vollendung der Globalisierung tauchen nun aber die beiden Inklusionsprobleme, für die bisher nur der auf Europa und Nordamerika begrenzte, demokratische Rechtsstaat eine

---

[688] G. Teubner, „Globale Bukowina. Zur Emergenz eines transnationalen Rechtspluralismus", in: *Rechtshistorisches Journal* 15/1996, 255-290; K. Loewenstein, *Verfassungslehre*, Tübingen: Mohr 1959, 151ff.

brauchbare Lösung gefunden hat, am Horizont dieser Gesellschaft wieder auf. Die funktionale Vereinheitlichung der Weltgesellschaft hat zu einer weltweiten Zerstörung der letzten Hauswirtschaften geführt und damit das Lebensschicksal der gesamten Weltbevölkerung von individuellen Bildungskarrieren und individuellen Marktchancen abhängig gemacht. Gerade die Individualisierung führt keineswegs zur (auch gar nicht wünschenswerten) Vereinheitlichung der Weltbilder und Kulturen, sondern im Gegenteil zu deren *Fragmentierung*, *Pluralisierung* und *Vervielfältigung*. Wiederum ist religiöser Fanatismus, Fundamentalismus und die Vermehrung religiös-ethnischer Bürgerkriege eine *Folge* der Desozialisierung der Individuen. Solange ein *funktionales Äquivalent* für die vormals staatlich durchgesetzte Trennung von Recht und Moral, also eine Vollpositivierung des überstaatlichen und des innerstaatlichen Rechts der peripheren Länder nicht existiert, wird sich daran auch kaum etwas ändern.

Auch das andere Inklusionsproblem der europäischen Moderne ist in düsterer Gestalt mit der vollendeten Weltgesellschaft zurückgekehrt. Die globale Differenzierung von Zentrum und Peripherie bedeutet ganz einfach, dass die gesamte Weltpopulation *ohne Ausnahme* von den Leistungen der Funktionssysteme, der Wirtschaft, des Verkehrs, der Technologie, des Rechts, des Militärs, der Schulen *abhängig* ist, aber nur eine Minorität effektiven *Zugang* zu diesen Leistungen hat. Der Ausschluss der Mehrheit der Weltbevölkerung vom *Zugang* zu Geld, Wissen, Macht, Klagemöglichkeiten vor Gericht etc. ist weit dramatischer als die von Marx so eindrucksvoll analysierte Existenz einer in die bürgerliche Gesellschaft – immerhin – *eingeschlossenen* Klasse von Ausgeschlossenen. Das hieß nämlich, dass das Kapital auf die Arbeitskraft auch noch der „industriellen Reservearmee“ *angewiesen* war, sodass ein Minimum *wechselseitiger* Abhängigkeit vorhanden blieb und der fehlende Zugang der Mehrheit zu den Leistungen des Systems durch erfolgversprechende Anerkennungskämpfe wettgemacht werden konnte. Genau das ist bei dem heutigen Exklusionsproblem aber nicht der Fall. Aus der Perspektive der Weltgesellschaft handelt es sich bei den Ausgeschlossenen um surplus-Populationen im Wortsinn, um Millionen funktional überflüssiger Körper, die einfach in die Umwelt der hochorganisierten Kommunikationssysteme abgedrängt worden sind. Während Menschen, so Luhmann, im „Inklusionsbereich“ „als Personen“ zählen, scheint es im „Exklusionsbereich“ nur noch auf ihre „Körper“ anzukommen[689]. Auch daran – an der Lage der von jeder Arbeit ausgeschlossenen Klassen – wird sich kaum etwas ändern, so lange es keine globalen und regionalen Äquivalente für den demokratischen Rechtsstaat gibt, denn nur solche Äquivalente, die politische Inklusion mit hartem, verlässlich durchsetzbarem Recht kombinieren, könnten eine internationale Situation schaffen, aus der heraus sich die nominalistisch-symbolischen Verfassungen der peripheren Länder erstmals zu normativ wirksamen Verfassungen weiter entwikkeln könnten. Auch hier gilt der Vorrang des Demokratieprinzips: Ohne politische Inklusion keine soziale und funktionale Inklusion (s.o. Kap. 5).

So wissen wir wenigstens, was fehlt, und in der Wiederkehr der alten Probleme auf „Weltniveau“ steckt zumindest das Wissen, dass sie nicht prinzipiell unlösbar sind, wenn auch die sozialen Kämpfe und Bewegungen, die allein eine neue Stufe der Solidarität durchzusetzen imstande wären, bislang kaum erkennbar sind.

---

[689] N. Luhmann, *Die Gesellschaft der Gesellschaft*, Frankfurt: Suhrkamp 1996.

Literatur

1. Allen, B., „Putnam und Rorty über Objektivität und Wahrheit", in: Deutsche Zeitschrift für Philosophie 6/1994.
2. Anschütz, G., Die Verfassung des Deutschen Reiches, Berlin: Stilke 1926.
3. Aquin, Th. v., Über die Herrschaft der Fürsten, Stuttgart: Reclam 1971.
4. Aquin, Th., v., Summa Theologica, Bd. 13, Heidelberg – Graz: Karle - Styria 1977.
5. Arendt, H., Über die Revolution, München: Piper 1974.
6. Arendt, H., Vita activa, München: Piper, 1981.
7. Arendt, H., Zur Zeit. Politische Essays, München: dtv 1989.
8. Arendt, H., „Was ist Autorität?", in: Zwischen Vergangenheit und Zukunft, München: Piper 1994.
9. Aristoteles, Nikomachische Ethik Darmstadt: Wissenschaftliche Buchgesellschaft 1979.
10. Aristoteles, Politik, Stuttgart: Reclam 1989.
11. Assmann, J., Politische Theologie zwischen Ägypten und Israel, München: Siemens-Stiftung 1992.
12. Augustinus, Bekenntnisse, Stuttgart: Reclam 1989.
13. Augustinus, De Civitate Dei, München: dtv 1991.
14. Balsdon, D., Die Frau in der römischen Antike, München: Beck 1979 .
15. Benjamin, W., „Geschichtsphilosophische Thesen", in: Zur Kritik der Gewalt, Frankfurt: Suhrkamp 1978.
16. Berman, H., Recht und Revolution. Die Bildung der westlichen Rechtstradition, Frankfurt: Suhrkamp 1991.
17. Bertilson, M., „On the Rôle of Professions and Professional Knowledge in Global Development", Manuskript (im Erscheinen), Kopenhagen 1999.
18. Bloch, E., Naturrecht und menschliche Würde, Frankfurt: Suhrkamp, 1961, 2. Aufl. 1975.
19. Böckenförde, E.-W., „Ist Demokratie eine notwendige Forderung der Menschenrechte?", in: Staat, Nation, Europa, Frankfurt: Suhrkamp 1949.
20. Böckenförde, E.-W., Die verfassungsgebende Gewalt des Volkes – Ein Grenzbegriff des Verfassungsrechts, Frankfurt: Metner 1986.

21. Böckenförde, E.-W., „Demokratie als Verfassungsprinzip“, in: Staat, Verfassung, Demokratie, Frankfurt: Suhrkamp 1991.
22. Bodin, J., Six livres de la République, Paris 1583.
23. Bodin, J., Über den Staat, übers. von Gottfried Niedhart: Stuttgart: Reclam 1976.
24. Bois, G., Umbruch im Jahr 1000, Stuttgart: Klett-Cotta 1993.
25. Brague, R., Europa – Eine exzentrische Identität, Frankfurt: Campus 1993.
26. Brandt, R., „Das Titelblatt des Leviathan und Goyas El Gigante“, in: U. Bermbach / K.-M. Kodalle (Hg.), Furcht und Freiheit, Opladen: Westdeutscher Verlag 1982.
27. Bredekamp, H., Thomas Hobbes Visuelle Strategien, Berlin: Akademie 1999.
28. Brown, P., „Society and the Supernatural: A medieval Change“, in: Daedalus, Frühjahr 1975.
29. Brown, P., Die Entstehung des christlichen Europa, München: Beck 1996.
30. Brubaker, R., Staats-Bürger, Hamburg: Junius 1994.
31. Brunkhorst, H., „Exodus - Der Ursprung der modernen Freiheitsidee“, in: Der entzauberte Intellektuelle, Hamburg: Junius 1992.
32. Brunkhorst, H., Demokratie und Differenz, Frankfurt: Fischer 1994.
33. Brunkhorst, H., „Sind Menschenrechte eine Aporie?“ In: Kritische Justiz 3/1996.
34. Brunkhorst, H., „Die Verrechtlichung des Sakralen“, in: Leviathan 2 1997.
35. Brunkhorst, H., „Im Licht dialogischer Wahrheit. Rorty, Putnam und die Frankfurter Schule“, in: Merkur 1 / 1997.
36. Brunkhorst, H., Solidarität unter Fremden, Frankfurt: Fischer 1997.
37. Brunkhorst, H., „Menschenrechte und Souveränität – ein Dilemma?“, in: Brunkhorst, H./ W. Köhler / M. Lutz Bachmann (Hg.), Recht auf Menschenrechte, Frankfurt: Suhrkamp 1999.
38. Brunkhorst, H., „Universalismus, Menschenrechte und Demokratie“, in: P. Siller / B. Keller (Hg.), Rechtsphilosophische Kontroversen der Gegenwart, Baden-Baden: Nomos 1999.
39. Brunkhorst, H., Adorno and Critical Theory, Cardiff: Univ. of Wales Press 1999.
40. Brunkhorst, H., Hannah Ahrendt, München: Beck 1999.
41. Brunkhorst, H., „Rights and Sovereignty of the People in the Crisis of the Nation State“, in: Ratio Juris 1/2000.

42. Brunkhorst, H., The Enlightenment of Rationality: Remarks on Horkheimer and Adorno's Dialectic of Enlightenment", in: Constellations, Vol. 7, No 1, 2000, 133-140.
43. Bürge, A., Römisches Privatrecht, Darmstadt: Wissenschaftliche Buchgesellschaft 1999.
44. Campanella, Der utopische Staat, Frankfurt 1969.
45. Canfora, L., „Der Bürger", in: J.-P. Vernant, Der Mensch in der griechischen Antike, Frankfurt: Campus 1993.
46. Carlyle, H.M., A History of Medieval Politcal Theory in the West, I, 8-9.
47. Cassirer, E., „Das Problem Jean-Jacques Rousseau", in: Archiv für Geschichte der Philosophie, Bd. XLI, Berlin 1932.
48. Cassirer, E., Axel Hägarström, Göteborg 1939.
49. Chaytor, H. J. , From Script to Print. An Introduction to Medieval Vernacular Literature, London: Sidgwick & Jackson, 1966 (erste Auflage 1945).
50. Cicero, Über die Rechtlichkeit (De legibus), Stuttgart: Reclam 1969.
51. Cicero, De officiis / Vom pflichtgemäßen Handeln, Stuttgart: Reclam 1995.
52. Cicero, De re publica / Vom Gemeinwesen, Stuttgart: Reclam 1995.
53. Cohen, H., „Das soziale Ideal bei Platon und den Propheten", in H. Cohen, Jüdische Schriften, Bd I, Breslau 1923.
54. Cohen, J., „Rights and Citizenship in Hannah Arendt", in: Constellations 2/1996, 164-189.
55. Constant, B., „Über die Freiheit", in: Werke Bd. 4: Politische Schriften, Berlin 1972.
56. Creveld, M. v., Aufstieg und Untergang des Staates, München: Gerling-Akad. 1999.
57. Crüsemann, F., Die Tora. Theorie und Sozialgeschichte des alttestamenlichen Gesetzes, München: Kaiser 1992.
58. Dahl, R., Democracy and its Critics, Yale: Univ. Press 1989.
59. Davis, B., „At the Heart of Slavery", in: New York Review of Books October 7 / 1996.
60. Demandt, A., Der Idealstaat, Köln: Böhlau 1993.
61. Demandt, A., Geschichte der Spätantike, München: Beck 1998.
62. Denninger, E., „Sicherheit/ Vielfalt/ Solidarität: Ethisierung der Verfassung?", in: Ullrich K. Preuß, Hg., Zum Begriff der Verfassung, Frankfurt: Fischer 1994, 95ff.
63. Derrida, J., Grammatologie, Frankfurt: Suhrkamp, 1974.

64. Detel, W., „Griechen und Barbaren", in: Deutsche Zeitschrift für Philosophie 2/1996.
65. Dewey: J, The Public and its Problems: The Later Works 1925-1953, Carbondale: Southern Illinois Univ. Press. 1984.
66. Durkheim, E., Über soziale Arbeitsteilung, Frankfurt: Suhrkamp, 1988.
67. Dworkin, R., Bürgerrechte ernstgenommen, Frankfurt: Suhrkamp, 1984.
68. E. J. Sièyes, Was ist der dritte Stand?, Essen: Hobbing, 1988 (1789).
69. Eisenstadt, S., Kulturen der Achsenzeit, Frankfurt: Suhrkamp 1987.
70. Eisenstein, E., „Clio and Chronos. An Essay on the Making and Breaking of History-Book Time", in: History and Theory, Beiheft 6: History an the Concept of Time, Wesleyan University Press 1966, 37; .
71. Eisenstein, E., The Printing Press as an Agent of Change, Cambridge: Univ. Press 1979.
72. Eisermann, G., „Individuum und Gemeinschaft in der Antike", in: Wolfgang Schuller (Hg.), Politische Theorie und Praxis im Altertum, Darmstadt: Wissenschaftliche Buchgesellschaft 1998.
73. Finley, M. I., Das politische Leben in der antiken Welt, München: Beck 1991.
74. Flasch, K., Augustin. Einführung in sein Denken, Stuttgart: Reclam 1994.
75. Foucault, M., Der Gebrauch der Lüste. Sexualität und Wahrheit 2, Frankfurt: Suhrkamp 1989.
76. Frazer, N., Tanner Lectures, erscheint bei Suhrkamp in Frankfurt 2000.
77. Franz, G., Staatsverfassungen, München: Oldenburg 1964.
78. Fuhrmann, H., Die Päpste, München: Beck 199.
79. Füssel, St., Gutenberg und seine Wirkung, Frankfurt: Insel 1999.
80. Gagarin, M., Early Greek Law, Berkeley: Univ. Press 1986.
81. Geertz, C., „Ritual und sozialer Wandel: ein javanisches Beispiel", in: Dichte Beschreibung, Frankfurt: Suhrkamp 1987.
82. Giesecke, M., „Alphabetisierung als Kulturrevolution. Leben und Werk des Valentin Ickelsamers (ca. 1500 - ca. 1547)", in: M. Giesecke, Sinnenwandel, Sprachwandel, Kulturwandel, Frankfurt: Suhrkamp 1992, 122 - 185.

83. Giesecke, M., „Volkssprache und Verschriftlichung des Lebens im Spätmittelalter“, in: H. U. Gumbrichts (Hg.), Literatur in der Gesellschaft des Spätmittelalters, Heidelberg 1980, 39 - 67.
84. Giesecke, M., Der Buchdruck in der frühen Neuzeit, Frankfurt: Suhrkamp 1991.
85. Goldie, M., „Absolutismus, Parlamentarismus und Revolution in England“, in Iring Fetscher / Herfried Münker (Hg.) Pipers Handbuch der politischen Ideen, Bd. 3, München 1985.
86. Goody, J., Die Logik der Schrift und die Organisation von Gesellschaft, Frankfurt: Suhrkamp 1990.
87. Grimm, D., „Der Wandel der Staatsaufgaben und die Krise des Rechtsstaats“, in: Die Zukunft der Verfassung, Frankfurt: Suhrkamp 1991.
88. Grimm, D., Die Zukunft der Verfassung, Frankfurt: Suhrkamp 1991.
89. Grimmelshausen, H. J. Chr. v. , Der abenteuerliche Simplicissimus, I, 10, Frankfurt: Insel 1983.
90. Großheim, M., „Religion und Politik“, in: W. Kersting, Thomas Hobbes Leviathan, Berlin: Akademie 1996.
91. Günther, K., „Juristen in Stahlgewittern der politischen Philosophie“, in: Rechtshistorisches Journal 1993.
92. Günther, K., „Legal Adjudication and Democracy“: Some Remarks on Dworkin and Habermas“, in: European Journal of Philosophy, Vol. 3, 1994.
93. Günther, K., „Wie die Hölle auf Erden kam“, in: Rechtshistorisches Journal 11/1992.
94. Habermas, J., „Die klassische Lehre von der Politik in ihrem Verhältnis zur Sozialphilosophie“. In: Theorie und Praxis, Frankfurt, Suhrkamp 1971.
95. Habermas, J., Legitimationsprobleme im Spätkapitalismus, Frankfurt: Suhrkamp 1973.
96. Habermas, J., „Können komplexe Gesellschaften eine vernünftige Identität ausbilden?“, in: Habermas, J./ D. Henrich, Zwei Reden, Frankfurt: Suhrkamp 1974.
97. Habermas, J., Zur Rekonstruktion des Historischen Materialismus, Frankfurt: Suhrkamp, 1976.
98. Habermas, J., „Ist der Herzschlag der Revolution zum Stillstand gekommen?“, in: Forum für Philosophie, Hg., Die Ideen von 1789 in der deutschen Rezeption, Frankfurt: Suhrkamp 1980.
99. Habermas, J., Der philosophische Diskurs der Moderne, Frankfurt: Suhrkamp 1985.

100. Habermas, J., Die nachholende Revolution, Frankfurt: Suhrkamp 1990.
101. Habermas, J., Strukturwandel der Öffentlichkeit, Frankfurt: Suhrkamp 1990.
102. Habermas, J., Theorie des kommunikativen Handelns, Frankfurt: Suhrkamp 1981.
103. Habermas, J., Die Einbeziehung des Anderen, Frankfurt: Suhrkamp 1996.
104. Habermas, J., Faktizität und Geltung. Frankfurt: Suhrkamp 1992.
105. Hahn, A., „Zur Soziologie der Beichte und anderer Formen institutionalisierter Bekenntnisse: Selbstthematisierung und Zivilisationsprozess“, in: Kölner Zeitschrift für Soziologie und Sozialpsychologie, 3 / 1982.
106. Hattenhauer, H., Europäische Rechtsgeschichte, Heidelberg: C. F. Müller, 1992.
107. Havelock, E.A., Preface to Plato, Cambridge/Mass.: Havard Universität Press 1963.
108. Hayek, F. v., Die Verfassung der Freiheit, Tübingen: Mohr 1991.
109. Hegel, G.W. F, .“Der Geist des Christentums und sein Schicksal“, Werke 1: Suhrkamp, Frankfurt 1971.
110. Hegel, G.W.F., Phänomenologie des Geistes, Hamburg: Meiner 1952.
111. Hegel, G.W.F., Philosophie der Geschichte, Werke 12, Frankfurt: Suhrkamp 1971.
112. Hegel, G.W.F., Ästhetik II, Werke 14, Frankfurt: Suhrkamp 1970.
113. Hegel, G.W.F., Religionsphilosophie II, Werke 17, Frankfurt: Suhrkamp 1969.
114. Hegel, G. W. F., „Über die englische Reformbill“, in: Werke 11, Frankfurt: Suhrkamp 1970.
115. Hegel, G.W.F., „Die Verfassung Deutschlands“, in: Werke 1, Frankfurt: Suhrkamp 1970.
116. Hegel, G.W.F., Grundlinien der Philosophie des Rechts, Werke 7, Frankfurt: Suhrkamp 1970.
117. Hegel, G.W.F., „Beurteilung der Verhandlungen in der Versammlung der Landstände des Königreichs Würtemberg im Jahre 1815 und 1816, in: Werke 4, Frankfurt: Suhrkamp 1970.
118. Heidegger, M., Holzwege, Frankfurt: Klostermann 1972.
119. Heine, H., „Zur Geschichte der Religion und Philosophie in Deutschland“, in: Sämtliche Werke IX, München: Kindler 1964.
120. Heller, H., Staatslehre, Leiden: Sijthoff 1934.

121. Heller, H., Die Souveränität, in: Gesammelte Schriften, Bd. 2, Leiden: Sijthoff, 1971.
122. Heller, H., „Der Begriff des Gesetzes in der Staatsverfassung", in: Gesammelte Schriften, Bd. 2, Leiden: Sijthoff, 1971.
123. Herodot, Historien, Stuttgart: Kröner 1971.
124. Hobbes, Th., Dialog zwischen einem Philosophen und einem Juristen über das englische Recht, Weinheim VCH 1992, 49.
125. Hobbes, Th., Leviathan, London: Penguin 1981 (ed. by MacPherson 1668). dt. Übers. Euchner, Frankfurt: Suhrkamp 1991, 1. Aufl. 1966 (Hg. I. Fetscher), lat. Ausgabe: Leviathan sive De Materia, Forma, et Potestate Civitatis Ecclesiasticalis et Civilis, London: Joanzum MDCCXLI, Vol. III der Opera Philosophica. Dt. Übers. d. ersten u. zweiten Teils: Hobbes, Th., Leviathan, Stuttgart: Reclam 1980.
126. Hobbes, Th., Vom Menschen. Vom Bürger, Hamburg: Meiner 1959.
127. Höffe, O., Politische Gerechtigkeit, Frankfurt: Suhrkamp 1987.
128. Höffe, O., Aristoteles, München: Beck, 1996.
129. Höffe, O., „Authoritas, non veritas, facit legem", in W. Kersting, Thomas Hobbes Leviathan, Berlin: Akademie 1996.
130. Höffe, O., Demokratie im Zeitalter der Globalisierung, München: Beck 1999.
131. Hofmann, H., „Die Lehre vom Naturzustand in der Rechtsphilosophie der Aufklärung", in: Reinhard Brandt, Hg., Rechtsphilosophie der Aufklärung, Berlin: de Gruyter 1982.
132. Hofmann, H., Recht – Politik - Verfassung, Frankfurt: Metzner 1986.
133. Hofmann, H., „Zur Herkunft der Menschenrechtserklärungen", in: JuS 11, 1988.
134. Hofmann, H., Repräsentation, Berlin: Duncker & Humblot 1990 (1974).
135. Hofmann, H., Legitimität gegen Legalität, Berlin: Duncker & Humblot. 1992 (1964).
136. Hofmann, H., Gebot, Vertag, Sitte, Baden-Baden: Nomos 1993.
137. Hofmann, H., „Repräsentation, Mehrheitsprinzip und Minderheitenschutz", in: Verfassungsrechtliche Perspektiven, Tübingen: Mohr 1995.
138. Hofmann, H., „Die Grundrechte 1789-1949-1989", in: Verfassungsrechtliche Perspektiven, Tübingen: Mohr 1995.
139. Hofmann, H., „Geschichtlichkeit und Universalitätsanspruch des Rechtsstaats", in: Der Staat 34, 1995, Heft 1.

140. Hofmann, H., Bilder des Friedens oder die vergessene Gerechtigkeit, München: Carl Friedrich von Siemens Stiftung 1997.
141. Hofman, H., „Spinoza als Theoretiker der Freiheit“, Tagungsvorlage München: Siemens-Stiftung 1998.
142. Horkheimer, M., „Zum Rationalismusstreit in der gegenwärtigen Philosophie“, in: Zeitschrift für Sozialforschung 3/1938.
143. Horkheimer, M./Th. W. Adorno, Dialektik der Aufklärung, Frankfurt: Fischer 1992.
144. Hoss, D., Der institutionalisierte Klassenkampf, Frankfurt: EVA 1972.
145. Husserl, E., Die Krisis der europäischen Wissenschaft und die transzendentale Phänomenologie, Haag: Nijhoff 1966.
146. Jellinek, G., Gesetz und Verordnung, Aalen: Scientia 1964 (1887).
147. Jellinek, G., System des subjektiven öffentlichen Rechts, Aalen: Scientia 1979.
148. Jellinek, G., Verfassungsänderung und Verfassungswandlung, Berlin: Häring 1906.
149. John of Salisbury, Politicrateus, Cambridge: University Press 1990.
150. Kahrstedt, U., Kulturgeschichte der römischen Kaiserzeit, Bern: Francke 1958.
151. Kant, I., Metaphysik der Sitten, Rechtslehre, ed. Weischedel, Frankfurt: Suhrkamp 1971.
152. Kelsen, H., Vom Wesen und Wert der Demokratie, Aalen: Scientia 1981.
153. Kelsen, H., Wer soll der Hüter der Verfassung sein? Berlin-Grunewald: Rothschild 1931.
154. Kern, F., Recht und Verfassung im Mittelalter, Darmstadt: Wiss. Buchges. 1952.
155. Kersting, W. Wohlgeordnete Freiheit, Berlin: deGruyter 1984.
156. Kloft, „Realität und Imagination. Überlegungen zu einer Herrschaftstheorie in der römischen Republik“, in: W. Schuller, Hg., Politische Theorie und Praxis im Altertum, Darmstadt: Wiss. Buchges. 1998.
157. Koch, Gertrud, „Unterhaltung und Autorität. Konstellationen der Massenmedien“, in: Hauke Brunkhorst, Hg., Demokratischer Experimentalismus, Frankfurt: Suhrkamp 1998.
158. Koch, Gerhard, Manegold von Lautenbach und die Lehre von der Volkssouveränität unter Heinrich IV, Berlin: Matthiesen 1902.
159. Koch, K., Die Propheten I, Stuttgart: Kohlhammer 1995.

160. Kraft-Fuchs, M., „Prinzipielle bemerkungen zu Carl Schmitts Verfassungslehre“, in: Zeitschrift für öffentliches Recht, Bd. IX 1930, Nachdruck Frankfurt: Sauer & Auvermann 1969.
161. Kuhn, Th. S., Die Struktur wissenschaftlicher Revolutionen, Frankfurt: Suhrkamp 1967.
162. Labant, P., Das Staatsrecht des deutschen Reiches, 2. Bd., Tübingen: Mohr 1911.
163. Lautenbach, M. v., Ad Gebehardum liber, in: Monumenta Germaniae historica, Hannover 1891.
164. Lévi-Strauss, C., Strukturale Anthropologie, Frankfurt: Suhrkamp 1967.
165. Lévi-Strauss, C., Traurige Tropen, Frankfurt: Suhrkamp 1998.
166. Livius, Römische Geschichte (lat.-dt.), Stuttgart: Reclam 1989ff.
167. Locke, J., Zwei Abhandlungen über die Regierung (1690), II, § 149, Frankfurt: Suhrkamp 1995.
168. Loewenstein, K., Verfassungslehre, Tübingen: Mohr, 1959.
169. Loewenstein, K., Volk und Parlament, Aalen: Scientia 1964 (1922).
170. Lorenzen, P., Normative Logic and Ethics, Mannheim: B I 1969.
171. Löwith, K., Weltgeschichte und Heilsgeschehen, Stuttgart: Kohlhammer 1990 (erste Aufl. 1953).
172. Luhmann, N., „Arbeitsteilung und Moral. Durkheims Theorie“, in: Emile Durkheim, Über soziale Arbeitsteilung, Frankfurt: Suhrkamp 1988.
173. Luhmann, N., „Evolution und Geschichte“, in: Soziologische Aufklärung 2, Opladen: Westdeutscher Verlag 1975.
174. Luhmann N., Gesellschaftsstruktur und Semantik, Bd. 1, Frankfurt: Suhrkamp 1980.
175. Luhmann, N., Gesellschaftsstruktur und Semantik, Bd.2, Frankfurt: Suhrkamp 1981.
176. Luhmann, N., Politische Theorie im Wohlfahrtsstaat, München: Olzug 1981.
177. Luhmann, N., Soziale Systeme, Frankfurt 1984.
178. Luhmann, N., Grundrechte als Institution, Berlin: Duncker & Humblot 1986 (1965). .
179. Luhmann, N., „Verfassung als evolutionäre Errungenschaft“, in: Rechtshistorisches Journal 9, 1990.
180. Luhmann, N., „Mein Mittelalter“, in: Rechtshistorisches Journal, 10, 1991.
181. Luhmann, N., Das Recht der Gesellschaft, Frankfurt: Suhrkamp 1993.

182. Luhmann, N., Die Politik der Gesellschaft, unpubl. Man. Bielefeld 1996.
183. Luhmann, N., Die Gesellschaft der Gesellschaft, Frankfurt: Suhrkamp 1997.
184. Lutz-Bachmann, M. / J. Bohman (Hg.), Frieden durch Recht, Frankfurt 1997.
185. MacPherson, C.B., Die politische Theorie des Besitzindividualismus, Frankfurt: Suhrkamp 1973.
186. Mansfield, H. C., „Modern and medieval Representation", in: J. Roland Pennock / John W. Chapman (Hg.), Representation, New York: Atheron Press 1968.
187. Marcuse, H., „Über den affirmativen Charakter der Kultur", in: Schriften 3, Frankfurt: Suhrkamp 1979.
188. Marshall, T.H., Bürgerrechte und soziale Klassen, Frankfurt: Campus 1992.
189. Marx K., „Zur Judenfrage", in: Marx-Engels I, Studienausgabe, Frankfurt: Fischer 1966.
190. Marx K., Zur Kritik der politischen Ökonomie, Berlin: Dietz 1971.
191. Marx K., Die heilige Familie, Werke 2, Berlin: Dietz 1990.
192. Marx, K. / F. Engels, Manifest der Kommunistischen Partei, Stuttgart: Reclam 1997.
193. Marx, K., „Zur Kritik der Hegelschen Rechtsphilosophie. Einleitung", in Marx / Engels, Studienausgabe I, Frankfurt: Fischer 1966.
194. Marx, K., „Die Bourgeoisie und die Konterrevolution" (Neue Rheinische Zeitung 15. Dez. 1848), in: Werke 6, Berlin: Dietz 1982.
195. Marx, K., „Zur Kritik der Hegelschen Rechtsphilosophie", in: Marx/ Engels, Werke, Bd. 1, Berlin: Dietz 1988.
196. Marx, K., Frühschriften, Stuttgart: Kröner 1953.
197. Marx, K., Grundrisse der Kritik der politischen Ökonomie, Berlin: Dietz 1953.
198. Maus, I., „Der Urzustand bei John Rawls", Man., Frankfurt o. J. (im Erscheinen).
199. Maus, I., „Naturrecht", Druckvorlage, erscheint in: Philosophische Enzyklopädie, Hamburg: Meiner 2000.
200. Maus, I., „Volk und ‚Nation' im Denken der Aufklärung", in: Blätter für deutsche und internationale Politik 5, 1994, 602ff.

201. Maus, I., „Zur Theorie der Institutionalisierung bei Kant“, in: G. Göhler u.a., Hg., Politische Institutionen im gesellschaftlichen Umbruch, Opladen: Westdt. Verlag 1990.
202. Maus, I., Bürgerliche Rechtstheorie und Faschismus, München: Fink 1980.
203. Maus, I., Zur Aufklärung der Demokratietheorie, Frankfurt: Suhrkamp 1992.
204. Maus, I., Rechtstheorie und politische Theorie im Industriekapitalismus, München: Fink 1986.
205. McIlwain, C. H., Constitutionalism – Ancient and Modern, Ithaca, New York: Great Seal Books, 1958 (revised edition, first ed. 1940).
206. Meier, Ch., „Macht, Gewalt“, in: Geschichtliche Grundbegriffe, Stuttgart: Klett-Cotta, Bd. 3, 1982.
207. Meier, Ch., Die Entstehung des Politischen bei den Griechen, Frankfurt: Suhrkamp 1983.
208. Mommsen, Th., Römisches Staatsrecht, Basel: Schwabe 1952.
209. Montesquieu, Vom Geist der Gesetze, Stuttgart: Reclam 1989.
210. Müller, F., „Demokratie und juristische Methodik“, in: H. Brunkhorst / P. Niesen (Hg.), Das Recht der Republik, Frankfurt: Suhrkamp 1999.
211. Müller, F., Wer ist das Volk?, Berlin: Duncker & Humblot 1997.
212. Müller, F., Fragment (über) Verfassungsgebende Gewalt des Volkes, Berlin: Duncker&Humblot 1995.
213. Nestle, W., Vom Mythos zum Logos, Stuttgart: Kröner 1975.
214. Neumann, F., „Der Funktionswandel des Gesetzes im Recht der bürgerlichen Gesellschaft“, in: Zeitschr. f. Sozialforschung 6, 1937, München: dtv 1980.
215. Neumann, F., „Die soziale Bedeutung der Grundrechte in der Weimarer Verfassung“ (1930), in: Wirtschaft, Staat, Demokratie, Frankfurt: Suhrkamp 1978.
216. Neumann, F., Behemoth. Struktur und Praxis des Nationalsozialismus (1933-1944), Frankfurt: Fischer 1993.
217. Neves, M., , Symbolische Konstitutionalisierung, Berlin: Duncker & Humblot 1998, 70;.
218. Neves, M., Verfassung und Positivität des Rechts in der peripheren Moderne, Berlin, Duncker & Humblot 1992.
219. Nicolaisen, P., Thomas Jefferson, Reinbek: Rowohlt 1990.
220. Niesen, P., Kants Theorie der Redefreiheit, Diss., Frankfurt 1998
221. Nietzsche, F., „Zur Genealogie der Moral“, in: Sämtliche Werke, Bd. 5 München: dtv 1980.

222. Nussbaum, M., The Fragility of Goodness. Luck and Ethics in Greek Tragedy and Philosophy, Cambridge MA: Cambridge Univ. Press 1986.
223. Oeter, St., „Allgemeines Wahlrecht und Ausschluss von Wahlberechtigung: Welche Vorgaben enthält das Grundgesetz?" in: Ulrike Davy, Hg., Politische Integration der ausländischen Wohnbevölkerung, Baden-Baden: Nomos 1999.
224. Olenhusen, I Götz v., „Die Revolutionen von 1848/49 in Deutschland und Frankreich: Vergleichende Überlegungen zum Wandel kollektiven Rechtsbewusstseins.", in: I. Jung u. a. (Hg.), Der Wandel von Recht und Rechtsbewusstsein in Frankreich und in Deutschland, Baden-Baden: Nomos 1998.
225. Ong, W. J., Orality and Literacy, London: Routledge, 1995.
226. Parsons, T., Das System moderner Gesellschaften, München: Juventa 1985.
227. Parsons, T., Gesellschaften, Frankfurt: Suhrkamp, 1975.
228. Parsons, T., Zur Theorie der Interaktionsmedien, Opladen: Westdeutscher Verlag, 1980.
229. Platon, Nomoi, Frankfurt: Insel 1991.
230. Preuß, U., „Zwischen Legalität und Gerechtigkeit", in: Blätter für deutsche und internationale Politik, 7/1999, 816-828.
231. Rawls, J., „The Law of Peoples", in: Stephen Shute / Susan Hurley, Hg., On Human Rights, New York: Basis Books 1993.
232. Rawls, J., Political Liberalism, New York: Columbia Univ. Press, 1993.
233. Reinhard, W., Geschichte der Staatsgewalt, München: Beck 1999.
234. Riedel, M., „Herrschaft und Gesellschaft", in: Zwi Babscha, Hg., Materialien zu Kants Rechtstheorie, Frankfurt: Suhrkamp 1969 (2. Auflage 1976).
235. Riedel, M., „Zum Verhältnis von Ontologie und politischer Theorie bei Hobbes", in: R. Koselleck / R. Schnuur (Hg.), Hobbes-Forschungen, Berlin: Duncker & Humblot, 1969.
236. Rödel, U./ Frankenberg, G., Von der Volkssouveränität zum minderheitenschutz, Frankfurt. EVA 1981.
237. Rorty, R., Der Spiegel der Natur, Frankfurt: Suhrkamp 1981.
238. Rorty, R., „Solitarity or Objectivity", in: J. Raichman / Cornel West (Hg.), Post- and analytical Philosophy, New York: Columbia University Press 1986.

239. Rorty, R., „Human Rights, Rationality, and Sentimentality“, in: St. Shute/S. Hurley (Hg.), On Human Rights, New York: Basic Books 1993, 111-134.
240. Rorty, R., Das Kommunistische Manifest 150 Jahre danach, Frankfurt: Suhrkamp, 1998.
241. Rosas, „State Sovereignty and Human Rights: Towards a Global Constitutional Project“, in: Political Studies, Special Issue: Politics and Human Rights 1995, 61-78 (dt. Übersetzung in: H. Brunkhorst/M. Kettner (Hg.), Demokratie und Globalisierung, Frankfurt: Suhrkamp, 2000.
242. Rossi, P., Die Geburt der modernen Wissenschaft in Europa, München: Beck 1997.
243. Rousseau, J. J., Emile oder Über die Erziehung, Stuttgart: Reclam 1990 (1762).
244. Rousseau, J.J., „Versuch über den Ursprung der Sprache, in dem von der Melodie und der musikalischen Nachahmung die Rede ist“, in: Sozialphilosophische und politische Schriften, München: Winkler 1981.
245. Rousseau, J.J., Briefe vom Berge, Schriften II, München: Hanser 1978.
246. Rousseau, J.J., Contract social, dt. Übers.; Vom Gesellschaftsvertrag, Stuttgart: Reclam 1977 (1762).
247. Rousseau, J.J., Diskurs über die Ungleichheit, frz.-dt., Ed. Meier, Paderborn: UTB 1990.
248. Schiller, F., „Über die ästhetische Erziehung des Menschen in einer Reihe von Briefen“, in: ders.: Theoretische Schriften Dritter Teil,.München: dtv 1966.
249. Schilling, H., Die neue Zeit, Berlin: Siedler 1999.
250. Schimmelpfennig, B., Das Papsttum, Darmstadt: Wissenschaftliche Buchgesellschaft 1996.
251. Schluchter, W., Religion und Lebensführung, Bd. 2 Frankfurt: Suhrkamp 1991.
252. Schmitt, C., Römischer Katholizismus und politische Form, Stuttgart: Klett-Cotta 1984.
253. Schmitt, C., Verfassungslehre, Berlin: Duncker & Humblot 1989 (1928).
254. Schmitt, C., Über die drei Arten des rechtswissenschaftlichen Denkens, Hamburg 1934.
255. Schneewind, J. B., The Invention of Autonomy, Cambridge: Univ. Press 1998.

256. Schulze, H., Staat und Nation in der europäischen Geschichte, München: Beck 1994.
257. Scott, S.P., The Civil Law, Cincinnati (Ohio) 1932.
258. Seagle, W., Weltgeschichte des Rechts, München / Berlin 1951 (The Quest of Law, New York 1941).
259. Segal, Ch., „Zuschauer und Zuhörer", in: J.-P. Vernant (Hg.), Der Mensch der griechischen Antike, Frankfurt: Campus 1993.
260. Seliger, M., „John Locke", in: Iring Fetscher / Herfried Münkler, Hg., Pipers Handbuch der politischen Ideen, München: Piper 1985.
261. Siep, L., „Vertragstheorie – Ermächtigung und Kritik von Herrschaft", in: Udo Bernbach / Klaus-M. Kodalle; Hg.; Furcht und Freiheit, Opladen: Westdeutscher Verlag 1982.
262. Sièyes, E. J., Was ist der Dritte Stand? Essen: Hobbing 1988 (1789).
263. Skinner, Q., „Ambrogio Lorenzetti: The Artist as Political Philosopher", in: H. Belting / D. Blume (Hg.) Malerei und Stadtkultur, München: Hauser.
264. Skinner, Q., Reason and Rhetoric in the Philosophy of Hobbes, Cambridge: Univers.-Press 1996.
265. Skinner, Q., The Foundation of Modern Political Thought, Cambridge: Univ. Press, vol. II,1978.
266. Smith, St. B., ‚Spinoza, Liberalism, and the Question of Jewish Identity, New Haven: Yale Univ. Press 1997.
267. Spinoza, B. d., Politischer Traktat, dt./lat., Hamburg: Meiner 1994 (1677).
268. Spinoza, B. d., Theologisch-politischer Traktat, Hamburg: Meiner 1984 (lat.-dt. Ausg. Darmstadt: Wiss. Buchges., 1989).
269. Spinoza, B. d., Ethik, Leipzig: Reclam 1975. (lat.-dt. Ausg. Darmstadt: Wiss. Buchges. 1989)
270. Tertulian, Apologeticum, Schriften, Bd. 1, Kempten 1912.
271. Stolleis, M., Geschichte des öffentlichen Rechts, Bd. 1, München: Beck 1988.
272. Strauss, L., „Jerusalem and Athens", in: Commentary, June 1967.
273. Teubner, G., „Globale Bukowina. Zur Emergenz eines transnationalen Rechtspluralismus", in: Rechtshistorisches Journal 15/1996, 255-290.
274. Thoma, R., „Das Reich als Demokratie", in: Gerhard Anschütz / Richard Thoma, Hg. Handbuch des deutschen Staatsrechts, Bd. 1, Tübingen: Mohr 1930.

275. Thoma, R., „Das System der subjektiven öffentlichen Rechte und Pflichten“, in: Gerhard Anschütz / Richard Thoma, Handbuch des deutschen Staatsrechts, Bd. 2, Tübingen: Mohr 1932.
276. Thoma, R., „Die Funktionen der Staatsgewalt“, in: Gerhard Anschütz / Richard Thoma, Handbuch des deutschen Staatsrechts: Tübingen: Mohr 1932.
277. Thomas, K., „The Meaning of Literacy in Early Modern England“, in: G. Baumann (Hg.), The Written Word, Oxford: Clarendon 1986.
278. Thukydides, Geschichte des peleponnesischen Krieges, München: dtv 1991.
279. Thürer, D., „Der Wegfall effektiver Staatsgewalt: The Failed State“, in: Berichte der deutschen Gesellschaft für Völkerrecht, 34/1997, 15-41.
280. Uffenheimer, B., „Mythos und Realität im alten Israel“, in: S. Eisenstadt, Hg., Kulturen der Achsenzeit, Frankfurt: Suhrkamp 1987.
281. Veyne, P., „Kannten die Griechen die Demokratie?“ in: Ch. Meyer, P. Veyne (Hg.), Kannten die Griechen die Demokratie? Berlin: Wagenbach 1988.
282. Villa, D., Arendt and Heidegger, Princeton: Univ. Press 1996.
283. Visman „ C., Theorien der Verfassungsänderung und Unantastbarkeit“, erscheint in: Alternativkommentar zum Grundgesetz, 2000.
284. Voigt, A., Der Herrschaftsvertrag, Neuwied: Luchterhand 1965.
285. Walther, M., „Kommunalismus und Vertragstheorie“, in: E. Blickle (Hg.) Theorien kommunaler Ordnung in Europa, München: Oldenburg 1996, 140ff.
286. Walther, M., „Spinoza und der Rechtspositivismus“, in: Archiv für Rechts- und Sozialphilosophie 80, 1982.
287. Walzer, M., Exodus und Revolution, Berlin: Rotbuch 1980.
288. Watzlawick, P., J.H. Beavin, D.D. Jackson: Menschliche Kommunikation, Wien: Huber 1971.
289. Weber, M., Das antike Judentum, Gesammelte Aufsätze zur Religionssoziologie III, Tübingen: Mohr 1976.
290. Weber, M., „Die Entfaltung der kapitalistischen Gesinnung“, Die protestantische Ethik I, München: Siebenstern 1969.
291. Weber, M., Gesammelte Aufsätze zur Religionssoziologie, Tübingen: Mohr 1978.
292. Weber, M., Wirtschaft und Gesellschaft, Bd. I u. II, Köln: Kiepenheuer & Witsch 1964.

293. Weber, M., Wirtschaft und Gesellschaft, Tübingen: Mohr 1980 (1921).
294. Weber, M., Wirtschaftsgeschichte. Berlin: Duncker & Humblot 1993.
295. Weber-Schäfer, P., „Heil und Herrschaft bei den Juden: Könige und Propheten", in Herfried Münkler (Hg.) Bürgerreligion und Bürgertugend, Baden-Baden: Nomos 1996.
296. Wellmer, A. „Zur Kritik der hermeneutischen Vernunft", in: Ch. Dämmerling u.a. (Hg.), Vernunft und Lebenspraxis, Frankfurt: Suhrkamp, 1995.
297. Wesel, U., Geschichte des Rechts, München: Beck 1997.
298. Willke, H., Systemtheorie, Stuttgart: UTB 1993.
299. Wolff, H. J., „Das Verhältnis der Rechtsordnung zur gesellschaftlichen, wirtschaftlichen und politischen Ordnung antiker Staaten", in Konstanzer Ringvorlesung, Konstanz 1964.
300. Wollasch, J., „Reformmönchtum und Schriftlichkeit", in: Frühmittelalterliche Studien, Bd. 26, 1992.
301. Yovel, Y., Spinoza. Das Abenteuer der Immanenz, Göttingen: Steidl 1996.
302. Zaret, D., „Petitions and the ‚Invention' of Public Opinion in the English Revolution", in: American Journal of Sociology, 6/1996, 1497-1555.

Namensregister

Abälard, P. 125, 141, 145, 147, 150 f
Adorno, Th. W. 13 f, 38, 49, 71, 162, 208, 218
Allen, B. 48
Althusius 200
Anschütz, G. 236
Anselm v. Canterbury 125
Apel, K. O. 9
Arendt, H. 16, 56, 64, 88, 93, 99 ff, 120, 158, 164, 199, 204, 233, 256, 264, 268
Aristoteles 7, 53, 55, 61, 63 ff, 93, 113, 124, 135, 142, 148, 151, 167, 206, 209, 212, 227, 232
Assmann, J. 38, 70, 79 ff
Augustinus 88, 121 ff, 127, 137 f, 141 f, 149, 153, 189 ff, 194, 214, 220, 230
Augustus 105
Austin, J. 36

Bacon, F. 161
Balsdon, D. 110
Barclay, R. 188
Baxter, R. 188f, 192
Beckett, Th. 134
Benjamin, W. 7, 19, 78, 168
Berman, H. 20, 115 f, 125 129 ff, 133 ff, 138 f, 144, 146 ff, 152 ff, 188
Bertilson, M. 269
Bloch, E. 112, 123, 155
Böckenförde, E.-W. 95, 255, 259
Bodin, J. 7, 180, 182, 189, 196, 228, 235, 240
Bois, G. 67, 116 f, 129
Boman, J. 16
Bracton 139
Brague, R. 88, 103
Brandt, R. 205
Bredekamp, H. 205, 207, 209
Brown, P. 128, 134
Brubaker, R. 172
Brutus 163
Bucharin, N. 59
Büchner, K. 101
Bürge, A. 89, 108, 111

Caesar 89, 94, 194
Calvin 188ff
Campanella 161
Canfora, L. 52, 55 ff
Carlyle 105
Cassirer, E. 38, 244
Chaytor, H. J. 166 f, 169, 172
Cicero 61, 88, 95 ff, 101 f, 104, 112, 163, 202, 252
Cohen, H. 58, 67, 71, 73 f
Cohen, J. 268 f
Coke, E. 115, 184
Constant, B. 53
Creveld, M. v. 179 f, 231
Cromwell, O. 186
Crüsemann, F. 70, 86

Dahl, R. 258
Davis, D. B. 63
Delacroix, E. 205
Demandt, A. 104, 117
Denninger, E. 13
Derrida, J. 7, 15, 19, 23 f, 26, 38 f, 170
Descartes, R. 175, 193, 214

Detel, W. 52, 63
Dewey, J. 158, 164, 199, 205, 225 f, 228
Donatus, A. 174
Durkheim, E. 8, 14, 54 f
Dworkin, R. 140, 146

Ebel, J. G. 254
Eisenstein, E. 160 ff, 166, 168 ff. 175
Eisermann, G. 89, 108
Elliot, T. S. 134
Engels, F. 11
Euchner, W. 184, 193, 201 f
Euripides 41, 77 f

Felix III. 122
Fetscher, J. 193, 195, 201 f, 208, 210
Fichet, G. 160
Finley, M. J. 57, 106, 109, 263
Flasch, K. 122 f
Foucault, M. 14, 53, 62, 68 f, 73, 169, 189
Frankenberg, G. 237
Franz, G. 240
Frazer, N. 269
Fröbel, J. 237
Fuhrmann, H. 129 f
Füssel, S. 160 ff, 170

Gadamer 59
Gaius 94
Galilei 181
Gargarin, M. 39 f
Geertz, C. 27
Gelasius I. 122, 126
Gideon 83
Gierke, O. v. 199
Giesecke, M. 160f, 165 f, 168, 170, 174
Goethe, J.W. 39
Goldie, M. 145, 183
Goody, J. 25 f, 28, 30, 35, 42
Gouges, O. de 256
Gratian 126, 138f, 144 f, 147
Gregor VII. 130, 132, 134
Grimm, D. 240 f, 254
Grimmelshausen, H. J. C. 166
Großheim, M. 181
Grotius, H. 233
Günther, K. 142, 200, 248
Gutenberg, J. 160 f, 165, 174

Habermas, J. 8 f, 12, 15, 24, 35 f, 73, 100, 155, 157, 169, 171, 175, 179, 185, 200, 205, 235 ff, 241f, 248, 250, 254, 258, 264
Hahn, A. 129, 136
Hattenhauer, H. 92, 94, 105, 108, 113f, 127f, 142
Havelock, E. 30 ff, 36
Hawthorne, N. 191
Hayek, F. v. 248
Hegel, G.W.F. 7, 9, 11, 13 ff, 38, 41, 46 f, 49 f, 52, 58, 80, 82, 93, 171 ff, 175, 188 f, 193, 205, 210 f, 214, 234, 241 ff, 266
Heidegger, M. 50
Heine, H. 217
Heinrich IV 130
Heller, H. 7, 94, 182, 185, 238, 240, 253
Herodot 52
Hitler, A. 52
Hobbes, Th. 7, 20, 80, 96, 102, 138 f, 163, 175, 180 f, 183 ff, 188 ff, 199 ff, 205 ff, 215, 217, 219 ff, 228,

231 ff, 241, 243, 249 ff, 266
Höffe, O. 51, 113, 195, 203, 231
Hofmann, H. 13, 105, 134, 200, 205 f, 219 f, 222, 246, 248 f, 252 ff, 258, 267
Homer 32, 52
Hooker 196
Horkheimer, M. 14, 49, 125, 162
Hoss, D. 136
Hume, D. 63
Hunton, Ph. 183
Husserl, E. 168

Ihering, F. 94
Irnerius 144

James I. 115
Jellinek, G. 129, 139, 202 f, 236, 238 ff, 256
Jesaja 73, 77, 85
Jesus Christus 120, 124, 126, 155
Johannes (John) v. Salisbury 148 f, 209
Jones, A. H. M. 117
Justinian 112, 114, 117 f, 145, 185

Kahrstedt, U. 110
Kant, I. 15, 53, 86, 94, 102, 104, 140, 163, 166, 174, 186, 188, 197, 204 f, 211 f, 216, 223, 230 ff, 238, 244 ff, 255, 269
Karl der Große 128,134
Kelsen, H. 102, 236, 247, 252
Kennedy, D. 155
Kern, F. 131, 140
Kersting, W. 200, 245
Kettner, M. 269
Klages, L. 45
Kloft, H. 107
Knox, J. 188 f, 191
Koch, Georg 132 f
Koch, Gertrud 100
Koch, K. 43 f, 72 f, 75 ff, 80, 84 ff
Köhler, W. 202
Kues, Nikolaus v. 160
Kraft-Fuchs, M. 247
Kuhn, Th. S. 207

Laband, P. 202, 236, 239 f
Leo I. 122
Leo III. 128
Lévi-Strauss, C. 22 ff, 28, 36 ff, 169
Lincoln, A. 207
Livius 94
Locke, J. 94, 96, 177, 188, 197, 205, 220 ff, 226, 232, 234, 244
Lorenzen, P. 245
Lornezetti, G. 205, 210
Loewenstein, K. 253 f, 260, 269 f
Löwith, K. 15
Ludwig XIV. 179
Luhmann, N. 8 ff, 14f, 22 f, 25, 27, 29 f, 33 ff, 45, 49, 56, 60, 67, 115 f, 136, 152, 170, 173 f, 203, 236 f, 241 f, 265, 268, 270, 272
Lukacs, G. 171
Luther, M. 45, 124
Lutz-Bachmann, M. 16, 202

MacPherson, C. B. 184, 193, 201 f, 211, 233

Maier, C. 19, 50, 56, 60, 62, 95, 100 f, 103
Mannegold, v. Lautenbach 132 f
Mansfield, H. C. 194, 198, 204, 206, 208 f
Marat, J.-P. 163
Marcuse, H. 25
Marshall, T. M. 161
Marx, K. 8 f, 11, 13 ff, 19, 25, 48, 64, 73, 153, 158, 186 ff, 205, 218, 241 f, 254, 264 ff, 271
Matthäus 120
Maus, I. 195, 200, 211, 228, 235, 238 f, 241, 245, 247 f, 250 f, 257 f
McIlwain, Ch. 60 f, 99, 104 f, 138, 140, 145
McLuhan 162
Mead, G. H. 225, 227
Micha 47
Mitteis, H. 129
Mommsen, Th. 95 ff, 112 f
Montesqieu 96, 230
Moses 78 f
Moulin, P. du 183
Müller, F. 207, 257 ff

Napoleon 243
Nestle, W. 44 f, 49
Neumann, F. 59, 238, 242, 245
Neves, M. 265, 270
Nicolaisen, P. 199
Niedhart, G. 182
Niesen, P. 163, 232, 257
Nietzsche, F. 15, 71, 76, 78
Nussbaum, M. 13, 16, 37

Oeter, S. 257, 259
Olenhusen, J. G. v. 172
Ong, W. J. 163 f, 168 f, 171

Pareto, A. 112
Parker, H. 183, 188
Parsons, T. 8, 12 f, 22, 24 f, 53, 60, 79, 90 f, 115, 121 f, 183, 187, 189, 197
Pascal, B. 222
Paulus 126, 194
Perikles 31, 57, 163, 216, 228 f
Petrus 126, 128
Petrus Lombardus 125, 150
Platon 30 ff, 43, 48, 51 ff, 58, 61, 67 ff, 72, 83, 123, 127, 204, 214, 220, 232
Plinius d. J. 106
Plotin 123, 214
Plutarch 149
Popper, K. 48
Postman, N. 160
Preuß, U. K. 269
Prynne, W. 183, 188

Raaflaub, N. 41
Rawls, J. 13, 197, 204 f, 219, 255, 260
Reagen, Ronald 248
Reinhard, W. 179, 182
Remus 126
Riedel, M. 56, 211, 244
Riesman, D. 172
Rödel, U. 237
Romulus 126
Rorty, R. 16, 18 f, 199, 204, 220, 225, 269
Rosas, A. 268
Rossi, P. 162
Rousseau, J. J. 13 f, 23 ff, 31, 53, 86, 94, 96, 102, 151, 148, 169, 177, 188, 197 f,

205, 211 f, 215 f, 222 f, 225, 228 ff, 243 ff
Rutherford, S 183

Sartre, J.-P. . 13, 163, 167, 217
Schiller, F. 14
Schilling, H. 179 f
Schimmelpfennig, B. 126
Schluchter, W. 135
Schmitt, C. 101, 131, 198, 237, 247
Schneewind, J. B. 191
Schulze, H. 179, 182, 231, 243
Scott, S. P. 118
Seagle, W. 112, 114
Searle, J. 36
Segal, Ch. 32
Seliger, M 221
Siep, L. 196
Sièyes, Abe des 228, 252 ff
Silvester 112
Skinner, Q. 163, 182 f, 191, 205
Smith, St. B. 215 f, 220
Sohn - Rethel, A 169
Sokrates 31, 59, 72, 93, 202
Solon 41, 53, 185
Sophokles 40
Spinoza, B. 163, 180, 188, 214 ff, 234, 236, 246
Stolleis, M. 176, 180f
Strauss, L. 43, 46, 49

Tertulian 120
Teubner, G. 269 f
Thatcher, M. 248
Thoma, R. 207, 232, 237, 239 f
Thomas v. Aquin 131, 136 ff, 140 f, 143 f, 146, 150f, 167, 194, 198, 204
Thomas, K. 166
Thukydides 31 f
Thürer, D. 268 f
Tönnies, F. 199 f

Uffenheimer, B. 44, 80
Ulpian 66, 105, 111 ff, 140
Unger, R. 155

Veyne, P. 53 f, 59
Villa, D. 204
Vinogradoff, P. 61
Vismann, C. 237
Voltaire, F. 163

Walther, M. 226, 228, 231
Walzer, M. 16, 77 f, 80
Watzlawick, P. 35
Weber, M. 10, 14, 17, 25, 57, 62, 68, 74 f, 80, 82, 88 f, 90, 93, 108, 110, 129, 135, 150, 155 ff, 158 f, 164 f, 183, 186, 189 ff, 198, 202, 241 f, 267
Weber-Schäfer, P. 85
Wellmer, A. 7
Wesel, U. 71, 89 f, 98 f, 105, 110, 115, 117
Willke, H 12
Witt, J. de 216 ff
Wolff, H.J. 90
Wollasch, J. 34, 165

Yovel, Y. 214, 219 ff

Zaret, D. 161, 173, 176f

Sachregister

Absolutismus 23, 140, 148, 157, 175, 179f, 180, 207, 219, 231, 234, 242f.
Aktivbürger 55, 57f, 65f, 67, 71, 172, 213, 218, 224, 249, 256f, 259.
Aktivvolk 208,252, 254, 258f.
Allgemeinheit des Gesetzes 246ff.
Arbeit 29, 50, 57, 63ff, 77, 84, 191, 197.
Aristokratie 63, 75f, 180, 206, 229, 231.
auctoritas 99ff, 125f, 128, 139, 183f, 200, 203.
Aufklärung 14, 37, 76, 85, 160, 162, 164, 187f, 195, 214, 234, 243.
author 184, 203, 251.
authoritas 184, 203, 251.
Autonomie 14, 25, 47, 55, 67, 93, 110, 115, 119, 123, 130ff, 137ff, 144, 147, 149, 155, 173, 181, 194, 203, 226, 256, 265.
Autopoiesis 115, 151f.
Autor 36f, 54, 102, 167, 171f, 184, 200, 210, 225, 235.
Autorisierungsvertrag (s.a. Konstitutionsvertrag) 196, 200, 203, 210, 223.
Autorität 79, 94, 99ff, 123, 126, 138, 167, 174, 182, 185, 188, 194, 198, 232, 236, 245, 247ff.
Befreiung 69, 72, 78, 85, 110, 122.
Beratungsprinzip 140f.
Besitzbürger (Bourgeois) 110, 179, 187, 190, 193, 221, 229, 238, 242, 254, 256.
Bilderverbot 127, 197.
bios theoretikos 52, 220.
Brüderlichkeit 120, 152, 185, 263f.
Buchdruck 18, 29, 34, 157ff, 179f, 234.
Bundesvertrag (Bund) 16, 79ff, 85f, 121.
Bürgergesellschaft (civil society) 53, 56, 61, 108, 163, 172, 254.
Bürgerkrieg 180, 183, 217f, 266, 271.
bürgerliche Gesellschaft 173, 271.
Bürgerrechte 53, 57, 95f, 98, 110, 199, 201, 218, 240, 255f.
Code Napoleon 202, 243.
citoyen 193, 232.
civitas terrana 122ff, 137.
civitas dei 122, 216.

Defizitgestalt des Menschen 71, 122.
Demokratie 7, 16, 18f, 53ff, 62f, 74, 86f, 90f, 94, 102, 104, 156, 158, 164, 177, 198f,214f, 219, 221f, 219, 225ff, 243ff, 270.

demokratischer Rechtsstaat 86, 172, 199, 208, 226, 241, 254, 266f, 270, 272.
Desozialisierung des Individuums 189ff, 265, 271.
Despotie, Depot 52, 128, 227, 230, 232f.
Dialektik 14, 25, 37, 111, 119, 135, 145ff, 153, 160. 186, 265.
Differenzierung,
- funktionale 8f, 33, 60f, 151, 159, 179, 182, 185f, 189, 208, 228, 264f, 267, 269, 271.
- soziale (Stratifizierung) 8, 33, 67, 74, 123, 127, 134, 143, 159, 176, 182, 186, 208, 263, 269.
- segmentäre 8, 83.
Diktatur 240.
Dualismus 45, 48, 73, 84, 135, 149, 214, 224f, 246, 248.

egalitär 18, 44, 51, 57.
Egalitarismus 71, 73ff, 78, 86, 88, 109, 113, 112ff, 130, 135, 143, 156, 159, 165f, 179, 182, 185f, 195, 199, 209f, 219, 230, 253, 255, 266f.
Eigentum 61, 107, 171, 187f, 193, 256.
Emanzipation 19, 61, 78, 110, 175.
Erinnerung 30, 37f, 69ff.
Erziehungsdiktatur 97.
Evolution 7ff, 26, 35, 53, 61, 76, 88f, 115f, 119f, 151f, 179, 185f, 189, 228, 242, 258, 264.
evolutionäre Errungenschaft 25, 60, 71, 88, 119.
Exekutive 139, 230, 238f.
Exklusion 68, 73, 265ff.

Folter 142, 202, 255.
Fortschritt im Bewusstsein der Freiheit 7, 38, 60, 82, 87, 177, 188.
Französische Revolution 18, 94, 152, 182, 186f, 199, 218, 228, 234, 236, 238, 243, 264.
Freiheit 8, 12ff, 18, 20, 31, 36, 39, 52f, 55f, 58ff, 82, 91, 111f, 124, 163f, 188, 195ff, 200ff, 205, 211ff, 215f, 218ff, 243ff, 264.

Gedächtnis 34, 37.
Gesellschaftsvertrag, Vertragstheorie, Kontraktualismus 13, 16, 81, 86, 102, 181, 188, 193, 196f, 199f, 204, 208, 210, 217, 223, 224, 225, 228.
Gesetz 38, 40f, 53ff, 70, 75, 77, 79, 81f, 86, 91, 93, 96, 98, 101ff, 110, 230, 133, 137, 142, 145, 147f, 150f, 155, 175, 183ff, 201f, 210f, 223, 225, 227, 229ff, 236ff, 246ff.
Gesetzesbindung 104, 230f, 235, 238.
Gesetzesherrschaft 53, 94, 104, 138, 140, 183, 199ff, 213, 219, 222, 224, 229f, 234f, 246.

Gesetzeskraft 112, 201, 239f.
Gesetzgeber , Gesetzgebung 78, 80f, 99f, 102, 106, 198, 131, 147, 175, 182f, 195, 225, 228, 235, 238ff.
Gesetzgebungskompetenz 221f, 225, 235, 249, 259.
Gewaltenteilung 55, 96, 104, 207, 220f, 228ff, 239.
Gewaltmonopol 56, 183, 212, 221, 231.
Gewissen 158, 193f, 251.
Gleichheit 41f, 51f, 56, 59f, 68, 82, 98, 103, 105, 109, 112, 122, 133, 142, 150, 154, 186, 188, 194f, 197f, 200, 215, 220, 226, 228, 238, 244f, 247, 250f, 253, 255, 258, 264.
Globalisierung 268ff.
Grundgesetz 95, 208, 236, 257.
Grundrechte136, 177, 236.
gutes Leben 55, 61, 34, 69, 141f, 149.

Herrenmoral 74, 76.
Herrschaft 10, 19, 24f, 31, 33f, 36ff, 54ff, 79, 82f, 85, 87, 88f, 103, 106, 109, 112f, 121, 126f, 135, 138ff, 149, 158, 170, 175, 179ff, 205f,209, 212, 216, 218f, 230f, 234, 259.
Hierarchie 71, 73, 76, 103, 105, 122, 127, 133, 139, 143, 161, 209, 225, 266.

Ideen 9f, 26, 33, 43f, 46, 52f, 67, 80, 87, 120, 123, 129f, 164, 172, 179, 185f, 188, 203, 207, 215, 218, 224, 235, 264.
Ideologie, ideologisch 88, 103, 106, 124, 154, 155, 226.
Inklusion 57, 68, 87, 213, 255, 257, 260f, 265ff.
Inquisition 142, 193f, 214.
Institution 67, 70, 77, 84, 88, 90f, 101ff, 113, 119f, 125ff, 138f, 150, 155, 188, 194, 233.
Institutionalisierung 79, 113, 134, 136, 171, 242ff, 251, 260ff.
Intersubjektivität 48, 73, 249.
Interessen 10, 37, 98, 107, 109, 135, 164, 179, 185f, 234, 242, 252.
Isonomia 156, 105.
ius 60f, 104, 195.
ius civilis 98, 108, 111, 113f, 135.
ius gentium 91, 98, 110f, 113f, 201.
ius naturale 112, 145.
ius publicum 181, 184.

kanonisches Recht (Kirchenrecht) 115, 137, 140, 144ff, 159, 174, 181.
Kapitalismus, kapitalistisch 152, 156ff, 165, 186, 192f, 265f, 268.
Kirchenstaat 120, 122, 125, 149f, 157, 180, 220.
Klassenherrschaft, Klassengesellschaft 22, 28f, 33, 38, 72, 74, 76, 110ff, 144, 159, 164, 186, 238, 263ff.

Klassenkampf 77, 94, 136, 185f, 267.
Klassenrecht, Klassenjustiz 89, 111.
Kommunikationsgemeinschaft 11, 18, 28f, 158f, 173.
kommunikative Vernunft 173.
Konflikt 23, 36, 130, 135f, 241, 256.
König, Königtum 23, 25, 41, 63, 72, 74, 81, 83ff, 94ff, 127, 132ff, 143, 148f, 173, 181f, 185, 194, 196, 204, 206ff, 220f, 223, 232f, 238.
Konstitutionsvertrag (s. a. Autorisierungsvertrag) 196, 23, 223.
Korrespondenztheorie der Wahrheit 48, 66f, 71, 93, 127, 206.
Kritik 9, 25ff, 32, 35, 36ff, 48, 55, 75, 79, 84, 87, 121, 127, 137, 170f, 173f, 176f, 216, 218, 246.

Legalität, Legalordnung 54, 96, 99, 103f, 106, 137, 139, 212, 235, 248, 269.
Legeshierarchie 145, 181, 222, 258.
Legislative 95, 131, 185, 221, 230, 235, 238ff, 253.
Lernprozess(e) 28, 71f, 78, 786, 266.
Legitimität, Legitimation 54, 82, 85, 88, 99, 101, 104, 106, 126, 128, 133, 135, 235, 248, 258f.
lex mercatoria 113, 268.
Logos 43ff, 68, 123.

Macht 22ff, 57, 61, 68, 74, 83f, 88, 95f, 98, 100, 103, 105, 110f, 115, 124, 132, 134, 136, 138, 148, 156, 169, 181, 183, 189, 217, 219f, 222f, 225ff, 251, 253f, 261, 265f, 268, 271.
Mandat 134, 207, 222, 253.
Markt 160, 162, 164, 171, 177, 179f, 193, 234, 265, 271.
Medien 23, 26f, 30, 37f, 41, 58f, 104, 109, 152, 154, 157ff, 164, 168ff, 180, 240.
Menschenrechte 10, 16ff, 53, 91, 95, 98, 113, 150, 156, 199ff, 223, 226, 238, 240f, 243, 249, 254ff, 267ff.
Metaphysik 35, 43, 45, 125, 158f, 163, 222, 225.
Mitleidsethik 73.
Monotheismus 16f, 19, 35, 43f, 51, 71, 74f, 82f, 88, 120f, 153, 159.
multikulturelle Gesellschaft 42, 135.
Mythos 44f, 48, 69, 78, 103, 174, 236.

Nation 59, 114, 183, 253f.
Nationalstaat 216, 267.
Nationalversammlung 235, 238f, 244, 253f, 256.
Natur 45ff, 50, 62ff, 71, 77, 120, 124, 149, 158, 191ff, 204, 206, 208, 212, 215, 217, 220, 228, 233, 245.
natürliche Gesetze 180, 184, 195, 244f.

Naturrecht 39, 66, 94, 112ff, 124, 127, 135, 139f, 145f, 155, 181, 184, 193, 195f, 200, 203, 207, 211, 222, 235f, 238, 241.
Naturzustand 180, 190ff, 200f, 226ff, 227, 233, 241, 245, 255, 269.
Neuinterpretation, Uminterpretation 7, 17, 52, 81, 88, 141, 143, 148, 181, 189, 193.
Öffentliche Angelegenheiten 62, 93, 120, 181.
Öffentlichkeit, öffentlich 52, 59, 62, 83, 89, 97, 100f, 109, 146, 160, 167, 170f, 173, 175f, 181, 188, 201f, 212, 220, 222, 232, 234, 238, 249ff, 269.
Oikosdespot 58, 110, 212.
Organ 104,140, 148, 198, 208, 221, 237, 258f, 253.
Organisation 15, 59f, 79, 119, 154, 159, 159, 268.

Paradigmenwechsel 203, 205, 207, 249f.
Parlament 102, 104, 173, 176, 238f, 242, 247.
Parlamentssouveränität 199, 183, 221.
pars pro toto-Schema 127,206, 209.
Perfektionismus 50 ff, 122, 149, 151, 204ff, 212.
Perfektionsgestalt 58, 61, 71, 204, 209.
Performanz, performativ 36, 43, 76, 101, 204, 213, 224f
Peripherie 8, 57, 59, 74, 87, 107, 112, 269ff.
philia (Freundschaft) 36, 55, 61, 119f, 263f.
Polis 86, 91ff, 120, 149, 262.
politische Theologie 19, 35, 81.
positives Recht 20, 38ff, 55, 79, 86, 93f, 101ff, 131,133, 137, 146f, 154, 156f, 172, 182ff, 189, 199, 202, 217, 222, 227, 229, 234ff, 247, 255ff, 266, 268.
Potestas 37, 95, 98f, 102, 104f, 126, 128, 132, 138ff, 203.
potestas in populo 94f, 104f.
Pragmatismus 199, 225f, 248.
preadaptive advance 60, 134.
Privatrecht 107, 110ff, 255, 269.
Privatsphäre, privat 53, 58, 61f, 97, 111, 151, 157, 170f, 188, 209, 219f, 234, 249.
pragmatischer Selbstwiderspruch 238.
Privileg, Privilegien 62, 75, 94, 107, 109ff, 179, 186f, 194, 220, 225, 253.
Produktionsverhältnisse 11, 170, 179.
Produktivkräfte 11, 164, 170, 188.
Professionalisierung 60, 90, 108f, 115, 130, 145, 269.
Prophet(en) 25f, 35, 39, 43, 52, 58, 69, 71ff.
Protestantismus, protestantisch 123, 129,

152, 154ff, 164ff, 191, 193, 197ff.
Publikum, Publizität 32, 165, 167, 170f, 173, 188, 251.
Puritaner 187, 189ff, 196ff.

Rechte 17, 94, 96, 98, 106, 109, 114f, 200ff, 221f, 234, 226f, 232, 238f, 243, 249.
Rechtsperson, Rechtssubjekt 98, 202, 257, 268, 270.
Rechtsrevolution 125, 132, 152, 188, 234.
Rechtsstaat 20, 61 157, 180, 194, 199, 208, 215, 225, 229, 231f, 234, 240, 263, 270.
Rechtssystem 90ff, 102, 115, 119, 130, 136, 146, 150 ff, 174, 179, 242f, 268.
Reflexrecht 203, 224.
Reformation 165f, 182, 190.
Reformismus20, 31, 130, 153ff.
Regression 116.
Repräsentation 43, 105, 127, 177, 182, 198f, 204ff, 216, 220ff, 228, 235, 240, 253f.
Repräsentativorgan 198f, 208, 249, 252, 258.
Republik 17, 23, 53, 56, 58, 62, 86, 93f, 98ff, 117, 143, 156, 163, 180, 204, 215, 217, 228ff, 240, 252f.
Republikanismus 16f, 19f, 52, 68, 82, 88, 105, 120f, 180, 199, 257.
res publica 108, 114, 116, 120, 171, 181, 229.
Richter-König 139, 181.
Römisches Recht 88ff, 135, 263.
Säkularisierung 153, 156, 219f, 226.
Schrift(kultur) 22ff, 52, 60, 72, 74f, 109, 158f, 171, 192.
Selbstgesetzgebung 55, 203, 213, 230f, 238f, 241, 244, 246, 248, 258f, 266.
Selektion 9ff, 177, 242.
Senat 95, 96, 98ff, 148, 203f.
Sklave, Sklaverei 57ff, 63ff, 69ff, 77ff, 89f, 106f, 110ff, 123ff, 144, 212, 233.
Sklavenmoral 71, 76.
Solidarität 8, 17, 20, 24, 33, 37f, 47f, 55, 61, 119f, 152, 155f, 185f, 198, 220, 226, 262ff.
Souveränität 20, 55, 95f, 99, 102, 113, 131, 138, 179ff, 194, 196ff, 208f, 214, 219, 221f, 224f, 228, 231, 233, 235f, 243, 249f.
Staat 20, 23, 28, 58, 68, 81, 84, 113ff, 131, 172f, 180f, 183f, 189, 193, 196ff, 219ff, 268.
staatsunmittelbare Bürger 182, 195, 219.
Stabilisierung 9, 12, 26, 88, 117, 130, 135, 152, 176f, 266.
Subjekt, Subjektivität 34, 142, 171, 180, 182f, 188, 192, 198, 200, 202f, 218, 249, 252.
subjektive Rechte 20, 136, 163, 171, 200, 202f, 222, 231, 238, 266.

System 56, 58f, 68f, 75, 92, 102, 115, 126, 150, 169, 171, 191, 234, 242f, 271.
Teleologie, teleologisch 51, 67, 120, 142, 149, 151, 197, 206, 214.
Terror 103ff, 203.
Tugend 20, 53f, 56, 58f, 61, 75f, 94, 96ff, 125, 143, 151, 163, 177, 203ff, 212, 229f, 251f.
Tyrannei 40f, 59, 63, 96, 232f.
Umwelt 11, 31, 55f, 58f, 68, 121, 151, 241f, 272.
Utopie 26, 68, 71f, 154, 159, 230.
Variation 9ff, 120, 177, 185.
Verfassung 102ff, 129, 140, 199, 202, 217, 229, 243ff, 256ff, 269f, 272.
verfassungsgebende Gewalt 95, 221f, 236.
Verrechtlichung 88, 107, 152, 154, 235f, 241, 244.
Verfassungsrevolution 39, 52, 129, 131, 136, 156, 172, 187, 219, 231, 253, 267.
Vernunft 11, 18, 35, 43f, 47f, 53, 63, 66ff, 80, 82, 123, 146f, 149, 173, 177, 181, 184f, 207, 210f, 214ff, 227, 231, 251, 254.
Verständigungsverhältnisse 160, 179, 185.
Vertrag 20, 80f, 111, 133, 153, 188f, 196, 201, 208, 228, 232.
Volk 23, 47, 54, 69f, 73, 75f, 79ff, 85f, 94ff, 121,128, 132f, 141, 162, 185, 204, 206ff, 218, 220f, 228ff, 254ff.
Volkssouveränität 54, 86f, 94f, 104, 199, 211, 213, 215, 221, 230, 233, 235f, 238, 241, 249ff, 255ff.
volonte generale (allgemeiner Wille, Gemeinwille) 206f, 209ff, 222, 228, 230, 246, 248f, 252f.
Weltbürger(recht) 122, 257.
Weltgesellschaft 267, 271f.
Weltrecht(ssystem) 268f.
Weltveränderung 20, 44, 51, 137, 152, 155f, 186.
Zensor 97f, 230.
Zensur 165.
Zentrum 56, 59, 61, 74, 108, 112, 205, 269, 271.
Zivilrecht 86, 88f, 107f, 145, 152.
Zwei-Reiche-Lehre 82, 143, 149, 156, 263.